U0636904

内 容 简 介

本书，为国内外第一部系统探讨人生最优学的学术专著。

该书对人生最优化的参照系统与观念心态取向，目标、道路，纵向发展，横向交际，学习、记忆与思维，形象、语言、行为与情境效应对策，职位、事业与创新，机遇对策与成才，环境与生活方式，以及人生整体的最优化及其美好未来，进行了全面深入的探讨。它对于最大限度地提高人生素质，创造人生价值，全方位让"人生出彩"，具有学术创新价值和实践意义。

本书，适合各级教师、研究人员、大中学生、社会青年、管理干部、宣传工作者阅读。

人生最优学新论

RENSHENG ZUIYOUXUE XINLUN

张瑞甫 张倩伟 张乾坤 著

人民出版社

责任编辑:李椒元

装帧设计:张天艺

责任校对:吕　飞

图书在版编目(CIP)数据

人生最优学新论/张瑞甫,张倩伟,张乾坤著.-北京:人民出版社,2015.12

ISBN 978－7－01－014556－3

Ⅰ.①人… Ⅱ.①张… ②张… ③张… Ⅲ.①人才学-研究 Ⅳ.①C96

中国版本图书馆 CIP 数据核字(2015)第 046339 号

人生最优学新论

RENSHENG ZUIYOUXUE XINLUN

张瑞甫　张倩伟　张乾坤　著

人民出版社 出版发行

(100706　北京市东城区隆福寺街 99 号)

北京隆昌伟业印刷有限公司印刷　新华书店经销

2015 年 12 月第 1 版　2015 年 12 月北京第 1 次印刷

开本:710 毫米×1000 毫米 1/16　印张:29

字数:448 千字　印数:0,001－3,000 册

ISBN 978－7－01－014556－3　定价:55.00 元

邮购地址 100706　北京市东城区隆福寺街 99 号

人民东方图书销售中心　电话 (010)65250042　65289539

版权所有·侵权必究

凡购买本社图书,如有印制质量问题,我社负责调换。

服务电话:(010)65250042

题　记

　　"天行健,君子以自强不息","地势坤,君子以厚德载物";"极数知来","自天佑之","当位以节,中正以通","德圆而神","吉无不利","美之至也。"①

——《周易》

　　"必须记住……时间是有限的。时间有限,不只由于人生短促,更由于人事纷繁。我们应该力求把我们所有的时间用去做最有益的事情","运用我们的一切能力使对己对人最为有益。"②

——斯宾塞

　　"所谓彻底,就是抓住事物的根本。而人的根本就是人本身";"人也按照美的规律来构造";"由整个社会共同经营生产和由此而引起的生产的新发展,也需要完全不同的人,并将创造出这种人来……全面发挥他们的得到全面发展的才能","显示出自己最动人、最高贵、最合乎人性的特点。"③

——马克思　恩格斯

---

①　《周易》乾象传、坤象传、系辞上、节象传、坤文言。
②　[英]斯宾塞:《教育论》,胡毅译,人民教育出版社1962年版,第6、7页。
③　《马克思恩格斯文集》第1卷,人民出版社2009年版,第11、163、688～689、449页。

题　　词

　　《人生最优学新论》,是一本系统研究最优化人生的著作。此书充分探讨了人的能力与生命资源如何给予最大程度的提高与利用,以实现人生的最大价值,具有重大的学术创新价值与现实意义。

国际中国哲学会荣誉会长、世界著名哲学家
美国哈佛大学博士、夏威夷大学教授　　成中英
英文《中国哲学季刊》主编
二〇一一年九月二十八日
于曲阜孔子研究院

序　言

罗　国　杰

习近平总书记曾创造性地指出："我们的方向就是让每个人获得发展自我和奉献社会的机会,共同享有人生出彩的机会,共同享有梦想成真的机会"。① 中共十八届三中全会通过的《中共中央关于全面深化改革若干重大问题的决定》则明确提出"实现效益最大化和效率最优化"的宏伟设想。《人生最优学新论》,堪称一部研究"人生出彩",尤其是人生"效益最大化和效率最优化"的创新性人生哲学论著。

本书具有三个方面的特点。

一是选题新颖,意义较大。

长期以来,有关人生问题的研究,大多限于一般意义的哲学、生理学、心理学、行为科学、人才学,尤其是人生观、价值观、励志理论、人力资源开发理论、生涯规划理论等。《人生最优学新论》旨在以马克思主义相关理论为指导,以其他相关理论、原则与方法为支撑,以最少的人力、物力、财力、时间投入消耗,获得最大的人生价值效益。它对于弘扬社会主义核心价值观,正确科学地进行生涯规划,提高人生素质,创造人生价值,让"人生出彩",有一定学术创新价值和实际应用意义。

二是内容丰富,体系较为合理。

该书运用文理多学科的知识,对人生最优化的参照系统,观念、心态,目标、道路,纵向发展、横向交际,学习、记忆与思维,形象、语言、行为与情景效应

---

① 习近平:"在中法建交五十周年纪念大会上的讲话",《人民日报》2014 年 3 月 29 日。

对策,职位、事业与创新,机遇对策与成才,环境与生活方式,以及人生整体的最优化及其美好未来,进行了有益探讨。书中,天文地理、人伦日用多有涉猎,古今中外相关知识不乏所及。全书采用总分分总、纵横交错的逻辑结构,对人生的诸多重要方面进行了论析。该书可谓论点鲜明,论据典型,论证有力的一部著作。

三是语言生动,能够深入浅出。

本书叙论交织,散文诗句穿插,语言表达形式较为活泼动人,具有一定哲理文采和语言艺术感染力。

当然,本书像其他任何一部新兴科学著作一样,也有其某些缺点不足之处需要改进,有些方面的研究还有待进一步深化和升华。但瑕不掩瑜。本书总体上不失为一部富有创新性的值得一读的好书。

目　　录

绪　　论

　　天地有正气,杂然赋流形;人生蕴最优,理应取至精。人生最优学作为一门研究人生最优化的新兴科学,不仅具有得天独厚的本质属性、热切的生活追求,而且拥有强烈的问题意识、独特的科学规定、神奇的功效魅力,以及厚重的文化底蕴和无比美好的未来前景。

一、人生最优化问题的提出与人生最优学的创立

　　面对形形色色、奥妙无穷的大千世界,生活在天地之间、穿行于太空之中的人们,尤其是行建自强、永不满足的人们,时常萌生出这样的幽思诘问:茫茫宇宙,昊昊苍天,芸芸众生,人生几何？人是什么？人怎样才能最优化地度过自己的一生？一句话,人怎样才能向最好努力,向最坏预防,以最少的人力、物力、财力、时间投入、消耗,获得最大的人生价值效益？几乎每个人都会遇到与提及这样一系列的人生重大问题,古今中外一切自由奔放,致力于至高至上、至真至善、至美至境的有志之人,有识之士,无时无刻不在自觉不自觉地关注、思考、探索、解证、诠释、参验、践行这些具有普世价值、终极关怀意义的古老而又常新的永恒主题。

　　然而,由于人们的主观因素、客观条件,尤其是先天素质、后天教育、文化修养、道德觉悟、方式方法、自身努力,以及社会地位、外部环境的不同,人们的观念心态、个人情趣、价值取向、业绩高低、人生态势却不尽相同,甚或大相径庭:

　　　　有的人立志高远、献身社会,有的人目光短浅、私欲熏心;

　　　　有的人铁骨铮铮、光彩照人,有的人苟且偷生、委曲求全;

　　　　有的人奋击逆境、化害为利,有的人逃避现实、遁入空门;

　　　　有的人功绩卓著、流芳百世,有的人作恶多端、遗臭万年;

　　　　有的人生活有道、事半功倍,有的人浑浑噩噩、庸碌无为;

　　　　……

　　人生呼唤着最优化,人生研究亟待最优化,人生最优化问题就是这样提出的!人生最优学就是在这样的宏观背景和历史条件下,在如此现实状态和当今风起云涌的科技创新演进与此起彼伏的文化浪潮中,在知识爆炸、经济全球化、政治多极化、文化多元化、生态环境友好和谐化的时代氛围里,在未来人生发展的最优化大趋势感召引领下,集古今中外人生相关研究之精华,通过作者十多年的艰辛探索和研习努力应运而生,逐步创立的!

二、人生最优学的话语内涵、结构体系与学术定位

　　首先,人生最优学有着丰富而又深刻的话语内涵。

　　人生最优学,堪称一门研究人生最优化的本质特点、内容体系及其理论、原则与方法的新兴科学。它是理论化、系统化的人生最优观和最富有成效魅力的人生最优化方法论的有机统一,或曰人生最优化哲学。人生最优化的取向要求是,最正确科学地认识、改造和创造世界尤其是认识、改造和创造自身,最大限度地造福于人生;基本方略是,立足人生,统筹兼顾,全面发展;实质要义是,按照人生最大价值效益取向与事物一定属性特点相统一的规定,向最好努力,向最坏预防;核心精髓是,以最少的人力、物力、财力、时间投入、消耗,获得最大的人生价值效益;目的归宿是,全方位创造、实现和拥有最美好的人生。人生最优学新论,即对人生最优学的创新性研究论析。它既是国内外第一部系统研究论析人生最优学的原始创新力作,又是作者的全国和省部级优秀社会科学成果奖图书《人生最优化原理》、《社会最优化原理》,以及《中外名人的人生之路》、《最优学通论》的姊妹作。它力求以马克思主义人生思想为指导,

以古今中外散见的相关人生最优化理论、原则与方法,尤其是人生哲学、人生科学、人体科学、心理学、行为科学、人才学、生涯规划理论、人力资源开发利用与管理理论、成功学、运筹学、管理科学、系统论、未来学的相关理论、原则与方法为支撑,以最优学通论为理论基础,以人生最优化原理为底蕴,以自身特有的理论、原则与方法为主干,以社会最优化原理为保障,以中外名人的人生之路为相关范例,对人生最优化的各项具体内容与人生整体的最优化及其美好未来,进行全面、系统、深入的探讨。它可谓最优学最重要的中心部分。

人生最优学所涉及的人,是具有最高度的语言思维能力、发明创造能力和自我完善能力,并且能够最大限度地制造和使用工具进行劳动创造的高级社会动物,是大自然亿万斯年演化的最高产物。人生,则是人的生命尤其是个体生命活动的特定样态及其自然社会历程。它通常包括生产、生活、发展三大要素,长度、宽度、高度、进度四项维度,质量、数量、物质、精神、文化、环境六种规定,最优、较优、一般、较劣、最劣五大形态。人生的生产、生活、发展三大要素,即人生的物质、精神、文化、环境方面的生产、生活、发展三大元素。人生的长度,指的是人生有机体存续时间的长短。它主要通过人的纵向发展历程表现出来。人生的宽度,指的是人生的水平活动,空间范围。它主要凭借人的横向交际、从业经历显露于世。人生的高度,指的是人生的上下活动幅度、业绩贡献定位。它反映着人生的生理素质、心理素质、文化修养、道德情操或曰健商、智商、情商水平①,以及实际业绩贡献大小所达到的境界,主要通过人生的观念、心态、理论、原则与方法以及实践活动得以实现。人生的进度,指的是人生活动的进展程度。它主要凭借人生的品质、能量、向位、序度、力度、速度的上升前进发展,呈现在世人面前。人生的质量、数量、物质、精神、文化、环境,分别标明人生的品质、规模、肉体(广义物质)、思想(狭义精神)、文明程度、外部条件。人生的肉体或曰肉体人生在个体意义是有限的、短暂的,人生的肉体遗传或曰遗传肉体及其思想或曰思想人生、精神人生和文化人生,却可以达到无限和永恒;人的自然生命不仅能够通过自身后代无穷无尽的遗传和克隆技术在一定意义和某种程度达到永生,而且可以通过高尚修行尤其是创立丰功伟

---

① 健商、智商、情商,分别指健康指数、智力指数、情感指数与一般同龄人的相应指数之比。

绩,达到"不朽"①,可以通过正确科学的不懈奋斗努力,变平庸为神奇,化最劣、较劣、一般、较优为最优。人生的最优、较优、一般、较劣、最劣,分别表示人生的最佳、较佳、中等、较差、最差状态。人生最优化,即人生的最精或曰最佳、最良、最正确科学、最合情合理、最理想圆满美好化。

人生最优化,通常有六种不同层次的涵义。其一是,以相对最少的投入、消耗(人力、物力、财力、时间投入、消耗,下同,从略),获得等量的人生价值效益。其二是,以等量的投入、消耗,获得相对最大的人生价值效益。其三是,以绝对最少的投入、消耗,获得绝对最大的人生价值效益。其四是,在现有和理想化应有条件许可的限度内,以相对或绝对最少的投入、消耗,获得相对或绝对最大的人生价值效益。其五是,在没有条件最大限度地创造条件的情况下,以相对或绝对最少的投入、消耗,获得相对或绝对最大的人生价值效益。其六是,在人生各项目标、要素、结构、功能和各种环境、过程最优化的基础上,以相对或绝对最少的投入、消耗,获得系统整体及其美好未来的相对或绝对最大的人生价值效益。六者形成从低级到高级,由简单到复杂,不可分割、协同作用的有机整体;并且人生最优化的时间跨度相对越长、空间范围相对越广,其绝对最优化的程度就越高;反之,其绝对最优化的程度就越低。这是一条不以人们的主观意志为转移的客观规律。

其次,人生最优学具有鲜明而又高度合理的结构体系。

人生最优学的各章内容,既相互区别,又相互联系、相互支持,彼此构成总分分总、条块结合、主次分明、上下贯通、纵横交错、动静协调、多位一体、不可分割的系统整体。它不仅突破了以往人生研究个别与一般相脱离、部分与整体相割裂平均用力的单调僵化模式,有利于突出重点、全面兼顾,而且合乎人生最优化的内在规定和必然要求,有利于全面优化各部分内容之间的篇幅比重和逻辑关系,增强其高度系统有机性。文中关键之处适当穿插少量格言诗句,不仅沿袭了"文史哲不分家"、"文理科相通融"、言之有文行而致远的写作优良传统,顺应了未来科技文化既高度分化,又多元交叉互补、综合发展创新的大趋势,而且具有画龙点睛、锦上添花之功效,有利于升华内容、活跃形式、

---

① 《左传》襄公二十四年。

增强视觉冲击力、思想感染性和语言表达艺术效果。人生最优学新论与作者出版的《人生最优化原理》、《社会最优化原理》、《中外名人的人生之路》,①以及《最优学通论》和作者发表的《科学管理是定性与定量有机整合的过程》②、《管理职能的通用最优化方略论析》③、《定性最优化与定量最优化的优缺点及其互补整合》④、《语言最优化初探》⑤等论文,连同作者在第一至五届世界儒学大会发表的最优化相关论文一起,共同建构起初具规模而又充满生机活力的最优学新兴科学应有合理结构新体系。

再次,人生最优学拥有不同于其他相关科学的独特的学术定位。

与人生最优学联系最为密切的,当属人生哲学、人才学、生涯规划理论、人力资源开发利用与管理理论、成功学、人生最优化原理。人生最优学新论与这些科学理论,既有明显的相通之处,又有严格的差异之点。人生哲学,是研究一般人生观与一般人生方法论的哲学。它是理论化、系统化的一般人生观与一般人生方法论的统一。人生最优学,虽然离不开一般人生观、一般人生方法论的支持,但它却重在从最优化角度全面系统深入地研究人生观与人生方法论。人才学,是研究人才的本质特点、成长规律、培养造就、类型构成、群落分布、环境条件、选拔任用,以及业绩创造、考核评价、奖掖激励、合理流动、政策引领、保障管理的科学。人生最优学,尽管也要涉及一定的人才学相关内容,但它却主要运用最优化的理论、原则与方法,研究和解决人才和其他人生有关问题。生涯规划理论、人力资源开发利用与管理理论、成功学,是近几十年来风靡全球的研究人的一定职位事业、生涯愿景、模式设计和人的潜力、显能特点及其鉴别、培养、发挥、使用,以及励志创业、成才成名、事业成功的科学。人生最优学,虽然也要研究这类相关内容,但它却不局限于这些内容,而是致力于从最优化方面全方位解决此类问题。人生最优化原理,虽然直接构成人生

① 张瑞甫:《人生最优化原理》,山东人民出版社 1991 年版;张瑞甫:《社会最优化原理》,中国社会科学出版社 2000 年版;张瑞甫主编:《中外名人的人生之路》,内蒙古人民出版社 2010 年版。

② 《人民日报》2005 年 5 月 23 日。

③ 《北京大学学报》2007 年 10 月专刊。

④ 《国际教育周刊》2006 年第 3 期。

⑤ 《现代语文》2009 年第 1 期。

最优学的重要理论,但它却基本限于人生最优化的原发初始性理论,很少触及人生最优化的原则与方法。人生最优学,则既涵盖人生最优化原理的一定内容,又建树起大量的人生最优化原则与方法。在传统科学林立和交叉科学、边缘科学、综合科学、新兴科学层出不穷的今天,人生最优学尤其是人生最优学新论,居于不可取代的特殊学术地位。它对于系统整合、概括提升和高度丰富、发展、创新古今中外相关人生最优化理论、原则与方法,最正确科学地进行生涯规划,充分开发利用与管理人力资源,最大限度地提高人生素质,创造人生价值,实现人与社会科学发展尤其是最优发展,无疑具有重要学术创新价值和重大现实实践意义。

三、人生最优学的相关研究背景与发展走势

同其他任何一门新兴科学一样,人生最优学也不是凭空产生的;它虽然诞生于当今,但其相关研究背景却极为深广,人生最优学的研究对象人生最优化的某些相关思想观点底蕴深厚,源远流长。

在我国,两三千年前的文化圣典《诗经》就破天荒提出"天生烝民,有物有则","天之降罔,维其优矣"的光辉思想;[①]认为上天生下黎民百姓,自有其特定的物性法则,上天所降至的这种物性法则,是最优的。从而为人们认知、解读、寻求人生最优化理论、原则与方法和创立人生最优学,提供了深刻的自然依据。上古之书《尚书》则发出"惟天地万物父母,惟人万物之灵","民之所欲,天必从之"的雄阔宏论[②];将人类推向世界至高无上的尊位。从而为人生最优化,提供了高度自觉自信和充分现实可能。饱含中华文化基因的《周易》则高瞻远瞩地提出"太极"、"至德"、"大业"重要理念;倡导追求与"天下之至精"密切相关的"天下之至赜"、"天下之至健"、"天下之至顺"、"穷神知化"、"极深而研几"、"知至至之"、"和而至"、"与时偕极"、"各得其所"、"立成器以为天下利"的崇高境界。[③] 从而把多元、多维人生最优化推向极致。世界文

---

① 《诗经》大雅·烝民、瞻仰。
② 《尚书》周书·泰誓上。
③ 《周易》系辞上、乾象传、坤象传、系辞下、乾文言。

化名人孔子则强调"大德必得其位,必得其禄,必得其名,必得其寿","中庸之为德也,其至矣乎",立志"从先进","无所不至","尽美矣,又尽善也",①把道德义利与人生最优化义理紧密联系在一起。从而为部分与整体人生最优化的高度统一,指明了发展方向。记述春秋历史的《左传》则发前人之未发,响亮地提出"吉凶由人","福祸无门,惟人所召"的至理名言。② 从而将人生最优化的主动权,牢牢交付于人类自身。管子则认为"人不可不务也,此天下之极也","圣人用其心,沌沌乎博而圆";③将人生最优化的历史使命与圆满诉求有机结合起来。从而开辟出一条通达人生最优化完美境界的最佳路径。战国思想家老聃(老子)则向世人昭示:"大道甚夷,而人好径","知人者智,自知者明;胜人者有力,自胜者强","天道无亲,常与善人","上善若水,水善利万物","不失其所者久,死而不亡者寿"的重要命题。④ 从而为人生最优化,表明自己的别样见解。庄子则站在人类历史的制高点,对人生最优化进行了多视角多维度的审视。他以极富哲理文采的笔触写道:"知天之所为,知人之所为者,至矣!","不离于宗,谓之天人;不离于精,谓之神人;不离于真,谓之至人;以天为宗,以德为本,以道为门,兆于变化,谓之圣人;以仁为恩,以义为理,以礼为行,以乐为和,熏然慈仁,谓之君子;以法为分,以名为表,以参为验,以稽为决,其数一二三四是也,百官以此相齿;以事为常,以衣食为主,蕃息蓄藏,老弱孤寡为意,皆有以养,民之理也","终身役役而不见其成功,苶然疲役而不知其所归,可不哀邪!"⑤从而不仅对人生最优化的层级分类作出近乎全景式的经典描绘和划时代贡献,而且发出对人生非优化的极度惋惜。同时代的伦理学家孟子则提出"我善养吾浩然之气","穷则独善其身,达则兼善天下","天时不如地利,地利不如人和"的思想主张。⑥ 从而为人生最优化所涉及的最佳人格培养和最佳人际关系建构,提供了颇有价值的真知灼见。孔子的高

---

① 《中庸》,《论语》先进、阳货、八佾。
② 《左传》僖公十六年、襄公二十三年。
③ 《管子》五辅、枢言。
④ 《老子·道德经》第五十三、三十三、七十九、八章。
⑤ 《庄子》大宗师、天下篇、齐物论。
⑥ 《孟子》公孙丑上、尽心上、公孙丑下。

足弟子冉有提出的"礼之用,和为贵","知和而和,不以礼节之,亦不可行";①《大学》强调的"大学之道,在明明德,在亲民,在止于至善","君子无所不用其极","'苟日新,日日新,又日新'";孔子嫡孙子思在《中庸》一文中阐发的"中庸"之道;魏晋时期的学者刘劭提出的"尽有诸流"、"兼达众材"②;清代思想家王夫之主张的"择善必精,执中必固"③,以及孙中山先生提出的"人能尽其才"④,现代学者郭沫若《满江红》一词中盛赞毛泽东的"有雄文四卷,为民立极"等;则各自从不同的视角,表露出人生最优化的特定属性。国人千百年来笃信不疑、精诚奉行的人生"三乐"、"四喜"、"三不朽",即"父母俱存,兄弟无故","仰不愧于天,俯不怍于人","得天下英才而教育之",⑤"久旱逢甘霖,他乡遇故知,洞房花烛夜,金榜题名时","立德"、"立功"、"立言",⑥以及《周易·易传》、《三字经》、《千字文》、《幼学琼林》、《弟子规》、《增广贤文》和古今各种各样的人生经典家语、家训等国粹经典格言妙语;则更具人生最优化的某些神韵风采。

西方人生最优化的相关思想观点,亦值得大力借鉴。从两千多年前古希腊著名思想家柏拉图设计的由智慧最高的"哲学王"管理的,人们共同生产、生活,实行"最好"的优配、优婚、优孕、优教、优育、优用政策的《理想国》,柏拉图的高足弟子著名哲学家、科学大师亚里士多德提出的"在适当的时间和机会,对于适当的人和对象,持适当的态度去处理"的"中道"理论⑦,到德国 16世纪著名科学家莱布尼兹强调的"一个人越聪明,他肯定也就越注意什么是最完美的"⑧,德国 19 世纪哲学家黑格尔提出的"人类"有"一种真正的变化能力,而且是一种达到更完善的能力——一种达到'尽善尽美性'的冲动"⑨,

---

① 《论语》学而。

② 刘劭:《人物志》接识。

③ 王夫之:《尚书引义》太甲。

④ 《孙中山选集》上册,人民出版社 1981 年版,第 2 页。

⑤ 《孟子》尽心上。

⑥ 《左传》襄公二十四年。

⑦ 周辅成编:《西方伦理学名著选辑》上卷,商务印书馆 1964 年版,第 297 页。

⑧ [德]莱布尼兹:《论事物的最后根据》;载金明华主编:《世界名言大词典》,长春出版社1991 年版,第 606 页。

⑨ [德]黑格尔:《历史哲学》,王造时译,上海书店出版社 2001 年版,第 54 页。

同时代的俄国著名文学家托尔斯泰强调的"重要的不是知识的数量,而是知识的质量。有些人知道很多很多,但却不知道最有用的东西"①,美国当代著名管理学家丹尼尔 A·雷恩在评价"功利主义"时指出的"人总是在算计用最小的成本带来最大的效用"②,再到美国当代系统科学重要创始人拉兹洛论及的包括人生在内的系统"进化(一般)沿着结构复杂性和组织性的阶梯攀登并趋向最大自由能(最大能量)和最小熵(最小紊乱)状态"③,美国现代著名人生学家卡耐基的"人生论"、美国当代人生学家叶纳的"生涯规划"理论、加里·德斯勒的人力资源开发与管理学说、拿破仑·希尔的"成功法则"、安东尼·罗宾的"潜能成功学"④,以及其他各种形式的积极向上正确科学的"励志理论"、"心灵鸡汤"等,无不闪耀着一定的人生最优化思想光辉。美国作为当今世界最发达的国家,之所以在经济、文化、科技等方面走在世界最前列,在很大程度得益于其全球"合金文化"中的相关人生最优化思想观点的确立和应用。对此,美国当代跨文化研究权威菲利普·R.哈里斯和罗伯特·T.莫兰在其合著的《跨文化管理教程》中正确科学地分析道:"许多美国人喜欢使用最高级的词,诸如最多、最好和最大等。原因可能是由于竞争作为一种社会的价值观的重要性所造成的,也与评定优秀表现的量化式标准有关。"⑤

在马克思主义者那里,马克思主义经典作家及其后继者,虽然同其他思想家、哲学家、政治家、教育家、管理学家、科学家一样,没有明确提出人生最优学概念,但是,他们的思想宝库中却内在地蕴含着人生最优化的一些宝贵元素。

---

① 引自王通讯:《人才论集》第 1 卷,中国社会科学出版社 2001 年版,第 337 页。

② [美]丹尼尔·A.雷恩:《管理思想的演变》,赵睿等译,中国社会科学出版社 2000 年版,第 490 页。

③ [美]拉兹洛:《系统哲学演讲集》,闵家胤等译,中国社会科学出版社 1991 年版,第 38 页。

④ 分别见《卡耐基全集》,刘祜译,中国城市出版社 2010 年版;[美]叶纳:《职业生涯规划》,刘红霞、杨伟国译,机械工业出版社 2011 年版;[美]加里·德斯勒:《人力资源管理》,吴雯芳、刘昕译,中国人民大学出版社 2005 年版;[美]拿破仑·希尔:《成功法则全集》,刘津、刘树林译,地震出版社 2006 年版;田缘、张弘主编:《安东尼·罗宾潜能成功学》上、下册,经济日报出版社 1997 年版。

⑤ [美]菲利普·R.哈里斯、罗伯特·T.莫兰:《跨文化管理教程》,关世杰主译,新华出版社 2002 年版,第 346 页。

早在一百五十多年前,马克思就极其深刻地指出:"自然科学往后将包括关于人的科学,正像关于人的科学包括自然科学一样:这将是一门科学"①;必须"培养社会的人的一切属性,并且把他作为具有尽可能丰富的属性和联系的人……具有尽可能广泛需要的人生产出来——把他作为尽可能完整的和全面的社会产品生产出来(因为要多方面享受,他就必须有享受的能力,因此他必须是具有高度文明的人)"②。他认为"人在社会上"应"选择一个最适合于他、最能使他和社会变得高尚的地位",③"自己统治自己","在较短时间内能生产出较多的东西……从经验中学会消耗最少的力量达到预期的效果"④;实现"全面发展",充分"自由",彻底"解放",与"社会"、"自然"尽可能地"和谐"统一,携手并进⑤。列宁强调:"使所有劳动者过最美好的、最幸福的生活……马克思主义的全部困难和它的全部力量也就在于了解这个真理。"⑥毛泽东则申明:"我们是以最广和最远为目标的革命的功利主义者",我们的"一切言论行动,必须以合乎最广大人民群众的最大利益,为最广大人民群众所拥护为最高标准"⑦;他认为,必须"厉行节约、反对浪费","勤俭建国","勤俭"办一切"事业","力求节省,用较少的钱办较多的事",⑧"尽可能争取多一点,争取快一点"⑨。邓小平则明确指出:"各项工作都要进行经济效果比较,从中选出花钱少、收效大的最优方案。这是一条十分重要的方针。"⑩当代中国化的马克思主义者则提出"以人为本","统筹兼顾","促进人的全面发展","造就一大批拔尖创新人才","鼓励人人都作贡献,人人都能成才,行行出状元",

①　《马克思恩格斯文集》第1卷,人民出版社2009年版,第194页。

②　《马克思恩格斯文集》第8卷,人民出版社2009年版,第90页。

③　《马克思恩格斯全集》第1卷,人民出版社1995年版,第455页。

④　《马克思恩格斯文集》第5卷,人民出版社2009年版,第393~394页。

⑤　《马克思恩格斯文集》第1卷,人民出版社2009年版,第689、46、528页;第2卷,第53、63页;第7卷,第928、929页。

⑥　《列宁选集》第3卷,人民出版社2012年版,第546页。

⑦　《毛泽东选集》第3卷,人民出版社1991年版,第864、1096页。

⑧　《毛泽东文集》第7卷,人民出版社1999年版,第240页;第6卷,第447页。

⑨　《建国以来重要文献选编》第10册,中央文献出版社1994年版,第606页。

⑩　中国社会科学院数量经济与技术经济研究所编:《现代化建设与科学决策》,中国社会科学出版社1989年版,第22页。

不断开创"人才辈出、人尽其才新局面","最大限度激发社会创造活力",使"全体人民各尽其能、各得其所而又和谐相处"的人才强国战略,变人口大国为人力资源强国,确保"人生出彩","国家富强,民族振兴","梦想成真","一切美好的东西都能够创造出来","实现效益最大化和效率最优化",以及人与社会全面协调可持续又好又快地科学发展尤其是最优发展的"科学发展观"。① 它们亦不同程度地彰显着人生最优化思想观点魅力。

　　人类千百万年形成的现有人生最优化相关成果,是难能可贵的,应当努力加以发掘、整理、阐释、传承和发扬光大。但是,我们还必须清醒地看到,人类原有和现有相关人生最优化思想观点都不同程度地受到认识和实践的历史局限。它们既支离破碎、不够系统,又过于笼统、相对匮乏,缺乏应有深度、广度和高度科学性,基本停留在直观感受、经验实证和空想假设阶段,并且没有引起人们的足够重视。基于这样的现实,法国18世纪启蒙思想家卢梭慨叹道:"我觉得人类的各种知识中最有用而又最不完善的,就是关于'人'的知识。"②遗憾的是,此后二百多年的历史并没有多大改观。美国当代效率专家利亚德博士曾发出这样的慨叹:"为了发现把乐器的声音送到更远处的方法,我们耗费了巨大的精力;为了使汽车能够提高效率更快地行驶,我们下工夫研制了特别的装置;为了增大光的效率,我们发明了反射镜。但是,在提高我们自身的效率上,人们却几乎没动过脑筋。"③美国当代著名文化哲学家梅西则表示,人类"生活艺术"一直是"最精美而又最难精通的艺术"④。我国中央党校原副校长杨春贵教授等当代一些著名学者强调,本来"追求最好结果与最佳效益……是人类活动的重要目标",然而,学术理论界的相关研究"却始终

---

① 参见胡锦涛:《坚定不移沿着中国特色社会主义道路前进　为全面建成小康社会而奋斗——在中国共产党第十八次全国代表大会上的报告》,人民出版社2012年版;《国家中长期人才发展规划纲要》(2010~2020);习近平2013年在第十二届全国人民代表大会一次会议闭幕会上的讲话和2014年"五四"青年节在北京大学师生座谈会上的讲话,以及《中共中央关于全面深化改革若干重大问题的决定》等文献。

② [法]卢梭:《论人类不平等的起源与基础》,李常山译,商务印书馆1979年版,第62页。

③ 引自李光伟:《时间管理的艺术》,甘肃人民出版社1987年版,卷首语第4页。

④ 参见金明华主编:《世界名言大词典》,长春出版社1991年版,第531页。

抓不住问题的关键,总给人隔靴搔痒之感"。① 本世纪之交,美国著名心理学家加州富尔顿学院的陆哥·赫胥勒教授在回顾刚刚过去的 20 世纪时,用凝重的笔调写道:当我们"编纂 20 世纪历史的时候,可以这样写:我们最大的悲剧不是恐怖地震,不是连年战争,甚至不是原子弹投向日本广岛,而是:千千万万的人们生活着然后死去,却从未意识到存在于他们身上的巨大潜力。如此众多的现代人,其生活中心竟是生命的安全,食物的充足,以及电视和卡通片的感官刺激。我等芸芸众生却不知道自己究竟是什么人,或可以成为什么人;如此众多的吾辈,尚未经历足月的心理和社会的诞生,却已经衰老死亡……"②这不仅是对过去一个世纪人类最大悲剧的描述,也是在很大程度对整个人类诞生以来至今 400 万年历史的极大不幸的高度概括。今天的现实与往日的人生研究,基本上"涛声依旧",面貌依然。人生研究的相对贫乏,无情地折射出人类"明于知天,蔽于知人"的认识危机。大部荒漠的人生最优化原野,亟待大规模开拓!

俄国现代著名生理学家巴甫洛夫强调指出:"科学随着方法学而获得的成就不断跃进。方法学每前进一步,我们便仿佛上升了一级阶梯,于是我们就展开更广阔的眼界,看见从未见过的事物。"③人生最优学尤其是人生最优学新论,作为人生理论、原则与方法研究的尝试性突破,其未来走势无比强劲,前景无限光明。它必将与其姊妹作和作者的其他一系列相关最优化研究成果一起,以其特有的风范,给人生科学的研究带来巨大正能量和根本性变革,源源不断地创造出激荡人心、感天动地的价值效益! 它必定能在古今诸多人生最优化相关理论、原则与方法的支持和中外层出不穷的"最美人物"尤其是中外名人的人生之路助推下,流光溢彩,大放光华! 在新兴科学广袤的领域纵横驰骋,所向披靡,开辟出属于自己的无限广阔、无比壮丽的新天地!

---

① 参见杨春贵主编:《马克思主义与社会科学方法论》,高等教育出版社 2012 年版,第 3、51 页。

② 参见王通讯:《人才论集》第 4 卷,中国社会科学出版社 2001 年版,第 265、266 页。

③ 引自李光伟:《时间管理的艺术》,甘肃人民出版社 1987 年版,第 146 页。

第一章　人生最优化的参照系统
与观念心态取向

　　人类不是凭空产生和独立于世界之外,脱离自身规定和一定的观念心态取向生活的,而是来源于世界,依赖于世界,并且是在自身规定和一定观念心态指导下认识世界、改造世界、创造世界造福和升华自身的。人生受到自然、社会和自身三重因素的决定和制约,是三者交互作用的过程和产物。对此,马克思曾指出:"不同要素之间存在着相互作用。每一个有机整体都是这样。"①现代系统论创始人美籍奥地利著名科学家 L.贝塔朗菲(L.Bertalanffy)强调:"系统","这是我们在观察各种各样对象——无论是活的机体、社会集团,或者以至原子时所遇到的事实"。② 我国当代著名科学家钱学森深刻揭示道:"系统思想是进行分析与综合的辩证思维工具,它在辩证唯物主义那里取得了哲学的表达形式,在运筹学和其他系统科学那里取得了定量的表述形式,在系统工程那里取得了丰富的实践内容";"局部与全部的辩证统一,事物内部矛盾的发展与演变等……是'系统'概念的精髓"。③ 因果相通,果因相报。人生最优学研究,应当以人类赖以生成、存续、发展的自然、社会和自身诸多关系规定的人生最优化的参照系统,以及与此密切相关的观念心态取向,作为自己的客观依据、主观前提和逻辑开端。

---

① 《马克思恩格斯文集》第 8 卷,人民出版社 2009 年版,第 23 页。
② [美]L.贝塔朗菲:《普遍系统的历史和现状》,载中国社会科学院情报研究所编译:《科学学译文集》,科学出版社 1980 年版。
③ 上海交通大学编:《智慧的钥匙——钱学森论系统科学》,上海交通大学出版社 2005 年版,第 42、79 页。

一、人生最优化的参照系统

人生最优化的参照系统,即人生最优化所参考依照的客体、主体根据系统。人生最优化要求,必须以相关客体、主体根据为参考对照体系,建造自身。它大致涉及人在自然界中的最佳位置和人与自然界的相互规定,人与社会的最优关系,人的本质、人生的价值、目的和意义及其最优化内在意蕴三个方面的内容。

(一)人在自然界中的最佳位置和人与自然界的相互规定

无数客观事实和大量研究成果表明,人的"历史本身是自然史的一个现实部分,即自然界生成为人这一过程的一个现实部分","是自然界对人来说的生成过程"。① 但人却不是一般的自然存在物,而是"宇宙之最"、"天之骄子"、"万物之灵",大自然的最优化产物。其所处的时空位置非同寻常,而是处于最适合自身生存和发展的自然界的最佳位置,并且人与自然相互规定。人在自然界中的最佳位置和人与自然界的相互规定,决定着人生最优化的自然本质特点和客观必然走向。

1. 自然界的高度优化与人的由来

"人非天地不生,天地非人不灵。三才同体,相须而成。"②人因天地而生存,天地因人而精彩。天之规律,人必遵循;人之所欲,天必从之。天人合一,人天一体,彼此既相互区别对立,又相互联系统一。

人类面对着的客观世界,不仅无边无际、无始无终,而且千姿百态、千变万化、奥妙无穷。极目遥视,悠悠太空,星云密布,天体烁烁闪闪,星云、星系、星座、恒星、行星扑朔迷离,仪态纷呈;湛蓝色的苍穹日月穿行,星移斗转,金、木、水、火、土、天王、海王、冥王、地球九大行星围绕太阳不停地运转。回目近观,大气圈层,风云变幻,气象万千;地表之上,山河纵横,湖泊、海洋、陆地、森林、

---

① 《马克思恩格斯文集》第 1 卷,人民出版社 2009 年版,第 194、196 页。
② 晋代学者何承天:《达性论》。

植被连成一片。地球时时孕育着生机,处处充满希望;形形色色的植物、微生物、动物,应有尽有。它们以其各自不同的属性特点演绎着生命的奇迹。天文学家估计,仅银河系至少有120多万个存在生命的天体。

然而,现实世界既不是蓦然"突创"的,也不是无序产生的;而是按照由低级到高级、由简单到复杂、由无机到有机、由非生命到生命、由一般物质到植物、微生物、动物、人类,这样一条优化和最优化红线不断向上、向前跃升演进的。这种跃升演进,在无机界主要表现为普遍联系、相互作用、自己运动、自我发展、自我完善的上升前进性的"演化";在生物界主要表现为生存斗争、自然选择、用进废退、遗传变异、优胜劣汰的"进化";在人类社会则主要表现为由自在向自觉、自主、自为,由较好向更好、最好的不断上升前进性的优化和最优化。

不仅如此,无机界从宏观天体到微观粒子的圆球状及其圆形运行轨迹,生物界大量植物种子的圆球形、干枝状的圆柱体,诸多动物的圆形头脑、卵子、精子、骨骼、关节、肠道、毛发、形体结构,亦符合以最少的投入、消耗,获得最大存续发展效益的普遍最优化规定。因为,在立体图形中,同样的表面积圆球的容积最大,同样的容积圆球的表面积最小;在平面图形中,同样的周长圆的周长围成的表面积最大,同样的面积圆的周长最短;在柱体中,同样的表面积圆柱的容积最大,同样的柱体圆柱的表面积最小。同时,不仅电流总是沿着最短的导体路线传导,"物体总是沿着阻力最小的路线运动"[①],植物、微生物的群落分布、生长特点,动物的保护色、生活习性,亦具有耗能最少、存续发展效益最大化的最优化属性,而且所有事物的运动变化发展,由于其自己运动、自我发展、自我完善的上行前向趋势和下行后向引力的交互作用,都具有螺旋式上升、波浪式前进的规律性。这种现象和规律,既直接表征着客观事物的天然最优化特质,又深刻反映着圆球、圆面、圆周、圆柱动态与静态、纵向与横向的多元多维、多重叠加的最优化态势。正如马克思主义经典作家所指出的那样:"自然界或人类历史或我们自己的精神活动",不仅是普遍联系"相互作用"、

---

① 爱因斯坦语;参见 http//www.baidu.com,2012 年 6 月 1 日,百度百科·爱因斯坦·巨匠轶事。

"无穷无尽的画面",而且是"生成和灭亡的不断过程、无止境地由低级上升到高级的不断过程";①事物的"发展是按所谓螺旋式,而不是按直线式进行的"②,"世界"是"永恒发展的"③。

自然界的高度优化,为人的由来提供了最深广的客观物质基础。现代宇宙大爆炸理论(有限小宇宙爆炸理论),作为当今世界最流行的宇宙演化理论表明,人类迄今所观测到的具有 200 亿光年的空域的小宇宙,起源于 137 亿年前的密度极高、质量极大、能量极强,被天文学家称之为"奇点"暗物质的一次大爆炸,从而形成不断扩张演进发展着的包括银河系在内的有限小宇宙。按照物质不灭定律和能量守恒与转化定律,以及对立统一规律、量变质变规律、否定之否定规律,当爆炸后的宇宙能量"耗散"若干亿年以后,它们便会在内外物质能量的交互作用下,聚合成新的密度极高、质量极大、能量极强的"暗物质",并将再次产生爆炸。整个宏观世界就是这样,由爆炸、聚合(收缩),再到新的爆炸,循环往复,不断演化,以至无穷。这也正是人们观测到的有限世界,为什么是多样性的物质统一体,以及事物普遍联系、相互转化、永恒发展的最深刻的缘由。

大约在 50 亿年前,银河系中有一片星云成为太阳系的原始物质。这一原始物质,在湍涡流的作用下高速旋转着,由于自身引力而不断收缩;同时,角动量的守恒性使星云旋转速度越来越快,赤道处的惯性离心力越来越强大,一部分物质被抛撒出去,所剩部分形成圆状星云盘。在向心力、离心力、温差和旋转速度的交互作用下,星云盘中心部分逐渐收缩成球形太阳,边缘部分则断裂聚合成包括地球在内的九大行星和其他物质。

地球在太阳系形成以来,距今已有 45 亿年的历史。地球起初是一个炽热的大火球。随着热量的散发,它逐渐冷却下来。亲石元素上浮形成表层地壳和中层地幔,亲铁元素下沉构成由铁镍组成的地核。刚刚产生的地壳十分薄弱,撞击地表的陨星时常穿透脆弱的地壳,触动地下岩浆,引发强烈而又频繁的地震,造成局部地壳塌陷和火山爆发。年轻的地球可谓遍地烽火,处处硝

---

① 《马克思恩格斯文集》第 3 卷,人民出版社 2009 年版,第 538 页;第 4 卷,第 270 页。
② 《列宁选集》第 2 卷,人民出版社 2012 年版,第 423 页。
③ 《列宁全集》第 55 卷,人民出版社 1990 年版,第 91 页。

烟,原始海床和山脉随之形成。地球温度的剧烈变化,使其物质开始大规模分解和化合。高密度的物质形成地球的内部圈层,易挥发的气体喷出地表构成地球上面的原始大气圈。大气圈的主要化学成分是二氧化碳、甲烷、氨气、氮气、硫化氢和氧气、水蒸气。在强烈的宇宙射线特别是紫外线照射下,加之电闪雷击、陨石飞撞、火山喷发等作用,原有的无机物开始源源不断地转化为氨基酸、糖、嘌呤、嘧啶、核苷酸、卟啉等有机物质。当地球表面温度降至沸点以下,大气中的水蒸气凝聚成厚厚的云层,进而化作滔天大雨,夹杂着有机物质自天而降,从而形成原始水域,大量有机物质积聚在江河湖海之中。有机物继续进行分解化合。一方面,核苷酸形成核酸生物大分子;另一方面,氨基酸连成多肽,卷曲成 a 螺旋结构,形成生物大分子蛋白质。当核酸和蛋白质结合成蛋白体,非生命的有机物便转化为具有 DNA 双螺旋结构基因的原始生命体。基于这一事实,恩格斯在《反杜林论》中说道:"生命是蛋白体的存在方式,这种存在方式本质上就在于这些蛋白体的化学成分的不断的自我更新。"①生命的出现,是自然演化史上的第一次优化飞跃。

生命蛋白体的进一步发展,形成了圆状原始细胞。大约在 34 亿年前,原始细胞发展成为原核细胞。十七、八亿年前,原核细胞发展成为真核细胞。真核细胞的产生,标志着生命的又一次巨大发展。生物从此分化为植物、微生物和动物三大对立的分支:一支由自养功能的加强,进化为单细胞绿藻生物,并进一步发展成为现在的菌藻植物、苔藓植物、蕨类植物、种子植物;另一支在原来的基础上构成形形色色的微生物世界;还有一支则由异养功能和运动功能的增强,进化为单细胞原生动物,并进一步发展成为海绵动物、腔肠动物、两侧对称动物、原口动物、后口动物、棘皮动物、原始脊索动物、原始有头动物、无颚动物、有颚动物,以及两栖类、爬行类、鸟类、哺乳类、猿类动物和人类。人类的出现,堪称自然界演化尤其是生物进化史上的奇迹和第二次优化飞跃。

由猿类到人类的进化,经历了一个漫长的过程。大约在 400 万年以前,由于气候和大地的变迁,森林食物逐步减少,一部分古猿不得不走出森林,由树栖生活改为地面生活。新的环境和条件促使古猿出现一系列至关重要的变

---

① 《马克思恩格斯文集》第 9 卷,人民出版社 2009 年版,第 86 页。

化。一方面,为了猎取食物、防御毒蛇猛兽凶禽害虫的侵袭,古猿不得不腾出前肢觅食、自卫,用后肢支撑躯体奔跑行走。受"用进废退"、"自然选择"规律的决定和制约,古猿的地面生活特质逐渐积累起来,并在变异的生理定势基础上产生遗传。古猿的前肢久而久之变成灵活的手臂,后肢则成为腿脚。手脚的分工、直立行走,使古猿的肺器官和喉咙得到解放,并有可能发出一个个清晰的音节。同时,四肢分工和身体直立,使原来由脖子挑起的头脑被整个躯体支撑起来,从而使古猿的脑髓迅速发展,视听范围大幅扩大,信息获得量进一步增加。另一方面,新的复杂恶劣的生活环境和生存发展需要,迫使古猿不得不加紧制造工具,改进生产生活方式,强化相互间的信息联系。恩格斯认为,这一时期"已经达到彼此间不得不说些什么的地步了。"①于是,原始工具源源不断地制造出来,人类语言应运而生,社会联系日趋广泛化、多样化。伴随着这一历史性进步,渐渐地猿的活动变成人的劳动,猿脑变成人脑,猿体变成人体,古猿本身变成了人,猿群随即变成为人类社会。人就是这样,作为自然界的最优化使者来到世界,并且一直处于自然界的最佳位置的。

诚然,"一切产生出来的东西,都注定要灭亡。"②地球会逐渐冷却收缩,大约在50亿年后掉入太阳中。太阳也会慢慢冷却收缩,并落入银河河心成为暗物质。银河暗物质,将在一定时间条件下再度发生爆炸,形成新的生命条件,创造出新的人类。而原有地球人,则会在地球不再适合自身居住之前相当长的时间内向外星移民,与外星人一起持续蓬勃发展;并且新的星球还会把新的更高级的人类源源不断地创造出来。恩格斯对此指出,不仅"很可能我们还差不多处在人类历史的开端",而且在极其遥远的将来"以铁的必然性在地球上"毁灭的"物质的最高的精华——思维着的精神","在另外的地方和另一个时候又一定会以同样的铁的必然性把它重新产生出来"。③ 人类将永远处于世界的最顶端。这个过程既永远没有完结,又永远持续变革发展升华。

自然界的高度优化与人的由来表明,人生最优化有着极为深广的自然渊源和宇宙背景。它要求,人类应当严格遵循自然界的高度优化规律,不负作为

---

① 《马克思恩格斯文集》第9卷,人民出版社2009年版,第553页。
② 《马克思恩格斯选集》第2卷,人民出版社2012年版,第860页。
③ 《马克思恩格斯选集》第3卷,人民出版社2012年版,第462、864页。

"宇宙之最"、"天之骄子"、"万物之灵"的人的最优化使命,努力创造最优化的人生。

2. 人的天然最优化特点和人与自然界的最佳互动

人来源于自然界,居于自然界的至高境界,多方面展示着人的天然最优化特点。一方面,人不仅具有圆球形头脑、眼球、关节、卵子、红血球、白血球、各种组织细胞,圆柱形的骨骼、肠道、毛发,圆圈形孔窍,以及DNA双螺旋结构基因图谱,具有一般动物的某些最优化属性,而且其身体器官结构机能,特别是眉宇、心脏、肚脐眼、肘关节、胯关节、膝关节所处的位置,其上下或左右部分长度的比值,均为或近似0.618(或0.382),均属于或近似于黄金分割点的最佳位置。人体水分与体重的比值、人愉快时脑电波β波谱与其他波普所处的位置比值,人的呼吸次数与心跳次数的比值,人15小时左右的清醒时间与昼夜24小时的比值,9小时左右的睡眠时间与15小时清醒时间的比值,体力、智力作业最佳温度13℃~23℃两极温度与人的正常体温37℃的比值等,亦等于或近似于0.618(或0.382)的黄金分割最佳比值。另一方面,人体的每一个组成部分都造就得恰到好处、无可挑剔。连一向被认为"多余"的扁桃体、盲肠,也被当代医学证明并不多余,它有其特定的不可替代的杀菌消炎、化毛解腥生理功能。人拥有世界所有物种最健全聪明的大脑。人体的头部、器官、脏腑、躯干、四肢的大小、长短、粗细、形状、位置、比例、功能,人体化学元素构成种类、数量、比例、结合形式、各种功能,均优化得恰如其分,组合得天衣无缝。人体29种构成元素中,氧占65%,碳占18%,氢占10%,氮占3%,钙占1.5%,磷占1%,铁、锌、铜、碘等微量元素占1.5%。[①] 如果仅从经济学的角度审视,尽管值不了多少钱。其中,氧、氢、氮、碳装不满一箱,钙粉刷不了一间小房子,磷只能制造几盒火柴,铁打不了几根钉,锌、铜、碘等微量元素约1千克。总体,按现在的市场价格最多值2000元。然而,通过人体的最优化组合却产生出惊人价值,形成巨大系统功能,物超所值、价值连城,甚至难以估量。人的自我调节、控制平衡能力、环境适应能力,均达到同类物种的极致。美国现代著名学

---

① 参见辛立洲:《人生设计原理》,天津人民出版社1987年版,第135页;林巧稚编:《家庭卫生顾问》,北京出版社1983年版,第571页。

者 W·坎农惊讶地指出:对于外界"人们处于 115°~128℃的干热环境中仍能保持正常的体温";人体"持续 20 分钟之久的强烈的肌肉运动所产生出来的热量","倘使不是及时地发散掉","足以把身体内的一些含蛋白的物质凝固起来,就像一个煮熟的鸡蛋一样";"在运动的肌肉内产生大量的乳酸,如果没有另外一些装置来防止这种祸患……足以在瞬间把血液中的碱全部中和掉";然而,结构完备、功能齐全,具有高度自我调节控制平衡机能的人体却应付自如,"既能对付外界的有危害的条件,又能抵御来自体内的可能发生同样的危害的情况,从而继续活下去,并在相对微小的干扰下执行着它们的功能"。① 这恐怕是唯人莫属的自然专利。

自然界以最佳方式创造了人,改变着人,人也同样以自己特有的最佳方式改变和创造着自然界。人不仅能改造自然,使原有自然人化,造成第一人工自然,能摹仿自然,制造出一系列自然仿制物品,如人造森林、人工河、仿生器械、克隆动物等,从而制造出第二人工自然,而且能发明创造出飞机、火箭、卫星、宇宙飞船、电脑、机器人等自然界从来没有,而且永远也不可能自行演化出来的新产品,即第三人工自然。随着人类科技文化的进步,人对自然界的改造和创造越来越向纵深发展,人与自然界辩证地统一在一起,形成最佳互动关系系统。

人的天然最优化特点和人与自然界的最佳互动,不仅反映着人在自然界中的最佳位置和人与自然界的相互规定,彰显着自然界的高度优化与人的最优化属性特点,而且它规定,人们必须奉天承运,把人生最优化全方位不断推向前进。

(二)人与社会的最优关系

人在自然界中的最佳位置和人与自然界的相互规定,决定了人与社会的最优关系。如果说人是大自然长期演化而来的最高级的社会动物;那么,社会则是人按照自身最大限度地生存发展需要,以一定最佳方式组合而成的庞大

---

① [美]W.坎农:《躯体的智慧》,范岱年等译,商务印书馆 1982 年版,第 7 页。

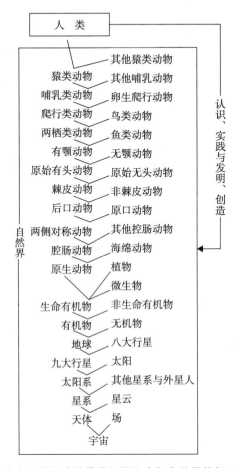

图 1-1　人在自然界中的最佳位置和人与自然界的相互规定图式

图 1-1 制图文字：宇宙；天体，场；星系，星云；太阳系，其他星系与外星人；九大行星，太阳；地球，八大行星；有机物，无机物；生命有机物，非生命有机物；原生动物，植物，微生物；腔肠动物，海绵动物；两侧对称动物，其他腔肠动物；后口动物，原口动物；棘皮动物，非棘皮动物；原始有头动物，原始无头动物；有颚动物，无颚动物；两栖类动物，鱼类动物；爬行类动物，鸟类动物；哺乳类动物，卵生爬行动物；猿类动物，其他哺乳类动物；人类，其他猿类动物；认识、实践与发明、创造；自然界。

有序的利益群体，是"人同自然界的完成了的本质的统一"①。人与社会相互影响，互相制约，构成不可分割的最优关系系统。人与社会的最优关系，主要

————————————

① 《马克思恩格斯全集》第 3 卷，人民出版社 2002 年版，第 301 页。

通过三个方面显现出来。

1. 人对社会的最高主导

人是社会的主体,没有人便没有社会。人按照自身利益最大化的诉求,改造着社会,创造着历史,推动着社会的变革和持续发展。马克思主义创始人指出:"全部人类历史的第一个前提无疑是有生命的个人的存在"①,"随同人,我们进入了历史",产生了"新的因素——社会"②。人是社会中最宝贵的因素。人类社会作为相互联系的利益群体,它的主要构成元素——生产力、生产关系、经济基础、上层建筑无一不是以人为核心。人不仅是认识和改造世界、创造世界造福于人类社会的主体,而且是生产力、生产关系、经济基础、上层建筑的主体,是维护、优化、创造社会和建设生态环境的主体。对此,马克思、恩格斯精辟地论述道:"历史什么事情也没有做,它'不拥有任何惊人的丰富性',它'没有进行任何战斗'!其实,正是人,现实的、活生生的人在创造这一切,拥有这一切并且进行战斗……历史不过是追求着自己目的的人的活动而已"。③

人对社会的最高主导表明,人不仅对自身的最优化,而且对社会的最优化拥有确定不移的主动权、支配权和多方面的主体能动性;它为人生与社会最优化提供了取之不尽、用之不竭无比巨大的力量源泉。它要求,社会各项事业都应当坚持以人为本,从人出发,以人为目的,一切为了人。

2. 社会对人的最大制约

社会是人生的本能要求,同时又是创造人生的最佳摇篮和提高与实现人生价值的重要基地及舞台。人的生存和发展,依赖于社会的存续和进步。

首先,作为由猿进化而来的最高级的物种,人天生是最社会化的动物。猿类生来就具有合群性。这种合群性通过遗传变异,反映在人类身上表现为突出的最大社会性。人生下来,就本能地呼号挣扎,试图接近人体,一旦离开人体便惊恐不安。社会性在人体中已具有明显的"获得性遗传"倾向。美国现代生理心理学家 R.M.利伯特披露:人的依恋行为等社会属性"具有生物学

① 《马克思恩格斯文集》第 1 卷,人民出版社 2009 年版,第 519 页。
② 《马克思恩格斯文集》第 9 卷,人民出版社 2009 年版,第 421、554 页。
③ 《马克思恩格斯文集》第 1 卷,人民出版社 2009 年版,第 295 页。

的基础","社会倾向可以'通过血液'一代一代传递"。① 当人与世隔绝之后，便会出现一系列难以想象的恶果。据说 19 世纪初德国巴登大公国的一位小王子卡斯巴·豪瑟，因宫廷王位之争，生下来即被软禁。3 岁后关进地牢，20 岁才放出。这位本来天资聪慧的小王子竟成了可怜的傻瓜。众所周知的 1920 年 10 月印度加尔各答山区发现的人类后裔 8 岁女童"狼孩"卡玛拉，不仅在狼群中不穿衣服，不会说话，四肢行走，生活习性与狼无异，而且救回人间后，在附近的米德纳波孤儿院生活，因错过语言、思维、行为最佳学习训练期，9 年后 17 岁去世时，仅学会一些简单的语言、动作，智力只相当于 3 岁半的儿童。② 一些离群索居的野人，被长时困于井下、电梯、废墟中的落难者，即使生命体征完好无损，精神也会出现不同程度的病态。一项试验表明：如果将一个人隔离在无声无息无光的孤寂环境中，失去一切社会交往的可能，即使满足他的吃喝要求，也无法长期忍受下去。几小时后会出现幻觉和情绪不稳，几天后会造成全身运动功能失调，思维迟钝。如果再多待一段时间，则可能出现精神分裂症状，纵然再回到正常的社会生活中来，也面临不能完全恢复原有生理机能和精神状态的危险。③

其次，人超越一切物种之上的重要规定性，除了人的先天智能和后天发育起来的 80% 的脑细胞、95% 的体重，以及通过后天学习训练形成的智力体能外，便是人的高度有序化义理化的社会性。先秦思想家荀子说过这样的话："水火有气而无生，草木有生而无知，禽兽有知而无义；人有气、有生、有知，亦且有义，故最为天下贵也。力不若牛，走不若马，而牛马为用，何也？曰：人能群。人何以能群？曰：分。分何以能行？曰：义。故义以分则和，和则一，一则多力，多力则强，强则胜物。"④人的智力虽然凌驾于一切动物之上，但人的体力和独立性却相当差。人赤身裸体来到世间，既无禽兽的爪牙之利，难以防身卫体，又没有一般动物敏捷矫健的四肢，不足以逃避毒蛇猛兽凶禽害虫的侵

---

① 参见［美］R.利伯特等：《发展心理学》，刘范等译，人民教育出版社 1983 年版，第 347 页和第四章行为的遗传因素。

② 参见叶弈乾等：《图解心理学》，江西人民出版社 1982 年版，第 60~72 页。

③ 参见吴凤岗：《怎样培养孩子的聪明才智》，科学普及出版社 1982 年版，第 66 页。

④ 《荀子》王制。

害;人不具备动物厚厚的毛皮和完善的散热机制,难以度过严寒酷暑。人的生活依赖期极为漫长,至少要十几年才能迈开独立谋生的步伐,这在动物中是绝无仅有的。人之所以生存下来并发展成为万物的主宰,很大程度在于人具有十分突出的社会性;人能积零为整组成社会,运用集体的智慧和力量相互援助,共同抵御大自然的侵袭,谋取生活资料,保卫自身、建设自身、发展自身、完善自身。用马克思主义经典作家的话说就是,人能"以群的联合力量和集体行动"来弥补个体"能力的不足"。①

再次,人的社会性具有最大限度的维护和增强个人价值的效能。"一滴水只有放进大海里才永远不会干涸,一个人只有当他把自己和集体事业融合在一起的时候才能最有力量。"这是新中国道德楷模雷锋的朴实语言,也是富含哲理意义的人生真理。人的发展和自我实现,离不开社会。社会不仅是人生的依托,而且是人生发展必不可少的外在条件和用武之地。人凭借社会不仅能够最大限度地升华自身素质,强化自身力量,提高自身价值,而且能够最大限度地实现自身价值。马克思谈到这个问题时指出:"我们知道个人是弱小的,但是同时我们也知道整体是强大的。"②"整体"之所以是"强大的",原因主要有三个。其一,社会不仅可以维护个人力量,而且能够使分散的个人力量集合为整体,从而能够完成个人力量所无法完成的艰巨任务。其二,在大多数情况下,单是社会接触就会引起竞争心和特有的精力振奋,从而可以提高每个人的工作效率。其三,单个人的力量的机械总和,与许多人力共同完成集体协作任务所发挥出来的力量有着本质的差别,它不仅提高了个人力量,而且创造出一种新的力量。这便是人们常讲的由排列组合造成的"1+1>2"的系统功能。在马克思主义者看来,以往社会"在这个直接处于人类社会实行自觉改造以前的历史时期,人类本身的发展实际上只是通过极大地浪费个人发展的办法来保证和实现的。"③而未来社会,则是人类本身的发展和个人发展尤其是个人全面而自由的发展的最高度的统一。

第四,人的社会性不仅不断扩大,而且将造就出全面发展的社会"新人"。

---

① 《马克思恩格斯文集》第4卷,人民出版社2009年版,第45页。
② 《马克思恩格斯全集》第1卷,人民出版社1995年版,第184页。
③ 《马克思恩格斯文集》第7卷,人民出版社2009年版,第103页。

随着人类的进步和知识经济、信息化、数字化时代的发展,人的社会联系越来越紧密,越来越广泛。整个社会已由"鸡犬之声相闻,老死不相往来"的孤立封闭状态,进入国际互联网和经济、科技、文化全球化时代。世界日益缩小为一个"地球村"。人类正雄心勃勃地向太空进发,一些发达国家试图与外星人取得联系,力图开发利用外层空间。1969 年 7 月 20 日,美国宇航员阿姆斯特朗乘坐宇宙飞船,作为人类的第一位使者登上月球。当他迈步月球表面时自豪地向全世界宣布:这虽然只是人类"在月球上迈出的一小步,但却是人类迈向文明的一大步。"此后,美国"先驱者—10 号"和"先驱者—11 号"宇宙飞船,携带刻有地球人像、地球人的科学技术和太阳系形状的金属图片,已于 1980 年飞过土星。现早已离开太阳系,作银河系乃至河外星系漫游。"旅行者—1号"和"旅行者—2 号"宇宙飞船则带着录有地球雷声、风雨声、地震声、动物叫声、婴儿哭声、人的尽情欢笑声、心跳声、各种语言片断、动植物趣话芯片和人体模型等,"搜索外星人",拜访地外生命世界。[①] 2012 年,美国发射的"好奇"号火星探测器已成功登上火星,并不断向地球人发回相关探测信息。美国早已计划到月球创建基地,载人登入火星。俄罗斯则建立起多功能的空间站。英国科学家准备模拟火星条件向太空移民。我国航天员参加的欧洲航天中心研制的火星载人航天器,不久将发射升空。目前,人类发射的航天装置包括卫星、飞船等已达上万颗(艘),预计本世纪中后期将建成月球城市。人类的社会性联系正以加速度向纵深方向突飞猛进。相应地,社会对人的生存和发展的制约性越来越强大。而今,人类在某些方面和一定程度上已将人生最优化推向极致。

社会对人的最大制约昭示,人生最优化不是主观随意的、任性所为的,而是受到社会制约的。它规定,必须按照自身最优化和社会最优化的双重需要,最大限度地优化自身。

3. 人生最优化与社会最优化的辩证统一

基于人与社会的辩证关系,人生最优化与社会最优化相互支持。一方面,人生最优化决定着社会最优化。人生最优化规定着社会最优化的性质、特点、

---

① 　辛立洲:《人生设计原理》,天津人民出版社 1987 年版,第 51、52 页。

目标、方向和道路;有什么样的人生最优化,往往就有什么样的社会最优化。社会最优化本质上是一系列人生最优化交互作用的产物。另一方面,社会最优化又是人生最优化赖以产生和发展的保障。不仅人的社会本能是从猿进化到人的最重要的杠杆之一,"人的存在是有机生命所经历的前一个过程的结果",而且"一旦人已经存在,人,作为人类历史的经常前提,也是人类历史的经常的产物和结果"。① 同时,社会生活重在实践,它通过人的实践活动来创造。"人是人的作品,是文化、历史的产物"②,人本身是"他的产物的产物"③。人的一切生理心理活动特别是人的一切认识和实践活动,都是在一定个人和社会条件下自觉不自觉的合目的性与合规律性的有机结合,选择性与创造性的辩证统一,人为主动性与被动适应性的自然历史过程和不断趋向绝对最优化的永恒发展过程。

人生最优化与社会最优化的辩证统一,不仅表明二者是一个不可分割的有机整体,而且要求用联系的全面的发展的系统辩证观点和态度予以最正确科学的对待,从而获得人生整体最大价值效益。

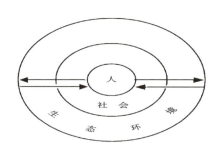

图1-2 人生最优化与社会最优化的辩证统一

(三)人的本质与人生的价值、目的和意义及其最优化内在意蕴

人与社会的最优关系,直接造就并影响着人的本质与人生的价值、目的和意义及其最优化内在意蕴。人的本质与人生的价值、目的和意义及其最优化

① 《马克思恩格斯全集》第 26 卷第 3 册,人民出版社 1974 年版,第 545 页。
② [德]费尔巴哈:"说明我的哲学思想发展过程的片段";见《费尔巴哈哲学著作选集》上卷,荣震华、李金山译,商务印书馆 1984 年版。
③ [法]萨特:《辩证理性批判》,林骧华等译,安徽文艺出版社 1998 年版。

内在意蕴,决定和制约着人生最优化的本质特点、内容体系和理论、原则与方法。

1. 人的本质与人生的价值及其最优化内在意蕴

人的本质,又称人的本性;它指的是人区别于其他动物的根本性质,是人之为人的基本规定,是人性的根本所在和人的认识与实践活动的内在决定力量,是人的自然特性和社会特性的统一。人的自然特性,即人生而就有的天然特殊性;它主要包括人的衣食需要、居住需要、行为需要、异性需要、生殖需要、自保需要、健康需要、安全需要、发展需要、劳动创造需要,以及天生的特定潜质性语言能力、思维能力、创造能力、合群性等。人的社会特性,是人后天通过学习、实践形成的社会特殊性;它主要包括人的生产劳动能力、社会交往能力、求真向善达美能力、自我完善能力、自我实现能力。人的自然特性作为人的本质中最根本、最基础的特性,决定和制约着人的社会特性;人的社会特性作为社会化的人的自然属性,反映并反作用于人的自然特性。人的本质,大致可以分为个人本质和人类本质两种既相区别又相联系的类型。个人本质,又称单个人的本质、单个人的特性;它是个人区别于其他人的自然特性和社会特性的整合。个人本质主要由个人的先天素质、后天能力,以及与其密切相关的现实的一切自然关系、社会关系的总和共同规定。人不仅每天都在"生产自己的生命"、"创造自己本身",而且"人创造环境,同样,环境也创造人","人们在肉体上和精神上互相创造着",人与自然、社会相互规定、相互改造、相互创造。① 由于"一切事物都有差别"②,因而世界上没有完全相同的个人本质,个人本质丰富多彩。可以说,有多少个人就有多少种不同的个人本质。认知个人本质比认知人类本质、人的阶级本质、阶层本质,更具有理论科学性和实践应用价值。人类本质,又称人的"类本质"、"类特性";即全人类区别于其他动物的本质;它是人类所具有的高级共性。马克思认为:"一个种的整体特性、种的类特性就在于生命活动的性质,而自由的有意识的活动恰恰就是人的类

---

① 参见《马克思恩格斯文集》第 1 卷,人民出版社 2009 年版,第 532、542、545、540、528、501 页。

② 《列宁全集》第 55 卷,人民出版社 1990 年版,第 112 页。

特性。"①人类本质从根本上讲,即是人类充分"自由"的、具有最高度意识的、尽可能正确科学地认识世界、改造世界、创造世界造福于自身的特有品质或曰根本品质。个人本质是人类本质的构成元素,没有一系列的个人本质,就不可能有人类本质;反过来,人类本质作为个人本质的社会化集合,不仅彰显着个人本质的共性,而且体现着人的本质由量变到质变的飞跃性发展和演进优势。

人的本质就其自然特性而言,无所谓善恶。它只为人的后天行善作恶提供自然条件;人的本质的社会特性,在有史以来的历史进程中虽有善恶之别,但它却伴随人的自然特性尤其是人的社会特性改变而改变。对此,马克思主义者不仅认为,个人本质旨在"显示出自己最动人、最高贵、最合乎人性的特点"②,人类本质重在彰显人类社会的最大优越性;而且认为人的本质是以利己为"出发点"的客观上实质上的利己和利他的辩证统一,总体则利于人类社会,并且呈现出不断向善化的趋势。对此,马克思主义经典作家指出,一方面,"人皆先爱其身"③,"只有利己主义的个人才是现实的人"④,"人们首先必须吃、喝、住、穿,然后才能从事政治、科学、艺术、宗教等等"⑤;所以,"各个人过去和现在始终是从自己出发的"⑥,"他们的需要即他们的本性"⑦,"人的心灵,从一开始",就"直接"地基于"自己的利己主义","在我们能够为某一件事做些什么以前,我们必须首先把它变成我们自己的、利己的事"⑧,"真正的社会联系并不是由反思产生的,它是由于有了个人的需要和利己主义才出现的"(这里的"利己主义"是中性词,泛指一切个人利益)⑨,"人们为之奋斗的一切,都同他们的利益有关。"⑩另一方面,"人天生就是社会的"动物,因而,人"只能在社会中发展自己的真正的天性","只有在共同体中,个人才能获得

---

① 《马克思恩格斯文集》第 1 卷,人民出版社 2009 年版,第 162 页。
② 《马克思恩格斯文集》第 1 卷,人民出版社 2009 年版,第 449 页。
③ 《马克思恩格斯全集》第 5 卷,人民出版社 1960 年版,第 270 页。
④ 《马克思恩格斯全集》第 1 卷,人民出版社 1956 年版,第 443 页。
⑤ 《马克思恩格斯文集》第 3 卷,人民出版社 2009 年版,第 601 页。
⑥ 《马克思恩格斯文集》第 1 卷,人民出版社 2009 年版,第 587 页。
⑦ 《马克思恩格斯全集》第 3 卷,人民出版社 1960 年版,第 514 页。
⑧ 《马克思恩格斯文集》第 10 卷,人民出版社 2009 年版,第 24 页。
⑨ 《马克思恩格斯全集》第 42 卷,人民出版社 1979 年版,第 24 页。
⑩ 《马克思恩格斯全集》第 1 卷,人民出版社 1995 年版,第 187 页。

全面发展其才能的手段",①"人只有为同时代人的完美、为他们的幸福而工作,自己才能达到完美。"②再一方面,"公和私是对立的统一,不能有公无私,也不能有私无公"(这里的"私"泛指一般个人利益,而不是贬义的自私——引者注)③,而个人利益与社会利益不是并重的,而是社会利益在质量、数量、能量和客观实际上高于个人利益。因而,"必须使人们的私人利益符合于人类的利益。"④在马克思主义经典作家看来,人的发展阶段大致有三个:一是"人的依赖关系"阶段,即社会初级阶段;二是"以物的依赖性为基础的人的独立性"阶段,即社会中级阶段;三是"建立在个人全面发展和他们共同的、社会的生产能力成为从属于他们的社会财富这一基础上的自由个性"阶段,即社会高级阶段⑤;未来充满人道主义的社会,不仅"不同人的本性、理智、良心相矛盾"⑥,而且彼此是根本一致的,"关于人性本善……关于享乐的合理性等等学说,同共产主义和社会主义有着必然的联系。"⑦人的本质特别是其社会特性,是不断变化的。随着社会的发展、人类的进步,"人的本质"不仅在"力量"上将不断"得到新的证明",在内容形式上将继续"得到新的充实",⑧而且在自身和社会关系上将日益表现出通体的善性;人的思维、语言、行为将由自觉不自觉的最优化,走向自觉而又极其有效的最优化。这是历史的必然,也是人性的最优化所归。

　　人生的价值,是人的本质的外化形态,是人生对自身需要的一定程度的满足与对社会的积极贡献,以及社会对人生的尊重和需要的一定程度的满足。它反映着个人本质的自我效用和社会效用的大小,体现着人类本质的占有程度。人生的价值所涉及的一般价值作为属人关系的产物,是主体运用于客体

---

① 《马克思恩格斯文集》第 1 卷,人民出版社 2009 年版,第 335、571 页。

② [美]拉兹洛:《系统哲学演讲集》,闵家胤等译,中国社会科学出版社 1991 年版,第 38 页。

③ 《毛泽东文集》第 8 卷,人民出版社 1999 年版,第 134 页。

④ 《马克思恩格斯文集》第 1 卷,人民出版社 2009 年版,第 335 页。

⑤ 《马克思恩格斯文集》第 8 卷,人民出版社 2009 年版,第 52 页。

⑥ 《马克思恩格斯全集》第 2 卷,人民出版社 1957 年版,第 614 页。

⑦ 《马克思恩格斯文集》第 1 卷,人民出版社 2009 年版,第 334 页。

⑧ 《马克思恩格斯文集》第 1 卷,人民出版社 2009 年版,第 223 页。

的特定效用尺度。庄子在《秋水》一文中曾说道:"以道观之,物无贵贱;以物观之,自贵而相贱;以俗观之,贵贱不在己;以趣观之,因其所然而然之,因其所非而非之。"本来,以人观物,物才有了贵贱高低价值有无大小之分。因为,"人是万物的尺度,是存在的事物存在的尺度,也是不存在的事物不存在的尺度"①,"动物只是按照它所属的那个种的尺度和需要来构造,而人却懂得按照任何一个种的尺度来进行生产,并且懂得处处都把固有的尺度运用于对象。"②正是基于这种认识,马克思主义创始人强调:"'价值'这个普遍的概念是从人们对待满足他们需要的外界物的关系中产生的","人在把成为满足他的需要的资料的外界物……进行估价,赋予它们以价值或使它们具有'价值'属性"。③ 在马克思主义者看来,不仅要明确人的价值与人的增值之间的内在联系,而且"必须弄清楚……人的价值和人的贬值之间"的"本质联系";明确人作为认识和改造、创造世界造福于自身的主体,既可以创造价值,也可以损害价值;"物的世界的增值"既可以同人的世界的增值成正比,也可以"同人的世界的贬值成正比";"整个人生的逻辑公式"是人的创造、贡献、财富、地位、荣誉、享用等"个人的利益",同人生的价值的内在统一;明确"人只有凭借现实的、感性的对象才能表现自己的生命","个人怎样表现自己的生命,他们自己就是怎样";④力求"世界的一切部分的和谐,特别是人与自然界的和谐"⑤,不断造福于自身。

人生的价值决定人生的价格。人生的价格是人生的价值的社会表现;它主要通过社会对人的尊重和需要的一定程度的满足来实现。人生的价值作为多元多维综合体,它以人生的生产、生活、发展三大要素为目的,以人生的长度、宽度、高度、进度四项维度为保障,以人生的质量、数量、物质、精神、文化、环境六种规定为动力,以人生的最优、较优、一般、较劣、最劣五大形态为表现

---

① 古希腊哲学家比罗泰戈拉语;见《古希腊罗马哲学》,北京大学哲学系外国哲学教研室编译,三联书店 1957 年版,第 138 页。

② 《马克思恩格斯文集》第 1 卷,人民出版社 2009 年版,第 163 页。

③ 《马克思恩格斯全集》第 19 卷,人民出版社 1963 年版,第 406、409 页。

④ 参见《马克思恩格斯文集》第 1 卷,人民出版社 2009 年版,第 156、478、477、519、571、542、210、520 页。

⑤ 《马克思恩格斯文集》第 1 卷,人民出版社 2009 年版,第 528 页。

形式。彼此相互规定，构成对立统一体。

像其他任何事物一样，人生的价值也有自己的规律。人生的价值规律，堪称学术界的崭新课题。它指的是人生的价值本质的必然联系及其发展趋势；主要有三大基本规律、七项特殊规律构成。人生的价值三大基本规律，即多元统一规律、价格波动规律、前后一体化规律。人生的价值多元统一规律，即人生各种价值形态既相互区别、相互对立，又相互联系、相互统一，在一定条件下相互转化的规律。人生的价值波动规律，指的是人生的价值决定人生的价格，人生的价格反映并反作用于人生的价值，围绕人生的价值上下波动的规律。它主要表现为，当人生的价格高于人生的价值，就激励和促进人生的价值提高与实现；当人生的价格低于人生的价值，就抑制和阻碍人生的价值提高与实现；当二者相等，重合一致，人生的价值则处于相对平衡稳定状态。人生的价格与人生的价值相互影响，总体趋于一致。人生的价值前后一体化规律，即人的生前与死后价值相一致，人的生前价值决定人的死后价值，有什么样的生前价值，就有什么样的死后价值。人的死后价值归根结底由人的生前价值所创造。人生前理应得到而没有得到的人生价值肯定，人死后迟早会通过还原历史、追授表彰、后代受益等形式得到补偿；人生前不应得到而却得到的人生价值肯定，人死后迟早要通过正本清源、撤销追回、后代受损等形式得到索赔。人生的价值多元统一规律、价格波动规律、前后一体化规律，三者之间的关系酷似唯物辩证法的对立统一规律、量变质变规律、否定之否定规律之间的关系。其中，人生的价值多元统一规律是人生的基本价值规律的实质和核心，它决定和制约着人生的价格波动规律和人生的价值前后一体化规律；后两者则是对前者在某些方面和一定程度的展开和深化。人生的价值多元统一规律，揭示的是人生的价值提高与实现的动力和源泉；人生的价格波动规律，则在很大程度反映的是人生的价值提高与实现的内容和形式；人生的价值前后一体化规律，从根本表明人生的价值提高与实现的方向、路线和归宿。人生的价值七项特殊规律，则分别指的是人生目标价值与人生道路价值相一致规律，人生的纵向价值与人生的横向价值相结合规律，人生的理论价值与人生的实践价值相联系规律，人生的要素价值与人生的结构价值相协调规律，人生的功能价值与人生的系统价值相贯通规律，人生的过程价值与人生的调控价值相配合规律,人生的部分价值与人生的整体价值相统一规律,人生的系统价值与人生的环境价值相契合规律。人生的价值基本规律决定和制约人生的价值特殊规律,人生的价值特殊规律反映并反作用于人生的价值基本规律。

人生的价值范畴作为与人生的价值规律相对应的一系列科学规范形态,它是人生的价值规律在不同向位、层面和过程的具体展开和一一对应的范式概括。它从不同的角度大致可以分为人生的自我价值与社会价值,内在价值与外在价值,应有价值与实有价值,实际价值与虚幻价值,历史价值、现实价值与未来价值,以及先天价值与后天价值,正面价值与负面价值等。可以说,有多少不同的人生的价值构成形态,就有多少不同的相应人生的价值范畴。

需要指出的是,人生的自我价值,亦即人生对自身的积极效用或曰人生对自身需要的一定程度的满足;人生的社会价值,亦即人生对社会的积极效用或曰人生对社会的贡献和社会对人生需要的一定程度的满足,它是人生的自我价值的社会化;二者不是平行并列的,而是有主有次的。人生的价值重在人生的社会价值,亦即人生的社会贡献。当人生的自我价值与人生的社会价值发生矛盾,前者应当服从后者。一方面,这是由人生的社会价值对人生的自我价值在质量、数量、能量上的至上性和人类最大价值效益取向共同规定的;另一方面,是因为人生的价值评价主要的不是"根据单个个人的力量",而是"根据社会的力量来衡量"。① 正如当代世界著名科学家爱因斯坦所说:"一个人的价值",主要的"应当看他贡献什么,而不应该看他取得什么";"一个人对社会的价值,首先取决于他的感情、思想和行动,对增进人类利益有多大作用"。②

人的本质与人生的价值的最优化内在意蕴,不仅表现为人的本质具有明显的最优化特性,而且表现为人生的价值无论其内涵特点,还是其规律、范畴,无论其价值的最大限度的提高,还是其价值的最大限度的实现,无不具有高度的最优化规定。借助现当代西方一些著名哲学家、管理学家的话说,就是"人既然是一种含灵之物,所以他便受了自己组织的支配,不得不受自己思想和判

---

① 《马克思恩格斯文集》第 1 卷,人民出版社 2009 年版,第 335 页。

② 《纪念爱因斯坦译文集》,赵中立、许良英译,上海科学技术出版社 1979 年版,第 68、69、51 页。

断的决定,追求最好的事物"①;"追求优越"或曰"对优越感的追求是所有人类的通性。"②一切有悖于正确科学的人的本质理论与人生的价值的观点,特别是"人性神性论"、"人性兽性论"、"人性单纯自然论"、"人性纯粹社会关系论"、"人性全然自私论"、"人性无己论",以及人生"价值中立观"、"唯我主义价值观"、"权力地位金钱价值观"③、"纵欲主义价值观"、"极端个人主义、享乐主义价值观"等,都应受到批判和摈弃。人的本质与人生的价值及其最优化内在意蕴,决定了人生最优化的本质属性与价值取向。它要求,人生最优化必须最大限度地认知、占有和升华自己的本质,尽可能地提高和实现自身的价值。④

2. 人生的目的和意义及其最优化内在意蕴

人生的目的,又称人生的目标;它是人生所要达到的一定界标。"人"作为"现世上创造的最终目的"⑤,人生的目的则是现世上创造的最高目的。如果说人诞生之前的自然史是自然界向人生成的历史,那么,在人诞生之后的自然史的最高发展便表现为人类自身的发展形态。人生目的发端于人的本质,彰显着人生价值取向,蕴含着人生的意义,受制于人的世界观、人生观、价值

---

① 　[英]洛克:《人类理解力论》,关文运译,商务印书馆1959年版;载金明华主编:《世界名言大词典》,长春出版社1991年版,第2页。

② 　[奥地利]阿尔费雷德·阿德勒语;引自赵敦华主编:《西方人学观念史》,北京出版社2005年版,第426页。

③ 　对此,我国清末文人欧阳巨源在《官场现形记》一书序言中感叹道:"官之位高矣,官之名贵矣,官之权大矣,官之威重矣!"德国现代哲学家尼采强调:"渴望统治,是意志的最高目标、最高价值和最高体现;是一切存在的基原和准则";我国西晋学者鲁褒在《钱神论》一文中写道:"钱之所在,危可使安,死可使活;钱之所去,贵可使贱,生可使杀","死生无命,富贵在钱";英国17世纪戏剧家莎士比亚在悲剧《亚典的泰门》中强调:钱这个东西可以使黑的变成白的,丑的变成美的,错的变成对的,卑贱变成尊贵,老人变成少年,懦夫变成勇士。此类表述,虽然并非毫无根据,但却未免过于夸大。实际上,权力地位金钱决非万能之物,它不仅不能改变人的先天素质,而且不能换回人间真情大爱,不能根本改变人的知行意愿。如果来路不正或使用不当,甚至会给人带来不幸和灾难。

④ 　详见张瑞甫:"自私不是人的本性的哲学证明",《光明日报》1990年1月12日、《新华文摘》1991年第1期;张瑞甫:《"人性自私论"的现实危害与理论悖误》,《当代思潮》2007年第2期。

⑤ 　[德]康德:《判断力的批判》,邓晓芒译,人民出版社2002年版;载金明华主编:《世界名言大词典》,长春出版社1991年版,第2页。

观、最优观,决定着人生的方向、道路和成败得失与优劣程度。人生的目的从不同角度可以划分为正确的人生目的、错误的人生目的,科学的人生目的、非科学的人生目的,最优人生目的、次优人生目的、一般人生目的、次劣人生目的、最劣人生目的等。人生最优化必须树立最正确科学的人生目的,排除一切错误的、非科学的、非优化的人生目的。马克思主义创始人在谈到这一问题时指出:"作为确定的人、现实的人,你就有规定,就有使命,就有任务,至于你是否意识到这一点,那都是无所谓的。这个任务是由于你的需要及其与现存世界的联系而产生的。"① 而"任何人的职责、使命、任务,就是全面地发展自己的一切能力"②,并且"把社会组织成这样:使社会的每一个成员都能完全自由地发展和发挥他的全部才能和力量"。③ 中国共产党的创始人李大钊则明确提出:"人生的目的,在发展自己的生命","人类最高的欲求,是在时时创造新生活","人类的生活,必须时时刻刻拿最大的努力,向最高的理想扩张传衍,流转无穷,把那陈旧的组织、腐滞的机能一一的荡摧清,别开一种新局面"。④

人生的意义,则是人生所蕴含的意味和效用;它在一定程度是人生价值的代名词。人生的意义,不仅存在于人的本质和人生的价值、目的之中,与人生的最高境界相联系,而且存在于人生最正确科学的认识和改造自然、社会、自身,最大限度地造福于人类的过程之中。不问收获只管耕耘,不计结果,固然片面,但只问收获,不管耕耘,忽视过程,亦不可取。世界著名科学家居里夫人说得好:"我知道生命很短促而且很脆弱",人要"永远耐心地向一个极好的目标努力";然而,"人们在每一个时期都可以过有趣而且有用的生活","我们不得不饮食、睡眠、游情、恋爱,也就是说,我们不得不接触生活中最甜蜜的事情","我们应该不虚度一生","愿你们每天都愉快地过着生活,不要等到日子过去了才找出它们的可爱之点,也不要把所有特别合意的希望都放在未来"。⑤ 人生的意义有无和大小总是相对的,正确科学的人生意义观,既希冀

---

① 《马克思恩格斯全集》第 3 卷,人民出版社 1960 年版,第 329 页。
② 《马克思恩格斯全集》第 3 卷,人民出版社 1960 年版,第 330 页。
③ 《马克思恩格斯全集》第 42 卷,人民出版社 1979 年版,第 373 页。
④ 《李大钊选集》,人民出版社 1959 年版,第 247、119 页。
⑤ [波兰]居里夫人:《给绮瑞娜和弗烈德利约里奥居里的信》。

和拥有最理想的结果,又要致力和享受富有积极意义的过程。人生最优化所赋予、建树的人生的意义,只能是人生目的与过程的有机结合,理论和实际的高度一致,认识和实践的有机统一的人生的特定积极意义。

人生的目的和意义的最优化内在意蕴,不仅在于最大限度地认知、占有和升华自己的本质,通过自身后代无穷无尽的遗传和克隆技术在某些方面和一定程度达到永生,从而尽可能地提高和实现自身的价值,而且重点在于让有限短暂的人生化为无限永恒的最佳人生。用孔子和他所创立的儒家学派崇尚与信奉的话说,就是坚持"立德"、"立功"、"立言"人生三"不朽"原则,①运用"志于道,据于德,依于仁,游于艺"方法②,通过格物、致知、诚意、正心、修身、齐家、治国、平天下途径,③达到"尊德性而道问学,致广大而尽精微,极高明而道中庸","动而世为天下道,行而世为天下法,言而世为天下则"的崇高境界,实现"德为圣人,尊为天子,富有四海之内,宗庙飨之,子孙保之","与天地参","悠久无疆"④的极其宏伟远大的人生目标。⑤ 同时,要彻底否定和清除当今社会一些地方和人群中肆虐泛滥的"人生目的渺茫论"、"人生归宿死亡论"、"人生真谛无解论"、"人生意义虚无论"、"幸福自我感觉论",以及"给我一块领土我能创造一个国家,给我一排美女我能造就一个民族"之类的"私欲无限膨胀论"等错误观念。⑥ 人生的目的和意义的最优化内在意蕴规定,正确

---

① 《左传》襄公二十四年。

② 《论语》述而。

③ 《大学》。

④ 《中庸》。

⑤ 迄今,最佳人生,只有在自身后代无穷无尽的遗传基础上,秉承孔子和他所创立的儒家学派的相关学说和现代某些人生科学研究成果尤其是当代人生最优化理论、原则与方法,才能得到最现实、可靠、经济、圆满的实现和不断升华。人体克隆复制技术,不仅成本高、风险大,而且不会进化与优化。基因重组优化技术则不仅成本高、风险大,而且达不到个人整体遗传和升华的目的。至于我国道家提出的"长生久视"、修身养性、益寿延年、与天为一的思想,虽不乏可取之处,但其修炼成仙的幻想却根本不可能实现。西方佛教、基督教、伊斯兰教等提出的关爱生命,行善积德,普度众生的主张和因果相报的理念,尽管在不少方面值得肯定,但其皈依空门、生死轮回、祈求极乐世界、天国幸福的思想,却流于空想。古今中外有关人生苦奋斗、归宿为坟墓、一死万事休的机械唯物主义、形而上学观点,虽然较唯物务实,但却未免过于悲观失望、消极无助。因而,应当取其精华,弃其糟粕。

⑥ 参见张瑞甫:《人生最优化原理》,山东人民出版社1991年版,第一章人生最优化的参照系统,三、人生的真谛、目的和意义。

科学地认识和改造自然、社会和自身,谋求自身和全人类的幸福,尽可能地发展和永远繁衍自身的生命,最大限度地优化三者之间的关系,以最少的人力、物力、财力、时间投入、消耗,获得最大的人生价值效益。

二、人生最优化的观念心态取向

人生最优化的观念心态取向,反映着一定程度的人生最优化的参照系统的本质特点与发展规律,指导着人们认识和改造、创造世界造福自身的活动。这也正是人区别于一般动物的主要标志之一。汉语的"观念"、"心态"两词,属西方外来词,但其中的"观"字却源于《韩非子·内储说上》:"观同不参,则诚不闻"一语,意为看、视、察、听等;"念"字出自《诗经·大雅·文王》:"王之荩臣,无念尔祖",有思想、想法之意;"心"字源于《黄帝·内经》素问·灵兰秘典论中的"心者,生之本,神之变"和《孟子·告子上》中的"心之官则思",意为心性、心理、心思等;"态"字出自《楚辞·大招》中的"滂心绰态",有态度、情态之意。古希腊文中的观念"Idea",指观点、理念等;心态"Manner",指心理、态度、状态等。观念心态取向,即观点理念、心理态度所选取的方向。二者反映的是人的精神追求与思想情态。人生最优化的观念心态取向,指的是依据人生最优化的参照系统特别是人的本质与人生的价值、目的和意义及其最优化内在意蕴要求,求取最正确科学的人生观点理念、心理态度方向。它同人生最优化的参照系统一起,构成人生最优学必不可少的思想理论基础和前提保障。

(一)确立最优观念

观念,作为人们对客观世界的观点理念,不仅是"移入人的头脑并在人的头脑中改造过的物质的东西"①,而且是在反映、改造、创造世界和造福自身基础上形成的推理、想象、创新和假说。最优观念,即最正确科学的观点理念,属最优化的意识形态范畴。观念决定心态,心态影响行为,行为造就命运。最优

---

① 《马克思恩格斯文集》第5卷,人民出版社2009年版,第22页。

观念直接决定最佳心态,影响最佳行为,造就最佳命运。观念之于人生、社会、环境,至关重要。关键时刻、紧要之处,一念之差可以导致天渊之别。确立最优观念,对于人生、社会、环境最优化,意义异常之大。确立最优观念,即正确科学树立最佳观点理念。它需要制定和完成两项基本任务。

1. 牢固树立正确科学的世界观、人生观、价值观、最优观

世界观、人生观、价值观、最优观,是人们对世界、人生和最优化问题的基本观点和看法。人是精神动物,不能离开一定的世界观、人生观、价值观、最优观而存在。即是刚刚来到世间的婴儿也具有世界观、人生观、价值观、最优观的萌芽;甚至植物人,凭其原有内存记忆也会有一定的隐性世界观、人生观、价值观、最优观。而世界观、人生观、价值观、最优观,本质上属于哲学范畴。哲学,即是理论化、系统化的世界观、人生观、价值观、最优观和方法论。其本质和根本任务,在于最正确科学地认识世界、改造世界、创造世界,最大限度地造福于人生与社会。其重大使命和功能作用,在于对历史进行概括、"总结"、"反思"、批判,对现实进行改造、创造实践活动,对未来予以合理准确预设规划。它不仅具有概括总结、反思批判、认识改造、革命建设功能,而且具有深化升华、"正思"肯定、希望愿景、创新创造、预测导向、引领未来作用。正确科学的哲学或曰"真正的哲学","都是自己时代的精神上的精华"和"文化的活的灵魂","人民的最美好、最珍贵、最隐蔽的精髓都汇集在哲学思想里。"①人们的一切思想、态度、言行,无一不受世界观、人生观、价值观、最优观的指导,无一不受一定哲学思想的制约。所不同的只是所受的影响不同、自觉性程度不一。他们不受正确科学的世界观、人生观、价值观、最优观哲学思想的指导,便受非正确科学的世界观、人生观、价值观、最优观哲学思想的制约。对此,恩格斯说道:"在理论自然科学中,往往非常明显地显露出对哲学史……缺乏认识。哲学上在几百年前就已经提出,并且在哲学界中往往早已被抛弃的一些命题,在理论自然科学家那里却常常作为崭新的知识而出现,甚至在一段时间里成为时髦";这是由于"自然科学家相信,他们只要不理睬哲学或辱骂哲学,就能从哲学中解放出来。但是,因为他们离开思维便不能前进,而且要思维就

---

① 《马克思恩格斯全集》第 1 卷,人民出版社 1995 年版,第 220、219 页。

得有思维规定……正因为这样,他们同样做了哲学的奴隶,而且遗憾的是大多做了最蹩脚的哲学的奴隶,而那些对哲学家辱骂得最厉害的人恰好成了最蹩脚的哲学家的最蹩脚的庸俗残渣的奴隶。自然科学家尽管可以采取他们所愿意采取的态度,他们还得受哲学的支配。问题只在于:他们是愿意受某种蹩脚的时髦哲学的支配,还是愿意受某种建立在通晓思维历史及其成就的基础上的理论思维形式的支配"。① 英国现代著名科学家伯恩认为,"每个科学阶段都和当时的哲学体系有着相互影响,科学给哲学体系提供观察事实,同时从哲学中接受思想方法。"②世界著名科学家爱因斯坦则指出:哲学"认识论要是不同科学接触,就会成为一个空架子";反过来,"科学要是没有认识论——只要这真是可以设想的——就是原始的混乱的东西。"③同科学相比,爱因斯坦更看重哲学。他曾表示:"今天的物理学家几乎全是哲学家","与其说我是物理学家,倒不如说我是哲学家。"④哲学对于其他科学文化领域的影响,大致也是如此。

牢固树立正确科学的世界观、人生观、价值观、最优观,即牢固确立合乎实际,符合人生与社会发展需要的积极向上的世界观、人生观、价值观、最优观。它要求,坚定不移地传承和不断发扬光大古今中外最正确科学的世界观、人生观、价值观、最优观,尤其是以辩证唯物主义、历史唯物主义和乐观进取、团结协作精神为核心,以索取与贡献相统一,以贡献至上为价值取向,及时吸收富有合理性的新思想、新观点、新内容、新形式,不断丰富发展完善的当今社会最正确科学的世界观、人生观、价值观、最优观,使之永葆青春活力,永远立于不败之地。

具体说来,我国在这方面的当务之急主要有四个。其一是,全方位解放思想、实事求是,与时俱进、开拓创新。其二是,进一步破除极端利己主义、拜金主义、官本位、不作为、滥作为、胡作非为,以及悲观厌世、不求进取、不思优化

① 《马克思恩格斯文集》第9卷,人民出版社2009年版,第436、460页。
② 引自张华夏、叶侨健:《现代自然哲学与科学哲学》,中山大学出版社1996年版,第26页。
③ 《爱因斯坦文集》第1卷,许良英等编译、商务印书馆1976年版,第480页。
④ 引自张华夏、叶侨健:《现代自然哲学与科学哲学》,中山大学出版社1996年版,第44、46页。

观念。其三是,高度弘扬唯物主义和马克思主义辩证法思想,尤其是行健自强、人道博爱、自由平等、民主法治、公平正义、团结协作、奋发进取,人生、社会、环境最优化精神。其四是,最正确科学地谋划人生的美好未来,力求建构起最优化思想理论大体系。特别要大力批判和清除形形色色的各种唯心主义思想、愚昧无知的宗教迷信。当今时代,由于信息的高度多元化、世界化和升学、就业、创业、兴业等社会压力的加大,人生不确定因素增多,我国消极的反科学的宗教有神论、宿命论有所抬头。而有神论、宿命论本身源自人类的无知和对自然人事的敬畏、怯懦,它是人为的自欺欺人之举。在动物世界,动物没有严格意义的意识,它们本质上以其固有的本能知解和对待世界。在它们的心目中,或许善待它们的人即是天使,虐待它们的人便是恶魔。而人作为超级精神动物,其愚弱、懒惰、狂妄者,则往往委身于宗教,寄希望于虚无缥缈的迷信,而不愿意面对现实尤其是复杂严酷的现实,不愿意致力于现实生活的奋斗。这不能不说是人类的一大悲哀。两千多年前,我国文化圣典《周易》就明确提出“盈天地之间者,唯万物”的著名论断①。战国时代的经典《左传》则告诫世人:“国将兴,听于民;将亡,听于神。”②著名思想家老子警示:“天下多忌讳,而人弥贫。”③著名军事家孙武深刻提出:“先知者不可取于鬼神,不可象于事,不可验于度,必取于人。”④魏晋时代的思想家葛洪,则特别推崇《骨甲文》中的“我命在我不在天”的科学要论⑤。同时代的文学家嵇康概括出“至人不相,达人不卜”的宝贵历史经验⑥。明清成书民间久久传诵的《赠广贤文》则响亮地提出“算什么命,问什么卜?”,“世事茫茫难自料,清风明月冷看人”,“知己知彼,将心比心”,“为善最乐,为恶难逃”,“诸恶莫作,众善奉行”,“但行好事,莫问前程”,“善恶到头终有报,只争来早与来迟”;“谁人背后无人说,哪个人前不说人”,“岂能尽如人意,但求无愧我心!”“秋虫春鸟共畅天机,何必浪生悲哀;老树新花同含生意,胡为妄别妍媸”,“平生不作皱眉(愧心)事,

① 《周易》序卦。
② 《左传》庄公三十二年。
③ 《老子·道德经》第五十七章。
④ 《孙子兵法》用间。
⑤ 葛洪:《抱朴子》内篇·黄白。
⑥ 嵇康:《卜疑集》。

世上应无切齿人","人情似水分高下,世事如云任卷舒","宁可人负我,切莫我负人";"为恶畏人知,恶中犹有善路;为善急人知,善处即是恶根","声妓晚景从良,半世之烟花无碍;贞妇白头失守,一生之清苦俱非";"人恶人怕天不怕,人善人欺天不欺","笋因落箨方成竹,鱼为奔波始化龙","天上有星皆拱北,世间无水不朝东"等鉴古明今的至理名言,为人生提供了极其宝贵的正确训诫。英国近代思想家弗兰西斯·培根则强调:"迷信愚妄的人是不会幸运的。他们把思考权交付给他人,就不会走自己的路了。"①马克思主义经典作家不仅认为"宗教的基础"是"人类精神的他律"②,是"人创造了宗教,而不是宗教创造人",而且认为"宗教是人民的鸦片"③,"廉价出售"给人们"进入天国享福的门票"④。更何况,现代唯物主义哲学、天文学、地理学、人体科学,以及人类千百年来形成的丰富深刻的实践经验,一直解证着唯心主义有神论的荒谬无知和根本不可取性。世界著名科学家牛顿晚年因信奉宗教,试图证明"上帝"是宇宙的"第一推动力"和世界的"全能的主宰"⑤,其科学事业再无重大建树等屡屡上演的此类悲剧,给笃信宗教的善男信女们早已敲响警钟。牢固树立正确科学的世界观、人生观、价值观、最优观,尤其应站在时代的制高点,以唯物主义的态度和最正确科学的方法,将各种唯心主义思想和迷信行为扫进历史的垃圾堆。

2.始终坚持人本物用,天人一体,和谐发展思想

人本物用、天人一体、和谐发展思想,源自客观存在的天人关系和人类社会尽可能地又好又快科学发展的内在诉求。一方面,人是认识和改造、创造世界造福于自身的主体,是自己一切活动的出发点、目的和归宿。人生天地间,天以人贵人第一。在思维、语言、行为尤其是发明、创造能力层面,人无不凌驾于一切自然存在物之上。因而,人应当充分按照自身的内在规定,以自身为本,外物为用,最大限度地造福于自身。另一方面,人无论如何高级,如何不同

---

① ［英］弗兰西斯·培根:《随笔录》;载金明华主编:《世界名言大词典》,长春出版社1991年版,第146页。

② 《马克思恩格斯全集》第1卷,人民出版社1995年版,第119页。

③ 《马克思恩格斯文集》第1卷,人民出版社2009年版,第3、4页。

④ 《列宁全集》第12卷,人民出版社1987年版,第131页。

⑤ 参见辛立洲:《人生设计原理》,天津人民出版社1987年版,第266页。

于狭义自然物,具有超自然的力量特性,但他(她)归根结底还是自然界的产物,是广义自然界的组成部分。不仅人的血肉之躯来源自然界,而且人一旦独立为一界,一刻也不能离开自然界所提供的空气、阳光、水分、食物和其他一切相关物质条件而生存和发展。自然界不仅是人类赖以产生的第一母体,而且是人类藉以存在、发展的物质保障和永恒动力。人天本一源,天人原一体。人与自然应共处互利,和谐发展。我国古代经典文献《周易》所揭示阐发的天尊地卑,人类效之,"自强不息","厚德载物"理论,"先天而天弗违,后天而奉天时"的天人关系、人生思想;①《尚书·周书》泰誓所提出的"天佑下民","天视自我民视,天听自我民听"的天人相宜、人天一体哲理;老子所倡导的天道"自然"、人道"玄德"(至高道德),"人法地,地法天,天法道,道法自然","生而不有,为而不恃,长而不宰",达到"玄德"理念;②孔子与其弟子谈及的"天下为公"③,"获罪于天,无所祷"的人生警示④;孟子提出的"天时"、"地利"、"人和"愿景⑤;管子提出的"以人为本"思想⑥;宋代哲学家张载直接阐发的"天人合一"观点⑦;清代学者王夫之提出的"自然者天地,主持者人;人者,天地之心"学说⑧;西方绿色和平组织高扬的人道主义、善待生命、生态平衡、绿色环保精神,均不同程度地闪耀着人本物用、天人一体、和谐发展思想的光华。人本物用、天人一体、和谐发展思想,在马克思主义理论体系中得到了更好的发展。马克思主义创始人不仅公开申明:他们的"出发点是从事实际活动的人"⑨,而且高度强调人的自然性或曰自然界的属人性,即"在实践上,人的普遍性正是表现为这样的普遍性,它把整个自然界——首先作为人的直接的生活资料,其次作为人的生命活动的对象(材料)和工具——变成人的无机的身体。自然界,就它自身不是人的身体而言,是人的无机的身体。人靠自然界生

① 《周易》乾象传、坤象传、乾文言。
② 《老子·道德经》第二十五、五十一章。
③ 《礼记》礼运篇。
④ 《论语》八佾。
⑤ 《孟子》公孙丑下。
⑥ 《管子》霸言。
⑦ 《张子全书》西铭·乾称篇。
⑧ 王夫之:《周易·外卷二》。
⑨ 《马克思恩格斯选集》第 1 卷,人民出版社 2012 年版,第 152 页。

活,这就是说,自然界是人为了不致死亡而必须与之处于持续不断的交互作用过程的人的身体。所谓人的肉体生活和精神生活同自然界相联系,不外是说自然界同自身相联系,因为人是自然界的一部分"①;"我们每走一步都要记住:我们决不像征服者统治异族人那样支配自然界,决不像站在自然界之外的人似的……我们对自然界的整个支配作用,就在于我们比其他一切生物强,能够认识和正确运用自然规律";"事实上,我们一天天地学会更正确地理解自然规律,学会认识我们对自然界习常过程的干预所造成的较近或较远的后果","这种事情发生得越多,人们就越是不仅再次地感觉到,而且也认识到自身和自然界的一体性"。②

始终坚持人本物用、天人一体、和谐发展思想,指的是自始至终地坚持以人为本、以物为用、天人一体化、和谐统一的发展思想。它规定,始终不渝地恪守人为至尊,物为人用,天人浑然,人天互利,友好相处,和谐发展,协调统一,尽可能合理适度有计划地开发和可持续利用安全清洁高效循环资源,反对人、物关系错位倒置,反对孤家寡人观念,坚持树立美化自然、与自然互生共荣、和谐发展理念;坚决反对"生身忘根"、"立命忘恩"、"发展负义"、不计后果与自然对立,对自然资源野蛮开发,大肆掠夺、滥用,对生态环境严重污染破坏;通过宣传教育,提高全社会的相应共识,加大立法、行政、司法、管理力度,开展国际间的联手合作、共同谋划、统一开发与利用自然资源,切实在人本物用的基础上发挥出自然资源的最大效能,实现人口资源环境协调、经济社会生态效益一致,天人一体和谐发展。

(二)建树最佳心态

心态不仅由观念决定,而且影响观念并铸就命运。由一定观念支配和一定境遇造成的心态,有积极、消极以及最佳、较佳、一般和较劣、最劣之分。最佳心态,是在最佳观念指导下产生的积极向上的心理状态;它是阳光亮丽的心态。建树最佳心态,即建造和树立最优心理状态。它需要满足3个条件。

---

① 《马克思恩格斯文集》第 1 卷,人民出版社 2009 年版,第 161 页。
② 《马克思恩格斯文集》第 9 卷,人民出版社 2009 年版,第 560 页。

1. 乐天达观,奋发向上

乐天达观、奋发向上,即乐天爱生、心胸豁达,奋发有为、积极向上。它要求,在任何时候、任何情况下,都要保持乐观心理和昂扬向上的态度。用美国现代教育家哈洛德·福切克的话表述,就是"笑着面对生活,不管一切如何。"①美国当代学者克里曼·斯通在其《获取成功的精神因素》一书中认为:"一个能够在一切事情不顺利时含笑的人,比一个遇到艰难就垂头丧气的人,更具有胜利的条件。"②人在自然界中的至高无上性,人成为自身而不是另类物种和别的人的极度微小几率,以及人的生命的短暂性和死而不能复生的一次性,决定了人必须乐天达观、奋发向上,确保过去如此,现在如此,将来永远这样。

恩格斯指出:"我们的自然科学的极限,直到今天仍然是我们的宇宙,而在我们的宇宙以外的无限多的宇宙,是我们认识自然界所用不着的。"③(仅就暂时和多数情况而言——引者注)如果将问题仅仅锁定在狭义宇宙,按照狭义宇宙大爆炸理论和法国当代人类学、社会学家埃德加·莫兰的测算,以及我国学者的研究成果,从狭义宇宙——太阳系——地球——生物——动物——猿类——人类——到现代人,这一过程就用了137亿年时光。在狭义宇宙中,人成为他自身而不是别人的几率,微不足道。呈现在我们面前的是这样一组数据:

狭义宇宙的历史 137 亿年;

太阳系的历史 50 亿年;

地球的历史 45 亿年;

生物的历史 25 亿年;

脊椎动物的历史 6 亿年;

爬行动物的历史 3 亿年;

---

① 引自许汝罗、王永亮主编:《思想道德修养与法律基础》(学生辅学读本),高等教育出版社 2006 年版,第 39 页。

② 引自王行健:《成功学圣经全集》,地震出版社 2006 年版,第 326 页。

③ 《马克思恩格斯选集》第 3 卷,人民出版社 2012 年版,第 941 页。

哺乳动物的历史 2 亿年；

类人猿的历史 1000 万年；

原始人的历史 400 万年(一说 300 万年)；

智人(古代、现代人)的历史 5 至 10 万年；

人成为地球人类而不是地球其他生物的几率为 1/1000 万；

人成为自身而不是其他人的几率为 1/1000 亿；

人成为自己而不是同胞兄弟姐妹的几率为 1/500——

且不说人生本身即有令其他动物无与伦比的极端优越性，仅就人作为自然界的最优化产物、使者而论，其存在本身就是一个奇迹，就足以令人欢愉一世。更何况现代人的平均寿命全世界仅为 70 岁；发展中国家仅为 65 岁，我国仅为 75 岁，发达国家也只有 85 岁；有可考文字记载的世界上最长寿的人仅为 140 岁，人的现有理论预期寿命约为 175 岁。[①]

人应当为自己在宇宙中的至高尊位而无比骄傲，为自己以极其微小的几率成为自身而无比自豪，为一般人仅有七、八十年的短暂而又一去不复返的生命而无条件地珍爱人生，创造人生；让有限人生通过世代无穷繁衍达到无限，通过创业兴业载入史册，实现永恒辉煌！我们应当充分意识到，即是人间的苦恼不幸，相对于风吹、日晒、雨淋、雪袭、险象环生、危机四伏、不由自主、朝不保夕的其他物种，也是一种幸福，一种令其他物种羡慕不已而又望尘莫及的特殊福祉。人没有任何理由妄自菲薄、悲观消极、无所作为。每个人不管他是出于何种感受、什么境遇，都应当为自己来到这个世界而庆幸一生、荣耀一生、幸福一生，让人奋斗一生、奉献一生、创造一生！人命关天，人生短暂而又弥足珍贵。人的生命来源于自然界，受命于祖先父母，属于全世界、全人类。人只有关爱、呵护、繁衍、发展生命的神圣义务，而没有任何处置、伤害、结束生命的权利。人不仅是为自己而生存的，为生我养我和我生我养的人而生存的，而且是为爱因斯坦所说的在此之外的其他人而生存的："他们的喜悦和健康关系着

---

① 资料来源分别为[法]莫兰：《迷失的范式：人性研究》，陈一壮译，北京大学出版社 1999 年版扉页；新人、晨曦：《人类如何学会关爱自己》，中国物质出版社 1999 年版，第 5、6 页；联合国开发计划署：《2014 年人类发展报告》等。

我们自己"的"幸福","他们的命运通过同情的纽带同我们密切结合在一起。"①人应当永远无愧于人——这个宇宙中最尊贵、最伟大的称号!

理智和无数经验事实昭示并号召人们,引吭高唱"人生之歌":

人生宇宙中,无时不风光,

无处不辉煌——

春天:风和日丽,鸟语花香,

生机盎然,充满希望。

夏天:电闪雷鸣,热火朝天,

万物苍翠,千般气象。

秋日:天高气爽,山明水秀,

硕果累累,丰收欢畅。

冬日:银装素裹,厚积重蕴,

蓄势待发,能量欲张。

少年:人间骄子,朝气蓬勃,

奋发学习,前途无量。

青年:意气风发,高歌猛进,

建功立业,青春傲放。

中年:如日中天,魅力四射,

怒展宏图,大放光芒。

老年:夕阳西照,云蒸霞蔚,

尽享天伦,无限风光。

身处顺境:你会春风得意,如虎添翼,

叱咤风云,行建自强,顺势而上。

身处逆境:你会历练意志,增益"不能",

逆势而进,化害为利,斗志昂扬。

身处常境:你会一反常态,出奇制胜,

---

① 《爱因斯坦文集》第3卷,许良英等编译,商务印书馆1979年版,第42页。

　　轰轰烈烈,气冲霄汉,青云直上。
　　即便是"百年之后",魂归西天,
　　你也会化作袅袅青烟,冲天火光,
　　漫向云际霞端,变为映日彩虹,
　　穿入闪闪星汉,化为耀眼明星,
　　成为持久的精彩,永恒的辉煌!①

　　如果你是一位相貌不佳或习惯不良者,那么,你就应当铭记黎巴嫩现代著名诗人纪伯伦,在其《哲学的逻辑》(认识自我)一文中所描绘的丑陋不堪且嗜好不佳的塞艾姆领悟苏格拉底"认识你自己"的真谛之后,面对镜子自我关照大彻大悟的一番话语:

　　"'认识你自己'……
　　对! 我必须要认识自我,
　　洞察自己那秘密的心灵,
　　这样我就抛脱了一切疑惧和不安,
　　从我物质的人中找出我精神的人;
　　从我血与肉的具体存在中找出我的抽象实质;
　　这就是生命赋予我的至高无上的神圣使命!
　　……
　　嗯! 从身材上看,我是矮小的,
　　但拿破仑、维克多·雨果二位不也是这般吗?
　　我的前额不宽,天庭欠圆,
　　可苏格拉底和斯宾诺莎也是如此;
　　我承认我是秃顶,这并不寒碜,
　　因为有大名鼎鼎的莎士比亚与我为伴;
　　我的鹰鼻弯长,

---

①　张瑞甫:"人生之歌·人生赞歌",《曲阜师大报》2012年2月28日。

如同伏尔泰和乔治·华盛顿的一样；

我的双眼凹陷，使徒保罗和哲人尼采亦是这般；

我那肥厚嘴唇足以同路易十四媲美，

而我那粗胖的颈脖堪与汉尼拔和马克·安东尼齐肩。

……

我的耳朵太长，可谓与兽耳半斤八两，

不过塞万提斯的招风耳也是这般模样；

我的颧骨隆耸，面颊凹陷，

有拉法叶特和林肯与我为伴；

我那后缩的下颌与威廉·皮特和哥德斯密不分轩轾；

我那一高一低的双肩，可以从甘必大那儿寻得渊源；

我的手掌肥厚，手指粗短，大天文学家爱丁顿也是这般。

不错，我的身体是有缺陷，

但要注意，这是伟大的思想家们的共同特点。

更奇怪的是我与巴尔扎克一样，阅读写作时，

咖啡壶一定要放在身旁；

我同托尔斯泰一样，愿意与粗俗的民众交际攀谈；

有时我三、四天不洗手脸，贝多芬、惠特曼亦有这一习惯；

我在放松消遣时，总愿偷听那些长舌妇们，

絮叨她们在其丈夫出远门后的种种行端，

令人惊讶的是薄伽丘也是擅长此道的好汉；

我的嗜酒如命足令马娄和诺亚自愧弗如；

我的饕餮般暴食暴饮，

使巴夏酋长和亚力山大王也要大出冷汗。

……

这就是我！这就是我的实在。

我拥有迄今为止人类历史上的伟人们的种种品质。

一位拥有这么多伟大品质的青年，

是一定能干一番石破天惊的事业的。

睿智的实质是认识自我。

伟人们把宇宙的这一伟大思想根植于我心灵深处，

并激励我开始去干伟大的工作。

从诺亚方舟到苏格拉底，从薄伽丘到雪莱，

我伴随着伟人们一起度过了历史的风风雨雨。

我不知道我会以什么样的伟大行动开始，

不过一个兼备在白昼的劳作和夜晚的幻梦中，

所形成的神秘自我和真正本性的人，无疑是可以拓创伟业的。

……

是的，我已经认识了自己，而神灵也已洞鉴了我。

啊！我的灵魂万岁！自我万岁！愿天长地久，诸事如愿！

……

尽管我是这个时代的晚辈，创业祖先的未竟之业，总会历史地压在我的肩背！①

假如你是一位残疾者、不幸之人，那么，你就应当勇敢地唱响"共同的梦想"：

是花儿就要迎风绽放，

是雄鹰就要展翅飞翔。

哪怕是摧残了花枝花瓣，

哪怕是损伤了肢体翅膀。

这是生命原本的法则律动，

这是宇宙固有的本质张扬。

彩虹总是出现在风雨过后，

阳光总是照耀在蓝天之上。

不幸者与常人都有共同的梦想，

向着太阳笑迎灿烂，

---

① ［黎巴嫩］纪伯伦："哲学的逻辑"（认识自我），李欣译，《读者文摘》1984 年第 7 期。

向着明天放射光芒！①

如果你是一位常人，那么，你更应当奋力高歌"我虽然"：

我虽然年幼无知，
但我却最富有潜在的能量。
我虽然年轻鲁莽，
但我却敢想敢干斗志昂扬。
我虽然年老体弱，
但我却尽享收获别具风光。
我虽然个头不大，
但我却是浓缩的人生精华。
我虽然其貌不扬，
但晏婴、孔子不也是与我同样？
我虽然不是博士，
但牛顿、爱迪生不也是彼此照常？
我虽然地位不高，
但哪一名伟人不是从低级到高级成长？
我虽然也有缺点，
但哪一位名家又是时时处处比人见长？
我永远是世界上最好的我，
我因世界而最优，世界因我最辉煌！②

然而，令人极为痛心和遗憾的是，在心态晦暗厌世轻生者的心目中，人生不仅不拥有至高无上的神圣尊贵幸福，相反，而且是一种卑贱悲伤痛苦，人生的归宿无非是坟墓。如果将这些人常说的话以诗歌形式归结起来，便可写出

---

① 张瑞甫："人生之歌·人生壮歌"，《曲阜师大报》2012 年 2 月 28 日。
② 张瑞甫："人生之歌·人生凯歌"，《曲阜师大报》2012 年 2 月 28 日。

一首"人生苦叹调"：

人生苦，人生苦——
时时处处受磨难，
大事小事有难处。
孕期月月被检查，
B超辐射大抽搐。
出世须有准生证，
不然难以有活路。
人生苦，人生苦——
十月怀胎如坐牢，
一朝分娩向天哭。
儿时生活难自料，
衣食住行靠父母。
少年长大入学校，
作业压得不自如。
青年毕业找工作，
竞争激烈少出路。
中年负担最繁重，
家中老小顶梁柱；
社会事务缠身心，
困难重重不计数。
老年多为疾病绕，
依赖别人靠不住。
人生苦，人生苦——
物质生活多艰辛，
精神世界难做主。
权力经常"被代表"，
人格尊严蒙屈辱。

社会沟通不顺畅，

意愿表达常受阻。

人生苦，人生苦——

死后葬身不由己，

强制火化才入土。

辛苦一世为哪般？

到头归宿是坟墓！

据世界卫生组织调查统计，全球现有 70 多亿人口中因心态不良、悲观厌世所导致的心理不佳和精神疾病患者竟达 10%，有 7 亿人之多。该组织对 25 个发达国家进行的一次"你是否每天都感到快乐"的民调显示，60% 以上的人回答是否定的。进一步研究发现，这 60% 多的人中有 20% 的人认为自己"每天都不快乐"，40% 多的人认为自己常常生活在抱怨中。① 全球每年因精神障碍和生活压力导致心态恶劣而自杀者达 500 万人，自杀身亡者达 100 万人。我国 13 亿多人口中，约有 1.3 亿人心理不佳，为精神疾病患者；每年因精神障碍和生活压力导致心态恶劣而自杀者约 100 万人之多，自杀死亡者达 20 万人。心病自杀猛于凶杀战争。全世界总体"死于自杀的人数超过凶杀和战争导致的死亡的总和"，占人类死因的第 5 位。救治人的心灵，比防治凶杀犯罪和保卫和平更为重要。② 消极低劣心态，尤其是自杀行为，不仅是对人间世界的极度不负责任，对人类的无耻背叛，而且是连低等动物、一般植物也不如的对生命的亵渎践踏，对自然发展进程的倒行逆施。应当受到全世界、全人类、乃至全宇宙的最强烈、最持久、最严厉的谴责、审判和制裁！

人生心态虽然与境遇有着不解之缘，但它在很大程度却取决于人的主观心理感受和积极消极态度。古希腊著名思想家柏拉图说过："决定一个人心情的，不在于环境，而在于心境。"③事实上，任何事物都具有两面性，只是其属性的轻重程度不同。这便给人的心态提供了选择的可能和作出对策的空间，

① 参见金泉：《心态决定命运》，海潮出版社 2006 年版，第 199 页。

② 参见"联合卫生组织 2012 年 9 月 7 日报告"。

③ 引自金泉：《心态决定命运》，海潮出版社 2006 年版，第 393 页。

为建树最佳心态创造出充分条件。经验告诉人们:同样的事情,对于不同心态者,往往因其感受不同、态度不一而大相径庭,甚至截然相反。一则故事讲得好:古代有一位国王,一天做了个奇怪的梦。他梦见山倒了,水枯了,花谢了。次日,他便说予心态消极的皇后听。皇后听罢大惊失色,当即断言此梦主凶:"山倒"意味着江山崩溃,大势已去;"水枯"表明水不能载舟,民水君舟,水则载舟水则覆舟,百姓就要造反,天下即将大乱;"花谢"预示着国家好景不长,皇权就要失落。国王听后,毛骨悚然,从此一病不起。一位心态积极而又聪明过人的大臣闻讯赶来,进言国王道:陛下,您大可不必,此梦乃大吉之兆,您应当为之高兴才是:"山倒"表明天下太平,预示着皇权坚如磐石;"水枯"昭示真龙现身,标志着您龙体飞黄腾达;"花谢"果实现,象征着您多年的励精图治就要大见成效,结出累累硕果,国家很快就要繁荣昌盛。国王听后,龙颜大悦,顿时神清气爽。几年后,在"吉梦"吉言激励下,国人上下齐努力,果然迎来国泰民安,一派盛世繁荣景象。无独有偶,同样是暮春观花抒怀,南唐国君李煜的《浪淘沙》呈现的是"帘外雨潺潺,春意阑珊……别时容易见时难。流水落花春去也,天上人间。"宋代词人晏殊的《浣溪沙》表达的是"夕阳西下几时回?无可奈何花落去。"《红楼梦》中多愁善感、积郁成疾的林黛玉,感到的是世态炎凉、人情浇薄:"花谢花飞飞满天,红消香断与谁怜","一年三百六十日,风刀霜剑严相逼,明媚鲜艳能几时,一朝飘落难寻觅。花开易见落难寻,阶前闷杀葬花人";"愿奴肋下生双翼,随花飞到天尽头。天尽头,何处有香丘? 未若锦囊收艳骨,一杯净土掩风流。质本洁来还洁去,强于污淖陷渠沟。尔今死去侬收葬,未卜侬身何日丧? 侬今葬花人笑痴,他年葬侬知是谁? 试看春残花渐落,便是红颜老死时。一朝春尽红颜老,花落人亡两不知!"①花谢花悲人更悲,林黛玉越看越伤心,越想越绝望,悲情不能自持,掩面而泣。继而终日以泪洗面,一病不起;不久便在恋人贾宝玉吹吹打打入洞房的新婚之夜,呜咽而去。② 与此截然相反,同样身临其境,贾府里的丫鬟、闺秀、夫人们,则一如既往地心花怒放,笑逐颜开,追蝶祭花、玩水嬉戏,许愿明天、祝福未来。宋代文

---

① 《红楼梦》卷二十七"滴翠亭杨妃戏飞蝶,埋香冢飞燕泣残红。"

② 传说电视剧中林黛玉的扮演者居然因过于深入角色,备受剧情感染,不能自拔而年少出家,削发为尼,郁郁寡欢,染疾英年早逝。

学家苏轼,面对残红落英观察到的则是"花退残红青杏小,燕子飞时绿水人家绕。枝上柳棉吹又少,天涯何处无芳草!"①此处花谢随水去,彼地花开春意浓;花开终为果实现,人间无时不春风。清代文人龚自珍览春观花想到的是:"落红不是无情物,化作春泥更护花。"②春去春会再来,花谢花会再开,年年岁岁花相似,岁岁年年人不同;来年花更红,明朝人更美,人生年年充满新希望。

皮革马利翁效应(高值期望效应)及其现代相应试验表明,心态作为主观原因总是与一定的客观结果相对应。相传,古希腊塞浦路斯有位年轻英俊的国王叫皮革马利翁,他精心雕刻了一具象牙少女。少女貌若天仙、栩栩如生,国王爱不释手。他每天都要含情脉脉地凝视她,盼望她有朝一日变为大活人,走进自己的婚姻殿堂。就这样,日复一日,年复一年,他对她的感情与日俱增、与岁同长。精诚所至,金石为开。一天,象牙少女果真活了起来。有情人终成眷属,二人旋即结为伉俪。为验证心态期望与现实效果之间的皮革马利翁效应,1966 年美国心理学专家贝克斯特将植物的叶稍衔接在有记录仪显示的测试器上。然后,在其根部浇水,记录仪无反应;贝克斯特摘下一片叶子放进热咖啡中,记录仪仍然没有反应。然而,当他试图烧掉这片叶子时,念头刚一闪现,记录仪的笔便突然向上摆动起来。贝克斯特接着对更多的植物试验表明,植物的生理反应随养护者的心态不同而改变:受到赞赏者"欣欣向荣",受到歧视责难者呈现"病态"模样。③ 皮革马利翁故事虽然只是神话传说,不足为信;贝克斯特的试验,其真实性有待进一步证实;但是,二者却不无任何科学根据。为了验证心态期望值对人的行为的切实影响,1968 年美国心理学家罗森塔尔等人对某小学学生进行了一项试验。他们从 1~6 年级各选 3 个班,对 18 个班的学生做了所谓"未来发展"的"测验"。然后,煞有介事地向校长和有关教师介绍了具有"最佳发展前途"的学生名单,并要求他们保密。8 个月后进行复试。结果名单上的所谓具有"最佳发展前途"而实则随意抽取的一般化学生,全部"弄假成真",成为真正的优等生;而一般学生仍然一般化。这类现象,虽然不是由主体期望所直接产生的,但它却无疑是通过主体期望形式特别

---

① 苏轼:《蝶恋花》。

② 龚自珍:《己亥杂诗》。

③ 参见金泉:《心态决定命运》,海潮出版社 2006 年版,第 267 页。

是由主体思想、情感、语言、行为的心态感染造成的,是主体以不同心态影响客体和客体受到主体不同刺激予以相应反应的结果。① 这似乎应验了英国作家萨克雷在其《名利场》一书中的所言:"世界是一面镜子,每个人都可以在里面看到自己的影子。你对它皱眉,它还给你一副尖酸的嘴脸;你对着它笑,跟着它乐,它就是个高兴和善的伴侣。"这便是人们常说的生活是一面镜子,你对它哭它就哭,你对它笑它就笑,泪眼看世界整个世界都在哭,笑眼观人间整个人间都在笑的原版出处。积极心态可以造成理想的甚至难以置信的美好现实。这是确然无疑的事实。

生活常识和现代人体科学告诉人们:身在福中乐翻天,身处常境笑开颜,遭到不幸苦也乐,遇到困难勇挑战的人,其一生往往是快乐的一生、幸福的一生、胜利的一生、令人羡慕的光辉的富有意义的一生;身在福中不知福、身处常境不知足,遭到不幸叫翻天,遇到困难被压倒的人,其一生多半是痛苦的一生、不幸的一生、失败的一生、令人讨厌的卑贱的无意义的一生。乐观向上的心态,不仅可以催人向上,奋发有为,而且能够改善内分泌,愉悦身心,有益身体健康;与此相反,悲观消极心态,则不仅使人心灰意冷,在困难面前望而生畏,见而却步,甚至一事无成,而且能够造成人体内分泌失调,甲状腺亢进或下降、消化不良和心脑血管不佳等疾病。德国现代长寿研究专家胡夫兰德指出:"一切对人不利的影响中,最能使人短命夭亡的就要算是不好的情绪和恶劣的心境,如忧虑、颓丧、惧怕……"②美国当代心理学家琼·依·莱尔德结合学习、工作说道:"'当你无比快乐时,你的智力也是无与伦比的';同样,当你忧伤、抑郁、惊恐或迷惘时,思考能力就会每况愈下。"孔子所说的"智者乐,仁者寿","君子坦荡荡,小人长戚戚"③;荀子所讲的"乐者常寿长,犹险常夭折"④;诸葛亮所说的"君子之行,静以养身,廉以养德。非淡泊无以明志,非宁静无以致远"⑤;宋代哲学家程颢所讲的"道通天地有形外,思入风云变幻中","万

---

① 参见任顺元:《心理效应学说》,浙江大学出版社 2004 年版,第 40 页。
② "愿老年人都能尽其天年",《科学与人》1983 年第 4 期。
③ 《论语》雍也、述而。
④ 《荀子》荣辱篇。
⑤ 诸葛亮:《诫子书》。

物静观皆自得"，"闲来无事不从容"①；人们常说的"得山水乐寄怀抱，于古今文观异同"，"任凭风浪起，稳坐钓鱼台"，"临危不惧，处变不乱"，"宠辱不惊"，"德高能增寿，心宽可延年"，"牢骚太盛防肠断，风物常宜放眼量"，"笑一笑十年少，愁一愁白了头"，"一个笑星胜过一打医生"等，揭示的就是这样的道理。

乐天达观、奋发向上者，应永远笑对生活，跳出尘世看人间，物物而不拘于物，己己而不囿于己，不累于物，不限于己，不以物喜，不以己悲，不从于众，不流于俗，不以众移，不以俗变，风光观世界，潇洒走人生，成为浪漫主义者庄子所说的超然物外的"至人"②；要像大肚弥勒佛那样："大肚能容容天下难容之事，开口常笑笑天下可笑之人"，立足现实，背靠历史，胸怀全球，放眼世界，面向未来，提升自身，造福人类，奉献社会。

2. 不畏艰难，勇于拼搏

人生如大海，社会似舞台。大海既有风平浪静、碧波荡漾的港湾，又有波翻浪涌、暗礁密布的险境；舞台既上演风花雪月、才子佳人、帝王将相、太平欢歌的喜剧，呼风唤雨、笑傲江湖、威震八方、惊天动地、所向无敌的正剧，又上演苦难重重、撕心裂肺、肝肠寸断、悲天悯人的悲剧。人生在世，由于能力、奋斗、方式、方法、条件、机遇的不同，固然不乏各种幸运顺利，但也难免出现这样那样的劣境艰难。

不畏艰难、勇于拼搏，指的是不怕艰难险阻，勇于奋力拼搏。面对喜忧兼具的生活，关键不在于仅仅防范困难，而在于如何应对困难，是被困难所压倒征服，还是奋力拼搏，化难为易，战而胜之。大量事实证明并将继续证明，挑战与机遇往往同在，困难与希望常常并存。困难中每每孕育和预示着发明、创造和成功的玄机；困难可以"玉汝于成"，也可以置人于失败。对于不同对待它的人，其结果往往不一，甚至截然相反。翻开一部人才史，大凡功绩卓著的伟人志士，无一不是搏击困境、化害为利的强者："文王拘而演《周易》；仲尼厄而作《春秋》；屈原放逐，乃赋《离骚》；左丘失明，厥有《国语》；孙子膑脚，《兵法》

① 程颢:《明道文集》。
② 《庄子》人间世。

修列;不韦迁蜀,世传《吕览》;韩非囚秦,《说难》、《孤愤》;《诗》三百大抵圣贤之所为作"[1];司马迁下狱写《史记》;贝多芬厄运中创大业;罗曼·罗兰变失恋为动力;刻卜勒在连连失败中站起……被国人尊奉为亚圣的孟子,将这一现象诠释为:"天将降大任于斯人也,必先苦其心志,劳其筋骨,饿其体肤,空乏其身,行拂乱其所为,所以动心忍性,曾(增)益其所不能。"[2]而实际上,这些看似冥冥之中的安排或曰历史巧合的现象,却隐藏着深刻的必然规律。

这是因为,一方面,困难和机遇、希望、成功,通常交织在一起,难分难解;放弃了苦难中的奋起,听命于困难的摆布,同时也就放弃了机遇、希望、成功。另一方面,苦难是历练自己能力的磨刀石,再造自我的大熔炉。在困难中,可以磨炼自己的意志,培养人的毅力,强化人的信心,增长人的才干,从而为事业的成功创造良好条件。诚如英国现代著名科学家贝弗里奇所说:"人们最出色的工作往往在处于逆境的情况下做出。思想上的压力,甚至肉体上的痛苦都可能成为精神上的兴奋剂。很多杰出的伟人都曾遭受心理上的打击以及形形色色的困难。若非如此,也许他们是不会付出超常出众所必须的那种劳动的。"[3]再一方面,困难为人生的成功提供检验和展示自己能力的"用武之地",施展自己抱负才华的舞台,可以使人在战胜困难的过程中直接获得成功。

值得高度警惕的是,不少本属心态脆弱造成的"世上本无事,庸人自扰之"的虚拟逆境,以及一定程度的真实困难,通常也远比人们所想象的要弱小得多;甚至一些看似"天大的问题"、"地大的困难"亦复如此。据说,美国航天局曾有一个所谓"天大的问题",长期困扰着航天科学家:航天员在太空中由于失重的影响,其用来记录的钢笔、圆珠笔都写不出字来。科学家为此绞尽脑汁,想不出解决问题的好办法。一位小学生得知,给科学家写信并一起寄去一个小小的包裹。信中写道:叔叔"为什么不试试这个";"这个"竟是包裹中的一支铅笔。小学生寄的普通铅笔,固然不是最理想的航天用笔,因为它字迹过浅,不易识别保存,且铅芯容易折断;但它却为航天专家制造出硬质特种铅笔提供

---

[1] 司马迁:《报任少卿书》。

[2] 《孟子》告子下。

[3] [英]贝弗里奇:《科学研究的艺术》,陈捷译,科学出版社1979年版,第146、147页。

了创意启迪。一个所谓"地大的困难",一度难倒不少人。题目是:地球周长 4 万千米,若用 1 根距离地面 1 米的绳子,绕地球直径一周,这根绳子比地球周长要长出多少? 很多人认为,要长出成千上万千米,可实际仅长出 6.28 米。

即:$2\pi(R+1)-2\pi R=2\pi R+2\pi-2\pi R=2\pi \approx 6.28($米$)$。

其实,任何一个球体,小至米粒,大至无限大的星球,当其半径多 1 米时,周长都比原来长 2π,即 6.28 米。这一富有神奇色彩的故事,亦属圆的最优化特定表现形式。

生活中常有蚊子咬一口,苍蝇踢一脚,鸡毛蒜皮小事扩大化的事情。某小学一位女生,仅仅因为她在校园呼唤一位男同学玩儿,男同学没理她。她便认为这是对她人格的莫大侮辱,于是以死相抗。本来可以"化了"的小事,却演绎成不应有的悲剧。心理学家试验表明:"一般人所忧虑的'烦恼'(逆境、困难等),有 40% 是属于过去的,有 50% 是属于将来的,只有 10% 是属于现在的。其中 92% 的'烦恼'未发生过,剩下的 8% 则多是可以轻易应付的。"心理学家要求受试者在一个周日晚上,把自己未来 7 天内所有的"烦恼"写出来,投入一个"烦恼"箱。3 周之后,心理学家打开"烦恼"箱,让受试者逐一核对自己写下的每项"烦恼"。结果发现,其中 90% 的"烦恼"并未真正发生。接着,心理学家要求受试者将记录自己真正"烦恼"的字句重新投入"烦恼"箱,让所有受试者再次逐一核对自己写下的每项"烦恼"。结果发现,绝大多数原来的所谓"烦恼",已经荡然无存。① 需要注意的是,这类泡沫性的烦恼虽然大多为虚拟假设,但其带来的消极不良情绪所导致的失误,却十之有九。诚如隋代学者颜之推所说:"天下事以难而废者,十之一,以惰(消极)而废者,十之九。"② 更何况"天无绝人之路,事无不成之理","上天关闭一扇门,会同时打开一扇窗","看似牢不可破的成功之门,往往是虚掩着的","车到山前必有路,船到桥头自然直","此路不通走彼路","不能张帆远航,还可荡桨而驶"。任何问题都有其产生、存在、发展和消解的条件,都是可以解决的。

沧海横流,方显出英雄本色;人生风雨,当化作七色彩虹。不畏艰难、勇于

---

① 见莫语:《数字知道答案》,北京邮电大学出版社 2006 年版,第 9 页。
② 《颜氏家训》。

拼搏规定,在任何时候、任何情况下,都不应被艰辛压倒,都不可为困难屈服。要坚定信念,树立"长风破浪会有时,直挂云帆济沧海","好风凭借力,送我上青云"的雄心壮志,将艰难看做莫非"天将降大任于斯人也"的特殊良机,历练自己的别样方式,验证和发挥自己神韵风采的奇异舞台;顽强拼搏,勇猛进击,化不利为有利;争做时代的弄潮儿,争当人类的急先锋,在人生社会大舞台编导、上演出一幕幕威武雄壮、激情四射、光彩照人的历史活剧。

3. 布局造势,乘势而上

谋事在人,成事在天,事在人为。建树最佳心态,必须摈弃"命里有样样有,命里没有莫强求"、"是福不是祸,是祸躲不过;是祸不是福,是福也痛苦"的纯粹唯心主义宿命论、懒汉诺夫哲学,自欺欺人、害人害己的无稽之谈;牢牢掌握命运主动权,主动进击,善于布局造势,乘势而上。布局造势、乘势而上,即在正确科学目标引领下,全方位解放思想,放胆作为,勇于按照自己的意志,开拓部署新局面,营造良好态势,继而乘其态势,大干快上。它主张,按照自身生存和发展的需要,依据现实条件状况,努力开创有利局势,乘机驭势而上,一举夺取胜利。布局造势、乘势而上,属于"没有条件创造条件也要上"的主动进取心态取向。许多成功人士、英雄豪杰乃至企事业单位、团队组织高扬的"仰天大笑一声吼,地球也要抖三抖","天当被窝地当床,披星戴月奋战忙","平时是战时,风雨是军情,雷电是命令","风餐露宿拼命干,誓师赢得大会战"的豪迈誓言、英雄气概,就是布局造势、乘势而上的典范。人生发展,如逆水行舟,不仅不进则退,而且小进即退。市场经济大潮下,不仅大鱼吃小鱼,而且快鱼吃慢鱼,勤鱼吃懒鱼,智鱼吃傻鱼,集群小鱼吃大鱼。世界上,几乎所有功成名就者,都是主动出击的强者俊杰,而不是观望坐等、依靠别人的懒汉懦夫之辈。布局造势、乘势而上,必须牢牢树立正确科学而又始终不渝的开拓奋进思想,义无反顾地勇往直前,不获全胜决不罢休。

建树最佳心态,既应牢记清代学者王夫之的"自处超然,处人蔼然,无事澄然,有事斩然,得意淡然,失意泰然"六然处世哲学①,更要铭记人生相关系

---

① 引自许汝罗、王永亮主编:《思想道德修养》(学生学习辅导用书),高等教育出版社2003年版,第48页。

列格言警句:

天地英雄气,人生当自强;
哀莫大于心死,幸莫大于希望。
天地之间人为贵,
万物之中人最灵;
没有比头脑更广阔的宇宙,
没有比人更高级的事物。
人生天地间,自有天相助;
条条道路通"人生",天无绝人路。
自助者天助,自灭者天灭,
获罪于天,犹可祷;
获罪于己,无可救。
日出日落,昼夜更替,
不是太阳运动的原因,
而是地球自转的结果;
念由心生,态由心造,
谋事在人,事在人为,
成事在天,天遂人愿。
天欲见于人欲,人欲禀于天欲;
人之所欲,天必从之。
机遇只偏爱有准备的头脑,
幸运只垂青自强不息的人生。
凡事多向好处想,成功几率加倍长;
凡事多往坏处虑,十有八九不成器。
天道酬勤,人道尚"干"。
英雄面前无困难,万水千山只等闲;
懦夫面前尽困难,没有困难也困难;
困难像弹簧,你强它就弱,你弱它就强;

大干小困难,小干大困难,不干尽困难;

办法总是多于困难,困难总能被人克服。

大千世界,人事纷繁,

人力有涯,条件有限;

诸事难料,岂可皆遂人愿!

但求尽力而为,对得起天地良心,

即便事与愿违,亦应无怨无悔。

不经风雨哪见彩虹?

不稼不穑哪来收获?

因果相推,四季轮回;

两极相通,否极泰来;

太阳每天都是新的。

既然冬天已经到来,

春天再也不会遥远。

世上没有真正的挫折,

挫折属于成功的过程。

人间没有绝对的"痛苦",

"痛苦"来自脆弱的心灵。

世上没有真正的"失败",

"失败"只是成功的幽曲路径。

乐观者永不言败,

自强者永不放弃;

悲观者永不说"能",

自卑者永不道"行"。

成功比失败只多一次努力,

失败比成功仅少一次站起!

成功时需再接再厉,

胜利时莫忘乎所以。

落魄时应常思己过,

失败时多归因于己。
消极时应看到光明，
悲观时当昂首挺胸。
受辱时莫忘记韩信，
郁闷时宜狂歌痛泣。
愤怒时多照照镜子，
羞怯时需换件新衣。
痛苦时应埋头工作，
恐惧时当勇猛进击。
孤独时多诉诸亲友，
失意时应奋力崛起。
受阻时再努力一下，
拼搏时当注意方法。
迷茫时多求人指点，
衰老时常走进儿童少年。
路在人走，山在人攀；
没有比脚更长的路，
没有比人更高的山。
世界本来无限，
极限不是界限；
极限可以突破，
发展能至永远。
事物普遍联系，
一切皆有可能；
只有可能大小之差，
没有可能有无之别。
不怕做不到，
就怕想不到；
只要想得到，

迟早就能做得到。

问题在于想行不想行，

很多事说它行它就行，不行也行；

说它不行也会行，行则更行。

命运全靠自己掌控，

英雄从不屈服天命。

关键在于干不干,怎样干；

行动没有行不行，

只有成功不成功。

曙光在前,胜利在望，

处处无路,处处路，

只要大胆地向前走，

脚下就是路一条。

笑到最后的笑得最好，

哭到最后的已无需再哭。

市场经济不相信眼泪，

竞争社会不怜悯哭泣。

坚强是成功之父,失败是成功之母，

即使是跌倒了,大不了爬起身从头再来。

美好的前程永远向我们招手致意，

最后的胜利必定属于我们自己！

　　人生最优化的参照系统与观念心态取向昭示人们:人生最主要的不在于出身和起点如何,而在于依据人生最优化的参照系统与观念心态取向,立足自身,确立人生最佳目标,规划人生最优道路,运用人生最佳方式方法,努力践行人生最优道路,实现人生最佳目标,全方位培植和释放人生正能量,永续彰显人生风采。

第二章　人生目标的最佳设计、确立与修正

人生目标的最佳设计、确立与修正,既受制于人生最优化的参照系统与观念心态取向规定,又构成人生最优学研究的直接现实性起点。它是部分性与整体性、静态性与动态性的相互统一;反映着人生最佳目标设计、确立与修正的最理想化愿景,彰显着人生最佳目标设计、确立与修正最正确科学的理论、原则与方法。明代学者王阳明强调:"志不立,天下无可成之事。虽百工技艺,未有不本于志者……志不立,如无舵之舟,无衔之马,漂荡奔逸,终亦何所底乎!"①人生目标的最佳设计、确立与修正,对于人生最优化具有至关重要的前提性价值。

一、人生目标的最佳设计

列宁指出:"如果不先解决总的问题就去着手解决局部性问题,那么随时随地都必然会不自觉地'碰上'这些总的问题。"②人生目标的最佳设计,应当按照人生最优化的取向要求、基本方略、实质要义、核心精髓、目的归宿,既首先明确和解决人生目标及其认知前提这一高度理论性"总的问题",又在此基础上充分认知、掌握和运用人生目标的最佳设计原则与方法,设计出人生最佳目标,从而解决"局部性问题"。它主要由人生目标及其最佳设计的认知前提,人生目标的最佳设计原则,人生目标的最佳设计方法三者构成。

①　王阳明:《王文成公全书》卷二十六"教条示龙场诸生"。
②　《列宁全集》第 15 卷,人民出版社 1988 年版,第 366 页。

（一）人生目标及其最佳设计的认知前提

人生目标，是人生最优学研究的基本课题。人生目标的最佳设计，即人生目标的最优设想计划。它旨在运用最优化理论、原则与方法，设计出最佳人生目标或曰人生最佳目标。人生目标及其最佳设计的认知前提，作为人生目标及其最佳设计认知的先决条件，大致包括两个方面。

1. 人生目标与人生最佳目标的内在规定

人生目标，是人们为实现自身的一定需要而确定的人生目的界标。它由一系列远近高低、参差不齐、大小不等、相互关联的认识和实践对象构成，体现着人们的一定心理指向和行为归宿。人生目标是人类所特有的精神追求，是人生必不可少的精神支柱。一个人没有目标，就等于没有灵魂；一个人失去目标，就会浑浑噩噩，甚至一事无成。据此，俄国著名文学家托尔斯泰认为，一个人不仅要有"一辈子的目标"，而且要有"一段时期的目标，一个阶段的目标，一年的目标，一个月的目标，一个星期的目标，一天的目标，一个小时的目标，一分钟的目标"。①

人生目标发端于人生需要；它是人生需要的对象化。一般说来，有什么样的人生需要，就有什么样的人生目标。美国当代著名心理学家马斯洛，曾创造性地提出人的需要层次理论。他将人的需要分为五个相互关联而又不同的层次。第一层次为生理需要，包括饮食、衣着、住所、异性、繁衍、休息等；第二层次为安全需要，包括生存保障、人权维护等；第三层次为情感需要，包括爱情（婚姻）、友谊、交往、归属等；第四层次为尊重需要，包括荣誉、地位、权力、尊严、自尊、他尊等；第五层次为自我实现的需要，它除高级求知、求美、"超越"、享用需要外，主要包括自身能力的发挥、崇高理想的实现、劳动发明创造等。通常，五个层次的需要由低级到高级逐级递升，不可或缺；但在特殊情况下，却不排除层次残缺不全、越级跳跃和先后次序倒置。马斯洛的需要层次理论，大致可概括为生存需要、发展需要、自我实现的需要和人生享用需要四种形态。马斯洛认为，这几个层次的需要处在"同一个整合的系列之中"和"同一个连续统一体中"。② 马斯洛的需要层次理论，构成相应的不同层次的人生目标，它

---

① 肖兰、丁成军编：《人才谈成才》，中国青年出版社 1986 年版，第 42 页。

② 参见［美］马斯洛等：《人的潜能和价值》，林方主编，华夏出版社 1987 年版，第 162～177、200～232 页。

为深入揭示人生目标层次,丰富和发展人生目标理论,做出了历史性贡献,应当引起高度重视,予以充分肯定。依据现有人生目标研究成果和与人的需要层次相对应的人生目标特点,人生目标从不同的角度可以划分为纵向目标、横向目标,单一目标、复合目标,并列目标、交叉目标、立体目标,直接目标、间接目标,上升目标(价值效益目标)、下降目标(投入、消耗目标),生存目标、发展目标、自我实现目标、享用目标,经济目标、政治目标、文化目标、环境目标,宏观目标、中观目标、微观目标,总体目标、分散目标,长期目标、中期目标、短期目标,终生目标、阶段目标,基本目标、附属目标,主要目标、次要目标,现实目标、未来目标,战略目标、战术目标,特别是最佳目标、次佳目标、一般目标、次劣目标、最劣目标等。这些各种各样不同层次的人生目标,构成有机宏大的目标系统群体。

人生最佳目标,是相对于其他人生目标而言的,以最少的投入、消耗为保障,以最大的价值效益为目的的人生目标。它是人生目标的实质、核心、精髓和灵魂,是与社会最佳目标相统一,与个人最大价值效益相符合、与自身能力相协调的各级各类最正确科学的人生目标。它大致由最佳观念心态取向目标,最佳设计、确立与修正目标,最优道路规划、实践与调控目标,最佳纵向发展设计建构目标,最佳横向交际设计建构目标,最优学习、记忆与思维目标,最优形象、语言、行为与情境效应对策目标,最优职位、事业与创新规划建构目标,最优机遇对策与最优成才规划建构目标,最良环境对策、营造与生活方式目标,最优整体与美好未来目标等组成。人生最佳目标作为相互联系、相互制约、相辅相成的多元化整体,必须保持高度统一;并且当彼此发生矛盾时,按照投入、消耗最少,价值效益最大的要求,分清主次轻重、难易缓急,依据次要服从主要,轻者服从重者和先易后难、先急后缓顺序,突出重点、兼顾一般,予以整体设计建构,达到全面系统提升。

2. 人生最佳目标的构成特点

人生目标与人生最佳目标的内在规定,决定了人生最佳目标的构成特点。人生最佳目标的构成特点,即人生最佳目标区别于其他人生目标的特殊之处。就其宏观整体而言,它主要有 5 个。

(1)远大的理想,宏伟的志向。

理想,即合乎客观规律,具有实现可能的科学假设、合理想象和美好愿景希望。马克思认为"使人具有意义的不是权势和表面的显赫,而是寻找那种不仅满足一己私利,且能保证全人类幸福的完美理想。"①居里夫人强调"如果能追随理想而生活,本着正直自由的精神,勇往直前的毅力,诚实不自欺的思想而行,则定能臻于至美至善的境地。"②大量社会民众认为"金杯银杯不如百姓口碑,金奖银奖不如百姓夸奖。"志向,指的是人的矢志所向;它是人类立志所指或曰理想所向。荀子认为"无冥冥之志者,无昭昭之明;无惛惛之事者,无赫赫之功。"③远大的理想、宏伟的志向,即理想高远博大,志向宏阔雄伟。它要求,树立正确科学而又长期远大至高无上的理想,矢志宏伟壮丽的人生目标。在现时代,尤其要解放思想,勇于创新,敢为天下先,争做时代弄潮儿,勇当社会急先锋,力求唯一,确保第一,想就想得最高,干就干得最好,做就做得最优,争当"四士三模范",即争当道德上乐善好施的"共产主义战士"、学识上的"博士"、才智上的"院士"、体质上的"大力士",心灵美、语言美、行为美的"模范",发明创造的"模范",劳动奉献的"模范"。

大凡功绩卓著的伟人大家,无不具有包藏宇宙之机、吞吐日月之志、经天纬地之德的远大的理想、宏伟的志向。让我们穿越时空,通过他们的豪言壮语,领略他们不同寻常的博大心灵世界:

"真人者,提携天地,把握阴阳,呼吸精气,独立守神,肌肉若一。故能寿敝天地,无有终时,此其道生。"

——中华始祖黄帝:《黄帝内经·素问》上古天真论。

"圣人能用天极,能尽天当","会其有极,归其有极","建其有极。"

——中华始祖黄帝:《黄老帛书》;中国上古之书
《尚书》作者:《尚书》周书·洪范。

"与天地合其德,与日月合其明,与四时合其序,与鬼神合其吉凶";"德圆而神","穷理尽性","穷神知化","变而通之以尽利,鼓而舞之以尽神","美

---

① 许汝罗、王永亮主编:《思想道德修养与法律基础》(学生辅学读本),高等教育出版社2006年版,第40页。

② 许汝罗、王永亮主编:《思想道德修养与法律基础》(学生辅学读本),高等教育出版社2006年版,第38页。

③ 《荀子》劝学。

之至也。"

　　　　　　　——中华元典《周易》作者:《周易》乾文言、系辞上、
　　　　　　　说卦、系辞下、坤文言。

　　"居善地,心善渊,与善人,言善信,政善治,事善能,动善时";"道生之,德畜之,物形之,势成之","尊道而贵德","是以用人之力,是谓配天古之极。"

　　　　　　　——先秦思想家老聃:《老子·道德经》第五十八、
　　　　　　　五十一、六十八章。

　　"'至人神矣! 大泽焚而不能热,河汉冱而不能寒,疾雷破山飘风振海而不能惊'","'乘云气,骑日月'","挟宇宙","御六气之辩,以游无穷","'死生无变于己,而况利害之端乎?'","天地与我并生,而万物与我为一。"

　　　　　　　——先秦思想家庄子:《庄子》齐物论、逍遥游。

　　"执其两端用其中","发愤忘食,乐以忘忧,不知老之将至";"德为圣人,尊为天子,富有四海之内,宗庙飨之,子孙保之","无所不至","尽美矣,又尽善也!"

　　　　　　　——世界文化名人孔子:《论语》阳货、八佾;《中庸》。

　　"大哉圣人之道! 洋洋乎,发育万物,峻极于天","优优大哉!";"经纶天下之大经,立天下之大本,知天地之化育","从容中道","至诚如神","悠久无疆!"

　　　　　　　——孔子嫡孙子思:《中庸》。

　　"规矩,方圆之至也;圣人,人伦之至也","不以规矩,不能成方圆","不以仁政,不能平治天下","仁者无敌";"万物皆备于我","居天下之广居,立天下之正位,行天下之大道。得志与民由之,不得志独行其道。富贵不能淫,贫贱不能移,威武不能屈";"圣人与我同类","人皆可以为尧舜","'不怨天,不尤人'","彼一时,此一时","五百年必有王者兴,其间必有名世者","欲平治天下,当今之世,舍我其谁也? 吾何为不予哉!"

　　　　　　　——亚圣孟子:《孟子》离娄上、梁惠王上、尽心上、
　　　　　　　滕文公下、告子上、告子下、公孙丑下。

　　"贵为天子,富有天下","生则天下歌,死则四海哭。"

　　　　　　　——儒学集大成者荀子:《荀子》荣辱、解蔽。

"究天人之际,通古今之变,成一家之言。"

　　　　　　　　　　——汉代著名史学家司马迁:《报任少卿书》。

"精骛八极,心游万仞","观古今于须臾,抚四海于一瞬","笼天地于形内,挫万物于笔端。"

　　　　　　　　　　——晋代文艺评论家陆机:《文赋》。

"仰天大笑出门去,我辈岂是蓬蒿人";"天生我材必有用,千金散尽还复来。"

　　　　　　　　　　——唐代诗人李白:《南陵别儿童入京》、《将进酒》。

"乾称父,坤称母","天地之塞吾其体,天地之帅吾其性,民吾同胞物吾与","穷神知化,与天为一","为天地立心,为生民立命,为往圣继绝学,为万世开太平。"

　　　　　　　　　　——宋代哲学家张载:《张子全书》西铭、正蒙、语录。

"卓然天地间,常为大丈夫。"

　　　　　　　　　　——南宋思想家黄震:《黄氏日钞》卷八十六。

"生当作人杰,死亦为鬼雄。"

　　　　　　　　　　——宋代词人李清照:《乌江》。

"帝王将相,宁有种乎?""皇帝轮流做,明年到我家。"

　　　　　　　　　　——农民起义军;引自《史记》陈涉世家,《西游记》第七回。

"物竞天择","吾人为学穷理,志求登峰造极,第一要知读无字之书","恃人力","争天而胜天。"

　　　　　　　　　　——近代启蒙思想家严复;引自《中国哲学史》下卷,人民出版社 1983 年版,第 380、377、379 页。

"养天地正气,法古今完人。"

　　　　　　　　　　——民主革命先驱孙中山:笔赋。

"横空出世","坐地日行八万里,巡天遥看一千河","自信人生二百年,会当水击三千里","可上九天揽月,可下五洋捉鳖","倒海翻江卷巨澜","敢教日月换新天";"指点江山,激扬文字","问苍茫大地,谁主沉浮?","惜秦皇汉武,略输文采;唐宗宋祖,稍逊风骚;一代天骄,成吉思汗,只识弯弓射大雕","粪土当年万户侯","欲与天公试比高";"世界上没有当然的领袖","天下者,我们的天下;国家者,我们的国家。我们不说谁说,我们不干谁干","数风流人物,还看今朝!"

> ——毛泽东:《毛泽东诗词》,人民出版社 1975 年版;《毛泽东文集》第 7 卷,人民出版社 1999 年版,第 460 页等。

"给我一个支点,我就能撬动一个地球!"

> ——[古希腊]阿基米德:《论杠杆》。

"我来到人世并不是为了占有一席之地,全世界都是我的祖国。"

> ——[古罗马]塞捏卡:《致鲁西流书信集》。

"为自然立法","给我物质,我就用它造出一个宇宙来!"

> ——[德]康德;引自全增嘏主编:《西方哲学史》下册,上海人民出版社 1985 年版,第 47 页。

"头脑是宇宙的众议院。"

> ——[德]费尔巴哈;引自《列宁全集》第 55 卷,人民出版社 1990 年版,第 57 页。

"世界上最宽阔的是海洋,比海洋更宽阔的是天空,比天空更宽阔的是人的胸怀。"

> ——[法国]雨果;杨栩编:《外国名人名言录》,新华出版社 1983 年版,第 93 页。

"与柏拉图为伍,与亚里士多德为伍,更重要的是与真理为伍","为增长智慧走进来,为服务祖国同胞走出去。"

> ——美国哈佛大学校训作者;参见林华民:《世界经典教育案例启示录》,农村读物出版社 2003 年版,第 31、87 页。

"社会犹如一条船,每个人都要有掌舵的准备。"

> ——[挪威]易卜生;《解放军报》1980 年 6 月 16 日。

"地球是人类的摇篮。但是,人不能永远生活在摇篮里,他们不断争取扩大生存世界和空间。起初小心翼翼地穿出大气层,然后就是征服整个太阳系";"没有'疯子'的空想是飞不上天空的!"

> ——[苏]齐奥尔科夫斯基;引自张瑞甫主编:《中外名人的人生之路》,内蒙古人民出版社 2010 年版,第 39、40 页。

"给我们一个革命家组织,我们就能把俄国翻转过来。"

——列宁;《列宁选集》第 1 卷,人民出版社 2012 年版,第 406 页。

"'伟人们在我们看来显得伟大,只是因为我们跪着。让我们站起来吧!'""如果我可以大胆直言……我就向整个世界提出挑战……我可以像神一样徜徉,胜利行进在那片废墟之上,我的每句话都是火焰和行动,我就像造物主那样襟怀坦荡。""如果一个人只为自己劳动,他也许能够成为著名的学者、伟大的哲人、卓越的诗人,然而他永远不能成为完美的、真正伟大的人物。历史把那些为共同目标工作因而自己变得高尚的人称为最伟大的人物;经验赞美那些为大多数人带来幸福的人是最幸福的人";"如果我们选择了最能为人类而工作的职业,那么,重担就不能把我们压倒,因为这是为大家作出的牺牲;那时我们所享受的就不是可怜的、有限的、自私的乐趣,我们的幸福将属于千百万人,我们的事业将悄然无声地存在下去,但是它会永远发挥作用。"

——马克思;《马克思恩格斯文集》第 1 卷,人民出版社 2009 年
版,第 288 页;《马克思恩格斯全集》第 1 卷,人民出版社
1995 年版,第 485~486、459 页。

"人就是宇宙,凡愿以天下为己任的人永垂不朽!"

——[苏]高尔基:《福马·高尔杰耶夫》;载《高尔基文集》第 9 卷,
人民文学出版社 1984 年版。

在伟人大家面前,那些理想匮乏、目光短浅、胸无大志、不思进取,甚至仅以自我为圆心,以血缘、姻缘为半径,圈定自身交往小圈子,进行利益取舍的极端狭隘自私自利者,他们显得是何等的卑微渺小。他们实际上不过是早已被人戏称的"直立走兽""酒囊饭袋""穿衣架子""造粪机器",与一般动物无异者。

(2)高尚的人格,闪光的人伦。

人格,指的是人之为人的品位风格;它涉及人的生理特点、心理认知、理想追求、情感节操、文化品位和个性、意志、行为、地位等元素,有高尚、一般、低劣之分。世界酷像铺展在人们面前的一张大纸,认识与实践恰似掌握在每个人手中的一支大笔,人人都在以其特有的方式书写着自己的"人格":只不过有的人将其写得顶天立地,气贯长虹;有的人将其写得认认真真,堂堂正正;有的人将其写得敷衍了事,歪歪斜斜,甚至头足倒立,一头栽进非人尤其是毒蛇猛兽凶禽害虫行列,定格为"非人"。人伦,即人际伦理;它包括人气、人脉、人际关系、道德等,主要表现为交际方式、文化修养、个人品德、家庭美德、职业道德、社会公德,特别是"爱国守法、明礼诚信、团结友善、勤俭自强、敬业奉献"的公民基本道德规范,以及"八荣八耻"为核心的荣辱价值观①。人伦作为情商的重要体现,在日常生活中往往高于智商。因为,日常生活不仅需要智商,而且需要情商;为人处事智商不会时时处处体现人际差异,而情商却往往具有首因效应、全覆盖无缝对接、普遍适用特点。无论人格还是人伦,都不可避免地受到人生理想与志向的支配。有什么样的人生理想与志向往往就有什么样的人格、人伦。人格、人伦,对于人生最优化的意义不容低估。对此,康德指出:"有两种事物,我们愈是沉思愈感到它们的崇高与神圣,愈是增加虔敬与信仰,这就是头上的星空和心中的道德律。头之上星空灿烂,道德律在我心中!"爱因斯坦强调:"光靠科学技术,不能把人类带向幸福与高尚的生活。人类有理由将崇高的道德准则的发现置于客观真理的发现之上。"②人类应"把为社会服务看作是自己人生的最高目的",大力发展"有益于公共福利的品质和才能。"③他认为,"一个人为人民最好的服务,是让他们去做某种提高思想境界的工作,并且由此间接地提高他们的思想境界","一个人的真正价值首先决定于他在什么程度上和在什么意义上从自我解放出来",自己必须为别人担负起责任。④ 他甚至说道"我每天上百次地提醒自己:我的精神生活和物质生活都依靠着别人(包括生者和死者)的劳动,我必须尽力以同样的分量来报偿我所领受了的和至今还在领受着的东西。我强烈地向往着俭朴的生活。并且时常为发觉自己占用了同胞的过多劳动而难以忍受。"⑤其实,爱因斯坦

---

① "八荣八耻",即"以热爱祖国为荣,以危害祖国为耻;以服务人民为荣,以背离人民为耻;以崇尚科学为荣,以愚昧无知为耻;以辛勤劳动为荣,以好逸恶劳为耻;以团结互助为荣,以损人利己为耻;以诚实守信为荣,以见利忘义为耻;以遵纪守法为荣,以违法乱纪为耻;以艰苦奋斗为荣,以骄奢淫逸为耻。"

② 引自许汝罗、王永亮主编:《思想道德修养与法律基础》(学生辅学读本),高等教育出版社 2006 年版,第 13 页。

③ 引自辛立洲:《人生设计原理》,天津人民出版社 1987 年版,第 260 页。

④ 《爱因斯坦文集》第 3 卷,许良英等编译,商务印书馆 1979 年版,第 36、35 页。

⑤ 《爱因斯坦文集》第 3 卷,许良英等编译,商务印书馆 1979 年版,第 42 页。

对人类的贡献不知比他对人类的索取高出多少倍。在爱因斯坦看来，人不仅要感恩，更要对人类作出超乎寻常的巨大贡献。感恩，作为对恩人的感谢回报，只是人类必备的最起码的道德素质。它甚至在一些动物中，诸如蜜蜂、雁类、猴类、家禽、家畜中屡见不鲜。动物世界，尽管不乏弱肉强食的杀戮惨相，贪婪可憎的蚊子在叮吸人的血液损人害人后，不仅毫无愧意，而且会恩将仇报、传播疾病，沾沾自喜地淫笑着嘤嘤离去，而辛勤可爱的蜜蜂在采集花蜜为人类酿造生活甜蜜的同时，不仅为作物传花授粉，使之受孕结果，而且离开时不顾疲惫地嗡嗡道谢。雁类、猴类、家禽、家畜，它们的团结、互助、友爱、奉献精神更是显而易见。自然，一切害人虫迟早会被人类消灭，所有益于人类的动物都将得到人们的眷爱呵护。然而，仅仅感恩对于人类生存和社会发展远远不够。因为，如果人的思想行为仅限于感恩不仅最初的"施恩"会成为无本之木、无源之水，即便是"当涌泉相报"的"滴水之恩"也难以产生和接续；投桃报李以德报德的"感恩"，只能是为人处事的一种最低诉求，施恩不图报，甚至在一定意义的以德报怨、无私奉献，才是社会最高境界的道德品质。人的道德品质与才智成就不仅相辅相成，而且在一定意义高于才智成就。对此，爱因斯坦在居里夫人追悼大会上强调："第一流人物对于时代和历史进程的意义，在其道德品质方面，也许比单纯的才智成就方面还要大。即使是后者，它取决于品格的程度，也远超过通常所认为的那样。"①马克思认为"道德的基础是人类精神的自律"②。习近平强调"国无德不兴，人无德不立"，"养大德者方可成大业"。③ 道德作为人伦的核心内容，它既是运用信念、舆论、习俗自觉调整人与人、人与社会、人与自然关系的思想、行为规范，又是法律的拓展；法律则是国家强制的道德底线。道德与法律刚柔相济，相互补充；道德是柔性的、重在治心，法律是刚性的、重在治身，道德无能为力之时正是法律大显身手之机，法律一筹莫展之处正是道德长驱直入之地。道德在某些方面高于法律，它对于人生的影响是全方位的，并且与人类社会共始终；法律对于人生的影响则相当有

---

① 《爱因斯坦文集》第 1 卷，徐良英等编译，商务印书馆 1976 年版，第 339 页。
② 《马克思恩格斯全集》第 1 卷，人民出版社 1995 年版，第 119 页。
③ "青年要自觉践行社会主义核心价值观与祖国和人民同行，努力创造精彩人生"，《人民日报》2014 年 5 月 5 日。

限,并且它仅存在于阶级社会。道德是提升人生自身素质的阶梯、法宝,是反对失道者的武器和约束失道者的锁链。人作为世界上最高级的动物,有了道德便可以成为神圣的天使,失去道德便会沦落为最凶恶的野兽。① 道德不仅能够让他人等值受益,而且可以使他人超值获利;道德者的"举手之劳",有时候可以救人一命。道德不仅是付出,而且是收获;犹如送人玫瑰手有余香,爱有所至、情有所获,帮助别人可以快乐自己;道德能够收获友情、亲情甚至爱情、奖赏,在一定程度满足道德者的良心、荣誉、地位、安康、幸福需要。道德不仅可以得到意外的等价交换、直接交换、间接交换、变相交换奖赏,而且能够得到意外的增值利益、倍加效益;得到"2-1>2"的加倍报偿利益和"1+1>2"的和谐互助系统增值效益。道德的本意和实质,是词源学所讲的道理与"得事宜"的内得于己、外得于人、人人各得其所的高度一致,是自律与他律的统一,是利己与利他的最大限度的结合,是个人利益、社会利益及其整体利益的最大化。高尚的人格、闪光的人伦,指的是人格至高无上,伦理道德光彩照人。它是人生价值最大限度地提高与实现的必备素质。汉代史学家班固所说的"千人所指,无病而死"②,东汉思想家王充所述的"德不优者,不能怀远;才不大者,不能博见"③;俄国现代思想家车尔尼雪夫斯基提出的"一个没有受到献身的热情所鼓舞的人,永远不会作出什么伟大的事情来",法国现代作家罗曼·罗兰提出的"没有伟大的品格,就没有伟大的人,甚至也没有伟大的艺术家,伟大的行动者"④;无不表征着高尚的人格、闪光的人伦的重要属性。人们常说的"诚实是最好的策略","德才互补","道德常常弥补智慧的缺陷","无私无畏","仁者无敌","吃亏在于不老实","巧伪不如拙诚","小恶不容于乡,大恶不容于国","损人利己非好人,损人不利己者不如畜生","极端自私自利者最先灭亡,因为他们一死万事休","罪大恶极者人神共愤,天诛地灭,死有余

---

① 20世纪80年代,美国一家动物园,为教育人们关爱动物、善待生命,特意发布一条消息:"本动物园引进世界上最凶恶的动物,欢迎大家前来观赏。结果,满怀好奇心的游客,入园后在通幽曲径的尽头,发现的竟是映照着自己面孔的一面镜子。显然,公园主人的创意在于说明,由于对动物乃至整个生态环境大开杀戒,"人类自己才真正是世界上最凶恶的动物。"

② 《汉书》王嘉卷。

③ 王充:《论衡》别通篇。

④ 肖兰、丁成军编:《人才谈成才》,中国青年出版社1986年版,第3页。

辜”，“得道多助，失道寡助，无道不助，缺德受罚”，“因果相报，善有善报，恶有恶报，不是不报，时候不到，时候一到，一切全报”等，无不从不同的角度诠释着高尚的人格、闪光的人伦所特有的功能风采。

高尚的人格、闪光的人伦规定，一方面，在认识世界、改造世界、创造世界造福自身的过程中，无愧为“人”的至尊称号。生活追求要有“德侔天地，道冠古今”的豪迈气概①。品格修养节操力求禀赋笋风竹韵：未曾出土先有节，及至凌云尚虚心；像荷花那样：“出淤泥而不染，濯清涟而不妖，中通外直，不蔓不枝，香远益清，亭亭净植，可远观而不可亵玩”②；做到宁为“圣人”而不至，不为“小人”而成名，“虽不能至，心向往之”。另一方面，对于人际关系道德，要深谙人是社会的人，社会是人的社会之定理准则，切不可唯我自居、唯我独尊、唯我独是，目无他人、社会。应当既从个人需要出发，又尊重他人和社会的感受要求，学会换位思考，力求“我即我所是”与“我亦人所欲”的辩证统一；做到设身处地、推己及人，“己欲立而立人，己欲达而达人”，“己所不欲勿施于人”，③己之所欲慎施于人。既把自己当作自己，把别人当作别人；又把自己当作别人，把别人当作自己，达到己、人相分而又人、己和谐统一。再一方面，必须高风亮节，是非分明，立场坚定，刚正不阿，一身正气，两袖清风；见贤思齐，见不贤而内自省，大事讲原则，小事讲风格，与人为善，成人之美，助人为乐，乐此不疲；恪守“勿以善小而不为”，“勿以恶小而为之”的古训，④从善如流，疾恶如仇。要深知人生在世，事务繁多，善恶交错，事在人为，事虽小不为不成，量变可以引起质变，日积一善可以至圣人，日积一恶能够成败类。特别是处在和平年代，欲创造出轰轰烈烈、惊天动地的伟业并非人人都能做到，大多数人所面对的多为围绕在身边的生活琐事。但滴水见太阳，寸草闪春晖；点滴小事能映现出人的道德品质、精神风貌，展示出人的内心世界。对于真善美的事业，必须日积月累，积小成大，使之勃然成势，蔚然成风；对于假恶丑的东西，必须防微杜渐，防患于未然之时，消灭于萌芽之期，清除在既发之处。第四方面，

---

①　引自曲阜孔庙东西两侧牌坊木刻。
②　宋代学者周敦颐：《爱莲说》。
③　《论语》雍也、颜渊。
④　三国蜀国国君刘备：《敕后主刘禅诏书》。

坚持个人利益与他人利益、社会利益相统一；当个人利益与他人正当利益发生矛盾，先人后己，吃苦在前，享受在后；个人利益与社会利益发生冲突，"先天下之忧而忧，后天下之乐而乐"①，个人利益服从社会利益，充分体现人之为人的高尚品格，成就光彩夺目的最佳人生。

(3)渊博的学识，横溢的才华。

学识，即文化知识，学术见解；才华，通常指智力才能。纷繁复杂的世界，绚丽多姿的人生，既需要聪慧的头脑去感知理解，又需要高超的技能和多元的知识去驾驭。各种知识技能对于高尚的人生，无不具有积极效用。如同培根所说："阅读使人充实，会谈使人敏捷，写作与笔记使人精确……史鉴使人明智，诗歌使人巧慧，数学使人精细，博物使人深沉，人伦之学使人庄重，逻辑与修辞使人善辩。"②渊博的学识、横溢的才华，即学问知识渊博，智力才能横溢。一个善于人生优化，特别是长于人生最优化的人，大都具有渊博的学识、横溢的才华。马克思之所以成为举世公认的伟人，除了他的天才条件和大量工作业绩之外，主要是由于他的渊博的学识、横溢的才华。同远大的理想、宏伟的志向一样，横溢的才华、渊博的学识，似乎对生气勃勃、奋发向上的广大青少年和少数名人大家较为现实，而对于智力平庸、学识一般的人并非完全适用；但是，学海无涯，社会发展对人的文化素质要求没有止境，学习应是人的毕生使命。积极进取的人生，既不应自暴自弃，也不应满足于在学校中学到的一些知识。大量统计资料表明，人的一生80%～90%的知识是在毕业后获得的。横溢的才华、渊博的学识，在当今尤其应顺应构建学习型社会、倡导终身学习的历史潮流，力求活到老学到老，生命不息学习不止。

渊博的学识、横溢的才华主张，最大限度地拥有哲学、人文社会科学、自然科学、边缘交叉科学、新兴科学、系统科学、最优化科学、未来学等科学知识，形成全方位立体化科学知识体系，尽可能地培养训练出自己各方面的才能，力求博古通今，学贯中西，明察未来，无所不知，让各种才华竞相迸发，大放异彩，交相辉映。

---

① 宋代学者范仲淹：《岳阳楼记》。
② ［英］弗兰西斯·培根：《培根论说文集》，水天同译，商务印书馆1983年版，第180页。

法国 19 世纪社会活动家、科学家居维叶,曾担任国家科学院秘书、帝国大学参议员、国家参政员等要职。他除擅长社会管理事务之外,在诸多自然科学领域都有卓越的建树。他利用工作之便,不仅创立起"比较解剖学"、"生物学自然分类法"、"地质灾变论",而且提出了著名的"器官相关律"。他的成功秘诀最重要的就在于:善于发掘和改造前人的科学遗产;善于广泛及时地吸收、利用和综合同时代人的科学成果;善于通过社会交往获得众多的最新科学信息。居维叶的成功,为人生事业建树做出了榜样。

(4)非凡的专长,全面的发展。

专长,即人的专门特长。它包括先天特长和后天特长两种类型。发展,则是由小到大、由弱到强、由低级到高级、由旧质到新质的螺旋式上升、波浪式前进。非凡的专长、全面的发展,指的是专长非同凡响,发展涉及各个方面。非凡的专长堪称发明创造必不可少的前提,它对于填补人类科学文化空白至关重要;全面的发展不仅可以直接扩大个人和社会的价值范围,而且能够使人的各种能力相互促进、相得益彰。社会厚爱人的非凡专长,同样需要人的全面发展。现代生理心理学研究表明:每个正常人都具有自己的专长,又都具有多方面的才能。人正常的智力由 1 对基因决定,另有 5 对修饰基因支配着人的特殊天赋,起着升高或降低智商的作用。一般说来,人的这 5 对修饰基因总有一两对是"好"的和比较好的。即一般人总有某些特殊的天赋素质,有某种专长的生长点。[①] 在这方面,最极端的例子莫过于白痴专才。他们虽然总体呆头呆脑、笨手笨脚,但在某些方面却怀有怪才绝技。有一位白痴专才,日常生活都有困难,但心算能力却强得惊人,他能把暂时停下来的汽车牌号一直加到 70 位数而毫无差错。另一位白痴专才擅长音乐,无论多么复杂的乐曲,只要学练一遍他便能复奏出来,并且演奏得十分出色。当台下观众为他鼓掌欢呼,要他"再来一个",他不分你我地也跟着鼓掌高喊:"再来一个"。[②] 我国的智障青年"周周",亦有类似的情形。与此同时,人体的 23 对染色体分别决定着人的各方面能力的形成和发展,人的能力决不会是单一的。大量事实表明,在

① 参见李光伟:《时间管理的艺术》,甘肃人民出版社 1987 年版,第 219、220 页。

② 参见叶奕乾等:《图解心理学》,江西人民出版社 1982 年版,第 345、346 页。

某一领域做出贡献的人,也可以在其他领域有所建树。德智体美劳,原本是一个不可分割的整体。德为五者之帅,智为五者之魂,体为五者之本,美为五者之韵,劳为五者之实。有德无智是次品,有智无德是毒品,有德有智无"体"是残品,有德有智有体无美非上品,有德有智有体有美无劳为展品(样品),有德有智有体有美有劳才是精品。一个人只有"明大德、守公德、严私德"①,德智体美劳全面发展,才能大有作为,建树完美人生。孔子不仅是一位伟大的思想家、教育家、政治家,而且对文学、音乐颇有研究。张衡既是著名科学家、政治家,又是文学艺术大师。他的《东京赋》、《西京赋》在文学史上占有重要地位。张仲景既是清官廉吏,又是中医医圣。杨振宁、钱学森、钱三强、钱伟长、华罗庚不仅是当代著名科学家,而且精通古典文学。毕达哥拉斯、亚里士多德、阿基米德、爱因斯坦、居里夫妇、巴甫洛夫等举世闻名的思想家、科学家,大都是德智体美劳全面发展的杰出人才。每个正常人都可以成为一专多能全面发展的人才。人的能力的发挥之所以在现实生活中受到限制,除主观努力欠缺、方法欠当之外,主要由于社会分工和生产力的低下造成。随着个人素质的不断优化,随着严格意义的社会分工的逐渐消逝和生产力水平的极大提高,人的全面发展同社会分工等的矛盾将逐步得到解决乃至彻底消除。而这种"彻底消除",只有在未来高度发达的社会才能完全变为现实。对此,马克思、恩格斯作出这样的预言:未来"社会","任何人都没有特殊的活动范围,而是都可以在任何部门内发展,社会调节着整个生产,因而使我有可能随自己的兴趣今天干这事,明天干那事,上午打猎,下午捕鱼,傍晚从事畜牧,晚饭后从事批判,这样就不会使我老是一个猎人、渔夫、牧人或批判者。"②

　　非凡的专长、全面的发展强调,既要有超群出众的一技之长,又要德智体美劳全面发展,各项事业全方位进步。新世纪、新千年的新人,应当积极为之创造条件,勇往直前。

　　(5)不懈的创造,光辉的一生。

　　创造,即创立造就;一生,指的是一世、一辈子。人生的本真重在创造和升

---

　　①　"青年要自觉践行社会主义核心价值观与祖国和人民同行,努力创造精彩人生",《人民日报》2014年5月5日。

　　②　《马克思恩格斯文集》第1卷,人民出版社2009年版,第537页。

华自身。古希腊诗人荷马认为"如果一个人整天无所事事，那么，其无异于行尸走肉。"①我国当代著名哲学家北京大学张世英教授在其《希望哲学论要》一文中创造性地指出："人生的希望有大有小，有高有低。我以为人生最大最高的希望应是希望超越有限，达到无限，与万物为一。这种希望乃是一种崇高的向往，它既是审美的向往，也是'民吾同胞'的向往。"②德国现代学者曼恩强调："如果我们每天的生活总是平平常常、毫无变化，那么，生活多年与生活一天是一样的。完全的一致就会使得最长的生命也显得短促。"③苏联文学家高尔基强调："懒于思索，不愿意钻研和深入理解，自满或满足于微不足道的知识，都是智力贫乏的原因。这种贫乏通常用一个词来称呼，这就是'愚蠢'。"④唯有创造和升华自身才最能凸显出人生的本质，实现人生的永恒价值。人赤身裸体来到世间，决不是为了一展裸体的风姿，也不是为着卖弄吃喝的胃口，更不是为了表明自己的享乐本领，而是要无休止地进行创造和升华自身。不懈的创造、光辉的一生，指的是创造不懈怠，一生光辉闪耀。据此，列宁认为"判断历史的功绩，不是根据历史活动家没有提供现代所要求的东西，而是根据他们比他们的前辈提供了新的东西。"⑤人生"本我"来自"非我"，又依赖于"非我"而存续和发展。人生本质上是由"本我"、"自我"到先己后人的"己、人"、先人后己的"人、己"，再到"超我"、"忘我"、"无我"的升华过程。人生价值的最大限度地提高与实现，亦是这样。不懈的创造、光辉的一生，其美好愿景在于无论能力大小、地位高低、职业如何、处境怎样，都应当从身边日常生活事务做起，竭尽全力为自身和人类幸福、社会进步坚持不懈地创造，不断升华自己的一生。决不可"挟泰山以超北海"之类的无能为力的大事做不来，"为长者折枝"之类的能为而"不为"的小事又不做，不能干的事情不去干，能干的事情也不去干，⑥且不可饱食终日、无所用心、懒惰成性、恶习成风，甚至挥霍无度、花天酒地、醉生梦死，过一种行尸走肉的生活。要牢记毛泽东的名

①　[古希腊]荷马：《伊利亚特》，罗念生、王焕生译，人民文学出版社1994年版。
②　《人民日报》2013年7月18日，《新华文摘》2013年第19期。
③　《自学》1983年第4期"青年要珍惜大好年华奋发自学"一文补白："名言集锦"。
④　引自王通讯：《人才论集》第2卷，中国社会科学出版社2001年版，第266页。
⑤　《列宁全集》第2卷，人民出版社1984年版，第154页。
⑥　参见《孟子》梁惠王上。

言:"一个人做点好事并不难,难的是一辈子做好事,不做坏事,一贯地有益于广大群众"①,"一个人能力有大小,但只要有这点精神,就是一个高尚的人,一个纯粹的人,一个有道德的人,一个脱离了低级趣味的人,一个有益于人民的人"②;要像鲁迅先生所说:"摆脱冷气,只是向上走,不要听信自暴自弃者流的话。能做事的做事,能发声的发声。有一分热,发一分光。就令萤火一般,也可以在黑暗里发一点光,不必等候炬火。"③

不懈的创造、光辉的一生倡导,人生一世在锁定最佳目标之后,应当孜孜以求,从不放弃,从不言败;活到老、干到老、创造到老,生命不息,奋斗不止,为实现人生最佳目标,特别是人类发展、社会进步,鞠躬尽瘁,死而后已,甚至死而不已,创造出光辉的一生,永恒伟大的一生。

马克思的一生,不愧为不懈的创造、光辉的一生。他为了人类福祉、社会进步,殚精竭虑,呕心沥血,不畏强权,不怕流亡,不避艰难困苦,不惜献出自己的一切。仅《资本论》一书的写作,马克思就耗费了大半生心血。在给友人的信中他倾诉道:"我不得不利用我还能工作的每时每刻来完成我的著作,为了它,我已经牺牲了我的健康、幸福和家庭";若是我的书已完成,"那我是今天还是明天被投到剥皮场上,换句话说,倒毙,对我完全一样"。④ 为此,马克思工作到生命的最后一息,长眠在安乐椅上。其他一些为人类的繁荣昌盛立下丰功伟绩的杰出人物,也是一息尚存创造不止,一息尚存奋斗不停。他们有的与世长辞在讲坛上,有的与人永别在手术台、实验室、工作间、访问途中……这种忘我的创造精神,光辉的人生风范,动人心魄,催人奋进,值得人们很好地学习。

(二)人生目标的最佳设计原则

人生目标的最佳设计原则,即根据人生目标及其最佳设计的认知前提尤其是人生最佳目标的构成特点,联系实际,对人生目标的最正确科学的设计准

① 《毛泽东文集》第2卷,人民出版社1993年版,第261页。
② 《毛泽东选集》第2卷,人民出版社1991年版,第660页。
③ 《鲁迅全集》第1卷,人民文学出版社1981年版,第325页。
④ 《马克思恩格斯全集》第31卷,人民出版社1972年版,第543、180页。

则。它主要由相辅相成、相互促进的 3 个方面组成。

1. 合乎客观规律,广为个人和社会需要

毛泽东曾指出:"任何思想,如果不和客观的实际的事物相联系,如果没有客观存在的需要,如果不为人民群众所掌握,即使是马克思列宁主义,也是不起作用的。"①习近平 2014 年"五四"青年节在北京大学师生座谈会上的讲话则强调:光阴荏苒,物换星移,每一代人都有自己的际遇和机缘,都要在自己所处的时代条件下谋划人生、创造历史;希望大家努力在实现中国梦的伟大实践中创造自己的精彩人生,在时代大潮中建功立业,成就自己的宝贵人生,在激扬青春、开拓人生、奉献社会的进程中书写无愧于时代的壮丽篇章!② 合乎客观规律、广为个人和社会需要,是人生目标最佳设计的首要原则。客观规律,即事物的本质的必然联系及其发展趋势。个人需要指的是个人生存、发展和享用的生理、心理需求。它是社会需要的构成元素,没有个人需要便无所谓社会需要。社会需要则是个人需要的有机整合,是个人需要交互作用的产物。它代表着社会大多数人的意志、愿望和诉求,反映着时代精神,表征着历史进程的大趋势,受社会发展条件和规律的制约。合乎客观规律、广为个人和社会需要,即合乎事物的本质的必然联系及其发展趋势,广泛适合于个人和社会需要,甚至最高个人和社会需要。客观规律只能认识利用,不可无视和违背;否则,就会受到惩罚。历史上曾有人幻想制造出违背力学定律的永动机,期望长出"三头六臂",希冀长生不老,幻想两肋生翼,脚下生风,凌空飞翔,甚至抓住自己的头发离开地球。其主观愿望虽好,但却因违背客观规律而贻笑世人。另一些逆历史潮流而动的反面人物、狂妄之徒,最终也被钉在了历史耻辱柱上。个人需要是人生最佳目标的直接动力和源泉,人生最佳目标则是个人需要尤其是个人最佳需要的对象化。社会需要既是个人需要的产物,又是个人需要的社会保障。众怒难犯,群望无敌,社会需要至上,不可违逆。社会需要与个人需要的内在关系,以及社会需要相对于个人需要在质量、数量、能量上的优势性和人类最大价值效益取向,决定了个人需要与社会需要必须尽可能

---

① 《毛泽东选集》第 4 卷,人民出版社 1991 年版,第 1515 页。

② "青年要自觉践行社会主义核心价值观与祖国和人民同行,努力创造精彩人生",《人民日报》2014 年 5 月 5 日。

地相统一,并且当个人需要与社会需要发生矛盾,个人需要服从社会需要。大凡卓有建树的智者才俊,无不自觉地将个人需要与社会需要融为一体,并且把个人需要置于社会需要之下。列宁早年为了民族解放、社会进步,毅然放弃自己所喜欢的语言学和数学,选择社会最需要的法学专业和政治经济学。表弟问他缘由,他回答道:"现在这样的时代,必须研究法学和政治经济学。如果在别的时代,我也许就选择别的科学了。"①列宁后来成为世界第一个社会主义国家的缔造者。中国民主革命先驱孙中山,青年时代爱好医学,但面对祖国危难,民族存亡,考虑到当时社会的迫切需要,毅然弃医从戎,成为资产阶级革命的领导者。事业的翅膀无论如何强健有力,如果不借助社会需要的空气也是飞不上天空的。个人需要服从社会需要,不仅是一种道义愿望、社会诉求,而且有利于个人更好地成就大业,能够使人凭借社会需要东风,大展宏图,建树起一个又一个丰功伟绩。

合乎客观规律、广为个人和社会需要要求,设计人生最佳目标,一方面,应当认清客观规律,把握其特点,充分利用其所提供的有利条件,特别是所提供的可能和许可的最高限度,力求设计出合乎客观规律、具有实现可能、处在上界极限上的人生最佳目标。另一方面,必须尽可能设计出与最广泛迫切的个人和社会需要相统一的人生宏大目标、急需目标,并且让个人需要服从社会需要,为个人发展、社会进步作出最大贡献,成为时势英雄、时代精英、社会楷模。

2. 尽可能的远大而又切实可行

尽可能的远大而又切实可行,堪称人生目标最佳设计的前提性原则。它指的是人生目标的最佳设计,既要达到崇高远大,又要切合实际,具有可行性。

尽可能的远大而又切实可行规定,一方面,要坚信事物普遍联系,"世上绝无所谓永远不会发生的事情"②,"世界上什么事情都是'可能的'"③;事在人为,人间没有办不成的事,只有办事不努力不得法的人。无论什么样的人生目标的最佳设计,都应当尽一切可能的崇高远大。人生的宏观目标、总体目标、长期目标、终生目标、战略目标的最佳设计尤其如此。另一方面,人生目标的

---

① 引自辛立洲:《人生设计原理》,天津人民出版社 1987 年版,第 252 页。

② [古罗马]塞捏卡:《致鲁西流书信集》。

③ 《列宁全集》第 47 卷,人民出版社 1990 年版,第 493 页。

最佳设计,必须切合现实,行之有效,效果显著。特别是微观目标、分散目标、短期目标、战术目标的最佳设计,更应当这样。美国加利福尼亚大学专家曾做过这样一次试验:他们把6只猴子分别关进3个房间,每间2只。第1间房子食物全部放在地上;第2间房子食物分别挂在两猴相助、跳一跳才能够得着的空中;第3间房子食物悬挂在天花板上,猴子协作跳跃也够不着。1周后,试验人员打开房间发现:第1间房子的猴子因争夺食物一死一伤;第2间房子的猴子因协作互利,各尽所能,各取所需,各得其所,相安无事;第3间房子的猴子因食物位置过高,协作跳跃也无法得到而活活饿死。① 对于猴子而言,最佳生活目标既不是唾手可得,也不是遥不可及,而是跳一跳才能够得着的目标! 人类虽非猴子,但却源于猴类。按照低级决定高级,高级反映并反作用于低级,"适用于自然界的,也适用于社会"②,"低等动物身上表露的高等动物的征兆,只有在高等动物本身已被认识之后才能理解"的规定特性③,在猴类身上可以找到打开人类某些奥秘的"钥匙"的辩证唯物主义观点,人生目标的最佳设计,势必与猴子的上述情形有着惊人的相似之处。之所以如此,原因主要有三个。

其一,人的潜能极大,而潜能的充分发挥离不开远大目标的激励和支持。

现代人体科学研究成果表明,无论人的体力,还是人的智力和其他方面,都蕴藏着超乎想象的极大潜能。特别是人的智力潜能,近乎无限。而人体潜能的充分发挥却需要远大目标的强力诱引和支撑。不畏浮云遮望眼,只缘身在凌云处;站得高才能看得远,居高临下才能看得清。人类千百万年的生活实践一再表明,人生的业绩大小,往往与其目标设计的远大程度成正比。对此,墨子认为"志不强者智不达"④。毛泽东强调:"只有远见卓识,才能不失前进的方向。"⑤英国作家哈奇森在《对我们审美观和道德观起源的探索》中认为,"智慧意味着以最佳方式追求最高的目标。"苏联著名文学家高尔基在谈到自己的成功经验时明确表示:"一个人追求的目标越高,他的才力就发展得越

---

① 参见朱彤:《情商决定成败》,京华出版社2006年版,第55、56页。

② 《马克思恩格斯选集》第4卷,人民出版社2012年版,第192页。

③ 《马克思恩格斯选集》第2卷,人民出版社2012年版,第705页。

④ 《墨子》修身。

⑤ 《毛泽东选集》第2卷,人民出版社1991年版,第522~523页。

快,对社会就越有益;我确信这也是一个真理。这个真理是由我的全部生活经验,即是由我观察、阅读、比较和深思熟虑过的一切确定下来的。"①美国哈佛大学通过对某应届毕业生的人生目标调查发现,只有 3% 的人有清晰和长远的目标;10% 的人有清晰但比较短期的目标;60% 的人目标模糊;27% 的人没有目标。结果 25 年后,原 3% 的有清晰和长远目标者,均生活在社会的最上层,成为社会的精英、名流、部门领袖、行业巨头;10% 的有清晰但比较短期目标者,大都生活在社会的中上层;60% 的目标模糊者,生活一般化,居于社会的中下层;27% 的没有目标者,生活最糟糕,埋怨生不逢时,社会"不给他们机会"。② 正是基于这样的现实和业绩与目标的这种正相关联,人们认定"不想当冠军的运动员,不是最好的运动员;不愿当元帅的士兵,不是最好的士兵;不想成名成家的学子,不是最好的学子!"

其二,事物发展的下向引力和前向阻力,以及人们习惯上的"眼高手低"效应,往往导致远大目标高定低就。

由于理想与现实、理论与实践、要求与实际的差异,人们在看待事物、处理问题时,虽然偶有大喜过望、出乎意料的成功奇迹,但这类情况总是少之又少、微乎其微;大多数情况却是希望大于事实,目标高于实际。投掷、射击的高击低中规律是如此,为人处事亦往往这样。黎巴嫩文学家纪伯伦说过:"让你的理想高于你的才干,你的今天才有可能超过昨天,你的明天才有可能超过今天";英国前首相迪斯累利指出:"不向上看的人往往向下看,精神不能在空中翱翔就注定要匍匐在地。"③同样,不仅不向前看的人往往向后看,而且不向远看的人往往向近看,不向大看的人往往向小看;一个人能力有限,不可能在同一时间、地点眼观六路、耳听八方、思接千载、领悟万端。西方现代著名教育家萨姆莱斯特·莫罕警示世人:"如果你拒绝随意接受生命(生活),而只接受那最好的,那么你将很有可能得到它。"④成功学的金定律"拒绝平庸,追求卓

① [苏]高尔基:《论文学》,伍孟昌译,人民文学出版社 1978 年版,第 340 页。

② 参见金泉:《心态决定命运》,海潮出版社 2006 年版,第 341、302、303 页。

③ 引自王行健:《成功学圣经全集》,地震出版社 2006 年版,第 220 页。

④ 引自[美]珍妮特·沃斯、[新西兰]戈登·德莱顿:《学习的革命》,顾瑞荣译,上海三联书店 1998 年版,第 252 页。

越"，"假装行，然后真行"，不失为人生最佳目标定位准则。

正所谓：

矫枉往往需过正，高定常常致低就：

求其上上，而得其上；

取法乎上，仅得乎中；

取法乎中，故为其下；

求其下者，而得其下下。

这是一条铁的规律，一条合乎概率统计而又必须遵循的客观规律。

其三，远大目标的实现，需要一系列切实可行的近小目标支持。

远大目标，一方面，是由一系列近小目标组成的，没有一系列近小目标就没有远大目标；量变能够引起质变，一系列近小目标能够积累升华成为远大目标。另一方面，要达到远大目标，必须由近及远，化大为小，变难为易，步步攀升，循序渐进。苏联著名科学家科恩，在其《自我论》中精辟地指出："不论人的可能性的客观范围有多大，他实际上只能做他敢做和会做的事，而没有本领的勇气和没有勇气的本领一样，都是无效果的。"诺贝尔生理学及医学奖获得者马斯·亨特·摩尔根，谈到人生近小目标时说道："目标不妨设得近点。近了，就有百发百中的把握。目标中的，志必大成。"①目标尽可能的远大，并不是不顾客观规律、不管有无实现可能随心所欲的妄想、空想，而是建立在合乎客观规律、具有实现可能，切合客观实际、能够付诸行动，收到显著实效基础之上的。

经验和研究表明，目标实现概率与目标激励力成正比，与目标期望值和实现难度成反比：

目标实现概率＝目标激励力/目标期望值和实现难度。

最先实现的目标，往往不是远大目标，而是实现概率最大的近小目标；而后实现的目标，往往才是远大目标。远大目标的实现，以若干近小目标的实现作基础、为保障；近小目标的实现，以远大目标的实现作引领、为目的。目标实

---

① 参见王通讯：《人才学通论》，中国社会科学出版社 2001 年版，第 298 页。

现概率、目标激励力与目标期望值和实现难度,以及远大目标与近小目标的这种关系特点要求,目标的最佳设计必须既尽可能的远大,富有激励力、诱惑力、感召力、先进性、前瞻性、挑战性,又切实可行,期望值和实现难度不宜过高。在人生目标的最佳设计过程中,既不应孤立地、笼统地倡导目标"尽可能的远大",一味好高骛远,因为那样难免在某些方面陷入不切实际的幻想;也不可片面地、一般地信守目标"切实可行",甘当"小草"、"螺丝钉",因为那样极易导致大材小用、资源浪费、得不偿失,更何况都当"小草"人类便会失去栋梁之材,都当"螺丝钉"社会就会失去机器主件,而那些想当"螺丝钉"的人,到头来连"螺丝钉"也当不成(因无机器主件),而只能是一堆"废铁"。尽可能的远大而又切实可行所追求的人生目标,只能是"切实可行"基础上的"尽可能的远大"目标和"尽可能的远大"前提下的"切实可行"目标。在很大程度上,可以说它是既崇高远大,又合乎实际,"跳一跳能够得着",并且级级提升、步步前进的一系列不同向位、层次上界极限上的相互关联的目标集合体。苏联心理学家列昂捷夫在埃尔克斯——多德森定律的基础上进一步研究发现:在个人能力和条件许可的范围内,目标越高动机越强,效果越好;效果达到最高峰,会保持一定的"平顶",但超过一定限度,即超过个人能力和条件许可的限度,效果反而变差,可是差到一定程度,又转而再度出现上升峰巅。有的心理学家据此指出:"一项工作要求智商 120;那么,智商低于 120 的人肯定不适合担任这项工作;智商 120 的人,一般说来适合担任这项工作。但是,智商比 120 高出许多(如 160)的人是否适合担任呢?那就很难说了。"[①]因为,这会出现两种情况:一种是不费力气做得很好;一种是因嫌厌过于简单而掉以轻心反而做得不好。正像国家领导人未必能做好基层工作,大学教授不一定能教好小学一样。但不管哪种情况,都是一种人力资源浪费,都不可取。只有尽可能的远大而又切实可行的人生目标,才充分具有最优化意义。

3. 高度健全,充分合理

高度健全、充分合理,可谓人生目标的最佳设计系统性原则。它指的是人生目标的最佳设计,在力所能及的前提下最大限度地健康全面、恰当协调,合

---

① 　周昌忠编译:《创造心理学》,中国青年出版社 1983 年版,第 128、148 页。

乎逻辑情理。这是人生目标最佳设计的难点和焦点,也是人生目标最佳设计的重要任务所在。

高度健全、充分合理主张,所设计的各种远近高低、主次轻重、难易缓急、大小不等的人生最佳目标,既丰富多彩,应有尽有,与自己的一专多能、全面自由发展需要相一致,又有条不紊、相互支持、完美无缺,成为一个有机整体,产生最佳个体价值效益、结构价值效益、系统价值效益和整体规模最大价值效益。

合乎客观规律、广为个人和社会需要,尽可能的远大而又切实可行,高度健全、充分合理,三位一体,相辅相成。一般说来,当彼此发生冲突,小的方面应依次服从于大的方面。以合乎客观规律、广为个人和社会需要为例:美国现代心理学家费约的试验表明,社会性动机所发挥出来的能力指数可高达 200,而单纯为了表现自己才能所发挥出来的能力最高指数不超过 150,无形中下降 50%。① 这自然是由大的方面对小的方面在质量、数量、能量上的至上性和人生最大价值效益取向交互作用的结果。

(三)人生目标的最佳设计方法

人生目标的最佳设计方法,指的是遵循人生目标的最佳设计原则,结合具体需要,对人生目标的最正确科学的设计方略法术。它是人生目标的最佳设计原则在技术操作层面的展开和具体化,主要包括 4 种方法。

1. 善于选择,精于创造

人生目标,既有既定的可资借鉴选择的最佳目标,也有一向空白需要填补创建的最佳目标。善于选择,即在现有形形色色的一系列人生目标中,通过严格分析鉴别,从中选择出自己所需要的人生最佳目标。精于创造,指的是在没有既定的可资借鉴选择的人生最佳目标情况下,通过精心构思、科学设计,创造出人生最佳目标。

根据现有研究成果,结合人类千百万年来的宝贵经验,以及人生目标最佳设计的相关方法,善于选择、精于创造要求,人生目标的最佳选择和创造必须按照十种具体方法操作。

---

① 参见黄仁发、战立克:《效率与心理》,北京科学技术出版社 1988 年版,第 10 页。

第一，从现实需要中选择和创造人生最佳目标。

第二，从历史规律、发展趋势、概率统计、未来预测中选择和创造人生最佳目标。

第三，从古今中外人生的成败得失中选择和创造人生最佳目标。

第四，从司空见惯被人忽视的领域中选择和创造人生最佳目标。

第五，从偶发机遇中选择和创造人生最佳目标。

第六，从自身和别人的经验教训中选择和创造人生最佳目标。

第七，从实践探索中选择和创造人生最佳目标。

第八，从边缘交叉新兴领域及其空白区选择和创造人生最佳目标。

第九，从别人指点迷津中选择和创造人生最佳目标。

第十，从发散思维、收敛思维、嫁接思维、综合创新升华思维的逻辑推理中选择和创造人生最佳目标。

运用这些方法，将会在人生最佳目标的选择和创造中，一马当先，捷足先登。

2. 扬长避短，最能发挥自身特长

扬长避短、最能发挥自身特长，指的是人生目标的最佳设计，必须充分发挥自己的特点优长，避免个人的不足劣短。

清代诗人顾嗣协的《杂兴》一诗写得好：

"骏马能历险，犁田不如牛；

坚车能载重，渡河不如舟。

舍长以就短，智者难为谋；

生材贵适用，慎勿多苛求。"

物各有优劣，人各有长短；更何况"人们的缺点多半是同人们的优点相联系的。"①小小秤砣坠千斤，细微病菌胜大象。扬长避短、最能发挥自身特长，对于人生成才、事业成功异常重要。它能够让人如鱼得水、似虎添翼、驾重若

---

① 《列宁选集》第4卷，人民出版社2012年版，第442~443页。

轻、大显身手;而舍长用短、放弃自身特长,则英雄无用武之地,必然陷入"黛玉卖肉,胡乱拼凑;张飞绣花,各个白搭"的窘境。美国当代行为科学家杰克·豪尔认为,人与人的竞争主要是彼此的特长竞争,"成大事者是因为能在专长上充分施展自己的智能优势,而没有成大事者则未能发挥自己的专长,总是盲目的受动者。如果一个人能在自己的专长上发挥85%的能力,他就无疑是一个成大事者。"①正因为这样,唐代诗人杜甫考不中进士,却成为"诗圣"。当代著名科学家杨振宁早年从事物理试验常常失败,一些人将他戏称为"哪里有杨振宁哪里就有爆炸",哪里就没有安宁;当他改学理论物理后,却长驱直入,与他人一起发现弱引力场下"宇称不守恒定律",从而获得诺贝尔物理学奖。英国19世纪生物进化论创始人达尔文学数学、医学时呆头呆脑,接触到植物、微生物尤其是动物却兴奋异常、灵光焕发。法国同时代的生物学家拉马克从戎、学医、研究音乐、涉足金融企业界能力平庸,几经转业,踏入生物学领域才智却一发不可遏止。世界发明大王爱迪生不仅学历极浅,只上过3个月的小学,而且记忆力不佳,但却非常精于发明创造;他一生发明创造的成果高达2300多项,仅在美国专利局登记的发明专利就有1328项。20世纪美国连任四届总统的罗斯福、英国前首相丘吉尔,原本一个有酗酒成性的嗜好,一个有嗜烟如命的陋习,早年他们从事的都是不能发挥其政治特长的职业,后来扬长避短才出人头地。爱因斯坦两度回绝出任以色列总统的盛情邀请,成为科学界"千年伟人"。美国前任总统里根,早年曾是"二流的戏子",结果却成为"一流的总统"。凡此种种,不一而足。

然而,认识和发现自身特长却并非轻而易举。有学者认为,"一个人不知道自己的能力,并不亚于一个牡蛎不知道自己身上的珍珠,一块岩石不知道自己身上的钻石。"有关专家对我国受表彰的400多名科技人员成才调查表明:他们从选择到选出人生事业的最佳目标平均需要8年时间。② 8年——对于人生年华是何等宝贵的时光! 如果能设法把这一时间缩短到一年半载甚至"0"时间最低限度,将会避免多少人力、物力、财力、时间浪费!

---

① 引自2013年4月28日"百度快照":"人生目标及人生规划"一文。
② 陈红春:《人生价值的要素》,上海文化出版社1988年版,第33页。

大量富有价值的研究成果表明,认识和发现自身特长(最佳才能),大致有五种最优方法。

其一,从掌握的各种知识技能速度和难易程度认识和发现自身特长。

其二,从中心兴趣指向和取得的成就认识和发现自身特长。

其三,从自己的能力包括观察力、记忆力、想象力、转移力、推理力、思考力等活动的效能认识和发现自身特长。

其四,从自身创新意识、创造能力的优势认识和发现自身特长。

其五,从良师益友的点拨中认识和发现自身特长。

这些方法,值得借鉴汲取。①

扬长避短、最能发挥自身特长规定,所设计的人生目标必须扬优汰劣,用长舍短,与自身特长尽可能地相契合,充分发挥自身优势,做一个"最好的自我"。

而今,人力资源开发与利用,择业、创业与用人自主、双向选择的市场化运作,根本改变了以往所谓"计划经济"实则官僚经济时代的用人体制,从而为扬长避短、最能发挥自身特长,提供了广阔的活动空间和坚实的发展平台。当今人生应不负大好时光,努力展示自己的时代风范。

3. 适合个人爱好,乐此不疲

适合个人爱好、乐此不疲,即对设计的人生目标,具有浓厚的兴趣,适合个人钟爱所好,爱而不厌,好而不倦,乐而不疲。孔子说过:"知之者不如好之者,好之者不如乐之者。"②适合个人爱好、乐此不疲,对于人生目标的最佳设计具有特别重要的积极意义。无数人生理论和实践表明,适合个人爱好的人生目标,对于激发主体活动的积极性影响巨大。主体本身会壮怀激烈,虽苦犹乐,从而创造出事半功倍、收效显著的业绩;而不适合个人爱好的人生目标,则使主体本身苦于应付,如牛负重,兴味索然,丧失积极主动性和内驱力,从而造

---

① 参见遥见编:《现代人生宝典》,天津人民出版社 1987 年版,第 3 页。

② 《论语》雍也。

成事倍功半、收效甚微的后果。英国科学家贝弗里奇说得好:"好奇心若不是成功地转移到智力方面的兴趣上,则开始减弱"①,从而影响个人才智的释放。西方心理学家做过这样的试验:他们把18名学生分成两组,每组9人,让一组学生从事自己感兴趣的工作,另一组从事自己不感兴趣的工作。结果,从事感兴趣的工作的一组学生,一直兴高采烈,工效领先;而从事不感兴趣的工作的另一组学生,不久便开始出现做小动作,开小差,抱怨无聊,叫苦乏味,感到头疼、背疼,工效低下。②

适合个人爱好、乐此不疲主张,所设计的人生目标与个人爱好、兴趣,尽可能地相一致。前世界女子200米自由泳最高纪录创立者伍德·海特曾介绍个人成功的经验说:"对我来说,没有比游泳更快乐的事了。所以我一天游到一万到一万六千米,一点也不感到是件苦事。因为快乐就是游,结果就游出了好成绩。"

适合个人爱好、乐此不疲与扬长避短、最能发挥自身特长一样,在现实生活中一些人同样会面临受阻的困境。在这种情况下,正确的态度应当是,一方面,力争迅速摆脱困境;另一方面,如果本"目标"确实必不可少,那么,自己应暂时放弃个人爱好,牺牲个人乐趣,服从其他需要尤其是服从社会需要和社会分工,遗留问题可从长计议,推后解决。

4. 整体规划与分散安排相结合

人生目标,是由不同类型层次时期的分散目标组成的群体。整体规划与分散安排相结合,指的是在人生目标的最佳设计中,整体规划与分散安排相统一,既对各个不同性质、不同特点、不同形式、不同阶段的人生最佳目标,予以整理归类,科学组合,突出重点,全面规划,形成最佳有机整体,进而使之产生系统整体最大价值效益;又化整为零,将整体目标分解为若干不同类型层次时期而又相互关联的分散目标,分别予以相应安排,一一加以设计。它强调,一方面,科学处理分散目标之间的逻辑关系,形成高度有机化的系统整体,从而按照其高低远近、主次轻重、难易缓急、大小不等特点统筹规划、全面安排。否

① [英]贝弗里奇:《科学研究的艺术》,陈捷译,科学出版社1979年版,第65页。
② 参见王行健:《成功学圣经全集》,地震出版社2006年版,第168页。

则,如果随心所欲地排列组合,不仅会失去整体效能,而且会导致大部分能量的抵消、空耗和浪费,大大降低人生价值效益。另一方面,将最佳整体目标分解开来,化为若干个最佳小目标,使其系列化、顺序化,逐个加以安排布局,各个予以"击破"。生理学家试验分析表明:人体单位时间的劳作负荷量与劳作时间不是简单的机械等量累积关系,而是按劳作时间的 1.3544 次方的倍率增长。譬如一个人连续劳作 4 小时与劳作 1 小时相比,体力消耗就不是增加 4 倍,而是达到 $4^{1.3544}$ 倍,即 6.5 倍![1] 整体规划与分散安排相结合,不仅有利于减少人生最佳目标的实现难度,有助于提高其实现概率,而且能够达到劳逸结合、强度适宜,获取人生整体最大价值效益。

二、人生目标的最佳确立

人生目标的最佳设计,作为人生最佳目标的理想模型建构或纸制文本制作,并不必然保证人生目标的最佳确立。人生目标的最佳设计或曰人生最佳目标的最正确科学的设计完成之后,有待对其予以最佳确立,进而才能通过人生目标的最佳修正,付诸人生道路的最优规划、实践与调控。人生目标的最佳确立,大致包括人生目标最佳确立的理论依据,人生目标的最佳确立原则,人生目标的最佳确立方法三项内容。

(一)人生目标最佳确立的理论依据

法国 19 世纪科学家巴斯德强调:"立志是一件很重要的事情。工作随着志向走,成功随着工作来,这是一定的规律。立志,工作,成功,是人类活动的三大要素。立志是事业的大门,工作是登堂入室的旅程。这旅程的尽头就有个成功在等待着,来庆祝你的努力结果。"[2]人生目标的最佳确立,即人生目标最正确科学的树立。其宗旨在于将设计出来的人生最佳目标正确科学地牢固树立起来,从而成为人生最优化的切实目的界标。人生目标最佳确立的理论

---

[1]　参见李光伟:《时间管理的艺术》,甘肃人民出版社 1987 年版,第 282 页。

[2]　肖兰、丁成军编:《人才谈成才》,中国青年出版社 1986 年版,第 36 页。

依据,作为人生目标最佳确立所依托的理论根据主要在于,一方面,人生目标的最佳设计,不等于人生目标的最佳确立。它在很大程度只是人生最佳目标的理想形态、文字模型,充其量带有一定的数理特征。而人生目标的最佳确立,有待其他条件的介入,需要付出多种努力。另一方面,当最佳目标设计完成之后,会遇到多种因素的影响。其中,既有正面影响,也有负面影响。这些影响,势必波及和冲击人生最佳目标。因而,要确保人生最佳目标尽可能地适应最优化需要,不受或少受不良因素的影响,必须正确科学地牢固确立人生最佳目标。人生目标最佳确立的理论依据,依赖于人生目标的最佳确立原则与人生目标的最佳确立方法的大力支持。

(二)人生目标的最佳确立原则

人生目标的最佳确立原则,即基于人生目标最佳确立的理论依据,联系实际,对人生最佳目标的最正确科学的确立准则。它主要有两条。

1. 定位准确,科学合理

位变可以引起质变,定位能够改变功能。人生目标定位准确与否,直接关系到人生最佳目标能否牢固确立。定位准确、科学合理,即人生最佳目标设计完成之后,必须定位于最恰当的时间和空间位置。不然,如果时间超前或滞后,空间错位、越位、不到位,人生最佳目标就会发生劣化变异,变为人生非佳目标,甚至最劣目标。定位准确、科学合理要求,人生最佳目标的确立,必须准确定位,恰适其时,恰到好处,时间定位、空间定位正确无误,既不超前,也不滞后,既不错位、越位,也不不到位;而是安当其时、就当其位,能够充分发挥最大价值效益。

2. 相互支持,高度协调

人生目标尤其是人生最佳目标不是单一的,也不是彼此绝缘的,而是复杂多样、并列交叉、从属贯通、相互规定的有机整体。它既需要多项人生目标自身的最优化,又需要彼此相互关系的充分优化,需要彼此之间的相互支持、高度协调。相互支持、高度协调,指的是人生的目标在确立过程中相互支援,充分协调有序,共同发挥积极效能。它规定,人生目标特别是人生最佳目标的确立,必须以最佳方式进行,在各项具体目标的最优化基础上,力求彼此相互关系的最大限度的和谐统一,相互支持帮助,协调互利,共同彰显出人生整体目标的正能量。

(三)人生目标的最佳确立方法

人生目标的最佳确立方法,指的是按照人生目标的最佳确立原则,结合具体需要,对人生目标的最正确科学的树立方法。它主要由两种方法组成。

1. 跟踪监测,随时发现误差,随时纠正误差

由于人的内在需要和外部条件的限制及变化,人生最佳目标时常出现这样那样的失误、偏差。相应地,人们只有像观察低空呼啸而过的飞机那样,用目光紧紧追踪目标,与其变化同时同步同速同向位转换,才能持续看清并牢牢锁定目标,随时发现误差,随时纠正误差。跟踪监测、随时发现误差、随时纠正误差,指的是在人生最佳目标设定之后,紧紧追随人生最佳目标的变化踪迹,科学监测人生最佳目标的变化,随时发现失误、偏差,从而迅速纠正失误、偏差。它规定,致力人生最优化者应完成四项基本任务:一是紧紧跟踪和科学监测重点人生最佳目标,随时发现误差,随时纠正误差,使之随机调整优化;二是紧紧跟踪和科学监测易变人生最佳目标,随时发现误差,随时纠正误差,使之随机调整优化;三是紧紧跟踪和科学监测其他人生最佳目标,随时发现误差,随时纠正误差,使之随机调整优化;四是紧紧跟踪和科学监测整体人生最佳目标,充分注意其内外在相互关系和结构、环境变化,随时发现误差,随时纠正误差,使之随机调整优化,全方位达到最优化。

2. 信心百倍,持之以恒

人生最佳目标,本质上是精神的高度对象化,离不开一定精神力量的支持。人生最佳目标的确立,既需要信心百倍,又需要持之以恒。现代生理心理学、行为科学研究表明,信心和恒心不仅可以催人奋进,令人意气风发,斗志昂扬,而且能够促使人体增加激素内分泌,产生大量"荷尔蒙",形成出乎意料的爆发力。危重病人的转危为安、危机时刻的应急行为、运动员的决赛夺冠激情、学习应试能力的超常发挥、各种史诗般的英雄壮举,无不得益于信心和恒心。信心和恒心,不仅是人生学习、工作、生活的精神支柱和重要保障,而且是人生目标最佳确立的心理前提。灰心生失望,失望生动摇,动摇生失败;信心生希望,希望生斗志,斗志生胜利。恒心则既是希望的产物,又是胜利的保障。一个人失去必要的信心和恒心,就会萎靡不振,意志消沉,垂头丧气,畏缩不前,不仅潜能得不到应有激发,学习、工作、生活收效甚微,甚至一无所获,而且连正常的显能也得不到充分发挥、利用,甚至一事无成,当然也谈不上对人生目标的最佳确立。一个人拥有了足够的信心和恒心,就会精神抖擞,勇气倍增,潜能得到充分激发,学习、工作、生活所向披靡。在所有伟人大家的人生词典里,永远找不到"失望"、"失败"与"动摇不定",只有坚定的"信心"、"恒心"与曲折的成功。

正是在这个意义,法国著名政治家拿破仑在其《我的童年》中强调:"'不可能'的字,只有在愚人的字典里才可以翻出。"美国著名成功学家拿破仑·希尔在其成功法则中写道:

"如果认为自己被打败,那你就被打败了;

如果你认为自己并未被打败,那你就并未被打败;

如果你想获胜,但又认为自己办不到,那你必然不会获胜。

如果你认为你将失败,那你已经失败了。

因为在这世界上,

我们发现成就始于人们的意念——完全视你的心理状态而决定。

如果你认为自己已经落伍,那你已经落伍了。

你必须为自己确立一个高远的目标;

你必须充满自信,才能取得成功。

生命的战斗并不全由强壮或跑得快之人获胜;

但不管是迟还是早,胜利者总是那些认为自己能获胜的人。"①

新西兰前总理慕尔杜恩认为"沉陷在举棋不定、固守陈规的境地之中,势必会造成多方面无法估计的损失和浪费。"②法国现代著名作家罗曼·罗兰强

---

① [美]拿破仑·希尔:《成功法则全集》,刘津、刘树林译,地震出版社 2006 年版,第 75 页。

② 汪仲华、王耀华编:《当代管理箴言录》,上海人民出版社 1988 年版,第 24 页。

调："最可怕的敌人,就是没有坚定的信念。"①毛泽东告诫人们:往往"有利的情况和主动的恢复,产生于'再坚持一下'的努力之中。"②美国学者布朗尼科夫斯基认为"增强自信心,你就能变为更富有创造性"的人;他甚至引用马尔茨博士鉴于人的潜能近乎无限的话说,在很大程度"'你想成为怎样的人,你就能成为怎样的人;你认为你能做什么,你就能做什么。'"③有志者事竟成。丧失信心的人往往一败涂地,甚至绝望而死。现实生活中,被困难压垮的人,被疾病吓死的人,被消极暗示夺走生命的人,不计其数。国外调查结果显示,90%以上的所谓"不治之症患者"是被医生和自己吓死的。另有报道,有人在暗室里做过这样的试验:他们假装将犯人的动脉切断,并一分一秒地告知其流血进程,流血多少。而实际上犯人的动脉仅仅划破一点皮,并没有流血。结果犯人因消极暗示彻底失去生活信心而很快致死。与此相反,日本富士山下,有一所被世人誉为"鼓气学校"的企业管理学校。校旗上写着"一百升汗水和眼泪"8个大字。学校的办学宗旨是培养日本最优秀的企业领导人才。课程设置极为别致,上课和管理方式令人闻所未闻。学生分成若干小组,13个人一组,每天数次走上大街高呼:"我是最优秀分子,我能胜!我能胜!我能胜!"上课时由老师领着学生高喊:"我能干!我力大!我年轻!我能胜!我能胜……"学校校长说,这所学校的办学方针就是教给学生以"足够自信力","我们的目的就是要把每个学生推到极限,然后战胜极限。"在这种特殊教育方式下,学校培养出一批又一批企业管理领军人物。④ 我国享誉各地的"新东方学校",其"新东方只有最好"的办学理念,收到了同样的神奇效果。成功者与失败者最重要的差别之一,常常在于有无信心和恒心。情商高于智商,高校中在智力方面的"一流学士,二流硕士,三流博士"现象,其中,不少人同样主要靠的是信心和恒心。

　　信心百倍、持之以恒,指的是对既定人生最佳目标充满信心,矢志不移,志

---

　　① 许汝罗、王永亮主编:《思想道德修养与法律基础》(学生辅学读本),高等教育出版社2006年版,第39页。

　　② 《毛泽东选集》第2卷,人民出版社1991年版,第412页。

　　③ 王通讯:《人才论集》第5卷,中国社会科学出版社2001年版,第428页。

　　④ 参见李光伟:《时间管理的艺术》,甘肃人民出版社1987年版,第63页。

在必得。它规定，一方面，必须高度重视信心对人生的至关重要性影响，牢固树立起坚定信心和唯我莫属、"舍我其谁也"的雄心壮志。另一方面，牢牢坚持马克思在其《自白》中恪守的"目标始终如一"誓言[①]，坚决防止"常立志而常无志"的朝三暮四、游移不定盲动之举；要像清代著名书画家郑板桥赞美的高山翠竹那样："咬定青山不放松，立根原在破岩中；千磨万击还坚劲，任尔东南西北风"[②]；永远彻底消除和拒绝一切灰心失望、消极颓废，哪怕是微不足道、瞬间闪现的灰心失望、消极颓废，时时处处做信心百倍、持之以恒的强者。

三、人生目标的最佳修正

人生目标的主观人为性和客观规定性及其变化特点，尤其是人的需要层次的提高、需要对象的多样化，以及认识和实践能力、方式方法的不断改进，既定人生最佳目标自身和外部环境条件的不断变化，决定了人生目标的最佳修正的不可避免性。人生目标的最佳修正，主要涉及人生目标最佳修正的必然要求，人生目标的最佳修正原则，人生目标的最佳修正方法三个方面的内容。

（一）人生目标最佳修正的必然要求

人生目标的最佳修正，指的是按照人生最佳目标的本质要求，根据内外在条件的变化情况，对既定人生最佳目标出现的缺点不足和偏差失误，予以及时适当的修改矫正。美国著名科学家艾莫逊曾说道："广阔的宇宙充满了至善。"[③]有一则故事讲的颇有意味：一个周末，有位学者急着备课讲课。妻子不在家，不听话的小儿子问这要那，吵闹不休。他索性把身边一本画册中的一页世界地图撕成碎片，抛在地上，让儿子把它捡起来复原。他本以为，这样会长时间地拖住儿子。可是，令他没有想到的是，短短几分钟儿子就有条不紊完整无缺地拼好了世界地图。当他问起缘由时，儿子回答道：这很简单，地图的背面有一个人的画像，我想只要把人的画像拼好，世界地图也就拼好。这位学者

---

①　《马克思恩格斯全集》第 31 卷，人民出版社 1972 年版，第 588 页。

②　郑燮：《竹石》。

③　引自王通讯：《人才论集》第 1 卷，中国社会科学出版社 2001 年版，第 169 页。

恍然大悟:"是啊! 在这个世界,只要人不错,世界就不会错!"①客观世界永远是正确的,只有人才会出现错误。人生最佳目标确立之后,不可能也不会一成不变、一劳永逸。一方面,由于主体自身的新变化、新要求所产生的新需要,原有人生最佳目标即使保持不变,也往往需要作出相应的甚至在某些方面超前新调整;另一方面,由于人生最佳目标外在条件会发生这样那样的变化,原来意义的人生最佳目标有可能发生偏移性劣化。因而,要确保人生最佳目标一直保持最佳状态,永远立于不败之地,必须根据内外在相关需要和条件的变化,随时随地对其予以相应的最佳修正。

(二)人生目标的最佳修正原则

人生目标的最佳修正原则,即根据人生目标最佳修正的必然要求,联系实际,按照人生最优化主体认识水平的提升、实践手段的改进和新的需求,以及外部环境条件的新变化,对不合时宜的、劣化的既定人生最佳目标的最正确科学的修正准则。它主要包括两项原则。

1. 及时快速,雷厉风行

人生目标不仅需要一定的空间,而且离不开一定的时间。在一定意义,时间就是生命,时间就是效益。机不可失,时不再来。修正误差的时效性与最佳目标价值效益保障度成正比,与最佳目标误差修正时间的迟缓性成反比。即最佳目标误差修正越及时、越早、越迅速,越能最大限度地维护和保证最佳目标相关价值效益;反之,最佳目标误差修正越滞后、越晚、越缓慢,最佳目标相关价值效益就越小。及时快速、雷厉风行,即一旦人生最佳目标出现误差,失去原有最佳意义,就要及时快速、雷厉风行地作出相应修改矫正。它要求,当既定最佳目标出现误差,立即修改误差,尽快矫正误差,决不拖拉散漫、迟疑延误、丧失良机,必须在第一时间到位,以迅雷飓风之势,疾速高效地完成对已经过时的、"欠佳"的原有人生最佳目标误差予以最正确科学的修正,甚至将其消除于萌芽状态,防患于未然之中。

---

① 参见田缘、张弘主编:《安东尼·罗宾潜能成功学》上册,经济日报出版社 1997 年版,第 26 页。

及时快速、雷厉风行地修正人生目标,事例不胜枚举。唐代医学家李时珍仕途坎坷,屡试不第;但迅速转向医学研究,却成为一代医学大师,为祖国医学事业做出不可磨灭的历史性贡献。德国19世纪著名诗人歌德,早年从事绘画,40岁时游历意大利,观感良多,对比之下,他深感画才平庸。于是毅然放弃绘画,旋即转向诗歌创作,结果一举成名。他后来回忆说:"我过去对绘画艺术的实践志向实在是错误的,因为我在这方面缺乏有发展前途的自然才能",缺乏足够的动力。① 美国19世纪电报机发明家塞缪尔·莫尔斯原本是一位绘画爱好者。1832年10月一个偶然的机会,41岁的他在船上听到有人预言电能神速地通过任何导体。他被这诱人的前景所深深触动。他想:如果能把它变为信号载体,那将称得上科学的奇迹! 手中的画笔与此相比,对于人类的贡献太微不足道了。事业价值取向的指针开始偏转。他郑重地在写生簿上写下两个大字:"电报"。从此,他便诀别轻车熟路的绘画专业,选定发明电报机的伟大目标。一切从零开始。几经磨难,12年后,53岁的塞缪尔·莫尔斯终于发明出世界上第一台电报机。② 马克思也有修正人生目标的经历。早年他曾写出许多诗歌,想成为一名诗人;但后来发现自己缺少诗才。在给燕妮的信中他坦言道:"模糊而不成型的感情,不自然,纯粹是从脑子里虚构出来的;现实和理想之间的完全对立;修辞上的斟酌代替了诗的意境……"于是,他毅然转向社会科学研究,以至成为世界无产阶级革命导师。③ 毛泽东早年曾想成为一名大学教授,但由于他的文理综合文化素质特别是理工科文化水平不够高,只有中等师范水平,转而投身民主革命,成为新中国的缔造者。这样的例子,发人深省。

2. 多措并举,收效最大

多措并举、收效最大,指的是修正人生最佳目标误差多管齐下,各种方法协同运用,优势互补,达到整体最大收益。它规定,面对较大目标失误或较多目标失误,根据实际情况,采取相应措施,不惜付出大量必要代价,运用文理多学科知识和多种高效举措,力求收到最大修正价值效益;做到多管齐下,全力

---

① "如何识别错误的志向",《人才》1982年第7期。
② 参见文勇、泉福:《逆境·立志·成才》,四川人民出版社1984年版,第95、96页。
③ 引自王通讯:《人才论集》第2卷,中国社会科学出版社2001年版,第267页。

推进,一切为了获取人生最佳目标修正价值效益最大化。当今,尤其要高度重视和充分采用生理学、心理学、人才学、成功学、运筹学、管理科学、系统论、未来学的相关知识,坚持目标与要素相结合,结构与功能相联系,系统与环境相统一,定性与定量相通融,纵向与横向相配合,理论与实践相促进,形成合力,确保人生最佳目标修正价值效益达到极大值。

(三)人生目标的最佳修正方法

人生目标的最佳修正方法,指的是遵循人生目标的最佳修正原则,结合具体需要,对人生目标的最正确科学的修正方略法术。它是人生目标的最佳修正原则在一定方面的具体拓展和深化,属于技术操作层面的范畴,大体由两种方法构成。

1. 具体情形,具体对策

具体情形、具体对策,即分清人生最佳目标偏差失误的具体情况类型尤其是成因、特点及其相互关系,具体对待每一个既定人生最佳目标偏差失误。它要求,通过正确鉴别和矫正人生最佳目标的具体偏差失误,尽可能地优化人生最佳目标及其彼此之间的逻辑关系,使之充分发挥个体目标与整体目标的最大价值效益。

一些名人大家多是具体情形、具体对策的行家里手。鲁迅早年学医,当他看到医治病人肉体痛苦远不如救治愚弱民族麻木心灵更有意义时,毅然弃医从文。他说:当时我"觉得医学并非一件紧要事,凡是愚弱的国民,即使体格如何健全,如何茁壮,也只能做毫无意义的示众的材料和看客……所以我们的第一要著,是在改变他们的精神,而善于改变精神的是,我那时以为当然要推文艺,于是想提倡文艺运动了。"①鲁迅因此而成为中国现代文坛的旗手。

2. 以变应变,万变不离最佳

《老子·道德经》第七十一章中有两句颇为绕口但却富含哲理的名言:"圣人不病,以其病病";"夫唯病病,是以不病。"意思是说,圣贤哲人不犯错误,没有缺点,是因为他们能够认识和承认其缺点,并且能够迅速改正自己的

---

① 《鲁迅全集》第1卷,人民文学出版社1981年版,第417页。

缺点;只有这样,才不会犯错误,才没有缺点。英国心理学家弗雷德里·巴特利特认为,"测定智力技能的唯一最佳标准可能是检测并摒弃谬误的速度。"①此话虽然过于绝对,"唯一"事实上多半并不"唯一",但是,将"检查并摒弃谬误的速度"作为"测定智力技能"的重要"标准"之一,却是合理可取的。以变应变、万变不离最佳,指的是随机应对变化了的人生最佳目标诉求,使之变得其所,恰如其分,达到应当达到的状态。它规定,在修正人生最佳目标误差过程中,一切从人生最佳目标需要出发,牢牢把握人生最佳目标宗旨,做到无论如何变化都必须紧紧围绕人生最佳目标,服从和服务于人生最佳目标诉求,以人生最佳目标为导向,以其变化所需为转移,使人生目标及时而又准确地回到最佳状态或达到完善升华的新的最佳目标境界。

　　美籍华裔教授林继俭的事业成功之路,堪称以变应变、万变不离最佳的典范。为了最大限度地发挥个人才能,实现自身价值,林继俭曾多次调整专业目标。他原在北京大学学习法律,到国外则有意识地改学植物学。3年后,为适应科学发展的新需要,他再次调整专业目标,改攻生物化学。结果硕果累累,成就非凡。他深深体会到目标调整的重要性。在他看来,现代科学发展的热点是跨学科的交叉科学和边缘科学,许多重大突破出现在这些科学的交叉点和空白处。如果根据自己的现有条件和智力特点适当调整专业目标,能使自己恢复创造力,能从别的领域吸收新的元素、移入新的思路和方法,从而能进入一个新的境界而出奇制胜。而长期从事某一专业领域的工作,有时会产生创造性思维"饱和"甚至枯竭,使独创性成果大大减少。现代科学的许多重大成果,就是这样修正专业目标的结果。

　　以变应变、万变不离最佳,特别是以变应变,似乎与人生目标的最佳确立方法中的信心百倍、持之以恒相互对立,其实不然。二者之间是一种微妙的辩证统一、优势互补关系。前者重在针对稳定的人生最佳目标,后者侧重针对相对不稳定的或劣化的人生最佳目标。一切皆流,一切皆变,唯有流变才会不变。以变应变、万变不离最佳,最能体现相对最优化与绝对最优化的辩证本性。

---

　　① 引自[英]贝弗里奇:《科学研究的艺术》,陈捷译,科学出版社1979年版,第63页。

以变应变、万变不离最佳,最重要的在于永远做一个"最好的自我"。用美国当代学者道格拉斯·玛拉赫的《无题》一诗描述就是:

"如果你不能成为山顶上的高松,

那就当棵山谷里的小树吧

——但要当棵溪边最好的小树。

如果你不能成为一棵大树,

那就当丛小灌木;

如果你不能成为一丛小灌木,

那就当一片小草地。

如果你不能是一只香獐,

那就当尾小鲈鱼

——但要当湖里最活泼的小鲈鱼。

……

这里有许多事让我们去做,有大事,有小事,

但最重要的是我们身旁的事。

如果你不能成为大道,那就当一条小路;

如果你不能成为太阳,那就当一颗星星。

决定成败的不是你尺寸的大小

——而在做一个最好的你。"①

印度现代诗人泰戈尔的一句名言,更是让人深省振奋:"小草,你步调虽然细微,但你脚步下却拥有地球。"②它告诉人们,通过尽可能的努力之后,如果你仍然是一棵小草,也不必灰心,只要你能够及时正确科学修正人生目标、万变不离最佳,不断作出努力,你可以小胜大,以多胜少,以弱胜强,拥有整个

---

① 参见许汝罗、王永亮主编:《思想道德修养》(学生学习辅导用书),高等教育出版社 2003 年版,第 113、114 页。

② 参见许汝罗、王永亮主编:《思想道德修养与法律基础》(学生辅学读本),高等教育出版社 2006 年版,第 90 页。

世界!

　　人生目标的最佳修正方法,除此而外还涉及目标扩大法、缩减法,以及整合法、分解法、交叉法,内聚法、裂变法,前推法、后移法、增列法,纠偏法、升华法等。

第三章 人生道路的最优规划、实践与调控

"条条道路通罗马,殊途万千同归一。"这是人们对人生道路早已达成的共识。但是,这一共识却仅仅说明了殊途归向,并不表明道路本身的质量成本差异。实际上,不同的道路殊途在通"罗马"同归一的过程中,具有优劣好坏和代价高低之分,甚至天渊之别。人生最佳目标通过设计、确立与修正之后,本质上只是人生的理想形式或纸制文本;要实现人生最佳目标,必须对人生道路进行最优规划、实践与调控。17 世纪英国著名思想家弗兰西斯·培根有句名言:"跛足而不迷路者,能赶过虽健步如飞但却误入歧途的人。"①人生道路的最优规划、实践与调控,对于实现人生最佳目标,具有极其重要的现实意义。

一、人生道路的最优规划

人生道路的最优规划,作为与人生目标的最佳设计、确立与修正相统一的重要组成部分,主要涉及人生道路及其最优规划的本质规定,人生道路的最优规划原则,人生道路的最优规划方法三项内容。

(一)人生道路及其最优规划的本质规定

人生道路是与人生目标密切联系的人生最优学的又一基本课题。人生道路的最优规划,即人生道路的最佳规范筹划。它意在按照人生最佳目标需要,运用最优化理论、原则与方法,规划出人生最优道路,进而为实践、调控人生最

① 引自关士续:《科学认识的方法论》,黑龙江人民出版社 1984 年版,第 2 页。

优道路打下坚实基础。与人生目标及其最佳设计的认知前提相对应,人生道路及其最优规划的本质规定,大致由两个方面构成。

1.人生道路与人生最优道路的内涵意蕴

同人生目标与人生最佳目标的关系一样,人生道路蕴含着人生最优道路;人生最优道路包含在人生道路之中。二者是包含和被包含的关系。

人生道路,即以既定现实状况为起点,通向人生目标的活动路线。它是人生主体活动起点同人生目标的联系形式,是人生主体实现人生目标的途径。没有人生道路,人生主体活动便无能为力。人生目标便无从实现。人生道路,由一定人生起点和一定人生目标以及一定人生方式共同规定。不同的人生起点和人生目标以及人生方式,有着不同的人生道路。根据两点之间可以引无数条线段的原理,人生起点和人生目标之间存在着无数条道路。人生起点和人生目标因人因事因时因地因情而异;同时它们又相互关联,具有一定的共同性。这些与人生目标相联系的人生道路,从不同的角度可以划分为纵向道路、横向道路,单一道路、复合道路,并列道路、交叉道路、立体道路,直线道路、曲线道路,上升道路、下降道路,生存道路、发展道路、自我实现道路、享用道路,经济道路、政治道路、文化道路、环境道路,宏观道路、中观道路、微观道路,总体道路、分散道路,长期道路、中期道路、短期道路,终生道路、阶段道路,基本道路、附属道路,主要道路、次要道路,现实道路、未来道路,战略道路、战术道路,尤其是最优道路、次优道路、一般道路、次劣道路、最劣道路等。这些纵横交错的人生道路,构成复杂多样的人生道路网络系统。

人生最优道路,是以人生既定现实状况为起点,以最佳目标为导向,以最佳方式为保障,以人生需要变化和主客体变化为转移,连接人生主体与人生最佳目标的路径。它是人生主体实现人生最佳目标的最正确科学的形式。人生最优道路与人生道路相互制约,人生道路规定着人生最优道路;人生最优道路反映着人生道路的精华,在人生道路中居于显要地位,统领和决定着人生整体道路的性质和面貌。如果说人生道路同人生目标相联系,那么,人生最优道路则直接同人生最佳目标相统一。人生最佳目标在类型上是多元的,相应地,人生最优道路的分类也多种多样。人生最优道路从不同的角度可以划分为诸多不同类型。其中,最主要的有最优纵向发展道路、最优横向交际道路,最优学习、记忆、思维道路,最优形象、语言、行为与情景效应对策道路,最优职位、事业与创新道路,最优机遇对策与成才道路,最优环境与生活方式道路,最优整体与美好未来道路。这些不同类型的人生最优道路,相互联结,互相影响,形成人生最优道路群体,各自发挥着不同的效用;并且当其彼此发生冲突,按照先主后次、先易后难、先急后缓的要求,一切以总体价值效益最大化为转移。

同人生最佳目标一样,人生最优道路的多元性也不排除它在某些方面、一定时期、一定条件下只有一条的单一性。这种现象,既体现了事物多样性和单一性的辩证统一,又为人生道路的最优规划、实践与调控,提供了可靠依据。

2. 人生最优道路的基本特征

人生最优道路的基本特征,指的是人生最优道路所具有的不同于其他人生道路的根本特点。它大致表现在 5 个方面。

(1)最少的投入、消耗。

最少的投入、消耗,是人生最优道路的前提性基本特征。它指的是在实现人生最佳目标的过程中,投入、消耗的人力、物力、财力、时间最少。美国当代著名人生学、社会学家罗尔斯在其《正义论》一书中指出:"如果目标已经既定,一个人就应以最少损失的手段(无论是什么手段)来达到该目标;或者,如果手段已经既定,一个人就应在最充分可能的范围内实现这一目标。"①人力、物力、财力、时间 4 项指标最少的投入、消耗,是相对的。其中,部分最少的投入、消耗不一定是另一部分和整体最少的投入、消耗;暂时最少的投入、消耗未必是长期和未来最少的投入、消耗。最少的投入、消耗,应当同人生最小的阻力风险、最短的行动路线、最快的前进速度、最大的价值效益相统一。最少的投入、消耗要求,将人生道路的部分与部分之间、部分与整体之间、暂时与长期和未来之间、静态与动态之间,以及投入、消耗与阻力风险、行动路线、前进速度、价值效益之间,有机联系起来,通过定性研究与定量分析,进行综合评估、科学取舍,力求最少的阻力风险、最短的行动路线、最快的前进速度、最大的价值效益下的相对最少的投入、消耗。

----

① 引自万俊人:《现代西方伦理学史》下卷,北京大学出版社 1992 年版,第 713 页。

（2）最小的阻力、风险。

最小的阻力、风险，堪称人生最优道路的又一前提性基本特征。它指的是实现人生最佳目标的路线所遭遇的阻力和风险最小。同最少的投入、消耗一样，最小的阻力、风险，也是相对的。事实上，越是最优道路越往往充满阻力、风险。宋代思想家王安石在其著名散文《游褒禅山记》中写道："夫夷以近，则游者众；险以远，则至者少。而世之奇伟、瑰怪、非常之观，常在于险远，而人之所罕至焉；故非有志者不能至也。"①中国共产党早期创始人李大钊认为"绝美的风景，多在奇险的山川。绝壮的音乐，多是悲凉的韵调。高尚的生活，常在壮烈的牺牲之中。"②美国当代管理学家艾科卡则告诫世人：你"永远不会得到100%所需的资料……任何事过犹不及。在大部分相关资料到手之日，你就发现自己只能听凭收益递减规律的摆布了。这就是必须冒些风险的道理。"③人生道路的优化程度每每与人生阻力、风险的大小成正比，并且往往永远伴有一定阻力、风险。但这并不排除同样的投入消耗、同样的行动路线、同样的前进速度和价值效益下的最小的阻力、风险存在的可能性。最小的阻力、风险规定，在最少的投入消耗、最短的行动路线、最快的前进速度、最大的价值效益条件下，确保人生道路相对最小的阻力、风险。

（3）最短的行动路线。

最短的行动路线，可谓人生最优道路的保障性基本特征。它指的是在实现人生最佳目标的若干行动路线中，从起点到目标距离最短的行动路线。德国当代文学家孚希特万格曾精辟地指出："最曲折的路有时最简捷。"④人生道路有时犹跋山涉水，尽管两点之间的直线距离最短，但由于内外在因素的交互作用尤其是阻力、风险和可行性大小的影响，最优化意义的最短的行动路线却未必时时处处是笔直的、距离目标最近的，而往往是螺旋式上升、波浪式前进的。最短的行动路线，是相对于最少的投入消耗、最小的阻力风险、最快的前

① 《临川集》游褒禅山记。
② 《李大钊选集》，人民出版社 1959 年版，第 247 页。
③ 汪仲华、王耀华编：《当代管理箴言录》，上海人民出版社 1988 年版，第 20 页。
④ 引自许汝罗、王永亮主编：《思想道德修养》（学生学习辅导用书），高等教育出版社 2003 年版，第 121 页。

进速度、最大的价值效益条件下的相对最短的行动路线。离开了这4项约束条件，即使距离最短也谈不上最优化意义的"最短"的行动路线。同样，只要符合这4项约束条件，即使距离稍长也不失为最优化意义的最短的行动路线。最短的行动路线主张，运用最正确科学的方式，力求最少的投入消耗、最小的阻力风险、最快的前进速度、最大的价值效益规定下的最短的行动路线。

（4）最快的前进速度。

最快的前进速度，堪称人生最优道路的又一保障性基本特征。它指的是实现人生最佳目标所选取的路径前进速度最高。最快的前进速度也是相对的，是相对于最少的投入消耗、最小的阻力风险、最短的行动路线、最大的价值效益而言的。只要能满足这些条件要求，即便较慢的前进速度，也属于人生最优道路所要求的最快的前进速度。最快的前进速度强调，采取最佳方式，确保最少的投入消耗、最小的阻力风险、最短的行动路线、最大的价值效益条件下的最高的前进速度。

（5）最大的价值效益。

最大的价值效益，可谓人生最优道路的核心性目的性基本特征。它指的是在同样的投入消耗、同样的阻力风险、同样的行动路线、同样的前进速度条件下的最大的价值效益。它倡导，必须以最少的投入消耗、最小的阻力风险、最短的行动路线、最快的前进速度为保障，力求获得最大的人生价值效益。

最少的投入消耗、最小的阻力风险、最短的行动路线、最快的前进速度、最大的价值效益，5者既相互规定，形成有机整体，又有主有次。其中，最大的价值效益居于主导地位，其余4者都是围绕这一规定展开的，都应服从和服务于这一规定。当5者发生矛盾，为了确保最大的价值效益，甚至可以削弱乃至放弃前4者中的任何1者或几者。

（二）人生道路的最优规划原则

人生道路的最优规划原则，即根据人生道路及其最优规划的本质规定特别是人生最优道路的基本特征，联系实际，对人生道路的最正确科学的规划准则。它主要由两个方面组成。

1. 制定详细方案,建立科学模型

制定详细方案,即在人生道路的最优规划或曰规划人生最优道路的过程中,首先制定出详尽、细致、周密的人生道路最优规划理想方案或文本方案。建立科学模型,指的是在制定详细方案的基础上,通过理想试验乃至技术模拟试验,运用理论方法、数学方法乃至物理方法,进而建立起高度正确科学的相应模型。

制定详细方案、建立科学模型要求,根据实现人生最佳目标的需要和内外在条件许可的限度,制定出人生最优道路的详细蓝图,明确各种不同人生最优道路的特点,正确科学地标明人生最优道路之间的相互关系,尤其是主要关系、复杂关系、微妙关系、辩证关系、动态关系、系统关系等,从而建立起相应的科学理想模型、文本模型甚至理论模型、数理模型,运用数学优选法、统筹法和系统工程方法,标明其具体方位、起点、过程、终点状况和环境状况,尤其是长短高低、直曲宽窄、单线复线、多少长短、并列交叉、立体网络、坦坎险夷、拥挤疏阔、主次先后、难易缓急、变化趋势、系统特点,以及各自的具体人力、物力、财力、时间投入、消耗,价值效益数据指标,具体方式,保障措施,注意事项,刚性要求,弹性规定乃至检查、评价标准等。

2. 突出主线,全面安排

人生最优道路,是一个高度复杂的动态网络系统;要最高效地实现人生最佳目标,不仅需要制定详细方案、建立科学模型,而且需要突出主线、全面安排。突出主线、全面安排,指的是对各种不同形式功能的人生最优道路,在制定详细方案、建立科学模型的基础上,尽可能地处理好主次线之间的相互关系。它规定,既突出利用主干最优道路,充分发挥分支最优道路的作用,又从系统整体出发,对各级各类各种不同形式的人生最优道路之间的相互关系,以及与环境之间的相互关系,予以最正确科学的系统调整安排,使之既四通八达、各显神通、各尽其用,又达到结构关系最大限度的协调统一,能够全面实现最大价值效益。

(三)人生道路的最优规划方法

人生道路的最优规划方法,指的是按照人生道路的最优规划原则,结合具体需要,对人生道路的最正确科学的规划方法。它是人生道路最优规划原则的延展和具体化,大致有 3 种方法组成。

1. 不同情况,不同对待

不同情况、不同对待,即首先分清形形色色不同功用的人生最优道路;然后根据其各自不同情况,予以相应的——最正确科学的不同对待,使之充分发挥各自的最大价值效益。具体说来,它要求长路长计划、短路短安排,高路高定位、低路低规划,直宽之路须高速,曲窄之路限慢行,单线单要求,复线复规定,多少长短相区别,并列交叉不冲突,立体网络之路不紊乱,坦夷疏阔之路永向前,险坎拥挤之路多谨慎;并且遵循先主后次、先易后难、先急后缓规定,以开拓创新为主,顺应最优道路发展大趋势,使之各就各位、各尽其用、相互配合、互相促进。

2. 化整为零,层层递进

化整为零,指的是将最优总体道路分成若干条相互关联的最优分散道路。这种方法,可分为整体化整为零法、部分化整为零法、纵向化整为零法、横向化整为零法,静态化整为零法、动态化整为零法等。整体化整为零法,是把人生整体最优道路划分为若干不同组成部分的方法;部分化整为零法,是将人生部分最优道路进一步细化的方法。纵向化整为零法,是将人生最优道路按照时间先后顺序,划分为若干不同阶段道路的方法;横向化整为零法,是把人生横向最优道路分成若干不同类型的方法。静态化整为零法,是将各种相对稳定的人生最优道路及其相互关系予以最佳规划的方法;动态化整为零法,是把所有正在和将要变化的人生最优道路及其相互关系予以最佳规划的方法。层层递进,是在化整为零的基础上,根据主次轻重、难易缓急状况等,将若干不同类型的人生最优道路分层次按特点,予以最优排列、逐级规划。

化整为零、层层递进规定,在一系列人生最优道路规划中,遵循先分后总、先低后高、先少后多,以及先主后次、先易后难、先急后缓的原则,变大为小,化难为易,逐层递进,步步升高。对此,不少人积累了丰富的经验。高尔基结合文学创作的经验谈道:"一开始就写大部头的长篇小说,是一个非常笨拙的办法。我国所以出了大堆语言的垃圾,正由于这个缘故。学习写作应该从短篇小说入手,西欧和我国所有最杰出的作家几乎都是这样做的。因为短篇小说用字精炼,材料容易合理安排,情节清楚,主题明确。我曾劝一位有才能的文学工作者暂时不要写长篇,先写写短篇再说。他却回答说:'不,短篇小说这个形式太困难。'这等于说:制造大炮比制造手枪简便些。"①有关专家试验表明:完成任务所需要的新旧要素比例以 10%～15%:90%～85%为最佳,16%～20%:84%～80%则相当吃力,新要素大于20%几乎难以完成。②

大量事实证明,化整为零、层层递进,至少具有四种积极效用。

第一,它可以缩小事业成功、个人成才夹角坡度,减少目标实现难度。

第二,它能够逐步接近大目标,为实现最佳整体目标打下基础。

第三,它可以通过局部信息反馈及时修正误差,确保人生最佳目标顺利实现。

第四,它能够积累丰富经验,锻炼和提高当事人的实践能力,增强主体自信心,为最终实现人生最佳目标创造良好条件。

化整为零、层层递进,主要适用于大型人生工程和长期任务的完成。

3. 积零为整,系统攀升

积零为整,即在取优舍劣的基础上,将若干相互关联的最优分支道路统一于最优整体道路。系统攀升,即根据最少的投入、消耗,最小的阻力、风险,最短的行动路线,最快的前进速度,最大的价值效益及其先后顺序,对各种不同形式的人生最优道路统一规划、全面安排、系统升华。积零为整、系统攀升主张,一方面,将所有人生最优道路的各个组成部分,予以最佳组合,形成系统化人生最优整体道路,使其各个组成部分之间相互贯通,协调一致,能够获得最大规模价值效益。另一方面,尽可能地并列交叉同时开展工作,突出重点、兼顾一般,全面安排各项事务,能够获得整体价值效益最大值。

积零为整、系统攀升,具体有五种方法。

其一,优劣取舍法。即选取最少投入、消耗,最小阻力、风险,最短行动路线,最快前进速度,最大价值效益的最优道路,舍弃较多投入、消耗,较大阻力、风险,较长行动路线,较慢前进速度,较小甚至没有价值效益的非优道路。

---

① 《高尔基文学论文选》,伍孟昌译,人民文学出版社1958年版,第243、244页。

② 参见李光伟:《时间管理的艺术》,甘肃人民出版社1987年版,第448页。

其二，主次权衡法。即通过全面深入权衡利弊得失，让主线统帅次线，次线服从主线；突出重点，兼顾一般，一般服从重点。特别是对曲折道路的转折点、关键处规划，必须格外慎重，一丝不苟。因为转折点、关键处往往具有决定意义，人生成败得失常常在此一举。正如我国现代作家柳青所说："人生的道路虽然漫长，但紧要处常常只有几步，特别是当人年轻的时候。""没有一个人的生活道路是笔直的，没有岔道的。有些岔道口，譬如政治上的岔道口，事业上的岔道口，个人生活上的岔道口，你走错一步，可以影响人生的一个时期，也可以影响一生。"①

其三，难易缓急安排法。即先规划难度小的易规划的道路，后规划难度大的不易规划的道路；先规划急需规划的道路，后规划可暂缓规划的道路。

其四，并行交叉突进法。即能同时并行的不分散进行，能相互交叉的不独立单行，务求统一布局，协同运作。譬如，早晨起床后至上班的 1 小时，有很多事务需要完成。既需要听外语 1 小时，还需要生火做饭 30 分钟，洗漱、整理被褥、打扫地面 10 分钟，吃饭、收拾餐具和准备上班等 20 分钟。如果按照并行交叉突进法，就应当按照这样的顺序来安排：先打开播音机，边听外语边洗漱，然后生火做饭；听外语、煮饭的同时整理被褥、打扫地面，最后吃饭、收拾餐具、准备上班。这样，就能达到最节省时间，在 1 小时内完成全部事务。否则，如果一项接一项地安排，时间至少会延长 1 倍；即至少用两小时才能完成全部事务。并行交叉突进法不仅高度奏效，而且具有心理学的根据和大量实践经验的支持。心理学家研究发现，一个人的注意力和同时作业分配能力，最多可高达 9 项之多。世界发明大王爱迪生，其 1328 项发明专利成果，大多由并行交叉突进法完成。这种方法，不仅可以大大节省时间，而且能够使任务之间相互启发，相互促进，相得益彰，应当广泛采用。

其五，立体网络收益最大法。即对所有人生道路进行最佳排列、系统规划，不仅使各条人生道路发挥最大效用，而且确保彼此之间相互协调配合、互相促进，从而获得总体最大价值效益。

---

① 柳青：《创业史》第一部第十五章，中国青年出版社 1960 年版。

二、人生道路的最优实践

马克思认为，"全部社会生活在本质上是实践的"，"哲学家们只是用不同的方式解释世界，问题在于改变世界。"①人生道路的最优规划完成之后，接踵而来的便是如何根据人生最优道路的要求，对其进行最优实践。人生道路的最优实践，主要包括人生道路最优实践的要义旨归，人生道路的最优实践原则，人生道路的最优实践方法三项相互联系的内容。

（一）人生道路最优实践的要义旨归

路长脚为先，山高人为峰；路在人走，山在人攀，事在人为，无论什么样的事情不为不成。鲁迅先生说得好："其实地上本没有路，走的人多了，也便成了路"。他还说："什么是路？就是从没路的地方践踏出来的，从只有荆棘的地方开辟出来的"；"生命的路是进步的，总是沿着无限的精神三角形的斜面向上走，什么都阻止"不了"他"。②人生道路尤其是人生最优道路，作为社会生活的主干道，必须进行最优实践。如此才能确保其尽可能地稳健、便捷、快速、高效地实现人生最佳目标。人生道路的最优实践，指的是对业已规划好的人生最优道路予以最正确科学的实地践行。其基本宗旨，在于按照人生道路的最优实践原则与人生道路的最优实践方法，践行人生最优道路，使之最稳健、最便捷、最快速、最高效地实现人生最佳目标。这既是由人生道路最优实践的本质特点决定的，也是人生道路最优实践指向的必然要求。必须将其作为人生道路最优实践的旗帜，高高举起，引领人生道路最优实践不断走向深入，走向高远，走出一条金光闪闪的通天大道，取得一个又一个辉煌胜利！

（二）人生道路的最优实践原则

人生道路的最优实践原则，即基于人生道路最优实践的要义旨归，联系实

---

① 《马克思恩格斯文集》第 1 卷，人民出版社 2009 年版，第 501、502 页。
② 《鲁迅全集》第 1 卷，人民文学出版社 1981 年版，第 485、368 页。

际确定人生道路的最佳实践准则。它主要有 3 项规定。

1. 瞄准最佳目标，努力践行最优道路

瞄准最佳目标、努力践行最优道路，即紧紧追踪人生最佳目标，最正确科学地奋力践行人生最优道路。它要求，立足现实，从现实人生出发，始终瞄向人生最佳目标，一直行进在人生最优道路上。由于人生最优道路的高度复杂性，在瞄准人生最佳目标、努力践行人生最优道路时，并不排除实践活动在直线方向上的上下左右前后摆动，随路线的改变而改变，因目标的变易而变易。所践行的人生最优道路亦不限于平直宽广、洒满阳光的舒适坦途，也不排除远近高低、曲折迂回、坎坷崎岖、风雨泥泞、立体交叉、拥挤不堪的路径。践行人生最优道路，既要按照不同人生最优道路的特点逐一具体正确科学对待，扎扎实实，稳步前行；更需飞跃式上升，跨越式前进，确保实践价值效益最大化。

2. 力求相辅相成，全面推进

人生道路纵横交错，纷繁复杂，应有尽有。要充分获得最大实践价值效益，必须力求相辅相成、全面推进。力求相辅相成、全面推进，指的是着眼全局，系统践行人生最优道路，使各种不同形式的人生最优道路实践相互支持，协调一致，系统推进。它规定，在人生最优道路实践进程中，严格按照人生最优道路的规划要求，结合路况实际，根据最优道路实践投入、消耗最少，价值效益最大需要，力求有条不紊，迎难而上，逢山开路，遇水架桥，天堑变通途，发挥最大实践效能，达到最佳实践效果。

3. 艰苦奋斗，志在必胜

"行百里者半九十"；人生事业越伟大、人生"目标"越"接近"实现，越往往需要"加倍"艰苦奋斗，更加需要提振志在必胜信心。[①] 艰苦奋斗、志在必胜，即不辞劳苦，全力奋进，坚定必定胜利信心，直至大获全胜。人生道路的最优实践同"天才"的所作所为一样，也是"百分之一的灵感，百分之九十九的汗水"。艰苦奋斗、志在必胜主张，通过高度明确和采用人生道路的最优实践方法，勇于担当，奋发图强，攻坚克难，敢于斗争，敢于胜利，久久为功。此类动人

---

① 参见"青年要自觉践行社会主义核心价值观与祖国和人民同行，努力创造精彩人生"，《人民日报》2014 年 5 月 5 日。

事例,不胜枚举。我国古代氏族首领大禹治水,历尽艰辛,"股无胈,胫无毛,手足胼胝,面目黧黑","三过其门而不入"①。周公姬旦勤政为国,"一沐三捉发,一饭三吐哺,起以待士,犹恐失天下之贤人"②;留下"周公吐哺,天下归心"的千古佳话。先秦墨家学派为了追求真理,济世利民,"摩顶放踵,利天下为之",人人"皆可使赴火蹈刃,死不旋踵"。③ 明代兵匠万户为实现人类飞天梦想,置生死于度外,乘坐在捆绑有 47 枚火箭的龙形座椅上点火升空,以身殉职。我国现代军人弘扬的"流汗流血不流泪,掉披掉肉不掉队","一不怕苦,二不怕死"精神,不知造就出多少军旅英雄。西方这样的动人案例,亦不胜数。古希腊"犬儒学派"为了追求知识,不避"犬"般艰苦生活。瑞典科学家诺贝尔,在炸药试验中频频失败,屡屡奋起。一次,突然"轰"地一声巨响,浓烟四起,实验室被炸上天,地面炸出一个坑。诺贝尔鲜血淋淋,满身烟火,却一边奔跑,一边狂呼:"我成功了! 我成功了!"完全置个人生命安危于不顾。俄国作家托尔斯泰写作《安娜·卡列尼娜》时介绍说:"为了选择其中的百万分之一,要考虑几百万个可能的际遇,真是极端困难。我现在做的正是这个"。法国 19 世纪作家福楼拜创作《包法利夫人》,在给友人的信中倾诉道:"我不知道今天为什么生气,也许是为了我的小说。这部书总是写不出来,我觉得比移山更叫人困倦。有时候,我真想哭一场。著书需要有超人的意志,而我却是一个普通人。我今天弄得头昏脑涨,灰心丧气。我写了四个钟头,却没有写出一个句子来……可是倒涂去了一百行。这工作真难! 艺术! 艺术! 你究竟是什么恶魔,要咀嚼我的心呢? 为着什么呢?",但他毕竟写了出来,并且轰动世界文坛!④ 爱因斯坦在提出"相对论"前夕,不思饮食,整天呆坐在书桌前。妻子问他哪儿不舒服? 他摇摇头说:"亲爱的,我很好,只不过我有一个奇妙的想法。"他走近钢琴,不耐烦地按了几个琴键停下来说:"这个想法得到证实以前,请你最好不要来打扰我。"半个月后,他把一叠手稿小心翼翼地放在桌子上,异常兴奋地对妻子说:"亲爱的,我的奇妙的想法实现了,就是这个。"原

---

① 《史记》李斯列传;《孟子》滕文公上。

② 《史记》鲁周公世家。

③ 孙诒让:《墨子间诂》,中华书局 2001 年版,第 745、706 页。

④ 引自周昌忠编译:《创造心理学》,中国青年出版社 1983 年版,第 179 页。

来,纸上写的竟是震惊世界的《相对论》!① 至于一些名人大家为践行自身人生道路所耗神费力用掉的时间,更是相当惊人。东汉政治家王充写成巨著《论衡》用了30年;托尔斯泰创作《战争与和平》用去37年;马克思撰著《资本论》耗费40年……这些可歌可泣的动人事迹,无不值得人生最优道路实践者效法。人生最优道路实践者,应一反社会上一度流行的"说你行你就行,不行也行;说你不行就不行,行也不行;不服不行",将其变为"说你行你更行,不行也行;说你不行你也行,不行也行;没有不行!"努力做到地陷下去独身挡,天塌下来双手擎,山崩地裂无所惧,海枯石烂不变心;赴汤蹈火不迟疑,顶天立地逞英雄。在人生最优道路上,力争创造出惊天地、泣鬼神,光彩照人、威武雄壮的一个又一个丰功伟绩!

(三)人生道路的最优实践方法

人生道路的最优实践方法,指的是依据人生道路的最优实践原则,结合具体需要,对人生道路实践的最佳方略法术。人生道路的高度复杂性,决定了其最优实践方法具有立体交叉多元多维多向度特点。人生道路的最优实践方法,是一个庞大的群体。它既需要人生道路一般最优实践方法的支持,又离不开人生道路各种潜能资源开发与利用所提供的动力性、保障性最优实践方法的强力助推和保障。它主要有7种方法组成。

1.脚踏实地,因情制宜

人生道路,并非尽是直路坦途,亦非时时处处洒满阳光,而是直曲相间、纵横交错、好坏不一,甚至立体蜿蜒、坎坷崎岖、云遮雾障、风雨交加、变化多端。脚踏实地、因情制宜,即立足业已规划确定的人生最优道路,根据道情路况和自己的现有实力条件,运用最正确科学的方式,扎实稳健而又机动灵活地向着最佳目标进发。它要求,根据内外在现有情形条件,既量力而行,一步一个脚印勇猛顽强地前进,又因势利导机动灵活地奔向人生最佳目标。具体说来,在直道坦途、阳关大道和可快速并行道路全速行驶,在曲径和紧要道路尤其是交叉路口准确辨向,谨行慢驶;在立体道路循规交错行进;在阳关大道飞速奔驰;

---

① 参见李光伟:《时间管理的艺术》,甘肃人民出版社1987年版,第420、421页。

在风雨如晦、电闪雷鸣、坎坷崎岖险峻的山路格外谨慎小心,盘旋而上;在突然无路之处韬光养晦,以屈求伸,变难为易,化险为夷,乃至开拓创新,闯出一条新路,飞跃式上升,跨越式前进。

2.逐级上升,循序渐进

人生道路作为复杂多样的动态系统,其中既有高低远近、主次轻重、难易缓急道路,又有同时异时和独立交叉、并列从属道路。逐级上升、循序渐进,指的是将复杂多样的人生道路群体,按照其最优化的不同特点和实践要求,使其形成逐级升高、循序渐进的动态开放系统和相互支持的有机整体,从而发挥最大实践价值效益。它强调,在明确各种人生道路特点的基础上,一方面,按照先低后高、先近后远、先主后次、先易后难、先急后缓,以及先同时后异时的次序和独立交叉、并列从属的关系特点,逐个加以排列定序。另一方面,严格按照既定方针路线规划要求,既分步骤依次序迅速攀升行进,又全面协调统一进行;并且当它们之间发生矛盾冲突,一切以总体道路投入消耗最少、价值效益最大为转移。不少登山运动大赛冠军、长跑大赛冠军的获胜,他们的比赛尽管远远不及人生道路的实践复杂,但是在一定程度采用的却是人生道路的最优实践逐级上升、循序渐进方法。1984 年和 1987 年,两次获得世界马拉松赛长跑冠军的日本运动员山本田一,在其"自传"中披露,他之所以获得世界冠军,一个十分重要的原因就是,每次比赛前他都要乘车沿比赛路线仔细察看一遍,把沿途的醒目标志画出来。如第一个标志是银行,第二个标志是古怪的大树,第三个标志是高楼……这样一直画到赛程结束。比赛开始,他便以百米速度冲向第一个目标,然后又以同样的速度冲向第二个目标,以此方式直至终点。一路上既保持高速度,又充满信心希望,比较轻松愉快不至于过于紧张疲惫地率先到达目的地。①

3.充分开发与利用机体生命资源

充分开发与利用机体生命资源,指的是根据人体生命的自然价值、社会价值资源特点和人生最优化需要,最正确科学地开发与利用人的机体生命潜能。它虽然不是人生道路的直接最优实践方法,然而它却是人生道路最优实践方

---

① 参见杨宜敢:"山本田一的启示",《人民教育》2000 年第 1 期。

法的原动力开发与利用方法。人体科学研究表明,人的机体生命资源价值巨大,远远超出人们的想象。尤其是人的肉体物质虽然本身值不了多少钱,诚如美国当代女作家麦卡勒斯·卡森在其《伤心咖啡馆之歌》中所说:"人的生命……给你的时候是白给的,收回去的时候是无偿的,它值多少钱呢?如果你好好观察一下周围,就会发现有时候它值不了几个钱,甚至一文不值";但是,这只是从人体生化元素的个体意义和人的一般生物规定,对人的机体生命资源的悲观评价;而从人体特有的生化元素有机整合意义和人的超级动物规定、社会意义,人的机体生命资源价值却难以估量。现实生活中,许多东西往往拥有之时不贵其拥有,一旦失去便倍感珍惜。仅以人的生命健康而言,价值就大得惊人。对此,《吕氏春秋》援引杨朱思想说:"今吾生之为我有,而利我亦大矣。论其贵贱,爵为天子,不足以比焉;论其轻重,富有天下,不可以易之;论其安危,一曙失之,终身不复得。"该书介绍了杨朱学派的子华子与韩昭厘侯的对话:假如"左手攫之则右手废,右手攫之则左手废,然而攫之必有天下",你是否抓取?韩昭厘侯说不然。子华子肯定道:"甚善。自是观之,两臂重于天下也,身又重于两臂。"①子华子可谓知人之生命重于天下。一个现代版故事讲述道:一位年轻人因家徒四壁,以为自己一钱不值。于是自暴自弃,甚至寻死觅活,痛不欲生。一位智者闻之奉劝道:"年轻人,你怎么会一无所有呢?假如有人用 1 千元买你一个手指头干不干?"年轻人回答:"不干";"用 1 万元买你一只手干不干?"年轻人回答:"不干";"用 10 万元买下你一只胳臂干不干?"年轻人回答:"不干";"用 100 万元买下你一双腿干不干?"年轻人回答:"不干";"用 1000 万元买你的命干不干?"年轻人越听越气愤,连声说道:"不干,不干,绝对不干!"。"这就对了",智者说,"这说明你至少已拥有了属于你自己的 1000 万元的财富"。年轻人恍然大悟,"原来人活着本身就有匪夷所思的生命和健康价值,每个人都至少是一个千万元富翁!"②更何况任何人都有超级物种特有的基因价值、亲友情感寄托价值,器官医疗移植价值。1961年,美国科学家海尔弗利等人研究发现,除角质细胞、表皮细胞、红细胞、白细

---

① 《吕氏春秋》重己、审为。

② 参见莫语:《数字知道答案》,北京邮电大学出版社 2006 年版,第 111 页等。

胞等之外,人体具有生命决定意义的细胞一生至少可分裂 50 次,每次平均周期为 2.4 年,人的寿命至少可达 120 岁。还有的科学家根据动物寿命一般是其生长成熟期的 7 倍多,人生长成熟期通常为 25 岁推论,人的自然寿命可达 175 岁。有的专家认为,人体温度如果通过减少摄入高热量食品和外部物理降温 2℃,人的寿命可高达 300 岁。我国医学界专家根据 1951 年美国霍兰金斯大学培养的海拉生殖细胞永生不死的现象和现代基因重组更新技术推测,如果去掉"衰老基因"或调控"基因开关",人体则可以长生不老或"返老还童"。2003 年 4 月,由我国和美、英、日、法、德 6 国历时 13 年共同完成的人类基因图谱测序向全世界昭示,如果通过不断培植和更新人体细胞、器官,人的理论预期寿命近乎无限。① 不仅如此,人还可以通过个人奋斗,为社会做出巨大甚至无与伦比的贡献。

充分开发与利用机体生命资源规定,世界上所有的人,无论男女老幼、健康与否、能力大小、职业如何、地位高低,亦无论在任何时候、任何情况下,都应当无条件地关爱生命、关爱健康、热爱生活,为最大限度地维护生命、提高生命质量、创造新生活而努力奋斗,让生命尽可能地绽放异彩,彰显光辉。

4. 最大限度地开发与利用人格资源

最大限度地开发与利用人格资源,即对人生先天和后天形成的相对稳定的生理、心理、行为、个性、品格资源予以最佳开发与利用。它主要涉及形体、血型、气质、性格、特长资源的最优开发与利用等内容。人的形体有高矮、胖瘦、强弱、美丑;血型有 A 型(保守稳健型)、B 型(积极进取型)、O 型(勇敢好胜型)、AB 型(保守稳健与积极进取混合型);气质有黏液质(安静儒雅型)、多血质(活泼开朗型)、抑郁质(孤独抑郁型)、胆汁质(高度兴奋型);性格有内向型(理智型)、外向型(情绪性)、中间型、怪异型;特长有先天型、后天型,以及生理型、心理型、职业型、行为型。彼此形形色色、林林总总、千奇百怪、千变万化、各有优劣,应因人、因事、因时、因地、因情制宜。对此,唐代文人陆贽指出:"人之才行,自古罕全。苟有所长,必有所短。若录长补短,则天下无不用

---

① 参见萧德桢:"通向长寿的基因工程",《大众医学》1988 年第 5 期。

之人；贵短舍长，则天下无不弃之士。"①魏晋学者刘劭认为，人的个性、品格各有利弊："厉直刚毅，材在矫正，失在激讦。柔顺安恕，每在宽容，失在少决。雄悍杰健，任在胆烈，失在多忌。精良畏慎，善在恭谨，失在多疑。强楷坚劲，用在桢干，失在专固。论辩理绎，能在释结，失在流宕。普博周给，弘在履裕，失在溷浊。清介廉洁，节在俭固，失在拘扃。休动磊落，业在攀跻，失在疏越。沉静机密，精在玄微，失在迟缓。朴露径尽，质在中诚，失在不微。多智韬情，权在谲略，失在依违。"②西晋学者郭象主张"善用人者，使能方则方，能圆则圆，各任其所能。人安其性，不责万民以工倕之巧，故众技以不相能似拙，而天下皆自能，则大巧矣。"③宋代诗人苏轼在其《应制举上两制书》中谈道："人各有才，才各有大小。大者安其大而无忽于小，小者乐其小而无慕于大。是以各适其用而不丧其所长。"苏轼之弟苏辙在其《上两制诸公书》中强调：人"各因其才而尽其力，以求其至微至善至地。"清代思想家魏源进一步指出："不知人之短，不知人之长，不知人长中之短，不知人短中之长，则不可以用人，不可以教人"；"用人者，取人之长，避人之短；教人者，成人之长，去人之短"。④

最大限度地开发与利用人格资源主张，一方面，必须高度认识人格所涉及的形体、血型、气质、性格、特长资源的各自不同的人格特点，为形体、血型、气质、性格、特长资源的最优开发与利用做好思想准备。另一方面，根据形体、血型、气质、性格、特长资源的各自不同的人格特征，按照个人和社会发展的需要，有针对性地对其进行最正确科学的开发与利用，使之在学习、工作、生活等方面各安其位、各展所长、各尽所能、各得其所，为人生最优化发挥最大价值效益。

5. 尽可能地开发与利用体力、智力资源

尽可能地开发与利用体力、智力资源，指的是按照体力、智力资源特点，运用最佳方式开发与利用体力、智力资源。它强调，根据一定需要，结合体力、智力资源特点，最大限度地开发与利用各种体力、智力资源，使之充分发挥人生价值效益。尽可能地开发与利用体力、智力资源，具体可以分为两种方法。

――――――

① 《陆宣公集》卷一十七。
② 刘劭：《人物志》体别。
③ 郭象：《庄子注》。
④ 魏源：《默觚下》治篇七。

(1)体力资源最优开发与利用法。

现代生理科学表明,人的体力资源十分丰富。按照人的较为保守天年寿命175岁计算,人的心脏可跳动60多亿次,泵吸血液500万立方米;身高可达2.75米。人体一生能释放上千亿卡的热量,做上千亿千克米的功。人的拉力(拉飞机)可达10吨以上;提力可达100千克;单腿蹬力可达300千克;踢力可达500千克;咀嚼力可达110千克;咬力可达235千克;举重(托举双鼎)可达500千克;背负力可达500千克;跳高可达2.5米;跳远可达9米(三级跳可达17米);投掷可达110多米;奔跑时速可达40千米;最快跑速每秒可达11米;赛跑最长距离可达5899千米,时速10.41千米;游泳最快速度45秒100米,最长距离2939千米;有人不借助呼吸器沉没水中16分钟而不至窒息,有人不穿潜水服潜入105米深水而不至压死;有人体温高达50°C能奇迹般生还;有人能在175°C高温下作业20~25分钟而不会热死;还有人从万米高空跳伞而不至摔死;人绝食而不断水可活60多天,绝食断水可活7~10天。2013年8月5日,美国俄亥俄州一位37岁的男子突然停止心跳和呼吸,医生抢救无效将其宣布为"死亡",经儿子呼唤45分钟后死而复生……①人类后裔兽孩所表现出来的体力潜能,令人瞠目结舌。有媒体报道,印度七八岁的狼孩四肢奔跑"其速度之快可超越体魄健全的男子汉",豹孩"动、卧、转、跳十分灵活",奔跑速度"不亚于真豹速度";法国10岁的猴孩"能像猴子一样在树上蹿蹦跳跃";12岁的羚羊孩"蹦跳幅度惊人,频率很高,善于攀登悬崖峭壁",10岁的海豹孩"不怕严寒,不穿衣服","举止同海豹无异",曾在北极与海豹一起生活而不至冻死。兽孩体力之大,以至有人惊叹:"如果科学能揭示出兽孩体能的秘密",并开发与利用人体的这种机能,那么,人类在"大自然中就会别具一番风采,当今体坛世界纪录恐怕也要为两、三岁娃娃所不齿"。②

体力资源最优开发与利用法,即对体力资源的最正确科学的开发与利用方法。它要求,一方面,人人致力于自身和他人体力的科学发展、发挥与充分利用,加强体育锻炼、耐力训练、承受能力训练等,把体力提升到最大限度。另

①　参见马宏通:"生命的忍耐力",《科学与人》1985年第3期;新华网2014年华盛顿电报道和其他相关文献。

②　参见《中国青年报》1989年1月22日。

一方面,结合体力资源特点,探明其各自生理能量极限,找出其规律特点,把体力推到极限,进而突破极限,向更高境界跃升。再一方面,积极研发和推广业余体力回收器,将平时体育健身活动,特别是原地奔跑、小跑、投掷、举重、打球等支出的体力搜集起来,变废为宝,用于人力发电等;从而充分造福于自身,造福于人类社会。

(2)智力资源最优开发与利用法。

科学研究发现,就 DNA 进化水平,人的体力、奔跑速度、免疫力、抗寒御热能力、视觉、味觉、独立性、野外生存能力等,虽不及猿类和其他一些高级动物,但在大脑智力发展方面,却一直处于"领先地位"。[①]　其实,人与其他动物的最本质的区别就在于,人的智力资源极为富足,简直让人难以置信。据研究,人脑由 100 多亿个神经元、1000 多亿个神经细胞组成。表面积高达 2200 平方厘米,神经组织比发达国家的电话网络系统还要复杂。人脑最大重量可达2500 克,智商可达 200 以上;至少可容纳"5 亿本书"的知识量,300 万兆比特信息单位。脑神经传输每秒可达 120 米以上,心算速度可在 1 分 28.8 秒内求出 100 位数的 13 次方。单向机械记忆能记住圆周率小数点后的 2 万多位数,16000 页佛教经文。[②] 人脑每秒钟进行 10 万种不同的化学反应,其电能相当于 20 瓦灯泡的功率,高能量地支持着人的复杂繁重的思维活动。人的智力资源潜力极大。20 世纪中叶,科学家认为一般人只使用了大脑细胞的百分之几,世界科学巨星爱因斯坦仅使用了大脑细胞的 13%,其 87% 的大脑细胞处于沉睡状态。美国当代著名成功学家拿破仑·希尔认为"每一个人,即使是创造了辉煌成就的巨人,在他的一生中,利用自己大脑的潜能还不到 1%。"一份《美国心理学会年度报告》宣称:"任何一个大脑健全的人与一个伟大的科学家之间,并没有不可跨越的鸿沟。他们的差别只是用脑程度与方式的不同,而这个鸿沟不但可以填平,甚至可以超越。因为从理论上讲,人脑潜能几乎是无穷无尽的……"美国当代著名心理学家华生坚信:"任何一个健全的婴儿,都能训练成任何一类专家:医生、律师、艺术家或巨商,甚至乞丐和小偷,无论

---

① 　[美]坦普尔顿:"人比猿进化慢",李自茂译,《大自然探索》1984 年第 4 期。

② 　参见王晓萍等:《心理潜能》,中国城市出版社 1997 年版,第 5、6 页;严智泽等主编:《创造学新论》,华中科技大学出版社 2002 年版,第 241 页。

他的天资、爱好、性格以及他祖先的才能、职业和种族如何"。① 美国当代人类潜能开发与利用专家葛兰·道门疾呼:"每个正常的婴儿,出生时都具有像莎士比亚、莫扎特、爱迪生、爱因斯坦那样的潜能","聪明和愚笨"都是后天努力差异和"环境"差异的"产物"。② 美国当代成功学家安东尼·罗宾强调:"人的潜能犹如一座待开发的金矿,蕴藏无穷,价值无比……每个人的潜能从来没得到淋漓尽致的发挥。并非大多数人命里注定不能成为'爱因斯坦',只要发挥了足够的潜能,任何一个平凡的人都可以成就一番惊天动地的伟业,都可以成为一个新的'爱因斯坦'。"③苏联《今日生活》杂志介绍,如果人脑使用一半的能力,就可以轻而易举地学会 40 多种语言,背熟一套《苏联大百科全书》,还能学会几十所大学的全部课程。随着生理、心理科学的不断向前发展,人的大脑细胞的使用比重不断被刷新:现已由原来的 1/100,持续变为 1/1000、1/10000、1/亿。而今研究成果表明,人的智力资源近乎无限。科学家惊奇地发现"脑部是完全不会疲倦的",人脑力劳动"在 8 个或 12 个小时之后,工作能量还像一开始时一样地迅速和有效率。"人之所以在长时间地连续用脑之后感到"疲倦",甚至功效降低,头昏脑涨,一是由于"匆忙、焦急、忧虑"等"精神和情感因素所引起";二是由于大脑营养消耗太多,供血不足,营养得不到及时补充的生理、心理需求反应造成,而绝不是因为大脑信息塞满的缘故。④否则,便无法解释为什么稍事休息、调整良好心态、补充饮食能量后,在无任何遗忘的情况下,会持续增加思维功效,并且人一生的知识能力、知识积累总体在不断增长。可以肯定,只要勤奋努力,方法得当,任何人都可以成为天才。人的智力资源的最优开发与利用,具有无限广阔的发展前景。

智力资源最优开发与利用法,指的是对人的智力资源的最正确科学的开发与利用方法。它规定,根据相关研究成果,牢牢坚持和运用七组十四种具体方法。

其一,饮食健脑法与节欲、指动益智法。

---

① 引自王晓萍等:《心理潜能》,中国城市出版社 1997 年版,封一、封底。
② 引自林华民:《世界经典教育案例启示录》,农村读物出版社 2003 年版,第 15 页。
③ 田缘、张弘主编:《安东尼·罗宾潜能成功学》上册,经济日报出版社 1997 年版,第 3 页。
④ 参见朱彤:《情商决定成败》,京华出版社 2006 年版,第 61 页。

饮食健脑法,即根据人以食为天,食以优为先,某些饮食具有高度健脑功效和相似物品营养互补特点,通过饮用、进食相应饮品、食物而提高智力水平的方法。这种方法是人生道路的最优实践方法不可缺少的物质基础性方法和能量源泉,是人的智力资源最优开发与利用方法的重要组成部分。该方法要求,多喝牛奶、豆浆,多吃核桃、黑芝麻、小米、玉米、花生、豆类、莲子、瓜子、黄花菜、苹果、桂圆、甜杏、大桃、大枣、海产品和一些鱼头、禽脑、兽脑、蜂王浆等。

节欲、指动益智法,指的是通过节制不良嗜好欲望,以及手指活动驱动思绪,从而诱引发明创造冲动的方法。这种方法规定,按照精力是智力活动的根本保障,筋疲力尽、萎靡不振是直觉、灵感、顿悟的大敌,精力充沛、情绪高涨能够确保智力达到最高峰值,以及十指连心、指动可以健脑的原理,利用抑制性欲和克制其他不良嗜好,通过手指活动养精蓄锐、以逸待劳,从而强有力地保障和驱动思绪产生直觉、灵感、顿悟。古今中外不少名家,通过节欲和手指转动健身球或弹琴的方式等,促进高难度的智力活动不断提升。那种"饭后抽支烟,强似活神仙"的"瘾君子"生活、"相逢不饮空归去,洞口桃花也笑人"的好酒贪杯哲学、"宁愿花下死,做鬼也风流"的好色纵欲之道,滥用药物、不避辐射、"唯便是用"、追风逐潮不顾后果的盲目之举,以及"君子动口不动手"的懒汉懦夫做法,决不可取。

其二,作息交替调节法与日积月累质变法。

作息交替调节法,是按照劳动与休息是人的生理心理必不可少的两种基本需要,以及二者相辅相成的规律,科学安排学习、工作和休息的方法。大量经验和理论表明,休息特别是睡眠性休息,对于人的身心健康十分重要。其重要性甚至超过人的饮食。人三天三夜不饮食照样可以存活;但是,如果一天一夜不休息则会出现精神恍惚,三天三夜不休息则不仅导致精神崩溃,而且会造成猝死。作息交替调节法主张,从事脑力劳动者,一方面,不遗余力开展学习、工作。另一方面,确保必要的休息时间尤其是睡眠休息、适量运动积极休息时间。坚持作息"三八"制,每天8小时的学习、工作,8小时的睡眠,8小时的饮食和健身活动、休闲娱乐。这是保证智力再生产和可持续永久高效开展学习、工作和生活的最佳方法之一。

日积月累质变法，即通过日复一日、月复一月的连续积累，从而使认知思维由量变到质变的方法。这种方法强调，通过广泛涉猎知识，反复不断地分析、综合、推理、预测、求证，力求产生直觉、灵感、顿悟。它是智力资源开发与利用的最基本普适的最优化方法。所有创作人员、科研人员，均离不开这种方法。这种方法不知让多少人美梦成真，理想变为现实。

其三，闭目联想飞跃法与洗浴睡眠梦幻法。

闭目联想飞跃法，指的是通过闭目养神，联想开去，从而产生思维飞跃的方法。该方法倡导，在思考问题时，闭目静坐或仰卧，涤除玄览，松静自然，淡泊明志，随心所欲地自由想象、联觉思维、多元假设，从而使意识造成质的飞跃，产生宝贵思想认识。闭目联想飞跃法，常见于尖端疑难问题求解、高尚道德情操修养、理想至上境界追求等。

洗浴睡眠梦幻法，是以洗浴或睡眠方式，借助梦幻有益启示，予以最佳思维的方法。奥地利当代著名心理学家弗洛伊德等人认为，人的意识每时每刻都在活动。它分为显意识、前意识、潜意识三个不同层次。显意识是清醒状态下的意识。前意识是介于显意识与潜意识之间的意识；它兼有显意识和潜意识的双重特点。潜意识是朦胧潜在的意识；它每天 24 小时不停息，人的睡梦即为潜意识活动形式。在人的意识构成中，显意识和前意识均约占 5%，潜意识约占 90%。洗浴睡眠梦幻法要求，利用洗浴活血化瘀、通络开窍，充分供给大脑营养，放松心情、想入非非，以及通过睡眠休息消除大脑疲劳，充分调动显意识、前意识、潜意识尤其是潜意识活动的积极性，进入梦境幻界，从而解决疑难问题。古希腊科学家阿基米德测定皇冠含金量的方法和发现浮力定律，就得益于洗浴睡眠梦幻法。我国当代著名人口学家原北京大学校长马寅初，长年坚持睡觉前热水与冷水先后交替洗澡，不仅使血管高度扩缩，大大增强弹性，有益于身心健康，活到 101 岁，而且教学科研业绩优异。世界发明大王爱迪生、英国 19 世纪著名工程师林德利一遇到难题就睡大觉，一觉醒来往往难题迎刃而解。英国近代科学家牛顿的科学研究，经常受到梦幻启迪。奥地利现代生物学家沃土·洛伊，在睡梦中发现神经递质机制。德国 19 世纪化学家凯库勒，在睡眠中梦见碳链变成首尾相衔的蛇，悟出了苯分子的环状结构。美国当代科学家查尔斯，由于梦中受一位陌生人指点而发明了硫化橡胶。俄国现代化学家门捷列夫,则在瞌睡短梦中受启发完成化学元素周期表。① 美国当代心理学家杜威指出:"我总觉得梦幻的作用不容忽视,在梦幻中可以产生艺术创造,而在紧张时不会有产生新思想的可能。"苏格兰 19 世纪文学家司各特介绍说:"我的一生证明,睡醒和起床之间的半小时非常有助于发挥创造性的任何工作。期待的想法,总是在我一睁眼的时候大量涌现。"我国著名杂交水稻专家袁隆平院士,在介绍自己的成功经验时说道:"我做过一个好梦,我们种的水稻,像高粱那么高,穗子像扫帚那么长,颗粒像花生那么大。几个朋友坐在稻穗下乘凉。"②据统计,发明创造受梦境启发的占本层次人员比重,高级科技人员为 13%,一般科技人员为 36%;偶有启发者,高级科技人员占30%,一般科技人员为 29%;从未受启发者,高级科技人员为 57%,一般科技人员为 29%;受梦境启发后来证明正确的,高级科技人员为 9%,一般科技人员为 6%;证明部分正确的,高级科技人员为 64%,一般科技人员为 91%;证明不正确的,高级科技人员为 27%,一般科技人员为 3%。③

其四,散步出游驱动法与音乐声响唤醒法。

散步出游驱动法,即通过散步出游驱动思绪,从而诱引创造冲动的方法。该方法规定,利用两条腿运动,从而驱动思绪产生直觉、灵感、顿悟。它常见于文艺创作、科技发明创造活动等。德国著名诗人歌德介绍说:"我最宝贵的思维及其最好的表达方式,都是在我散步时出现的。"法国思想家卢梭认为,散步出智慧。他说:"散步能促进我的思想。我的身体必须不断运动,大脑才会开动起来。"美国当代科学家刘易斯认为,散步可以"使人心神舒畅,有脱胎换骨之感"。俄国 19 世纪作家果戈理谈到自己的创作经验时说:我的作品的"内容是在道路上展开,来到我的脑海里。全部的题材,我几乎是在路上完成。"奥地利 19 世纪著名音乐家约翰·施特劳斯的世界名曲《蓝色多瑙河圆舞曲》,则是作者在户外散步时突发奇想,抓紧谱写在衬衣上的。英国近代科学家瓦特改造蒸汽机的设想,也是在散步中成功提出的。法国 20 世纪数学家

---

① 参见陈红春:《人生价值的要素》,上海文化出版社 1988 年版,第 48、49 页;李光伟:《时间管理的艺术》,甘肃人民出版社 1987 年版,第 363 页。

② 引自严智泽等主编:《创造学新论》,华中科技大学出版社 2002 年版,第 284 页。

③ 参见王极盛:《科学创造心理学》,科学出版社 1986 年版,第 504、505 页。

彭加勒在海滨散步时,破解了三元二次方程解法。

音乐声响唤醒法,指的是根据音乐是所有人类都能听得懂的,人人都可以从中领悟到自己所需要的思想情感的,寓意最丰富、充满想象力的世界共同语言艺术形式,以及它可以良性影响人乃至其他动物生理心理活动的原理,利用音乐声响唤醒创造性思维的方法。这种方法主张,运用自行演奏、演唱或播放美妙动听的音乐,或聆听鸟语虫鸣,唤醒沉睡的宝贵思想意识。孔子既是教育家、思想家,又是音乐家。孔子的主要治学活动,多有音乐相伴。他小时候"多能鄙事",当过吹鼓手,从教后教过音乐。他传授的礼、乐、书、数、射、御"六艺",音乐有其一。英国生物学家达尔文在其《自传》中回忆说:"音乐常常迫使我紧张地思考我正在研究的问题。"丹麦 20 世纪科学家玻尔认为,"当在越来越大的程度上放弃逻辑分析,允许弹奏全部的感情之弦的时候",音乐和诗话等"艺术","就包含着沟通一些极端方式的可能性。"奥地利 20 世纪诺贝尔物理学奖得主薛定谔,碰到难题时就请人弹奏名曲,力图在音乐欣赏中攻坚克难。爱因斯坦的创造秘诀是:X(工作)+Y(娱乐)+Z(不说空话)= A(成功);他不仅经常用望远镜眺望神秘莫测的星空,而且经常用演奏小提琴、弹钢琴的方式启迪直觉、灵感、顿悟,从而创立起震惊世界的相对论。古往今来,音乐声响唤醒法,不知成就了多少人的理想伟业。[①]

其五,芳香四溢刺激法与色彩气温诱导法。

芳香四溢刺激法,是利用大量自然有益芳香气味,刺激创造思维的方法。该方法强调,利用诸多有益自然花香、果香特别是天然报春花、月季花、玫瑰花、杏花、桃花、梨花、洋槐花、枣花、栋树花(连子树花)、荷花、百合花、茉莉花、橘子花、桂花、菊花、雪莲花、腊梅花等花香,以及苹果、甜杏、桃子、梨子、香瓜等果香刺激大脑,使之高度兴奋,从而激发正确科学的新思想、新观点。不少文艺工作者、专家学者,则在自己的工作室养有一年四季常开、芳香沁人肺腑的有益花卉,闻着花香开展工作和科学研究,从而取得满意的功效。德国诗人戏剧家席勒,常常把苹果放在书桌上,闻着淡淡的苹果清香,进行构思酝酿

---

①　参见周昌忠编译:《创造心理学》,中国青年出版社 1983 年版,第 21、139 页;"音乐与科学",《科学与人》1984 年第 5 期;[美]爱因斯坦:《相对论》,易洪波、李智谋编译,重庆出版集团、重庆出版社 2009 年版,扉页。

创作,收到良好的创作效果。但是,不可将一些对身心有害的花草引进室内,更不可用一些有害的人工化学香精制品尤其是蚊香、香水、香皂、香圆珠笔、香橡皮、香洗涤剂、香化妆品、香用具等"亚毒品"污染物危害自身。

色彩气温诱导法,即利用有益的颜色和适宜的气温,诱导直觉、灵感、顿悟的方法。这种方法倡导,运用环境色彩,尤其是绿色、蓝色、红色,或佩戴绿色、蓝色、红色眼镜,穿着绿色、蓝色、红色服装,在智力活动最惬意的温度13°C ~ 23°C,诱导奇思妙想,开展精品创作和高端研究。歌德常常戴一副有色眼镜,用以改变眼前的世界色彩,在适宜的气温下进行诗歌创作。不少著名科学家亦有类似的习惯爱好,从中受益匪浅。

其六,空间环境变换法与奇思妙想随记法。

空间环境变换法,指的是通过人为选择和营造、更新良好环境,诱导直觉、灵感、顿悟的方法。该方法要求,通过主动积极选择或专门营造、变换某种有益空间环境,从而诱发直觉、灵感、顿悟。空间环境变换法,适用于各行各业各种不同层次的脑力劳动创造者。被誉为当代爱迪生的日本发明大王中松义郎,其一生中的2360多项发明专利,大多是在他精心选定和布置营造的第11层楼房中完成的。该房间,不仅居高临下,可以鸟瞰室外五彩斑斓的世界,而且客厅安有摄像头,一进门让人会马上为之一振,仿佛记者和众多目光在注视着他、期望着他。内间则为气温适宜,摆放花鸟虫鱼,让人心旷神怡极易发明创造的工作室。在一定程度可以说,这种空间环境变换法,成就了他的大量发明。① 不少文艺人才、专家学者,习惯于参加集会、讨论、社交、庆典活动交流感情,经常到野外尤其是公园、山巅、河畔、海滨、森林、莽原、名胜古迹放逐自我,放飞思绪。一些文艺人才、专家学者其工作间,安排布置得通风透光,井井有条,色彩气温宜人,养有赏心悦目、有益身心健康的花卉、观赏鱼类,墙上张贴催人奋进的字画,以最大限度地开发与利用自己的智力资源。

奇思妙想随记法,是将奇思妙想随时记录下来,以供发明创造之用的方法。这种方法规定,将突如其来和通过有意激发而至的奇思妙想,及时记入笔记本或录入电脑,以防遗忘,以备整理优化,及时查找、利用。奇思妙想颇具神

① 参见李光伟:《时间管理的艺术》,甘肃人民出版社1987年版,第108、110页。

奇,有的不期而至,有的如约而来;有的如电光石火一闪即逝,有的却持续较长时间。特别是对于一些重要信息、短暂呈现的宝贵思想,必须随时记录下来,以便查找和予以全面拓展、充分利用。不少名人大家可谓运用这种方法的行家里手。

其七,思维热线延伸法与交叉并举统筹法。

思维热线延伸法,即将进入高潮的思维延伸开去,以求获益最大化的方法。该方法主张,依照思维持续高涨的特点,抓住最佳思绪时机,强化优势思维,将其延伸开去,拓展开来,力求全面突破难关。思维热线延伸法的首要任务是"紧紧跟踪不断线,持续利用不停息";第二项任务是"联想开去,触类旁通,一举攻克难关。"爱因斯坦研究《相对论》、毛泽东写作《论持久战》、郭沫若创作历史剧《屈原》,均采用了这种方法。前者夜以继日用了两周时间,后两者废寝忘食各用去一周时间。三者传为思维热线延伸法的佳话。

交叉并举统筹法,指的是为充分利用时间、提高思维效率,当某种思维活动受阻而及时转入其他思维对象的方法。这种方法强调,根据人的思维能力可同时交叉开展 9 个项目的特点,适当交叉并举开展多项活动,以求思维单位时间的最大价值效益。

除此,冷水洗脸刷牙刺激法、凉风吹拂唤醒法、洗发梳头诱导法、饥肠辘辘奇策法、冷饮冰茶刺激法、掌击手捏致痛法,酸甜苦辣刺激法,乃至战场、考场、情场、赛场比拼法等生死较量、命运决战法,也不失为智力资源最优开发与利用法的有效辅助和奇效超强方法。

6. 最恰当地开发与利用生理心理节律资源

与其他事物一样,人的生理心理活动也有自己特定的需要顺应的节奏规律。早在两千多年以前,我国春秋时期的著名思想家、教育家孔子,就明确提出:"吾十有五而志于学,三十而立,四十而不惑,五十而知天命,六十而耳顺,七十而从心所欲不逾矩"[1];"少之时,血气未定,戒之在色;及其壮也,血气方刚,戒之在斗;及其老也,血气既衰,戒之在得。"[2]他认为,人生各个不同阶段

---

[1]　《论语》为政。
[2]　《论语》季氏。

都有自己的规定特点和应当遵守的相应戒规。古希腊著名医学家希波克拉底则要求自己的弟子行医时,按照病人的出生年、月、日和病情发生变化日期实施诊断医疗。人类千百万年的实践经验和现代人体科学,尤其是20世纪美国伊利诺大学、耶鲁大学等大学和德国医生威尔赫姆·弗里斯,奥地利生理心理学家赫尔曼·斯瓦波达,以及阿尔弗雷特·泰尔其尔教授等研究人员的相关研究成果表明,人的生理心理机能,在不同的时间、年龄,各有自己的特定规律。最恰当地开发与利用生理心理节律资源,即尽可能合理地充分开发与利用生理心理节奏规律。它要求,按照最少投入、消耗,最大价值效益的最优化核心精髓,依据人的不同时间、年龄生理心理变化节奏规律,最正确科学地安排学习、工作和生活,从而收到相应最大价值效益。国外大量部门和人员,通过开发与利用生理心理节律资源,安排学习、工作和生活,从而降低了30%以上的事故发生率,提高了30%以上的学习、工作和生活效益。

最恰当地开发与利用生理心理节律资源,主要有4种具体方法。

(1)一天生理心理节律符合法。

一天生理心理节律符合法,是美国伊利诺大学、耶鲁大学等大学研究人员发现并提出的合乎一天生理心理节奏规律的最优化方法。它旨在依据人体一天中的生理心理节律特点,最正确科学地安排学习、工作和生活。

相关研究成果表明:

夜间0~1点,人体最为困乏,各种器官处于最紧张的代谢状态。这时,应注意睡眠休息。

夜间2~3点,通宵达旦工作者效率最低。人体大部分功能处于抑制状态,但其听觉却异常灵敏。这是人类此时通过听觉获得外界信息的最主要的渠道。史前人类就是依靠这时的灵敏听觉在睡眠时保护自身的。此时,可以放心地睡觉,不必担忧听不到外界的声响。

夜间2~5点,堪称人体最危险的时间。这时,人体警觉部位大部分处于抑制状态,分辨能力减弱,即使当事人不缺少睡眠,也往往出现失误。据统计,海损事故50%发生在夜间2~5点,大事故几乎100%发生在夜间2~5点。世界上核事故,大多发生在后半夜。美国失事的"挑战者"号航天飞机最后发射的决定也是在黎明前做出的。同时,危重病人的死亡率和婴儿的出生率凌晨

4~5 点最高。这一时间,应有意识地放弃一些高、精、尖的研究和作业,加强危重病人和临产孕妇的监护。

凌晨 4~6 点,天气欲暖还寒,人体调节力差,最容易感受风寒,但头脑却相当清醒。脑力劳动者需早起床,多穿些衣服,抓紧学习和工作,尤其是科学研究。

早晨 7 点肾上腺分泌最多,心率加快,体温升高,血液循环脉冲特别强。这是人体发出的醒神"闹钟声"。学子和劳作者应尽快开展学习和工作,切不可贪睡懒起错过大好学习和工作时光;并且抓紧时间吃早餐,补充饮食营养。

早晨 8 点左右,性激素分泌达到高峰,男性比女性尤为突出。同时,大脑具有严谨周密的思维能力。这时,应慎防纵欲放任,需抓紧有利时机开展高难度的构思创造活动。

上午 9 点,人脑产生的麻醉剂——安卡伐灵和安多芬最多,机体对疼痛感觉最差。这时,需稍事休息。医生应利用此时,对病人实施手术治疗。

上午 10 点,内向性格的人专心致志程度、记忆能力、判断推理能力达到高峰,学习和工作效率最高,并能维持两、三个小时。内向性格的人应争分夺秒,不失时机地开展高、精、尖的学习和研究工作。

中午 11~12 点,身体最易受酒精影响。同时,11 点左右视力最佳。这时,需避免饮酒,做些实物分析、鉴定工作和进行午餐。

中午 1~2 点,人体内激素变化剧烈,感觉疲倦。需适当休息或做些轻松简单的工作,有条件的应午睡。

下午 3 点,外向性格的人分析能力、创造能力最为旺盛,并持续几个小时。外向性格者,需抓紧时间完成高难度的学习和科研任务。

下午 4 点,人体内代谢出现新的高峰,脸发红,身体冒汗,呼吸费力,应付后半天的活动。体力劳动者,应作短暂休息。

下午 5 点,人的嗅觉和味觉最灵敏,听觉达到第二次高峰。从事厨师、品尝工作,以及进食美餐、演唱、欣赏音乐者,需借机安排自己的相应活动。

晚上 6 点,人潜在的体力处于高潮,精力和耐力最旺盛。这时,应加强体育锻炼和脑力劳动,以及喝水、吃晚饭。

晚上 7 点,由于内分泌变化而烦躁不安,血压达到高峰,容易突然发怒,情绪最不稳定。此时,需自我调节和控制情绪,减少社交活动。

晚上8点,全部饮食储存在人体内,身体最重,但脑细胞却十分活跃,记忆力最强。这时,应避免爬高和重体力活动,力争坐下来,开展机械记忆的学习和难度较大的创新工作。

晚上9点,身体功能转入低潮。此时,需做些全天活动扫尾工作,并准备睡觉。

夜间10点,内分泌水平降低,体温下降,呼吸减慢,身体机能全面进入低潮。这时,应开始睡眠休息。成人一般10点左右入睡为最佳睡眠时间。此时,不仅入睡快,而且睡眠质量高。过早或过晚入睡,将延迟实际入睡时间,降低睡眠质量。

夜间11点,人体机能进一步下降。上夜班最容易出差错。这时,从事复杂工作者,需注意冷风吹拂、冷水洗脸或喝茶醒脑提神。

夜间12点,人体极度疲倦,各部分器官均处于抑制状态,身体开始最紧张的代谢活动。上夜班者,应适当休息。

就全天而言,从早到晚12个小时内,人体机能和工作效率呈波浪形下降趋势。一般说来,早晨6~7点想象力最丰富,应借机抓紧开展构思创造工作;上午8~10点逻辑思维能力最强,需做些严谨推理创造工作;下午2~4点体力回升,应做些快速完成的简单工作,并适当进行体育活动;晚上7~9点,记忆力特别强,需开展加深记忆的学习和复习。有人进一步研究发现,50%以上的人工作1小时左右达到思维高潮,17%的人早晨思维能力最强,33%的人晚间思维能力最高,大约50%的人一天思维能力没有明显变化。苏联科学院一位著名院士,每天严格规定上午从事严谨的著书立说,下午写些轻松科普作品,晚上看书学习。结果,在很多领域都取得辉煌成就。①

以上,仅是最常见的一天生理心理节律符合法。除此,还应注意到早晨、上午精神振奋效率最高的"百灵鸟型"与下午、晚上思维能力最强的"猫头鹰型",以及"百灵鸟型"与"猫头鹰型"相混合的"中介型"之间,内向型与外向

①　参见重轩:"人对自身的认识",《科学与人》1985年第3期;莫语:《数字知道答案》,北京邮电大学出版社2004年版,第105~107页;王行健:《成功学圣经全集》,地震出版社2006年版,第82页和其他相关文献。

型性格之间,上白班者与上夜班者之间,太阳出落时差不同地区之间,不同民族之间,人们的生理心理节律的一定差异;并且同一个人在不同的年龄阶段、不同的空间环境、不同的生理心理状态和不同的学习、工作和生活习惯支配下,一天生理心理节律符合法亦需做出相应调整。

　　一天生理心理节律符合法要求,针对人体一天中生理心理节律情况,在体力、精力最充沛,活动效率最高的时间,安排高难度、高价值的学习和工作;在体力、精力一般,活动效率一般的时间,安排一般难度、一般价值的学习和工作;在体力、精力较差,活动效率较低的时间,安排低难度、低价值的学习和工作,或开展轻松愉快的业余活动与休息。

　　(2)周、月生理心理节律符合法。

　　周、月生理心理节律符合法,包括周生理心理节律符合法和月生理心理节律符合法两种类型。

　　周生理心理节律符合法,即依据周作息人员一周中的生理心理节律特点,最合理精当地安排学习、工作和生活的方法。科学家统计分析,周双休日的人员,周二、三、四的学习、工作能力最强,效率最高,产品质量最好;周一、五和周六周日则相对较差。因为周二、三、四的学习、工作受前摄抑制或后摄抑制的影响最小;而周一受前摄抑制的影响最大,周五受疲劳和后摄抑制的影响最大,周六周日则不仅分别受前摄抑制和后摄抑制的影响较大,而且受休息日放松懈怠习惯生理心理消极抑制影响。由于周生理心理节律是长期星期制影响下形成的,因而对于无星期观念的农民、牧民、渔民和其他自由职业者等,不存在周生理心理节律及其符合方法。

　　月生理心理节律符合法,指的是根据人体一月中的生理心理节律特点,最合理高效地安排学习、工作和生活的方法。这里的月生理心理节律,有两种含义:一种是指人出生后的每月生理心理节律;一种是指与农历月相对应的生理心理节律。

　　月生理心理节律的发现,堪称20世纪人类最重要的发现之一。20世纪初,威尔赫姆·弗里斯发现,一些病人间隔一定时间求诊的规律。其中,男性间隔23天或其整数倍数,女性间隔28天或其整数倍数。于是,他把23天定为"体力节律",28天定为"情绪节律"。赫尔曼·斯瓦波达经过长期验证,得出了同样的结论。维也纳一位心理学家还发现,他研究的几百个家族谱系中,多数人寿命的总天数正好是 23 天或 28 天的整数倍数。此外,阿尔费雷特·泰尔其尔在研究智商的基础上,发现学生成绩升降的周期为 33 天,后被称为"智力节律"。美国、前苏联、俄罗斯等国家的大量研究成果进一步证实,人的体力节律、情绪节律、智力节律的每个周期,都存在着"高潮期"、"低潮期"和"临界日"。"高潮期"是人的体力或情绪或智力处于水平线以上的最佳状态时期。"低潮期"是人的体力或情绪或智力处于水平线以下的低劣状态和"临界日"时期。"临界日"是各种节律由高潮期进入水平线以下低潮期或由低潮期上升至水平线以上高潮期的时日;这一天是体力下降、情绪不稳、神思恍惚,最易患病、失误、遭意外的一天。

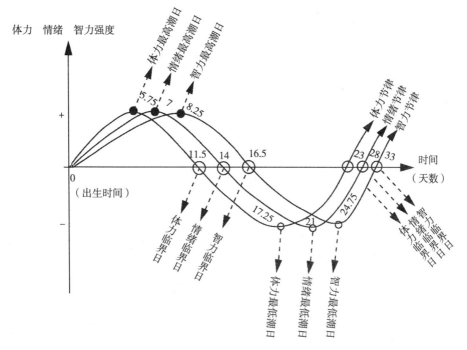

图 3-1 人出生后的每月体力节律、情绪节律、智力节律具体变化特点和周期图像

体力节律、情绪节律、智力节律,当日所处位置的计算公式为:

$$\text{体力节律当日所处的位置} = \dfrac{365\times \text{周岁}+\dfrac{\text{周岁}}{4}(\text{闰年天数})+\text{上一个生日到计算时的天数}}{23}\text{所得的余数}$$

$$\text{情绪节律当日所处的位置} = \dfrac{365\times \text{周岁}+\dfrac{\text{周岁}}{4}(\text{闰年天数})+\text{上一个生日到计算时的天数}}{28}\text{所得的余数}$$

$$\text{智力节律当日所处的位置} = \dfrac{365\times \text{周岁}+\dfrac{\text{周岁}}{4}(\text{闰年天数})+\text{上一个生日到计算时的天数}}{33}\text{所得的余数}$$

体力节律、情绪节律、智力节律的重合情形为：体力节律与情绪节律 644 天（23 与 28 的最小公倍数）重合一次；体力节律与智力节律 759 天（23 与 33 的最小公倍数）重合一次；情绪节律与智力节律 924 天（28 与 33 的最小公倍数）重合一次；体力节律、情绪节律、智力节律三者 21252 天（23、28 和 33 的最小公倍数）重合一次。这些月节律的彼此重合，虽然间隔时间漫长，很少有二者重合之日，三者重合期则一生最多有 3 次；但是，彼此间的"高潮期"、"低潮期"和"临界日"却大部分时间处于优劣互补状态的"重合"时日。①

这一方面表明，节律高潮资源大有潜力可供开发，可以广泛利用，不必过于担心节律"低潮期"和"临界日"的消极影响。另一方面昭示，节律"低潮期"和"临界日"的副作用不可低估，要严加防范，及时作出相应最佳对策。

实践证明，出生月节律对人影响很大，其生理心理节律符合法至关重要。美国阿贡实验室生物学家俄列特绘制了一幅重大"灾难记事表"，详细记载了飞机坠毁、轮船触礁、医疗事故、宇航失误等事件。结果发现，这些事件的形成与肇事者月生理心理节律处于"低潮期"或"临界日"密切相关。为便于掌握自身月生理心理节律，瑞士等国家已生产出月生理心理节律显示手表和手机。佩戴这种手表或携带这种手机者，可通过输入自己的生日，随时查看自己月生理心理节律当日所处的位置，尤其是"高潮期"、"低潮期"和"临界日"；从而给人们的学习、工作和生活带来极大的便利。

农历月节律，是由月球的圆亏变化规定的。现代科学研究表明，人的生理

① 参见陈红春：《人生价值的要素》，上海文化出版社 1988 年版，第 16~18 页；陈建："多日性人体节律"，《科学与人》1983 年第 1 期；夏晋祥："生命节律与人"，《科学与人》1985 年第 3 期。

心理节律与月球变化有着密切关系。美国莫里斯教授研究发现,心脏病人在新月和满月期疼痛加剧,发作次数最多;一般人则较平时寝卧不安,精神紧张。美国利伯博士指出,精神失常、癫痫和其他脑疾病患者,在新月和满月期,发作次数比平时多;并且他在对美国南部某地 50 年间发生的 2000 例凶杀案调查中发现,满月期比其他时间多得多,其次是新月期较多。还有人统计,满月之夜火灾和流氓犯罪以及谈情说爱的,比平时剧增。新月和满月之所以对人体生理心理活动产生影响,不少学者认为很可能是人体含水比重与地球表面含水比重,均为 80%左右的缘故。月球可以引发海洋潮汐,同样也会影响人的生理心理生物潮汐,影响人的生理心理节律。①

周、月生理心理节律符合法规定,按照最少投入消耗、最大价值效益取向,根据自己的周、月生理心理节律特点,因己制宜,因事制宜,因时制宜,因地制宜,酌情安排学习、工作和生活。具体说来,一方面,周作息人员应尽可能在周二、三、四开展高难度的学习和工作等活动;在周一、五安排低难度的学习和工作等活动;在周六周日进行适当娱乐和休息。另一方面,在出生后每月的体力、情绪、智力高潮期,特别是二者或三者的重合高潮期和接近高潮期,致力完成高、精、尖的任务;在低潮期,特别是二者或三者的重合低潮期和接近低潮期,完成难度较小的任务;在临界日,特别是二者或三者的重合临界日和接近临界日,注意安全和适当休息。再一方面,在农历残月期,开展一些精密细致的学习和工作等;在新月期和满月期,完成一般学习、工作和要求较低的学习、工作等,并且注意身体变化,防止疾病发生,适当控制情绪,谨防一时冲动触犯法律或疏忽大意造成意外事故。

(3)一年生理心理节律符合法。

一年生理心理节律符合法,是依据人在一年中的不同季节、月份的生理心理节律变化特点,最正确科学地安排学习、工作和生活的方法。

研究结果显示,人在一年四季不同月份的生理心理节律是不一样的。春秋两季,人的脉搏缓慢,夏冬两季脉搏较快。夏季血压最低,冬季最高,冬季比夏季高约 10 毫米水银柱;春秋两季血压平稳。人的生理活力夏季最旺,冬季

---

① 参见陈建:"多日性人体节律",《科学与人》1983 年第 1 期;"月球对人类健康的影响",《百科知识》1985 年第 5 期。

最低,春秋两季表现一般,但大脑清醒度冬季却最高,其次为春秋两季,最后为夏季。我国心理学家统计表明,北方生产效率最高时节为3、4、5月份和9、10月份;南方则为2、3、4月份和10、11月份。法国生物节律专家英佩尔统计表明,秋季是一年中的最佳季节,人的工作能力最强。这一结果主要与气候适宜,万物葱茏,空气中的负氧离子较多有关。美国生物学家哈尔贝尔研究证实,冬季人的生命活力、工作效率最低,死亡人数最多。当然,季节月份对人的生理心理节律影响,与气候、温度、环境有关。一般说来,温度13℃~23℃,通风透光、空气清新、负氧离子多,环境无异味、烟尘、噪音、辐射等污染,色调以白、蓝、绿、红为主,人的生理心理活动绩效最高。

一年生理心理节律符合法主张,按照最少投入、消耗,最大价值效益的宗旨,根据人在一年中不同季节月份的生理心理节律特点,最合理高效地安排学习、工作和生活。在我国,尤其应将高、精、尖的认知、科研、生产、管理项目,安排在3、4、5、9、10月份;一般项目放在2、11月份;难度小、要求低的项目,放在1、6、7、8、12月份完成。

(4)一生生理心理节律符合法。

一生生理心理节律符合法,指的是根据人从出生到去世的各个不同时期的生理心理节律特点,最正确科学地安排学习、工作和生活的方法。它既是人的一天生理心理节律符合法、周月生理心理节律符合法、一年生理心理节律符合法的综合运用和延展,又具有自身特定的内涵特点。

科学家研究发现,女性从10岁、男性从11岁开始,每3年为一个小生理节律(小生物节律)变化周期。人的心理节律(精神节律)6年为一个周期。由此而出现的女性和男性生理心理节律节点分别为6、7岁,12、13岁,18、19岁,24、25岁,30、31岁,36、37岁,42、43岁,48、49岁,54、55岁,60、61岁,66、67岁,72、73岁,78、79岁,84、85岁,90、91岁,96、97岁等。在这些节点,特别是中前期节点年岁,人的生理和"精神生命"逐级"得到强化";而在其中后期节点年岁,人的生理和"精神生命"则逐步降级弱化。人的大生理节律(大生物节律)变化周期,则为13年。25岁后,每隔13年未来生命的能量储备就减少一些。①

①　参见李光伟:《时间管理的艺术》,甘肃人民出版社1987年版,第82页等。

美国 20 世纪心理学家麦尔斯(Miles)研究表明,人的不同能力的平均发展水平与年龄关系有以下相关特点。

年龄与能力表

年龄	10~17 岁	18~29 岁	30~49 岁	50~69 岁	70~89 岁
知觉能力	100	95	93	76	46
记忆能力	95	100	92	83	55
比较和判断能力	72	100	100	87	69
动作及反应速度	88	100	97	92	71

详见叶奕乾等:《图解心理学》,江西人民出版社 1982 年版,第 349、350 页。

心理学家一致认为,0~35 岁是最佳学习时间,24~45 岁是最佳创业时间。20 世纪中叶,美国当代学者莱曼研究了几千名科学家、艺术家和文学家,发现 25~45 岁是发明创造的最佳年龄区间。人的主要智力,35 岁左右达到顶峰,保持几年平顶后开始下降;55 岁达到第二次高峰,且持续到 60 岁。一些生理心理学家研究认为,人的语言能力、综合判断推理能力、经验丰富性,70~80 岁还会增长。①

一生生理心理节律符合法强调,在最少投入消耗、最大价值效益的最优化前提下,依据人的各个年龄阶段的不同生理心理特点,尤其是本专业发明创造的最佳年龄特点,最正确科学地安排自己一生的学习、工作和生活,力求不失时机地抓住各种发明创造的最佳年龄,充分开发与利用自己所处的各个不同年龄阶段的优势资源,最大限度地提升自己的各种技能,创造自己光辉的一生。

周月生理心理节律符合法、一年生理心理节律符合法、一生生理心理节律符合法,与一天生理心理节律符合法一样,都不是一成不变的。它们除受出生时间、性别、年龄、情绪、健康状况的影响之外,还受观念、心态、性格、旨趣、爱好、作息时间、空间位置、活动环境、各种机遇,以及所属民族、生活习惯、文化

---

①　参见李孝忠:《能力心理学》,陕西人民教育出版社 1985 年版,第 161、163 页;[日]长谷川和夫等主编:《老年心理学》,车文博译,黑龙江人民出版社 1985 年版,第 86、38 页;[美]琼·依·莱尔德:"智力种种",《人才》1983 年第 1 期。

传统、社会背景等因素的影响,随这些因素的变化而变化。因而,各种形式的生理心理节律符合法,应具体情况灵活运用。同时,这些生理心理节律符合法之间,既相互独立、相互区别,又在某些方面、一定程度,相互重合、相互交叉、相互渗透,形成一个有机整体,对人的生理心理共同发挥作用。生理心理节律符合法,既要合乎各部分生理心理节律的要求,更要服从总体生理心理节律的需要。当部分与整体发生矛盾时,部分应当服从整体,力求整体价值效益最大化。

7. 最有效地开发与利用其他人体资源

最有效地开发与利用其他人体资源,即最大限度地开发与利用人体视力、听力、嗅觉能力、味觉能力、感觉能力、知觉能力、特异功能和多元整合能力等资源。研究成果表明:人的视力相当高级。人的眼睛立体感高达130度,相当于动物眼睛之王鹰眼60~70度的2倍,分辨色调可达17000种,适应明暗差别可达几万种,能敏感地察觉波长555微米的光,能辨明1/100的光强度的微小变化,夜间能观察到27千米远的烛光,能窥见若干亿光年的天体。人的听力异常发达。听力最低音响阈限为16~20Hz,最高音响阈限为2万~2.5万Hz,能听到强度变化1/10的声响,能敏感地察觉到1,000~2,000Hz声音,能承受130分贝以上的声音。人的嗅觉格外灵敏。人能嗅到每升空气中含0.0000002毫克的香兰精气味。人的味觉较为发达。人对苦味最敏感,含奎宁仅0.00005%的药品便可尝到苦味。人的感觉能力非同一般。人的肤觉的冷点、热点、痛点、触点遍布全身,1平方厘米有10~15个冷点,1~2个热点,100~200个痛点,25个触点。人对重量的最低重复差别感觉为1/30。人的知觉能力异常可观。人最低的时间知觉为0.2~2.0秒,最低运动知觉10英尺远的对象为0.1英寸/秒,1000英尺远的对象为100英寸/秒~8.3英尺/秒。人的知识知觉为动物之最。人体特异功能神奇怪异。具有特异功能的人能量超群,令人不可思议。人体多元整合潜力巨大。对此,日本当代教育家田崎仁在《中学生的科学学习方法》一书中曾说道:"汽车发动机的效率之所以只能发挥20%~30%,就在于机械各部分有磨擦,70%~80%的能量都变成热损失掉了。"①人体各种机能资源内部和外部之间的能量关系也是如此,它必须通

---

① 李光伟:《时间管理的艺术》,甘肃人民出版社1987年版,第405页。

过多元整合才能获得人生最大限度的价值效益。

最有效地开发与利用其他人体资源要求，根据人生最优化愿景，一方面，对人的视力资源、听力资源、嗅觉能力资源、味觉能力资源、感觉能力资源、知觉能力资源、特异功能资源等，予以充分开发与利用，从而最大限度地提高人生价值效益。另一方面，高度整合各种人体资源之间的相互关系，防止其关系紊乱，能量空耗，造成不必要的资源浪费，力求人体各种资源得到系统开发与利用。

三、人生道路的最优调控

由于内外在相关条件的变化，无论人生的一般道路，还是最优道路，都难免出现这样那样的不足与失误；因而，人生道路离不开一定的最优调控。人生道路的最优调控，大致由人生道路最优调控的概念诠释，人生道路的最优调控原则，人生道路的最优调控方法三项内容构成。

（一）人生道路最优调控的概念诠释

人生道路虽然漫漫其修远，多元多维多向而杂然，很难不出现缺点、失误和偏差，人生难免不犯这样那样的路线错误；但是，只要错误不是有意的，而是无意的，是尝试性、探索性、创造性的，充分努力后难以避免的，甚至不可避免的；只要充分认识错误，及时改正错误，也是能够让人理解、令人原谅，可以允许的。人生不怕犯不可避免的错误，最怕犯不该犯的常识性低级的可以避免的错误，更怕不认识不改正错误。只要充分认识和善于改正错误，错误之后也能达到人生最佳目标。人生道路的最优调控，即对某些方面和某种程度相对劣化的人生最优道路予以及时正确科学的调节控制。其目的是，不失时机地增加新的必要元素，弥补其不足，填补其应当填补的空白，矫正其出现的各种失误和偏差；从而全方位提升和完善既有人生最优道路，确保人生道路的最优实践时时处于最佳状态，处处立于不败之地，获得纵向与横向、静态与动态特别是纵向、动态最大价值效益。人生道路的最优调控，像一般系统的调控一样，不仅有"开环"和"闭环"两种形式，而且通过"正反馈"和"负反馈"方式来实现。所谓正反馈,即实践出现问题和误差受到阻碍的信息反馈;它属劣性信息反馈范畴。所谓负反馈,即实践无问题和误差的顺利进行的信息反馈;它属良性信息反馈之列。美国现代控制论创始人诺伯特·维纳认为:"一切有目的的行为都可以看作需要负反馈的行为"。① 宇宙之大,目标之多,道路之广,"东方不亮西方亮,黑了南方有北方",条条道路通最佳,处处无路处处路。人生道路的最优调控,天地广阔,形式多样:不能凌空展翅飞翔,亦可陆地极速穿越;不能陆地极速穿越,亦可水中高速航行;不能水中高速航行,亦可缓慢荡桨而驶;不能缓慢荡桨而驶,亦可浮游、潜游而进;不能在阳关大道上飞驰,亦可在风雨崎岖小路上前行;不能在风雨崎岖小路上前行,亦可在泥泞坎坷之路上蜿蜒匍匐前进。面对重要道路、多元多维多向道路,必要时可"陆海空"多路并行,交叉立体齐头并进,全面全位全程全速飞奔。

(二)人生道路的最优调控原则

人生道路的最优调控原则,即依照人生道路最优调控的概念诠释,联系实际,对人生道路的最佳调控准则。它是对人生道路的最优规划原则与人生道路的最优实践原则的进一步深化;主要有两个方面。

1. 依据实践反馈,及时科学调整

实践作为人的改造和创造世界造福自身的活动,它以实践者为主体,以实践道路为客体,以实践方式为手段,以实践活动本身为动力与中介,以实现既定目标为归宿。由于实践效果有优劣、功绩有大小,因而对于人生道路实践出现的问题和偏差信息反馈,应当予以相应具体的及时科学调整。依据实践反馈、及时科学调整,即依据实践的实际信息反馈,采取最优化对策,及时对其作出相应的正确科学的调整优化。它规定,根据实践活动所具有的优劣绩效信息正负反馈,按照实践最少投入消耗、最大价值效益核心精髓诉求,对正在实践的人生最优道路出现的误差,进行迅速而又正确科学的调整。特别是对于正反馈的劣性信息,要通过改进实践活动的方式进行及时科学修正误差;对于

负反馈的良性信息,在人生道路实践中继续发扬光大,再接再厉,进一步加大实践的力度、广度和深度;使之总体达到最理想化状态,收到最佳实践效果。

2. 线随点移,路线服从最佳目标

点动成线,线动成面,面动成体,体动成系统。线是由点确定的,点的变动必然引起线的变异。人生最优道路本身,作为人生现实起点与人生最佳目标之间的最佳连线,人生起点尤其是人生最佳目标的改变,必然引起人生最优道路的变更。在一定条件下,即是人生起点和人生最佳目标不变,由于人生最优化的新诉求,原有人生最优化道路也需做出这样或那样的改变;不然,原定人生最优道路,便失去其应有的最优化意义,不再具有原来最优道路的某些属性特点。线随点移、路线服从最佳目标,指的是人生最优道路的变化,不仅需要随着人生起点和人生最优化的新诉求而改变,而且必须随着人生最佳目标的改变而随时随地做出相应调整,使人生最优道路牢牢服从相关变化需要。线随点移、路线服从最佳目标主张,人生最优道路的调控,必须紧密结合人生现实起点的变化和人生最优化的新诉求,以及人生最佳目标的新变化,高度把握其变化特点,依据实践信息反馈,"以变应变",及时调整优化人生最优道路,力求人生最优道路不失时机地随着人生起点和人生最优化的新诉求尤其是人生最佳目标的改变而改变,服从人生各项相应变化新要求,确保人生最优道路万变不离最优,一切为了实现人生道路实践的最少投入消耗、最大价值效益。

(三)人生道路的最优调控方法

人生道路的最优调控方法,指的是遵循人生道路的最优调控原则,结合具体需要,对人生道路的最佳调控方略法术。它主要包括两种方法。

1. 迷途知返,迅速回归正确路线

迷途知返、迅速回归正确路线,即一旦误入歧途,便及时迅速地回到正确路线上来。对此,鲁迅先生别有一番见解。1925 年 3 月 11 日他在致许广平的信中生动而又风趣地说道:"走'人生'的长途","最易遇到"的"难关"其一是"歧路","倘是墨翟先生,相传是恸哭而返的。但我不哭也不返,先在歧路头坐下,歇一会,或者睡一觉,于是选一条似乎可走的路再走……如果遇见老虎,我就爬上树去,等它饿得走去了再下来;倘它竟不走,我就自己饿死在树上,而且先用袋子缚住,连死尸也绝不给它吃。但倘若没有树呢? 那么,没有法子,只好请它吃了,但也不妨也咬它一口。"①鲁迅先生面对"歧路"的"不返"、"坐下"、"歇一会"或者"睡一觉",遇到老虎不呼救的态度,固然并不可取,但其反对"恸哭"的观点,"选一条似乎可走的路再走"的抉择,却是相当明智的,值得借鉴。通常,大量事情往往是一往无前最能获得成功;但是,在特殊情况下,有的事情却常常"进一步一叶障目不见泰山",甚至头撞"难墙"碰得鼻青脸肿,而"退一步却海阔天空一片光明",令人神清气爽、心旷神怡,以屈求伸的前进形式却更符合事物螺旋式上升、波浪式前进的发展规律,更容易获得胜利。迷路知返、及时回归正确路线要求,在人生道路实践过程中,特别是处在人生的交叉路口、关键路径,须三思而后行,谨防误入歧途。一旦误入歧途,就应迷途知返,尽早尽快返回到正确路线:或尝试曲线绕行,或斜穿道路迎头赶超正道先驱;切不可消极等待,更不可不思悔改、一意孤行,执迷不悟、一条错道走到"黑"。

2. 穷途再造,尽快开辟新的人生最优路径

物极必反,两极相通,事物都有两面性。由于主客观条件的复杂多样性,人生道路不仅有长驱直入的正确路线,而且有"山重水复疑无路"的所谓末路"穷途",以及"柳暗花明又一村"的绝处逢生佳境。只要能够勇敢地面对现实,想尽千方百计,倾注最大努力,迎战困难,便可战胜人生道路上的一切艰难险阻,穷途不穷,亦可再造重生,开辟出新的通达人生最佳目标的最优路径。对此,鲁迅先生认为"走人生的长途",除了"最容易遇到"的"歧路"之外,另一大"难关","便是'穷途'"了。他说:遇到"'穷途'","听说阮籍先生也大哭而回,我却也像在歧路上的办法一样,还是跨进去,在荆丛里姑且走走。但我也并未遇到全是荆棘毫无可走的地方过,不知道是否世上本无所谓穷途,还是我幸而没有遇着"。② 鲁迅先生不主张穷途"而回"的观点,虽然未必时时处处正确,但其反对"大哭",不甘屈服,试着"走走",并且怀疑甚至否认"穷途"存在的观点,却需要牢牢坚持,发扬光大。穷途再造、尽快开辟新的人生

---

① 《鲁迅全集》第 11 卷,人民文学出版社 1981 年版,第 15 页。
② 《鲁迅全集》第 11 卷,人民文学出版社 1981 年版,第 15、16 页。

最优路径,指的是在走投无路、进退维谷的所谓"绝境"奋力拼搏,迅速开辟出新的通向人生最佳目标的人生最优道路。它规定,身陷所谓"穷途",奋力再造,独辟蹊径,始终恪守这样的信念:"天无绝人之路,人无'穷途'之境";人算本于天算,天算不如人算,天助不如自助。一旦陷入前后无路的所谓"穷途"末路,不妨把它作为一次考验、一次历练和展示自己的智慧和力量、提升和实现自我价值的绝佳良机,破釜沉舟、背水一战,使出浑身解数,置之死地而后生,实现冲天大飞升、历史性大跨越,把面前的一切障碍炸得粉碎,开辟出一片属于自己的新天地,营造出一个属于自己的"柳暗花明"新世界!

不仅如此,升维法、降维法,迭代法、外展法、收敛法、发散法,前移法、后移法、平移法、上下垂移法、斜移法,插入法、合并法、分解法,量化权衡法、综合法,以及目标函数迭代法、拓展阈限法、缩减法、线性变分法、非线性最小二乘法、换元更新法、改向易路法等,在满足各自特定的要求条件下适当运用,也不失为人生道路的最优调控方法。

第四章　人生纵向发展的最佳设计建构

恩格斯在《自然辩证法》一书中深刻指出："正如母体内的人的胚胎发展史，仅仅是我们的动物祖先以蠕虫为开端的几百万年的躯体发展史的一个缩影一样，孩童的精神发展则是我们的动物祖先、至少是比较晚些时候的动物祖先的智力发展的一个缩影，只不过更加压缩了。"[1]孩童乃至所有人的肉体和行为的发展也是如此。其实，人类自身的发展不仅具有天然必然遗传性和缩影式加速重演再现祖先发展历程的遗传规定，而且还具有优化变异、持续发展的特点。人生作为前后相继连续不断的动态发展过程，其中任何一个环节都不能缺少或中断。古罗马思想家西塞罗在《论老年》中说过："生活中每一阶段自有其适宜的特质；童年的幼稚，青年的勇猛，中年的稳重，老年的成熟——这都是自然的程序，应该按照适宜的时候去令人享用。"[2]西塞罗对人生不同阶段的特点尽管谈得过于简单，但他却不仅指出人生不同阶段的各自某种"适宜的特质"，而且较早地提出应当根据人生不同阶段的特质进行"适宜"设计建构的设想。与此相适应，人生最优学研究离不开人生纵向发展的最佳设计建构。人生纵向发展的最佳设计建构，即按照人生时间先后顺序，依据人生各个不同发展阶段的需要和特点，对人的一生从胎儿、少年儿童、青年、中年到老年的各个历史阶段，予以最正确科学的设计和建造构筑。它旨在最大限度地提高和实现自身的价值，获得最大人生效益；从而使人生不仅赢在起点，而且赢在过程，赢到最后，赢得最好。

---

[1]　《马克思恩格斯文集》第 9 卷，人民出版社 2009 年版，第 559 页。
[2]　金明华主编：《世界名言大词典》，长春出版社 1991 年版，第 96 页。

一、胎儿与少年儿童人生的最佳设计建构

胎儿与少年儿童人生的最佳设计建构,在人生纵向发展的最佳设计建构中居于首要的地位,应当引起高度重视。它主要由胎儿与少年儿童人生及其最佳设计建构的涵义特点,胎儿与少年儿童人生的最佳设计建构原则,胎儿与少年儿童人生的最佳设计建构方法三个方面构成。

(一)胎儿与少年儿童人生及其最佳设计建构的涵义特点

胎儿,是人生的胚胎,一般指从怀孕到出生前的人。他(她)与出生后的人的主要区别在于,前者是自然人,后者是自然人与社会人的结合体;前者人生是先天人生,后者人生为先天与后天相统一的人生;前者人生的最佳设计建构主要是被动设计建构,后者人生的最佳设计建构主要为主动设计建构。少年儿童一般指 0~17 岁(一说 0~14 岁)的人。他们是人生的花朵、社会的希望、人类的未来。少年儿童的发展潜力极大,可塑性特强,人生许多美好的期待都聚集在少年儿童身上。诚如近代著名思想家梁启超先生,在其《少年中国说》一文中所盛赞的那样:

> "少年如朝阳",
>
> "少年者,前程浩浩,后顾茫茫";
>
> "少年智则国智,少年富则国富,
>
> 少年强则国强,少年独立则国独立,
>
> 少年自由则国自由,少年进步则国进步,
>
> ……少年雄于地球,则国雄于地球。
>
> 红日初升,其道大光;
>
> 河出伏流,一泻汪洋。
>
> 潜龙腾渊,鳞爪飞扬;
>
> 乳虎啸谷,百兽震惶;
>
> 鹰隼试翼,风尘吸张。

奇花初胎,矞矞皇皇;

干将发刑,有作其芒。

天戴其苍,地履其黄;

纵有千古,横有八荒;

前途似海,来日方长。

美哉我少年中国,与天不老;

壮哉我中国少年,与国无疆。"①

少年儿童确如"红日初升,其道大光",前途无量;更何况"花有重开日,人无再少年","一寸光阴一寸金,寸金难买寸光阴。"胎儿与少年儿童人生的最佳设计建构,是对胎儿与少年儿童人生最正确科学的设计建构。它可谓人生纵向最佳设计建构的开端。

(二)胎儿与少年儿童人生的最佳设计建构原则

胎儿与少年儿童人生的最佳设计建构原则,即根据胎儿与少年儿童人生及其最佳设计建构的涵义特点,联系实际,对胎儿与少年儿童人生的最正确科学的设计建构准则。它主要包括两项内容。

1. 全力做好优孕优生工作

现代遗传学认为:人体机能的 50%~80% 取决于先天遗传。英国科学家科尔里奇指出:"人在他出生以前 9 个月里的历史,比他出生以后 70 年以内的所有历史,可能要有趣得多;同时也重要得多。"②美国现代心理学家霍尔甚至断言:"一两的遗传胜过一吨的教育。"这话虽然有些夸张,但它却在一定程度说明胎儿人生最佳设计建构这一被动性为主的设计建构,对于整个人生具有异常重大的决定性意义。③ 全力做好优孕优生工作,即倾注应有的全部力量,

---

① 梁启超:《饮冰室合集》少年中国说,中华书局 1989 年版。

② 引自金马主编:《青年生活向导》,贵州人民出版社 1984 年版,第 581 页。

③ 详见苏苹、苏东民:《优生学概论》,中国人民大学出版社 1994 年版;阮芳赋:《优生新知》,人民卫生出版社 1981 年版;郑郑:《妊娠　分娩　产后育儿》,吉林科学技术出版社 2008 年版等。

尽可能地做好优孕优生工作。它要求,致力完成七项任务。

其一,避免近亲结婚,防止劣孕劣生。

由于遗传基因的相似性、简单性和遗传疾病的隐性缺陷耦合显性化,近亲结婚后代往往不健康聪明。我国自古就有"同姓结婚,其后不蕃"一说。[①] 据调查,上海 20 世纪 80 年代近亲结婚者所生子女 20 岁以前死亡率为 13.9%,而非近亲结婚者子女 20 岁以前死亡率仅为 1.7%,前者是后者的 8 倍多。瑞典北部近亲结婚者,子女智力和其他缺陷率为 16%,而非近亲结婚者子女智力和其他缺陷率仅为 4%,前者是后者的 4 倍。我国《婚姻法》所禁止的直系血亲和三代旁系血亲结婚的规定仅仅是最低限度的要求。一般说来,异姓异宗异族长距离结婚最符合优孕优生条件,所生子女比较健康聪明。

其二,禁止严重遗传疾病患者怀孕,以免造成恶性遗传。

大量研究成果和统计资料表明,遗传疾病可以直接传留给子孙后代,影响种族乃至整个人类的繁荣昌盛。一些发达国家早已将禁止严重遗传疾病患者怀孕的规定写入法律。我国公民正在开始重视这一问题。

其三,不可在患病期间、身体状况不良等情况下怀孕,力避胎儿畸形。

患病期间,以及酒后、遭受辐射、服用避孕药、抗生素、安眠药、麻醉剂、兴奋剂、激素等有害药品后不久和体力、情绪、智力临界日、低潮期受孕,会给子女身心健康造成严重后果,甚至导致胎儿发育畸形。

其四,力争在最佳年龄、月份和最佳身心状态受孕,确保婴儿健康聪明。

相关研究成果显示,25~29 岁为最佳受孕年龄。过小特别是低于 20 岁会影响学习、工作和身心健康;过大尤其是高于 35 岁会因精子、卵子老化而增大子女痴呆发病率。据统计,仅伸舌样痴呆患病率一项,母亲 25~29 岁仅为 1/1500,30~34 岁则上升 1 倍,而后逐年升高,45 岁以上则高达 1/60~1/12。科学家认为,2、3、4 月份风和日丽天气和心境良好,体力、情绪、智力的高潮期,以及双方性兴奋度高涨的时刻为最佳受孕时间。此时此刻受孕,由于气候宜人,孕期营养供给丰富,身心特别是精子、卵子处于最佳状态,所生孩子格外

①　参见中国法律思想史编写组:《中国法律思想史资料选编》,法律出版社 1983 年版,第857 页。

健康聪明。其他情况下受孕,则不同程度地影响孩子的身心健康。

其五,合理提供膳食营养,充分保障身心健康。

合理的膳食营养,不仅能够满足孕妇的营养供给,而且可以满足胎儿正常发育的需要,有利于保障孕妇和胎儿的身心健康。孕妇一人需要两人的营养,不仅膳食营养需要丰富多样,而且需求量大,各种膳食营养成分搭配比例必须合理,防止高低不均,比例失调。"再穷不能穷孕妇,再苦不能苦胎儿",越来越成为人们的共识。孕妇不仅应多吃蛋类、鱼类、排骨、海产品、瓜果、蔬菜、小米、豆类、芝麻、核桃、瓜子等富含蛋白质、维生素、钙质、叶酸、纤维素的食品,而且要通过定期血液检查,及时明确身体营养状况,迅速改善膳食营养结构,使之保持既充分又科学协调的平衡状态。同时,还要防止营养过剩。不然,会使胎儿过大,易造成难产,从而危害母婴身心健康。

其六,养成良好卫生习惯,全面提高生活质量。

孕妇,一方面,要保持最佳观念心态,尽可能地预防各种疾病和人为伤害的发生。尽量不吃药、不打针,避开各种人员密集地、闹市区和各类污染源。最好不带不用手机,不看电视,不接触电脑,不用微波炉、电冰箱,不做透视,不做 B 超检查,禁止吸烟、饮酒。科学研究表明,孕妇的观念心态不仅影响孕妇本人的内分泌和免疫力,而且直接影响胎儿的健康发育。胎儿发育期,细菌病毒易于通过胎盘感染胎儿,以至阻碍细胞分裂增殖,甚至造成胎儿心脏畸形、耳聋、白内障、肝脾肿大、小头症、紫斑病、智能障碍,以及自然流产和死亡等。有媒体介绍,痴呆儿中 20% 是由于母亲细菌病毒感染造成的。医学界发现,有损于胎儿正常发育的主要药物为:克的松、强的松、长效磺胺、抗生素、抗癫痫药、疫苗、大剂量的抗过敏药物等。这些药物,可引起胎儿畸形。其中,四环素可造成胎儿肢体、手指等畸形,长骨发育不全,乳齿黄染、珐琅质形成不全;双羟基香豆素,可引起胎儿骨骼及颜面畸形、智力低下;氯喹等能造成胎儿视网膜损伤、耳聋;大剂量雌激素,可使男胎两性化;镇静剂、麻醉药,能使胎儿神经受损、中毒甚至窒息;抗癌药物、氯霉素,可引起死胎;口服避孕药,可引起胎儿锥裂、食管变形、先天性心脏病;链霉素,可造成先天性耳聋、小鼻、多处骨骼畸形;抗甲状腺剂,可造成甲状腺肿大、功能低下、人体呆小;咖啡因,能引起唇裂、腭裂等。各种电磁波、辐射线特别是 X 射线,对人体细胞有一定危害。小剂量的照射容易杀伤体细胞引起基因变异;大剂量的照射可引起染色体畸形。怀孕早期,如果接受过量的电磁波、辐射线,可使胎儿发育畸形,引起大脑发育迟缓、白血病、恶性肿瘤甚至流产和死胎。调查发现,第二次世界大战日本广岛原子弹爆炸时,距离爆炸中心 1200 米以内的 11 个孕妇,其中有 7 人所生婴儿为小头畸形,4 人因有钢筋混凝土厚墙防护所生婴儿正常。其他放射性物质,如磷、碘等,分别对胎儿的中枢神经、甲状腺等具有不同程度的损伤。烟酒不仅对精子、卵子有不良影响,而且直接危害胎儿。据统计,烟中含有 400 多种有害化学物质,点燃时的烟雾中则含有 2000 多种有害化学物质。20 支烟的毒素足以毒死一头牛。烟中毒素主要有尼古丁、烟焦油、一氧化碳、氢氰酸等。这些物质可以使胎盘血管收缩,胎儿供血不足,使血红蛋白丧失运氧功能,导致胎儿组织缺氧,发育不良,甚至死亡。如果孕妇每天吸 10 支烟以上,可使胎儿发育停滞,造成心脏间隔缺损。吸烟者比不吸烟者所生子女体重平均轻 200 克,而被动吸烟对胎儿的危害仅次于主动吸烟,被动吸烟 1 小时等于直接吸烟 1 支。孕妇饮酒对胎儿危害率约为 30% ~ 50%。孕妇轻度饮酒,新生儿的死亡率为 0.99%;大量饮酒,新生儿的死亡率高达 2.55%。另一方面,不穿紧身服、高跟鞋,不化妆,不涂脂抹粉。经常用清洁温水擦洗身体,保持充足睡眠休息和适量轻度活动,坚持到户外特别是阳光明媚、空气清新、环境旖旎宜人的原野、山间、水溪、园林散步,开阔视野,陶冶情操。

其七,尽量自然分娩,防止剖腹产、引产。

自然分娩,是人类自然选择优生的最佳方式。它具有四大优点:一是基本无创伤,感染风险小,不伤元气,利于再孕。二是不用麻醉剂,对产妇尤其是胎儿身心不构成任何危害。三是胎儿在产程中受到母体全身心的按摩所带来的大量应急有益激素的良性刺激,对新生婴儿健康十分有益。统计资料表明,非自然分娩比自然分娩婴儿发病率高出 6 倍。四是经济实用,医药费用少,出院早,哺乳喂养早等。一般情况下,剖腹产、引产有百害而无一利。剖腹产、引产只是在孕妇不能正常自然分娩的情况下,为保障母婴平安迫不得已才采取的下策。那种为了医院经济利益或孕妇为了产后保持原有苗条体型的行为,既不道德,又不明智,应明令禁止。

2. 及早开发,不误人时

人属于最高级的社会动物和最富有灵性的超级生物。所有动物和生物,无不具有各自的内在潜能和特定的成长规律。这种内在潜能和成长规律具有阶段性,每个阶段都像大海的潮汐一样有涨潮、高潮、退潮的不同特点。对此,古希腊著名思想家苏格拉底曾指出,所有人即是"禀赋最优良的、精力最旺盛的、最可能有所成就的人,如果经过(适当)教育学会了他们应当怎样做人","就能成为最优良、最有用的人";否则,"如果没有受过教育而不学无术","那他们就会成为最不好、最有害的人"。① 英国 17 世纪哲学家洛克则认为"人类之所以千差万别,便是由于教育之故。我们幼小时所受的影响,哪怕极微极小,小到几乎觉察不出,都有极重大极长久的影响。"② 及早开发、不误人时,可收到事半功倍的效果;延期开发、贻误人时,则事倍功半,甚至徒劳无益。杰出天才,大多赢在父母的远见卓识、适时及早开发其智力的起跑线上;而庸人等闲之辈,则多半输在父母的无知失误、忽视适时及早开发其智力方面。及早开发、不误人时,指的是及时尽早开发与利用胎儿与少年儿童的各种潜能,顺应其自然规律,决不延误和违背其潜能开发与利用的最佳时机。

少年儿童作为未成年人,是人生发育成长具有决定意义的阶段。其中,0~3 岁为生理、心理初步形成的关键期;4~11 岁为生理、心理发育的第二个关键期;12~17 岁为世界观、人生观、价值观、最优观和文化教育的第三个关键期。民间所谓"三岁看大,八岁看老"一说,虽然有些夸大,但却基本正确。古今中外因及早开发、不误人时而成为早慧人才的少年儿童大有人在。唐代诗人骆宾王 7 岁写出万口传诵的《咏鹅》诗篇:"鹅,鹅,鹅,曲项向天歌。白毛浮绿水,红爪拨清波。"王勃 14 岁(一说 25 岁)写出被誉为千古绝唱的《滕王阁序》:"落霞与孤鹜齐飞,秋水共长天一色","地势极而南溟深","天柱高而北辰远","觉宇宙之无穷","视盈虚之有数。"中国血统的美籍神童何森美两岁会查字典,3 岁能阅读《大英百科全书》,不到 9 岁入华盛顿大学读书。如今,中国科学技术大学、武汉大学等高等学府已有多届数百名早慧儿童入学和

---

① 参见金明华主编:《世界名言大词典》,长春出版社 1991 年版,第 678 页。

② [英]洛克:《教育漫话》;参见金明华主编:《世界名言大词典》,长春出版社 1991 年版,第 679 页。

毕业。奥地利 18 世纪音乐家莫扎特 5 岁开始作曲，12 岁创作出大型歌剧。美国当代科学家威廉·詹姆斯·塞德兹 3 岁能自由阅读和书写，6 岁时母亲早晨送他报到上一年级，中午接他时已经成为 3 年级的学生，11 岁考入哈佛大学。德国 19 世纪数学家高斯 10 岁能解级数求和问题。实践证明，即使智力平庸甚至低下的儿童，如果进行及时尽早智力开发，不失时机地培养教育，也会收到惊人的效果。有人研究过 24 个智力低下的儿童，开始他们的智商平均只有 58，通过及早开发，不失时机地早期教育，智商竟提高到 78，最后大多数人能适应社会生活要求。更激动人心的是，有的"白痴"经过尽早开发，不失时机地教育，竟成为不平凡的伟人。德国 19 世纪法学家卡尔·威特的儿子小威特，孩提时代被邻居视为"白痴"。父亲对他实施尽早开发、不失时机地教育，结果他 8、9 岁就能自由运用 6 国语言读写会话，并通晓动物学、植物学、物理、化学尤其是数学，10 岁多获法学博士学位，成为柏林大学教授。不仅如此，早慧人才的成就超过一般科学家。有人统计，1500～1960 年，全世界涌现出来的 364 名杰出科学家和他们取得的 1057 项重大科研成果中，早慧杰出科学家人数虽然仅占 18%，但其科研成果却占 24.6%。日本当代教育家木村久一调查分析发现，人的潜能开发实现率呈递减规律。即潜能开发得越早其实现率就越高；反之，其实现率就越低。如果胎儿一生下来就进行开发，其潜能实现率可达 100%，5 岁时开发其潜能实现率仅为 80%，10 岁后开发其潜能实现率则只有 60% 以下。相关观察结果显示，人的智力开发得越早，智力衰老得就越慢；反之，智力衰老得就越快。如果不予尽早开发，不失时机地教育，即便是天资聪颖的"神童"，也会沦为庸人。据记载，我国宋代有 100 多个"神童"。其中大多数因得不到尽时开发，不失时机的教育，加之缺乏自身努力，而终生无所成就。宋人方仲永 5 岁会指物作诗，备受世人称赞，可谓聪明之至。然而，由于其中断学习，父亲经常带他走亲访友，出入官场，不到 20 岁，他便蜕变为平庸之辈。为之，宋代思想家王安石写下《伤仲永》一文；留给后人无尽的遗憾与深思。正反两方面的经验教训，应大力汲取。

及早开发、不误人时规定，根据胎儿与少年儿童的不同生理心理发育和成长特点，及时尽早不失时机地开发与利用其各种潜在能力尤其是智力潜在能力，使其各阶段的潜能发展发挥到极致，以便为己为人为社会做出应有的最大贡献。

（三）胎儿与少年儿童人生的最佳设计建构方法

胎儿与少年儿童人生的最佳设计建构方法,指的是按照胎儿与少年儿童人生的最佳设计建构原则,结合具体需要,对胎儿与少年儿童人生的最正确科学的设计建构方略法术。它是胎儿与少年儿童人生最佳设计建构原则的展开和具体化;大致由两个方面组成。

1.针对不同特点,制定科学方案

针对不同特点、制定科学方案,即按照胎儿与少年儿童人生的各自不同特点,制定相应的最正确科学的培养发展方案。它要求,努力做好两个方面的工作。一方面,根据胎儿的生理、心理特点,制定最合时宜的科学培养教育方案尤其是胎教内容方案。现在社会上流行的大量胎教音乐、胎教图书,举办的各种胎教培训班,开展的多种胎教活动,应当既积极扶持,又加强规范引导。另一方面,按照少年儿童的生理、心理特点,制定详细而又适合其特点需要的最佳培养、训练、教育方案,以便具体高效地贯彻执行。

2.严格执行科学方案,大力促进胎儿与少年儿童健康成长

严格执行科学方案,大力促进胎儿与少年儿童健康成长,指的是严格按照既定科学方案要求,大力实施科学方案,促进胎儿与少年儿童全面协调茁壮成长。它规定,在胎儿与少年儿童人生的最佳设计建构科学方案确定之后,予以严格履行,一丝不苟,最大限度地促进胎儿与少年儿童健康成长。具体说来,它除全面保障胎儿与少年儿童所需要的各种饮食营养、卫生保健、酌情锻炼之外,主要包括两个方面的内容。

（1）充分开展胎教活动。

胎儿在母体中一般为 265 天。有专家指出,孕妇怀孕第二天进行胎教就晚了 1 天。充分开展胎教活动,即从怀孕的第一天起,就通过母体直接或间接对胎儿有意识地全面施加良性外界刺激和教化。胎教研究,我国早在西汉时期司马迁撰著的《史记》中即有记述。书中说:"太后有娠,目不视恶色,耳不听淫声,口不出傲言"。① 隋代医学家巢元方的《诸病源候论》一书则强调:"妊娠三月始胎。欲令子贤良盛德,则端心正坐,清虚和一。坐无邪席,立无

---

① 阮芳赋:《优生新知》,人民卫生出版社 1981 年版,第 64、65 页。

偏倚,行无邪径,目无斜视,耳无邪听,口无邪言,心无邪念,是谓外象而变者也。"①而后,历代医学家关于胎教的论述日臻完善。19世纪以来,西方以弗洛伊德、莱德伯格、勒纳、托马斯等人为代表的心理学家和医学家,对胎教的具体方法进行了进一步研究,从而推动胎教迅速发展。现代人体科学认为,胎儿与外界环境同处于相互作用的系统中,实施胎教有着充分的科学依据。20世纪90年代以来,胎教越来越引起医学界、人生科学界和广大民众的重视。胎教研究方兴未艾,胎教活动日趋完善。

现代胎教研究成果表明,胎教的内容与方法,大致有六种。

一是心态情绪胎教。医学界证明,母体心态情绪对胎儿的影响很大。恐惧、愤怒、烦躁、焦虑、悲伤等消极心态情绪,可使母体机能和多种激素分泌失调,损害胎儿身体正常发育;而良好的心态情绪,则会对胎儿产生良性影响。心态情绪胎教,即营造和保持良好的心态情绪,乐观向上,恬静自然,热爱生活,自得其乐,健康孕育胎儿。

二是意念想象胎教。相关研究成果告诉人们,美好的意念想象,能够让母体产生有益的内分泌物质,形成积极兴奋状态,从而利于胎儿的正常乃至超常健康发育。意念想象胎教,指的是激越情怀,放飞梦想,想象和祝福胎儿如期健康成长,将来成为聪明俊美、健康活泼、引人可爱的英才。

三是语言情境胎教。20世纪60年代以来,许多学者发现,胎儿已初具听觉、感觉和理解等方面的功能。胎儿在两个月时,即能扭动躯体、四肢和头部,很像用体态语言表示好恶;4个月时,如果用手通过孕妇腹部触摸胎儿面部,胎儿会伴有皱眉、挤眼、吸吮嘴唇等动作;6个月时,胎儿则会"凝神倾听"外界声响。胎儿最喜欢听每分钟70次左右节拍的音响。有关专家分析,这可能与胎儿听惯母体的心跳频率有关。语言情境胎教,即对胎儿讲述美妙动听的故事,朗诵优美动人的诗篇,呼唤其乳名,与其亲情对话等,不断增进与胎儿的感情交流。

四是音乐播放胎教。由于人体的律动性和客观事物运动、变化、发展的节奏规律性,美妙动听的音乐能对胎儿产生良性影响。美国心理学家试验表明,

---

① 张忠恕等编译:《胎教与优生》,文汇出版社1987年版,第2页。

胎儿最喜欢听轻音乐,喜爱维伐尔地和莫扎特的乐曲;最厌恶重音乐,特别是厌恶贝多芬乐曲及摇滚舞曲。轻音乐可以使胎儿解除烦躁情绪,心率趋于稳定,愉悦身心,甚至形成先天性记忆。加拿大弥尔登交响乐团指挥罗特、钢琴家鲁宾斯坦、小提琴家梅纽因,他们头脑中经常不自觉地重现胎儿时期母亲演奏的乐曲。有人做过这样的试验:把优美动听的配乐散文、诗朗诵、轻音乐放在孕妇腹部旁2厘米处,每天播放几次,直到分娩。结果出生后的婴儿一听到这些音响,就停止啼哭骚动,露出恬静睿智的笑容。重音乐则使胎儿骚动不安,乱踢乱蹬。音乐播放胎教,指的是通过播放音量适中、音质美好、节奏悠扬、悦耳动听、令人遐思万千的中外著名轻音乐,让孕妇和胎儿尽情陶醉在音乐世界,从而更好地愉悦孕妇身心、开发胎儿智力情趣。播放胎教音乐,应重点选择优美动听、积极向上的古今中外著名儿歌、情歌,以及讴歌、描绘蓝天、丽日、白云、明月、星星、山川、大海、莽原、花鸟虫鱼、飞禽走兽等自然风物的颂歌,表现美好生活的青春圆舞曲,小提琴独奏、协奏曲,钢琴、电子琴、吉他独奏协奏曲,双簧管音乐,竖琴、笛子、琵琶乐曲,著名电影电视剧优美插曲,特别是《西游记》《梁山伯与祝英台》电视剧插曲,《二泉映月》《渔舟唱晚》《草原上升起不落的太阳》《十五的月亮》《高山流水》《百鸟朝凤》《春天在哪里》《在那桃花盛开的地方》《在希望的田野上》《吐鲁番的葡萄熟了》《孔子赞歌》《我和你》(北京奥运会歌曲)、《凤凰传奇·自由自在》《莫斯科郊外的晚上》《多瑙河之波》《夜莺之歌》音乐演奏曲、歌曲,以及莫扎特、肖邦等音乐大师的优美名曲,避开架子鼓、迪斯科等狂欢劲舞的摇滚音乐、重音乐,尤其是贝多芬音乐和各种噪音等。

五是爱抚动作胎教。不少专家认为,3个月的胎儿即能感觉外界运动;爱抚动作对胎儿会产生良性刺激。爱抚动作胎教,即一方面,用手在胎动时呼唤胎儿的乳名,轻轻地触摸胎儿的头部、躯体、四肢;伴随动作通话,说一些诸如"宝宝听话"、"宝宝是个好孩子"、"宝宝快长大"、"宝宝长大成为科学家"之类的祝福话语。另一方面,孕妇到户外适当活动,让胎儿尽情享受母亲轻松愉快的活动带来的身心愉悦,从而促进胎儿健康发育。

六是观光游览胎教。传统医学和现代人生科学认为,天人合一,人与自然界不断进行物质交换和能量信息交流;人可以上承天阳,下接地气,采集宇宙能量。和煦的阳光、清新的空气、秀丽的景观,能够提供大量的负氧离子和良好的外界信息,促使胎儿健康发育;而阴暗恶劣天气、污浊沉闷的空气、缺少变化的环境、单调乏味的生活,只能贻害胎儿。观光游览胎教,即经常到风景秀丽的公园、郊外、山川、海滨纵情山水,放飞心情,领略人文之美、自然之美,感受美好的生活情境,从而获得大量有益母婴健康的良性刺激信息,陶冶母婴情操。

充分开展胎教活动要求,六种胎教须根据情况,要么单独先后轮流进行,要么同时交叉并举,父母须共同配合。意念想象胎教、语言情境胎教、音乐播放胎教、爱抚动作胎教,每天的最佳时间和次数,一般为早、中、晚3次,每次5~10分钟为宜;心态情绪胎教、意念想象胎教,须持之以恒,不受时间地点条件的限制;观光游览胎教,则应视天气、季节和环境条件、时间情况而适当安排。

(2)极力培育少年儿童,促其励志成才。

少小易学老难成;一天之计在于晨,一年之计在于春,"一生最好是少年"①。极力培育少年儿童、促其励志成才,指的是竭尽全力,培育少年儿童身心健康成长,千方百计促其历练意志,成为社会有用甚至大用人才。它规定,在高度重视少年儿童身心健康成长的基础上,珍惜大好时光,尽最大努力地抢抓机遇,按照少年儿童个性特点、成长规律,大力开展少年儿童培养、训练、教育,促其早日成才、尽快成才,确保其赢在人生起跑线上。具体说来,需要做好三项工作。

第一,针对儿童生理心理特点,适时培养、训练、教育。

研究表明,0~12个月,是婴儿身心各部分器官发育最快的时期。与出生时相比,12个月的婴儿身高增加约1.5倍,体重增加约3倍,头围增加约1.4倍,脑重量增加约2.5倍。婴儿3个月左右会翻身嬉笑,6个月左右会坐,8个月左右会爬,1岁左右会直立行走。这一时期,应增加营养,予以引逗、对话、爱抚、玩耍、游走等外界良性刺激,适当活动其躯体四肢,锻炼其抓握、翻身、爬行、坐卧、站立、行走能力。1岁多,是幼儿动作、走跑、理解语言、牙牙学语的关键时期。这一时期,应添置一些玩具,协助其走跑、蹦跳,让其多动脑、动手、

————————

① 《李大钊选集》,人民出版社1959年版,第485页。

动脚。同时,要强化与幼儿的语言信息交流,鼓励和诱导幼儿说话。2～3岁,是儿童口头语言学习的最佳时期。这一时期口语发展极快;错过这一年龄,口语很难学好。印度等国家发现的错过2～3岁学语最佳年龄的兽孩,语言能力极差,便是典型的例证。家长和幼儿园教师,应特别注意加强对儿童的口头语言训练。4～5岁,是儿童图像视觉辨认的关键时期。这一时期,应特别强化儿童的识字、绘画、辨认物体的练习。6岁左右,是儿童大脑加速发展的第一个时期,儿童心理出现相应的"飞跃"。6岁以前,儿童侧重形象思维和口头语言的发展,6岁开始则向逻辑思维和书面语言过渡。同时,6～7岁,身体运动速度、灵敏度、反应速度最快。这一时期,既要加强儿童的书面文字符号、概念、判断、推理等方面的训练,又要注重其动作和反应速度的练习。7岁左右,是儿童从家庭或幼儿园转入学校和社会的时期。这一时期,应做好儿童的学前准备。8～11岁,是儿童书面语言、社会意识、行为准则、价值取向、人际交往,尤其是世界观、人生观、价值观、最优观全面萌芽、身心进一步发展的时期。这一阶段,要大力促使儿童德、智、体、美、劳多方面发展。

有关专家认为,学小提琴如果不从3岁开始,弹钢琴如果不从5岁开始,就无法精通。决定成人机能的时间在2～3岁以前,决定成人精干程度和成为学习基础的智力结构在4岁以前。形象视觉发展的关键年龄为4岁左右,学习书面语言的最佳年龄是5岁。概念、判断、推理能力形成的关键年龄是5岁左右。学外语的最佳年龄为3～8岁,10岁以后学外语与成人无异。身体长高、体重增加最快的年龄是8～11岁,弹跳力发展最快的年龄是10～11岁左右。这些关键时期,一定要牢牢把握,充分开发与利用,采取最优措施,促使儿童身心各种机能最大限度地向前发展。

同时,还应充分注意儿童特别是1岁以上儿童不仅善于摹仿,而且喜欢听从表扬、厌恶批评,最怕放任自流的特点。心理学家赫洛克对106名被试者的试验表明,同样的练习时间,表扬组成绩最高,其次为批评组,成绩最低的是忽视组。儿童培养、训练、教育者,应牢记马克思的呼吁:"为了孩子",我们的"举动必须非常温和而慎重。"①对待儿童既应以身作则,树立良好的榜样,严

---

① 《马克思恩格斯全集》第33卷,人民出版社1973年版,第89页。

格要求,又要多鼓励表扬,少指责训斥,以极度负责的态度满腔热情地培养、训练、教育他们健康成长。

第二,遵循少年生理心理规律,充分优化双边活动。

大量研究成果表明,女性 12 岁左右、男性 13 岁左右,是大脑发育的第二个显著加速期。大脑"全皮层除额叶外,到 13 岁时基本上成熟。"①女性 12~15 岁,体力、耐力增长最快,男性比女性延迟 2~3 年。男女呼吸系统功能 12~15 岁发展最迅速。这一时期,男女均开始出现第二性征。生理心理急剧变化,独立意识逐步建立,好奇心明显增强,主客体活动关系部分失控,最易冲动和出现心理与行为偏差。西方心理学家曾将这一时期称之为"危机"时期。与儿童期一样,少年期继续保持着强烈的摹仿特性和喜表扬、厌批评、怕放任的特点。家庭、学校、社会和少年本人,都应充分遵循这一规律,积极采取相应措施,开展好双边教育活动。一方面,培养、训练、教育者对少年严格要求,加强正面引导,进一步深化培养、训练、教育,多鼓励肯定,少批评训斥,慎防其误入歧途;并且充分调动少年本身的积极主动性,使其认清利害关系,树立正确科学的世界观、人生观、价值观、最优观。另一方面,少年本身应加强自我培养、自我训练、自我教育,自己管理好自己;利用课外时间、节假日,适当做些力所能及的家务,参加一定社会实践活动,切实树立远大理想,养成良好的学习、生活习惯。

第三,激励少年儿童自身刻苦学习,奋发向上。

少年儿童是长身体、学知识、习技能,各种能力多向全面发展的重要时期。无论少年儿童培养、训练、教育者,还是少年儿童本人,都应紧紧抓住这一大好时机,激励少年儿童本人努力学习,奋发向上,立志成才,长大后为自身和人类做出应有的较大贡献。

二、青年与中年人生的最佳设计建构

青年与中年人生的最佳设计建构,是人生最佳设计建构的中心和巅峰,必

---

① 参见丁祖荫:《儿童心理学》,山东教育出版社 1984 年版,第 353 页。

须予以精心安排,做出最大限度的努力,使之创造出光辉的人生业绩。它大致涉及青年与中年人生及其最佳设计建构的本质属性,青年与中年人生的最佳设计建构原则,青年与中年人生的最佳设计建构方法三项内容。

(一)青年与中年人生及其最佳设计建构的本质属性

生理上的青年,通常指18~39岁(一说15~39岁)的人;文化心理上的青年,一般指20~49岁的人。生理上的中年,通常指40~59甚至69岁的人;文化心理上的中年,一般指50~69岁的人。青年是人生之王,中年是人生之巅;青年人生开始"结果",中年人生硕果累累。从青年开始,人生最佳设计建构便大部由被动式转入主动式时期。青年与中年身心成熟,集恋爱、婚姻、家庭、学业、事业于一身,是最重要的社会角色。同时,这一时期又是学习、工作、发明、创造的最佳阶段,是人生的辉煌年华。青年与中年堪称社会的支柱、人类的脊梁。青年与中年人生的最佳设计建构,直接影响到人生形象的塑造和人类社会的发展进程。北京大学教授、中国共产党早期创始人李大钊,曾对青年给予纵情讴歌:"青年者,人生之王,人生之春,人生之华也。青年之字典,无'困难'之字;青年之口头,无'障碍'之语;惟知跃进,惟知雄飞,惟知本其自由之精神,奇僻之思想,锐敏之直觉,活泼之生命,以创造环境,征服历史";"青年……背黑暗而向光明,为世界进文明,为人类造幸福;以青春之我,创建青春之家庭,青春之国家,青春之民族,青春之人类,青春之地球,青春之宇宙;资以乐其无涯之生。"①毛泽东把青年誉为"早晨八、九点钟的太阳";称赞"青年是整个社会力量"②的"最肯学习,最少保守思想","最积极最有生气的力量";叮嘱青年:"希望寄托在你们身上"。③

> "百金买骏马,千金买美人,
>
> 万金买高爵,何处买青春?"

---

① 《李大钊选集》,人民出版社1959年版,第60、76页。

② 毛泽东:"在莫斯科会见我国留学生和实习生时的谈话";《毛主席在苏联的言论》,人民日报出版社1957年版,第15页。

③ 《毛泽东文集》第6卷,人民出版社1999年版,第466页。

这是清代诗人屈复《偶然作》一诗对人生青春的高度赞美,也是对珍惜青年人生的殷切呼唤!

社会舆论,则普遍对中年人生给予更为高度倾情的赞颂:

中年如日中天,人生灿烂辉煌;

家庭核心灵魂,社会擎天栋梁;

角色任重道远,足迹四面八方;

业绩达到巅峰,建树至高无上!

青年与中年人生的最佳设计建构,是青年与中年人生的最正确科学的设计建构。它最具人生最优化的神韵风采和典范意义。

(二)青年与中年人生的最佳设计建构原则

青年与中年人生的最佳设计建构原则,即基于青年与中年人生及其最佳设计建构的本质属性,联系实际,对青年与中年人生的最优设计建构准则。它主要包括两个方面的内容。

1. 抓住青年宝贵年华,勇猛拼搏,极速前进

抓住青年宝贵年华、勇猛拼搏、极速前进,即在兼顾恋爱、婚姻、家庭的同时,重点抓住学习、工作、发明、创造大好年华,勇猛顽强地拼搏,以最快的速度向前奋进。科学统计分析表明,人的动作与反应速度18岁达到高峰,而后一般不再增长;人体身高、脑量20岁达到顶巅;人的语言流畅能力20岁以后进入高峰;肌肉、握力30岁左右达到极限;下肢爆发力20岁左右达到极大值;运动速度19~22岁达到最高峰;记忆力35岁开始下降,一说40岁以后开始缓慢衰退。有关专家认为,"人们的想象思维和判断能力在20~35岁之间最为丰富,人们所取得的创造性成果,多半是从20~35岁提出的课题。"[1]但是,由于人的判断思维能力高峰持续到50岁,综合思维能力持续到60~70岁以上,加之知识经验的积累与年龄成正比,人的出成果最多的时期却在30~40岁左

---

① 王友明:"学者最佳创造年龄之我见",《人才》1983年第3期。

右,文科一般晚于理科年岁。人通常 16~18 岁左右性发育成熟,女性一般早于男性 2 年。这一妙龄的男女双方对异性产生好感,开始注意异性的仪表和举止,讲求自身的装束风度,部分青年出现手淫等不良现象。除此,青年期人的主体意识、世界观、人生观、价值观、最优观日臻完善,社会化进程加速;思维方式由线性思维、平面思维、形象思维和机械思维转向发散思维、立体思维、逻辑思维和辩证思维、系统思维;天真烂漫、富于幻想、充满激情的浪漫生活,逐步为现实追求和科学理想所代替;谈婚论嫁、成家立业、结婚生育、择业创业,提到人生重要议程,由依赖生活开始走向独立自主生活,由索取为主体的时代逐步转入以贡献为重心的时期。

抓住青年宝贵年华、勇猛拼搏、极速前进要求,针对青年时期的一系列生理心理和学习、工作、生活特点,结合自身需要和社会需要,树立正确科学的世界观、人生观、价值观、最优观,全力学好科学文化知识,积极锻炼身体,正确对待恋爱、婚姻、家庭、学业、事业,勤奋工作,奋勇争先,勇于发明、创造,多做贡献,做大贡献,以极高速度向着人生最高目标前进。

2. 珍惜中年大好时光,力争大有作为

珍惜中年大好时光、力争大有作为,指的是中年抓住有利时机,拼搏奋进,力求在青年成就的基础上,更上一层楼,为自己和家庭、社会做出更大贡献。中年处在青年向老年的过渡时期,兼有青年蓬勃向上、意气风发、积极进取、大有作为的年龄优势和老年老成持重、经验丰富、思维周密的优点。同青年相比,中年虽然记忆力有所减退,为 30 岁时的 95%,想象力、转移力、反应速度有所下降,但其知识量、理解力、分析能力、综合判断推理能力、知识运用熟练程度,以及社会地位影响力,却比青年占据优势。同时,年龄与人体衰老速度成反比。40 岁左右不像 30 岁左右个别机能衰老得那么快,55 岁左右也不同于 45 岁左右衰老得那么迅速。在心智方面 50 岁还显得年轻,60 岁才达到巅峰,此后衰退则极其缓慢。[①] 中年的生理心理机能优势互补,交互作用,形成人生发明创造的第二个高峰期。

珍惜中年大好时光、力争大有作为规定,根据中年的年龄优势特点,牢牢

---

① 参见李光伟:《时间管理的艺术》,甘肃人民出版社 1987 年版,第 305 页。

抓住中年在体力、智力、业绩、地位"如日中天"、得天独厚的大好时机,叱咤风云,翻江倒海,力争创造出惊天动地的丰功伟绩。

(三)青年与中年人生的最佳设计建构方法

青年与中年人生的最佳设计建构方法,指的是按照青年与中年人生的最佳设计建构原则,结合具体需要,对青年与中年人生的最优设计建构方略法术。它主要有两种。

1. 青年努力学习,开拓进取,全面发展

青年努力学习、开拓进取、全面发展,即青年努力学习科学文化知识,奋力开拓进取,力求各项事业全面进步。青年风华正茂,血气方刚,身体的各种生理、心理机能均处于最佳状态。青年时期,可谓发明创造的最佳年华。青年时期尽管由于时间跨度较大,人体各种机能的发展变化不够均衡,有的直线上升,有的保持平顶,青年后期个别机能开始下降,但其总体综合机能却达到最高峰值。人类的高精尖发明创造成果,大都在青年时期完成。先秦军事家孙武的《孙子兵法》,东汉医圣张仲景的《伤寒杂病论》,古希腊思想家柏拉图的《理想国》,英国科学家牛顿的经典力学、微积分理论,当代世界科学泰斗爱因斯坦的相对论等撼世成果,无一不是产生于青年时代或在青年时代打下坚实的基础。

古今中外大量人才史料统计表明,最佳发明创造的年龄区为 25~39 岁,发明创造的最高峰值平均为 35 岁。

表 4-1　不同学科最佳发明创造平均年龄(岁)表①

数学:30~34	物理:30~34
化学:26~36	实用发明:30~34
医学:30~39	植物学:30~34
心理学:30~39	生理学:30~39

---

① 参见叶奕乾等:《图解心理学》,江西人民出版社 1982 年版,第 346、350 页和其他相关文献。

续表

声乐:30~34	歌剧:35~39
诗歌:35~39	小说:30~34
绘画:32~36	雕刻:35~39
哲学:35~39	运动员:25~29

据预测分析,随着科学文化水平和生活水平的提高,以及医疗卫生保健事业和整个社会的发展,最佳发明创造平均年龄区将不断向前后两个方向延伸。①

青年努力学习、开拓进取、全面发展要求,青年必须珍惜青春宝贵年华,充分发挥自身的年龄优势,树雄心、立壮志,献身社会、上下求索,抢时间、争速度,努力学习科学文化知识,全方位提升自身素质,开拓创新,全力进取,使学习、工作和生活尤其是学习、工作核心的创业全面突进,让青春放射出灿烂光芒,为自身和人类做出第一流的巨大贡献。

2. 中年建树辉煌,大放光华,适当保重健康

中年建树辉煌、大放光华、适当保重健康,指的是中年根据自己的生理心理特点和工作业绩、社会地位优势,既让人生事业建树辉煌、大放光华,又适当关注、锻炼和保持精力充沛、身体健康。人生的最佳发明创造年龄区虽然为25~39岁;但是,由于发明创造是一个过程,有些甚至是一个漫长的过程,往往需要较长的时间;因而,最佳成果的诞生期却有不少在中年。美国20世纪著名心理学家桑戴克研究了331位著名科学家、职场达人,发现他们完成优异成果的年龄平均为47岁。其中,科学家发表杰出成果的平均年龄略早于职场达人。美国20世纪教育家海伦·多兰通过对400位名人的调查,发现他们发表杰出成果的平均年龄与桑戴克的结论相近。美国20世纪心理学家斯塔西·亚当斯对4万名科学家的调查发现,其产生最优秀成果的年龄中数为43岁。相当多的学者认为,出成果最多的第二个阶段为50~60岁。② 近年来,我

---

① 叶奕乾等:《图解心理学》,江西人民出版社1982年版,第349、350页。

② 参见李孝忠:《能力心理学》,陕西人民教育出版社1985年版,第184~187页和其他相关文献。

国科学技术成果奖的获得者,大多为中老年。我国国家最高科学技术奖获得者,均为80岁左右的资深院士。有人统计,1901～1978年间的325位诺贝尔奖获得者,其最佳发明创造年龄区和其他人成才的最佳年龄区中数均为39岁左右,全世界科学家的平均成才年龄为42岁。[1]"人到中年万事休"的说法缺乏科学依据,不足为取,应代之以"人到中年更奋起,四、五十岁创奇迹!"。

同时,中年是社会角色最多的年华。他不仅是社会的栋梁,而且是家庭的主要角色。我国影响深远的《增广贤文》,曾对中年人生特点作出这样的表述:"上为父母,中为己身,下为儿女,做得清(对)方了却平生事;立上等品,为中等(中坚)事,享下等福,守得定(好)才是个安乐窝;一念常惺,才避得去神弓鬼矢;纤细不染,方解得开地网天罗。"中年既兼有青年、老年的某些优点,也存在向老年过渡的不足。一方面,中年生理、心理处于更年期,特别是50岁左右最容易出现生理心理的不平衡。这一时期,内分泌失调,生理器官开始老化,而心理年龄、活动方式却基本停留在青年时期。中年往往心有余而力不足,体力脑力活动时常超限。另一方面,中年是社会的中坚力量,在不同的岗位往往担负着领导和主力军的重任;加之家庭负担过重,事业心、成就欲、年华紧迫感极强,迫使他们埋头工作,不顾一切地超负荷运转,致使相当多的人身心憔悴,未老先衰,甚至积劳成疾,过早地离开人世。近年来,北京某大学对400名中年知识分子查体,结果发现有200多人不同程度地患有心、脑、肝、肺、肠胃、内分泌疾病,并且患两种以上疾病者多达141人,患病率高达50%以上。另一项调查结果显示,北京地区1987年前,中年讲师的死亡年龄平均仅有49岁。2014年中关村的高级知识分子的平均寿命仅有60多岁,大大低于全国平均寿命75岁。哲学家李秀林、舒炜光,著名数学家张广厚,地质学家张秋生,以及其他优秀科技工作者蒋筑英、罗健夫、雷雨顺、罗阳等中年知名专家学者的病逝,令人痛心疾首。这不能不引起中年自身和全社会的高度关注。在市场经济、频频考评、定期聘任、竞争激烈、压力巨大的今天,尤其如此。

留得青山在,不怕没柴烧。中年建树辉煌、大放光华、适当保重健康规定,面对上述状况,中年人生的最佳设计建构,一方面,必须在事业上拼搏奋进、勇

---

[1]　周济:"人才学研究纲要",《人才》1982年第9期和近年其他相关文献。

往直前、建树辉煌、大放光华。另一方面,要坚持体育锻炼,努力改善生活条件,保持定期查体,及时发现病患,及时消除病患。国家和工作单位,应对中年知识分子倍加爱护,关心他们的工作、生活和健康,帮助他们排忧解难,为他们的工作、生活和健康尽可能提供有利条件和环境。

三、老年人生的最佳设计建构

法国 18 世纪作家、哲学家伏尔泰说过:"老年对傻瓜来讲,是负担;对不学无术的人来讲,是冬天;对学者来讲,是金色的秋天。"①老年人生的最佳设计建构,是人生最佳设计建构的结局尾声。笑到最后的,笑得最好。人生的"善始"、高峰固然重要,但作为"善终"的结局尾声,则更具有目的性价值定论意义。因而,老年人生的最佳设计建构,较之胎儿与少年儿童人生的最佳设计建构和青年与中年人生的最佳设计建构,更需要引起高度关切。老年人生的最佳设计建构,大致由老年人生及其最佳设计建构的基本特征,老年人生的最佳设计建构原则,老年人生的最佳设计建构方法组成。

(一)老年人生及其最佳设计建构的基本特征

生理上的老年通常定义为 60 甚至 70 岁以上,文化心理上的老年一般定义为 70 甚至 80 岁以上。老年人生及其最佳设计建构的基本特征,即老年人生及其最佳设计建构区别于其他年龄阶段人生及其最佳设计建构的基本特点。它由老年人生的特点与人生最大价值效益取向共同决定,是老年人生的特点在人生最佳设计建构方面的表现形式。老年人生不仅是人生的夕阳、人生的"收获总结期"、尽享天伦幸福的年华,而且是人生健康长寿的标志,子孙后代家人的精神情感依托,维系亲情友情关系的核心纽带,人类知识经验丰富的"活资料"和人生智慧的化身。老年时期,虽然人体器官逐步老化或已经老化,身体机能逐渐衰弱,视力、听力、记忆力、反应速度、知觉能力和运动能力、耐力等今非昔比,老年痴呆症、心脑血管疾病发病率增高,学习、工作效率较之

---

① 引自刘昌炎编译:"学者的年龄与创造",《人才》1982 年第 11 期。

中青年时期下降；然而，传统观点对老年的生理心理认识却过于悲观，似乎人到老年穷途末路，一切陷入绝境，只有坐以待毙。事实上，这只是一种片面观点。稍加研究就会发现，老年身上也不乏令人鼓舞的因素，并不是所有器官都一起老化或同步老化；而是有些机能老化得特别晚、特别慢，甚至个别机能还会有所上升。人的记忆力、反应速度、知觉能力和运动能力等虽然通常 30 岁左右就开始有所下降，但"比较和判断能力 60 岁以后才开始逐渐衰退"，"言语能力（如词汇、一般知识）通常在 80 岁只是稍有衰退，在 90 岁时衰退也是中等。"尸验报告发现，80 岁的人也有"几乎无动脉硬化"的案例，"即是 90 岁的人的脑电波，也有和中年人脑电波表现完全相同的情况"。[1] 美国当代生理心理学家琼·依·莱尔德指出："如果我们对动脉硬化症和其他加速衰老的生理病症不予考虑的话，那么，智力就如同一块肌肉，越使用它，它就越发达。这个观点已被研究人员普遍接受。"[2]日本当代学者长谷川式的老人智力测量曲线表明，老年智力"曲线不是单调地降低，而是在 70 岁初期和 80 岁之间出现了高原现象"，即从 70 岁到 75 岁智力又呈现上升。[3] 特别是老年的知识经验、思维的周密性、综合管理能力，以及哲学、人文社会学、中医学、系统科学等研究能力和社会地位、社会权威性、影响力占据特定优势，会随年龄的增高而增长。日本当代学者长吉川和夫与霜山德尔认为，由于"在生活经验的基础上，才能发挥其创造性"，"在高龄时期也参与创造性活动的人们，基本的能力会是优秀的"。[4] 西方人本主义心理学家，则高度盛赞美国大器晚成的"摩西老母（女艺术家）效应"。美国当代心理学家奥托研究表明，"许多人到了垂暮之年，忽然发现自己有这样或那样的能力。"他在探访"退休村"时发现，大量"具有各种各样才能的老人，在垂暮之年正发挥着自己（惊人）的才能"。[5] 同时，老年的心理老化往往落后于生理老化进程，大部分人表现出人老心未老、

---

① 参见李孝忠：《能力心理学》，陕西人民教育出版社 1985 年版，第 161 页。

② 参见［日］长谷川和夫主编：《老年心理学》，车文博译，黑龙江人民出版社 1985 年版，第 86、38 页；［美］琼·依·莱尔德："智力种种"，《人才》1983 年第 1 期。

③ 参见李孝忠：《能力心理学》，陕西人民教育出版社 1985 年版，第 163 页。

④ ［日］长谷川和夫主编：《老年心理学》，车文博译，黑龙江人民出版社 1985 年版，第 115、119、148 页。

⑤ 参见［美］马斯洛等：《人的潜能和价值》，林方主编，华夏出版社 1987 年版，第 391 页。

人老心理年轻的特点。日本学者一项老年调查表明："有半数以上的人没有老年人意识"，"少数虽已达到相当高龄而不承认自己老了的……90～94 岁的老年人，6 人当中有 2 人回答'从未考虑到年龄问题'，'一直没想到老了'"。[①]除此，发明创造之心，在相当多的老年中，甚至老当益壮。联合国秘书长、世界权威组织领导者、许多国家的首脑和最高决策层领军人物，大量诺贝尔奖获得者、不少国家的科学院院士，哲学人文社会科学界的泰斗，大都是 60 岁甚至70 岁、80 岁以上的老年人。不少 60 岁以上的人，继续创造出世界一流业绩。他们童心未泯，老骥伏枥，志在千里。生命的紧迫感，往往迫使他们抓紧仅有的几十年甚至几年的时光，形成人生"回光返照"，放射出耀眼夺目的光芒。老年人生的最佳设计建构，是对老年人生的最正确科学的设计建构。其基本特征，可以概括为 4 句话 20 个字：

> 人老心不老，执意去创造：
> 明知夕阳短，不鞭自奋跑！

（二）老年人生的最佳设计建构原则

老年人生的最佳设计建构原则，即立足老年人生及其最佳设计建构的基本特征，联系实际，对老年人生的最优设计建构准则。它主要有两个方面。

1. 人老不服老，老有所为

人老不服老、老有所为，即人的生理年龄虽已步入老年，但却年老心少，心理年龄相当年轻，年老仍像年轻一样有所作为，甚至大有作为。诚如乐天知命、积极向上的老者所笃信高歌的那样：

> 夕阳是陈年的酒，夕阳是迟到的爱，夕阳是未了的情；
> 夕阳无限好，哪怕近黄昏。
> 更何况暗夜里月照星朗，明天的太阳会更好；

---

① 参见 [日] 长谷川和夫主编：《老年心理学》，车文博译，黑龙江人民出版社 1985 年版，第148 页。

生命不断进化,遗传变异,优胜劣汰,后代是自我的未来;

"人通过生儿育女使自身重复出现"①。

长江后浪赶前浪,一代更比一代强!

世界上没有一个健康的老人愿意在智慧上回到年轻,也没有一个年轻人不向往老年人的知识经验能力。有鉴于此,古罗马思想家西塞罗在其《论老年》一文中指出:"人入暮年,固然体力渐衰,但智力与判断力继续增长,臻于完善的境地,历久而不衰。"英国19世纪文学家斯威夫特在其《杂感录》中认为,老年洞察力强,"老年人站在远处看得最清楚。因为他们不仅能看见事物的外表,而且能看见事物的本质。"英国近代作家乔叟·杰弗里在其《坎特伯雷故事集·武士的故事》中强调:"人们尽可能跑得比老年快,但却不能超过他的智力。"法国现代作家诺贝尔文学奖获得者法朗士表示:"如果我是造化神,我将把我的青春放在人生的最后。"英国现代小说家麦克唐纳在《洛西侯爵》一书认为:"晚年并不全是凋敝和衰老,它也是内部新生命的成熟和勃发。这种新的生命将攻破万年的外壳,脱体而出。"甚至一向被不少人回避乃至否认的老年性功能,也被大量经验事实和调查研究所肯定,男性70多岁甚至80多岁仍有生育能力。据说孔子即为其父叔梁纥72岁与其母18岁时"野合"所生,以至有人认为男大女小受孕能生育聪明孩子;诺贝尔奖获得者杨振宁教授82岁与28岁的妻子结婚后一度准备生下自己的孩子。男女90多岁仍有性欲要求。②

人老不服老、老有所为要求,老年人老心不老,青春犹在,不减当年,有所作为,大有作为。特别是有一技之长的离退休人员,应彻底取消"离退休"观念,在一定意义不妨把老年看做人生事业、生活的一个新起点,一次大解放,一种无拘无束的自由充分发挥自身优势特长的最佳良机,离岗不离职,离职不离休,身退心不退,离而不退,退而不休,结合一定社会需要,余热生辉,"银光闪

---

①　《马克思恩格斯文集》第1卷,人民出版社2009年版,第195页。

②　参见百度百科"孔子";[日]井上胜也、长鹤纪一:《老年心理学》,江丽临等译,上海翻译出版公司1986年版,第十一章老年与性等。

耀",大显身手,贡献卓著。①

2.享受人生,安度晚年

人生的目的不仅在于创造人生,而且在于享受人生。人生既然是有限的、短暂的,并且人死而不能复生,具有一去不复返的一维性永远不能完全再现的特点;那么,人就应当在创造人生之后尤其是在进入老年,适当享受人生,安度晚年。享受人生、安度晚年,指的是奋斗大半生的老年,应适当享受人生的幸福,安康度过自己的晚年。对此,古希腊思想家德谟克利特认为"人生没有宴饮,就像一条长路没有旅店一样。"②法国16世纪思想家蒙田在其《人生随笔》中强调"恰如其分地生活","懂得堂堂正正地享受人生,这是至高的甚至是至圣的完美品德。"晚年不适当享受人生,未免活得太累,不无一定遗憾。

享受人生、安度晚年规定,一方面,老年须乐天达观、热爱生活。不仅尽可能地提高饮食质量,优化膳食结构,改善居住条件、生活环境,起居按时,生活规律,习惯良好,而且尽情享受子孙绕膝、笑逐颜开、生气勃勃的天伦之乐,亲朋满座的人间欢愉和各种文体娱乐,领略祖国大好河山,甚至世界美丽风光。另一方面,家庭、社会要高度关注老年人的健康幸福,为他们的物质生活、精神生活、情感世界生活积极创造条件,营造良好舆论环境和社会氛围。让他们充分享受所剩不多的人生欢乐,每天都愉快地生活,美满幸福安康地度过晚年。

（三）老年人生的最佳设计建构方法

老年人生的最佳设计建构方法,指的是遵循老年人生的最佳设计建构原则,结合具体需要,对老年人生的最优设计建构方法。它主要有4种形态。

1.强身健体,益寿延年

身体是生活之本,健康是赢得发明创造效率的前提,长寿则是大量发明创造的时间保证。健康长寿,堪称人生的第一要素。在某种意义可以说,健康是1,其余都是0。谁拥有了健康,生活的其他方面才具有真正的意义,谁就拥有

---

① 参见张瑞甫:《社会最优化原理》,中国社会科学出版社2000年版,第351、352、353页。
② ［古希腊］德谟克利特:《著作残篇》;参见金明华主编:《世界名言大词典》,长春出版社1991年版,第165页。

了效率和未来;谁能长寿,谁就能建树更加辉煌的业绩。人到老年,体质开始下降,强身健体、益寿延年提到重要人生日程。强身健体、益寿延年,即尽可能地采取多种有效方式,力求身体健康,延年益寿,享其天年。

有关统计资料表明,随着医学科学、人体科学和整个社会的发展,人的寿命呈现出越来越长的趋势。原始社会人均寿命仅为 20 岁左右,公元前两千多年人均寿命为 30 多岁,公元元年约 40 多岁,20 世纪约 60 岁,现在则达 70 多岁。19 世纪初,欧洲人平均寿命 40 岁,1920 年为 55 岁,1952 年为 68.5 岁,l979 年达到 72 岁,2014 年达 83 岁;日本人 1935 年平均寿命 47 岁,1983 年达 73 岁,2014 年高达 83.5 岁;我国男女平均寿命新中国成立前夕仅为 35 岁,1957 年达 57 岁,1980 年达 69 岁,2014 年达 75 岁。[①] 据说,致力内修外炼、与自然一体、吐故纳新、餐风吸露的我国黄帝八代孙彭祖,至少活了 140 岁(800岁一说过于夸张)。笔者认为,根据物质不灭和能量守恒与转化定律,倘若人体系统全方位开放,时时与外界进行物质交换,处处与外界进行能量信息交流,不断吐故纳新,借助克隆技术定期更新机体细胞、器官,人的理论预期寿命可以无限期延长。就现有条件来看,如果仅仅消除致病因子,按照人的自然寿命可达 175 岁的较为保守理论,现有的年龄时区分界有理由改写为:几岁十几岁为少儿,二三十岁为小青年,四五十岁为大青年,六七十岁为小中年,八九十岁为大中年,百岁以上为小老年,150 岁以上为大老年,"我要再活 500 年",几百年后将不再是梦想,而是活生生的现实。

强身健体、益寿延年要求,不仅要观念正确科学,而且要心态积极向上,善于防病医病,颐养天年。

一方面,要牢固树立正确科学的世界观、人生观、价值观、最优观,要像电视连续剧《康熙王朝》主题歌《向天再借五百年》所高唱的那样:

"珍惜苍天赐给我的金色华年。

做人一地肝胆,做人何惧艰险,

豪情不变,年复一年。

---

① 参见联合国开发计划署:《2014 年人类发展报告》等文献。

　　做人有苦有甜,善恶分开两边,都为梦中的明天。

　　看铁蹄铮铮,踏遍万里河山,

　　我站在风口浪尖,紧握住日月旋转,

　　愿烟火人间安得太平美满;

　　我真的还想再活五百年!"

　　另一方面,要潇洒奔放,胸怀坦荡,心澄目洁,松静自然,坚持跑步、打拳、苦练内功,戒烟限酒,起居定时,饮食有节,生活规律。要防病为主,医疗为辅,定期查体,及时治疗;查体时能不抽血的不抽血,能不放射检查的不放射检查;医疗时能食疗的不药疗,非吃药不可的最好吃中药不吃西药,能吃药的不打针,非打针不可的最好打小针而不打吊瓶,一切为健康长寿着想。要铭记一位据说年逾百岁老人的健康长寿经验:"什么时候也不忙,也不慌","不忙着把我一生活尽,这是主要的。除此之外……应当每天要做点什么,要做习惯做的事","从事体力劳动";牢记一位医学家提出的"没有一个懒人能达到高龄的,所有达到高龄的人们,都是有着非常积极的生活方式";①更要记取和运用人类在漫长的现实生活中总结出来的健康长寿四大秘诀。

　　秘诀一:

　　乐天达观,胸怀人间;博爱向善,法天行健。

　　偶生烦恼,念梅百遍;不急不躁,不怒不怨。

　　学而不厌,诲人不倦;奉献第一,创造不断。

　　人生青春,永葆不变;引领潮流,知行超前。

　　秘诀二:

　　情志开朗,恬淡自然;当有喜好,适度不乱。

　　节制性欲,养精宜足;睡眠卫生,多加讲究。

---

① 江苏华:"愿老年都能尽享天年",《科学与人》1983 年第 4 期。

适量运动,劳逸结合;饮食宜节,切忌偏就。

衣着宽松,寒暖有度;居处安静,阳光充足。

定期查体,防患未然;服用药物,不可随由。

秘诀三:

饮食巧搭配,茶饮坚持久;戒烟不纵酒,饭后百步走。

自强多动手,太极日月走;空气须对流,早起亦早休。

沐日令颜黝,淡定无忧愁;妙诀一一剖,定能登高寿。

秘诀四:

每天锻炼 1 小时,健康工作 50 年,幸福生活一辈子;

不到九百九,谁也别想走;到了九百九,最好也别走;

万岁是目标,永生为长寿!

2. 总结经验,培育后代

家有二老,胜过无价之宝。高尔基认为"每一个老人"都是"一座博物库"。① 全国政协副主席程思远在其《李宗仁归来》一书中慨叹道:"假如我们每个人,不是从 1 岁向 80 岁去生活,假如时间的顺序可以颠倒,每个人都从80 岁向 1 岁来生活。那么,我们这个世界上可能有二分之一的人可以成为伟人"。② 总结经验、培育后代,可谓老年天经地义、义不容辞的神圣职责。它指的是老年充分利用自身的知识经验优势,培养教育子孙后代,从而再创人生佳绩。人生是一个短暂而又漫长的历程,个人是前辈生命的承接,子孙后代则是自身生命的延续。个人人生有涯,而人类生活无涯。唯物辩证人生观告诉人们:时间是生命的材料,价值是生命的真谛。鲁迅认为"节省时间,也就是使

① 李光伟:《时间管理的艺术》,甘肃人民出版社 1987 年版,第 479 页。

② 引自王通讯:《人才学通论》,中国社会科学出版社 2001 年版,第 26 页。

一个人的有限的生命,更加有效,而也即等于延长了人的生命","时间就是性命。无端的空耗别人的时间,其实是无异于谋财害命的"。① 法国 18 世纪思想家孟德斯鸠认为"能将自己的生命寄托于他人记忆中,生命仿佛就加长了一些。"②爱尔兰现代著名作家萧伯纳说得好:"人生不是一支短短的蜡烛,而是一支由我们暂时拿着的火炬。我们一定要把它燃烧得十分光明灿烂,然后交给下一代的人们。"③还有的人认为,低俗的人活着,但他已经在人们的心目中死了,虽生犹死;高尚的人死了,但他仍在人们的心目中活着,虽死犹生。总结经验、培育后代,不仅能够履行人生的神圣职责,高效传承和充分弘扬老年自己的宝贵人生经验,而且可以相对延长自己的生命,放大老年自身的人生价值。在现实生活中,我国宋代文学家苏洵、苏轼、苏辙,现代的一些名人特别是中医世家,法国著名作家大仲马、小仲马等血缘人才链;我国的中医河间派,西方的雷利、汤姆森、卢瑟福等师徒人才链,各种形式的地域人才网络,都与老年总结经验、培育后代分不开,都值得效法。

总结经验、培育后代规定,老年要勇敢地担负起自身的历史使命,大力总结知识经验,不辞劳苦,做好传帮带工作,培养教育好子孙后代。有条件的人员,特别是人民教师、科研人员、工程技术人员、各行各业的专家名流、管理人才,更应当各尽所能,结合自身的优势特长,通过著书立说等,扩大自己的社会影响,倍加持久地发挥自己的社会作用,力争走在总结经验、培育后代的时代最前列。

3. 老当益壮,再创辉煌

老当益壮、再创辉煌,即年龄越大心理越年轻,身体越强壮,事业越发达,越要不断续写人生的辉煌篇章。"物质可以变成精神,精神可以变成物质。"④人作为世界上最高级的精神动物,不怕身体老,就怕心灵老。心灵老意味着失去生活信念,才是人的真正衰老和人生的大敌。大量研究成果和经验事实表明,永葆心理青春活力、经常用脑、不知老之将至的所谓"老小孩",不仅心智

---

① 《鲁迅全集》第 5 卷,人民文学出版社 1981 年版,第 315 页;第 6 卷,第 97 页。
② [法]孟德斯鸠:《波斯人信札》,罗大冈译,人民文学出版社 2012 年版。
③ 引自《解放军报》1980 年 6 月 16 日。
④ 《毛泽东文集》第 8 卷,人民出版社 1999 年版,第 321 页。

健康,而且身体衰老缓慢,较其他人长寿,社会贡献大。日本科学家对 200 名 20 岁~80 岁的健康人跟踪调查发现,老当益壮、再创辉煌经常用脑的人,60 多岁时思维能力仍然像 30 岁那样敏捷;而那些不愿动脑的人,思维则加速衰退。美国科学家做过这样的试验。他们把 73 位平均 81 岁的老年人分成 3 组,一组勤于思考,一组懒于思考,一组受人监督。3 年后,勤于思考组的老年人"血压、记忆力和寿命都达到最佳指标",100% 健在;懒于思考组的老年人死亡率达 12.5%;受人监督组的老年人死亡率高达 37.5%。① 据统计,美国企业界的高层主管 65 岁退休之后,一般只能活 18 个月便去世。其中,一个很重要的原因就是心灵老化,哀叹地位失落、生命贬值、人生短促,精神颓废、意志消沉,自认衰老、自甘落伍,不愿再为社会做贡献。与此相反,那些信心十足、积极进取的老人,不仅老当益壮、健康长寿,而且大有作为、功绩卓著。老子、孔子、孟子、庄子等著名思想家,年逾古稀仍思维敏捷、建树非凡;中国改革开放的总设计师邓小平,年届 9 旬,改革创新、锐意进取的精神仍不减当年,依然能掀起政治巨澜;世界水稻杂交之父袁隆平,年届 8 旬照旧带领科研团队攻关夺魁;张岱年、季羡林、杨振宁、钱学森、钱伟长等世界著名学者、大家,80 多岁甚至 90 多岁仍然精神矍铄、思维敏捷、笔耕不辍,学术成果频频问世;107 岁的香港著名影视企业家、慈善家邵逸夫,人老心不老,在向灾区、学校等地区、部门和科技等行业捐助 100 多亿港元之后,仍一如既往地关注企业发展和社会公益事业;我国当代著名经济学家、语言学家周有光,108 岁出版《周有光文集》,至今仍坚持写作;达尔文 70 岁以后完成《植物运动能力》、《蚯蚓作用下腐殖土的形成》论著;德国现代著名科学家洪保德 75 岁才正式动笔写作《宇宙》这部巨著;美国前总统尼克松退休后 70 多岁写出并出版 7 部书;伏尔泰、斯宾塞、汤姆森、杰弗逊、弗洛伊德等世界伟人巨擘,"80 岁之后到达智慧的巅峰";黑人作家杜波依斯 87 岁开始创作长篇小说《黑色的火焰》三部曲,93 岁才全部脱稿;英国 20 世纪著名哲学家罗素 80 岁开始写小说,文学创作颇有造诣;发明家爱迪生 75 岁还照样去实验室上班,81 岁时取得他第 1033 项发明专利,有位记者试着问他:"爱迪生先生,你打算什么时候退休呀?"他风趣地回答道:

---

① 参见王行健:《成功学圣经全集》,地震出版社 2006 年版,第 248 页。

"糟糕,这问题可把我难住了,活到现在,还从来没考虑过呢!"①法国女钢琴家格丽玛沃 104 岁,仍坚持上台演出,执意把欢乐撒向人间……

胎儿与少年儿童人生固然充满魅力希望,青年与中年人生虽然极具风采神奇;然而,夕阳的霞光、落日的辉煌在不少方面却不亚于黎明的晨曦、朝阳的绚丽、午日的娇艳,老年人生拥有自己独特的成熟圆满至美。老当益壮、再创辉煌主张,从心灵中永远消除"衰老"二字;不仅要"发愤忘食,乐以忘忧,不知老之将至"②,而且要坚信法国作家罗曼·罗兰在《母与子》一书的名言:"即使我死了,我也给新世界撒下了种子。新世界必将出现!"要乐以忘死,不知死之将临,再接再厉,越老越充实,越老越向上,越老越有为;一息尚存,奋斗不止,一息尚存,永创辉煌。

4. 心胸豁达,视死如归

> 人生自古谁无死,留取丹心照汗青;
> 面对死神向天歌,去留肝胆两昆仑;
> 一旦别却人生路,化归日月与星辰!

这是心胸豁达、视死如归者的共同信念与铮铮誓言。除时空无限的宇宙之外,凡有生之物,必有消亡。人活百岁难免一死,死亡同出生一样是难以抗拒的自然规律。人可以长生不老的想法,至少在现时代仅仅是一种美好而又渺茫的幻想。罗素在《如何度过老年》中将人的生死历程生动地比作河流入海。他说:"个人的存在应该犹如一条河流——开始时很小,紧紧地被夹在两岸之间,剧烈地冲刷着巨石,奔腾地泻下瀑布。而河流逐渐宽阔,河岸逐渐远退,河水流得更为平缓。终于自然而然地、毫无痛苦地失去自身的存在,溶汇到海洋之中。"③然而,如何对待生死却反映着一个人的精神风貌和身心体魄,甚至关系人的生死命运。心胸豁达、视死如归,指的是心胸旷达,视死亡如轮

---

① 参见李光伟:《时间管理的艺术》,甘肃人民出版社 1987 年版,第 325、324 页;田缘、张弘主编:《安东尼·罗宾潜能成功学》上册,经济日报出版社 1997 年版,第 18 页。

② 《论语》述而。

③ 金明华主编:《世界名言大词典》,长春人民出版社 1991 年版,第 87 页。

回归去,坦然淡定,自若不惊。"民不畏死,奈何以死惧之"①;危难之际,往往勇敢面对才能获胜,"只有不怕死的人才配活下来"②。一个健全的灵魂决不厌恶生,也不过于害怕死,而是将生死置之度外。这样,不仅无损于健康长寿,反而可以强化人体机能,益寿延年。历史上一些宗教徒和胆识过人、豁达大度者之所以比一般人健康长寿,根本原因就在于此。相反,越怕死亡往往死得越快。如果惧怕死亡,整天忧心忡忡,疑神疑鬼,神思恍惚,则影响健康,进而缩短寿命。生与死的辩证法本来如此。

值得注意的是,近几十年来西方流行的"安乐死"对我国生死观已产生一定负面影响。所谓"安乐死",是一种运用麻醉等手段人为地使病人特别是老年病人,提前在不知不觉中离开人世的一种死亡方式。"安乐死"尽管目前尚存争议,但是我们认为,它无异于自杀或他杀,它是对人生的一种公然背叛和亵渎,是消极腐朽的人生观在死亡问题上的反映。人死而不能复生;大自然决不允许自己用亿万斯年时间造就出来的最神圣的物种人类自我毁灭。更何况一方面,人的生命存在本身对于亲人好友就是一种特有的价值,一种精神寄托、情感慰藉、关系纽带桥梁。既然"好死不如赖活着",既然人活得越久越好;那么,任何一种能活而不活,能久活而短活的观念与行为,都是不明智、不道德,违反天道自然和人道主义的,都应当坚决反对和禁止。另一方面,"安乐死"本身所涉及的对象难免有医学的误诊,对于所谓的"不治之症"患者可以进行液氮冷温处理,待若干年甚至上百年后再行治疗。再一方面,日新月异的医学科技发展,随时随地都有可能使越来越多的"不治之症"变为"可治之症"。第四方面,"安乐死"事实上并不"安乐",它只是一种人为的找死、促死方式,只能给自己带来更大的不幸,给亲人好友带来更大的痛苦。"安乐死"绝不可取。正确的态度应当是,任何痛苦的生活其本身所蕴含的高尚与幸福,都是任何"安乐死"所无法企及的;宁可抱着求生的一线希望"痛苦"地等死,也决不应追求所谓"无痛苦"地"安乐"地过早死去。

其实,人的自然死亡并不让人过于可怕。一方面,死亡不是绝对的,而只

① 《老子·道德经》第七十四章。
② 美国现代著名军事将领麦克阿塞将军名言。

是人的部分肉体、部分精神的消散。不仅人的肉体生命能够以遗传方式留给一辈辈后代，直接永远地活着，而且人的宝贵精神遗产将永生不死。即便是人的部分死亡的肉体、精神，也会以另一种方式，按照物质不灭和能量守恒与转化定律，融入到自然界的无穷无尽的演化过程之中。另一方面，人的自然死亡并不像一些人渲染的那样恐怖，根本用不着去寻求什么"安乐死"解脱。美国当代死亡专家莫笛等人通过调查研究大量死而复生者发现，人临死前的感觉大致有三种类型：一种是超然物外型。他们常看到过去的生活情景，仿佛进入山洞，看到云雾，听到美妙的声音，然后急速上升与已故亲友相会，或出现尚未完成的事业，或感到从未有过的轻松等。另一种是精神幻觉型。临死之前"回光返照"，格外清醒，甚至在应激爆发力的作用下产生灵感，解决人生特大难题。法国数学家埃瓦斯塔·加卢阿临终前竟奇迹般地攻克了一个数学堡垒。再一种是综合型。它介于前两者之间，兼有二者的特点。据此，古希腊哲学家伊壁鸠鲁、卢克莱修等人主张，"贤者既不厌恶生存，也不畏惧死亡；既不把生存看成坏事，也不把死亡看成灾难"。他们认为，"在睡眠中"人"没有对生命的欲望"，"更不用说在死中"，"死者再也没有对生的渴望"，"痛苦并不持续留驻在肉体中。就是极端的痛苦，也不过出现于一个很短的期间内"；"死对于我们无干，因为凡是消散了的都没有感觉，而凡无感觉的就是与我们无干的"。[①]

　　心胸豁达、视死如归强调，人的一生不仅应欢天喜地，极度珍惜生命，顽强地拼搏，不懈地奋进，即便"筚路蓝缕"，也要"弦歌不辍"，一路高歌向未来，而且应胸怀坦荡，视死亡为自然依归。苏联人民英雄奥斯特洛夫斯基说得好；"只有我们这些看透了和认识了生活的全部意义的人，才不会随便死去，哪怕只有一点机会就不能放弃生活"；"人最宝贵的是生命，生命属于人只有一次。人的一生应当这样度过：当回首往事的时候，他不会因为虚度年华而悔恨，也不会因为碌碌无为而羞愧；在临死的时候，他能够说：'我的整个生命和全部精力，都已献给世界上最壮丽的事业'！"

---

　　① 引自周辅成编：《西方伦理学名著选辑》上卷，商务印书馆 1964 年版，第 102、123、124、122、92 页。

无数仁人志士,给我们谱写了可歌可泣的生死篇章:

　　——孔子在著书立说中告别人间。

　　——数学家华罗庚在赴日讲坛上与世长辞。

　　——17 世纪法国喜剧大师莫里哀在观众掌声中结束生命。

　　——18 世纪瑞士著名数学家欧拉在石板上演算天王星运行轨道时离开人间。

　　——19 世纪德国诗人歌德构思情节时辞世。

　　——19 世纪英国文学家狄更斯奋笔疾书后倒在餐桌旁。

　　——俄国现代化学家门捷列夫写作时停止呼吸。

　　——革命导师马克思在书桌座椅上猝然离去。

　　……

　　既然生命最初来自非生命,人生本身就是一个以生为主生死新陈代谢的矛盾过程,并且人生下来就一直面对着死亡。用马克思青年时期写下的《人生》一诗中的话表述就是:"生就是死,生就是不断死亡的过程。"①那就不妨把死亡看作非生命的一次否定之否定形式在更高层次上的极大"轮回"过程,视为由一种物质形态向另一种物质形态的螺旋式上升、波浪式前进的自然历史大跨越,当作一次天意所遣、特别历史使命——从一个世界向另一个世界的出发。既然生命是短暂的,且属于人只有一次,既然人死是历史的必然;那么,人就应当生如春花盛开,热烈灿烂,死似秋叶飘落,安然静美;应当让灵魂伴随祈祷香火袅袅青烟、悠悠弦歌、天籁之音,甚至声声礼炮、漫天礼花,"乘风归去",风光游世界,"潇洒走一回",升入天界,与日月同辉,与星辰同耀,永照人寰!

　　注:至于人死后的葬礼方式,迄今人类大致有土葬、天葬、露葬、火葬、水葬、树葬几种。其中,土葬最为广泛持久。正像人应有出生自由和生活的权利一样,人也应有死后的尊

---

① 《马克思恩格斯全集》第 1 卷,人民出版社 1995 年版,第 915 页。

严,特别是死后殡葬方式自由选择的权利;而不应一律强制火葬。否则,则不仅是对不愿火葬者的人权侵犯,导致游街示众式的人格侮辱、环境污染、资财浪费,而且连现代人成千上万年后的化石也会绝迹,更谈不上人类基因库的完整保存,以及克隆技术对人体基因的组合优化,再造奇才、天才。庄子在临死前对其弟子表示的"以天地为棺椁,以日月为连璧,星辰为珠玑,万物为齐送","为鸟鸢食",随之飞升丽天,①逍遥自在,奔放飘逸的露天葬意愿,虽然能省却厚葬资财,防止土葬"在下为蝼蚁食"的弊端,能够洒脱超然;但它却因其污染环境,缺乏雅观、人道而并不可取。美国有关法规允许的富豪显贵死后可将骨灰通过火箭送入"太空墓场",虽然能够遨游太空,但它却会造成大气污染和地球人的心理压抑,以及高度的资财浪费,应予反对。人类当今值得倡导的主要殡葬方式,应为死者生前自愿选择的"入土为安"的土葬与"反扑归宗"的远海水葬。

---

① 《庄子》列御寇。

第五章　人生横向交际的最佳设计建构

人生作为动态开放系统，既是一个过程，具有时间先后的纵向发展属性；又是立体的，拥有上下左右网络联系的横向交际特点。人生最优学的研究对象人生最优化，既需要纵向发展的最佳设计建构，又离不开横向交际的最佳设计建构。人生横向交际的最佳设计建构，指的是对人生爱情、婚姻、家庭和社会交往的最正确科学的设计建构。其目的是在人生纵向发展的最佳设计建构基础上，以最少的横向交际成本，求取最大的横向交际价值效益。

一、人生爱情的最佳设计建构

人生爱情的最佳设计建构，是人生横向交际的最佳设计建构的开端和婚姻、家庭最佳设计建构的重要前提。它主要包括人生爱情及其最佳设计建构的科学内涵，人生爱情的最佳设计建构原则，人生爱情的最佳设计建构方法三项内容。

（一）人生爱情及其最佳设计建构的科学内涵

人生爱情，一般指异性间相互爱恋倾慕的感情。它既是婚姻的前奏，又是婚姻的主旋律，通常贯穿于婚姻的全过程。人生爱情的最佳设计建构，指的是对人生爱情的最正确科学的设计建构。

人生爱情源自人性本能，基于相互爱慕；天经地义，不可或缺，不应违逆。我国古代圣典《周易》曾提出"天地相遇，品物咸章"，"男女构精，万物化生"的名言。① 先秦儒家经典《礼记·礼运篇》认为"饮食男女，人之大欲存焉"。

---

① 《周易》姤彖传、系辞下。

晋代道家医学家葛洪在《素女经》中强调："阴阳不交"，则生至疼痛淤之疾；"故幽、闲(阉人、闲者)、怒、旷，多病而不寿。"唐代名医孙思邈在其医著《千金要方》认为，"男不可无女，女不可无男"，无女则失阴，无男则失阳；女无男、男无女"则意动，意动则神劳，神劳则损寿。"古希腊神话则将人类最原始的祖先描写为男女同体、一头一身、正反两面、四只耳目、四手四足、胆大妄为的怪兽；阿尔卑斯山上的众神为之惶恐不安。为了安抚众神，宙斯将"男女"怪兽撕成前后两半。被分开的"男女"痛苦不堪，急切地寻找着自己的另一半。于是，便演绎出人世间男女爱情的一幕幕悲喜剧。① 马克思认为"男人对妇女的关系是人对人最自然的关系。"②德国诗人歌德说过："青年男子哪个不善钟情？妙龄女郎哪个不善怀春？ 这是人性中的至善至纯。"③弗洛伊德认为"爱情是建筑在直接的性冲动和其目的受压制的性冲动同时存在的基础之上的，而对象则将主体的一部分自恋性力比多(Libidoo，性力)引向它自身。"④美籍德裔20世纪社会心理学家弗洛姆则强调："爱"是人"身心中最为强劲最为有力的奋争着的欲望。它是最基本的情感，是维系人类、民族、家庭和社会生存的力量"。⑤ 爱情堪称最富有激情魅力和浪漫传奇色彩的人生元素。爱情既严肃认真，又热烈奔放；既自由飘逸，又纯洁专一。所谓严肃认真，即爱情乃终身大事，非同儿戏，不可草率游戏，必须十分慎重地对待。所谓热烈奔放，即恋人双方赤诚相待，如影随形，若漆似胶，难分难解；彼此热爱备至，情不自禁。正如英国17世纪作家莎士比亚在其《维纳斯与阿都尼》中所说："爱之为物，本是火的精华，空灵、倏忽、飘洒，并非重浊而下沉，却是轻轻上浮而欲化。"所谓自由飘逸，即每个人都有爱与被爱的自主权利。爱情自由飘逸与"性解放"、"多角恋"、充当"第三者"、"包二奶"有着严格的区别。前者属于人权道德范畴，应予倡导和保护，后者则为不道德越轨行为，应当受到社会谴责。所谓纯洁专一，即恋爱双方一经确定爱情关系，便信守诺言，忠于对方，不弃不离，生死相

---

① 牧之、张震：《心理学与你的生活》，新世界出版社2009年版，第86页。
② 《马克思恩格斯全集》第3卷，人民出版社2002年版，第296页。
③ ［德］歌德：《少年维特之烦恼》，郭沫若译，人民文学出版社2007年版。
④ 《弗洛伊德后期著作选》，林尘等译，上海译文出版社1986年版，第154页。
⑤ ［美］弗洛姆：《爱的艺术》，卢一鸣译，工人出版社1986年版，第20页。

依。炽热纯真的爱情,能将顽石融化,甚至可以为对方献出宝贵的生命。

爱情本质上既是"给予"的,又是互利的;既是客观实在,又是主观感受。英国现代著名文学家博尔顿·盖伊甚至认为:"爱情是一种双重的利己主义"①,是彼此互补互益的产物。法国现代作家约瑟夫·鲁以其设问自答的方式说道:"何为爱情? 一个身子两颗心。"②德国19世纪著名诗人席勒则指出:"爱情在本质上既是最慷慨的,又是最自私的。"说它"最慷慨",是因为它可以把自己整个的身心交给对方;正所谓若问情为何物? 但愿以身相许;所谓"最自私",是因为它具有高度排他性,不允许对方另有所爱,不允许"第三者"插足,只要求对方钟情于自己。

爱情还应当是合情合理、公正平等、现实可能的。在权力、义务、性爱、情爱和其他重要方面,既不应过于苛求恒等天平,也不应容许过于倾斜的永恒不等式。爱情既不可不欲,又不应强求;而应当是对方德才貌诸方面与自身实际条件的相互匹配统一。"不欲"易于酿成人生悲剧,遗恨终生;"强求"则会造成不应有的单相思或同床异梦、离心离德、第三者插足、分道扬镳痛苦,甚至走向罪恶等;不切实际不仅会造成婚恋不公平,而且会降低选偶成功概率。爱情更应当富含诸多美好希望。德国19世纪诗人海涅认为"世间最美的事物,就是春天和爱情。"其根本原因,就在于它们比其他美好事物更富有人类的期许和希冀。

我国乃文明古国,有五千多年的悠久历史和灿烂的文化,曾创造出无数可歌可泣的动人爱情故事,谱写出历数不清的优美爱情诗篇。从两、三千年前最早的诗歌总集《诗经·关雎》中的"窈窕淑女,君子好逑"的爱情原生态,到唐代诗人刘禹锡《竹枝词》中的"杨柳青青江水平,闻郎江上唱歌声;东边日出西边雨,道是无情还有情"的朦胧初恋,再到辛弃疾《青玉案·元夕》中的"众里寻他千百度,蓦然回首,那人却在灯火阑珊处"的追爱定情,以及宋代诗人苏轼《水调歌头》中的"但愿人长久,千里共婵娟"的天长地久爱情祈愿;从汉乐府民歌《孔雀东南飞》中的"孔雀东南飞,五里一徘徊"焦仲卿与刘兰芝的凄美

---

① 〔美〕盖伊·博尔顿:《雪莱情史》,林楚平等译,浙江文艺出版社1986年版。
② 〔英〕约瑟夫·鲁:《一个教区牧师的沉思·爱情、友谊和朋友》。

爱情,《上邪》中的"上邪,我欲与君相知,长命毋绝衰。山无棱,江水为竭,冬雷震震(阵阵)夏雨雪。天地合,乃敢与君绝"的千古绝唱,到晋代梁山伯与祝英台的化蝶双飞生死之恋,再到唐代诗人白居易《长恨歌》中的"临别殷勤重寄词,词中有誓两心知。七月七日长生殿,夜半无人私语时。在天愿作比翼鸟,在地愿为连理枝。天长地久有时尽,此恨绵绵无绝期"的爱"恨"情缘,以及孟郊《结爱》中的"心心复心心,结爱务在深"的心心相印;从宋代诗人欧阳修《生查子·元夕》中的"去年元夜时,花市灯如昼。月上柳梢头,人约黄昏后。今年元夜时,月与灯依旧。不见去年人,泪湿春衫袖"的幽情别怨,苏轼《江城子·乙卯正月二十日夜记梦》中的"十年生死两茫茫,不思量,自难忘。千里孤坟,无处话凄凉。纵使相逢应不识,尘满面,鬓如霜。夜来幽梦忽还乡。小轩窗,正梳妆。相顾无言,惟有泪千行"的断肠思念,到李之仪《卜算子》中的"我住长江头,君住长江尾。日日思君不见君,共饮长江水。此水几时休,此恨何时已。只愿君心似我心,定不负相思意"的似水柔情;从秦观《鹊桥仙》中的"柔情似水,佳期如梦,忍顾鹊桥归路。两情若是久长时,又岂在朝朝暮暮"的理性别恋,到柳永《雨霖铃》中的"多情自古伤离别。更那堪,冷落清秋节。今宵酒醒何处,杨柳岸,晓风残月。此去经年,应是良辰,好景虚设。便纵有千种风情,更与何人说"的相思之苦,以及现实生活中的一些"到死"思"方尽","成灰泪始干"乃至"生不同床,死同穴"死而不已的奇情绝恋,描绘出一幅幅爱情的绚丽图景。在西方,从古希腊的皮格马利翁爱情效应,波罗与达芙妮的爱情神话,到近现代的"泰坦尼克号"杰克与露丝的生死绝恋,罗密欧与朱丽叶的白马王子与白雪公主般的离奇恋情,亦谱写出一曲曲爱情的动人乐章。

　　有人说,婚姻是爱情的坟墓,婚后异性的奥秘裸露无遗,生活索然无味;也有人说,结婚是爱情的真正的开端,是人生的逐级升华,新婚、铁婚、铜婚、银婚、金婚、钻石婚,爱情步步加深。笔者以为,真正的爱情应当是性爱和情爱、恋情和婚姻、拥有和责任、权利与义务、静态与动态的结合。它需要双方用整个身心来呵护,用神圣责任和辛勤劳动去美化和创造!

(二)人生爱情的最佳设计建构原则

　　人生爱情的最佳设计建构原则,即根据人生爱情及其最佳设计建构的涵义特点,联系实际,对人生爱情的最优设计建构准则。它主要有3项。

1. 向最好爱情努力

同人生目标的相应分类一样,现实生活中的爱情通常可以分为最好、较好、一般、较差、最差五个不同层次。这里所谓的"最好"爱情,即最理想美好的爱情;约占爱情总数的1%;"较好"爱情,指的是相对于最好、一般、较差、最差而言的比较好的爱情,约占20%;"一般"爱情,即相对于前后层次的多数人的爱情,约占60%(或58%);"较差"爱情,指的是相对于其他层次的比较差的爱情,约占20%;"最差"爱情,即与其他层次相比较而言的最不理想美好的爱情,约占1%。向最好爱情努力,即在确定恋爱对象、缔造双方爱情时,高目标、严要求,尽可能地向最理想美好的爱情争取。向最好爱情努力,既与人生最佳目标相统一,又由以下五种相互关联的因素所决定。其一是当事人最大限度地趋利避害本性的支配;其二是人生爱情追求的尽可能地向上向前内驱力的驱动;其三是高选低就选择效应的影响;其四是爱情发展变化的不确定性和无限优化的可能性所致;其五是事在人为,人的主体能动的巨大向好性,与既定条件的制约性和爱情发展变化在一定条件下的难以遏制的向坏倾向对立统一性的制约。

向最好爱情努力要求,通过多方面的调查研究和科学分析,根据现有条件许可的限度,充分发挥自己的主体能动性,努力做到有条件要上,没有条件创造条件也要上,为找到最理想美好的爱情对象、实现最佳爱情目标作出最大努力。事实证明并将继续证明,功夫不负有心人,向最好爱情努力,其结果往往天遂人愿,达到"最好"。

2. 向一般、较差、最差爱情预防

古今中外的爱情特别是其婚姻组合形态,大致有四种。其一是所爱与被爱组合(双方互爱式);其二是所爱与不爱组合(一方单爱式);其三是不爱与被爱组合(另一方单爱式);其四是不爱与不爱组合(双方互不相爱式)。显然,最佳爱情特别是其婚姻组合为所爱与被爱组合,亦即恩格斯所说的"当事人双方的相互爱慕","高于其他一切"的爱情;[1]其次为所爱与不爱组合;再

---

[1] 《马克思恩格斯文集》第4卷,人民出版社2009年版,第93页。

次为不爱与被爱组合(这种爱,往往对前者多有不幸,对后者最为有利);最后组合也是最差组合为不爱与不爱组合。后者在自由自主的真正爱情生活中并不存在,只有在双方被包办的强制婚姻和买卖婚姻中,以及逢场作戏的性交易中,才会出现。向一般、较差、最差爱情预防,指的是确定恋爱对象、缔造双方爱情,尽量避免一般、较差尤其是最差爱情结果出现。这一原则,同样是由当事人最大限度地趋利避害的本性,特别是爱情发展变化的两极性和较好、一般、较差、最差的不确定性,以及事在人为,人的主体能动的巨大向好性,与既定条件的制约性和爱情发展变化在一定条件下的难以遏制的向坏倾向对立统一性所引起的。

向一般、较差、最差爱情预防规定,按照爱情"四种组合"形态特点,根据爱情最大价值效益取向要求,在向最好爱情努力的同时,始终保持警惕,做好对策准备,尽可能地向一般、较差、最差爱情特别是最差爱情防范;防止爱情的非佳组合发生,尤其是不爱与不爱的最劣组合出现。用毛泽东的话说,就是"不论任何工作"事情,"都要从最坏的可能性来想,来部署"预防。在他看来,这样虽然不能确保获得最大利益,但却能够防止最大损失,避免最大"吃亏"。① 据调查,现实爱情生活中出现的各种各样的畸形婚恋,多半是受损吃亏的一方要么不知道向最好爱情努力,听天由命,被动等待、消极应付、勉强凑合的结果;要么由缺乏向一般、较差、最差预防,盲目乐观、不自量力、不顾后果所致;要么是二者兼而有之,任凭命运摆布造成。如此深刻教训,当为一切人生爱情的最佳设计建构者所铭记、所汲取。科学理论和大量经验表明,向一般、较差、最差爱情预防,往往要么获得"最好"爱情,要么拥有"较好"爱情,即使达不到"最好"爱情,至少也能保证"较好"爱情,而不至沦落"一般"爱情、"较差"爱情、"最差"爱情境地。

3. 向较好爱情看齐

向较好爱情看齐,即基于上述爱情的五个不同层次、"四种组合"形态的规定,在向最好爱情努力彻底失败之后,为防止一般、较差、最差爱情出现,以"较好"爱情作为选偶现实目标,予以确定爱情对象。向较好爱情看齐,似乎

---

① 《毛泽东文集》第6卷,人民出版社1999年版,第404页。

与向最好爱情努力不相吻合；其实不然。向较好爱情看齐，绝不仅仅局限于"较好"爱情，更不排除向"最好"爱情努力；相反，而是为了更好、更切合实际地追求"最好"爱情，尤其是追求事实上的相对最好爱情，是为了更有效地防止一般、较差、最差爱情。向较好爱情看齐，看似降格以求，纯属迫不得已的无奈之举，实则却是适可而止的带有一定主动性的向相对最好爱情看齐，是变相的现实化了的爱情最佳选择。

　　西方，有一则流传很广的故事：古希腊思想家苏格拉底为了让弟子柏拉图明确爱情与婚姻设计建构的真谛，吩咐柏拉图到一块麦田采摘一个最好的麦穗。行进时不仅只能采摘一次，而且只可向前走，不可回头采摘。结果，柏拉图空手而回。原因是，他"这山望着那山高"，这穗盼着那穗好，期间即使见到最好的也不以为然，而再继续向前走却总觉得不及以前见到的好。而后，苏格拉底又以类似的要求让柏拉图到一片树林去砍一棵最好的树做圣诞树。结果，柏拉图很快带回一棵理想的树。当老师问他为什么这么快就完成任务。柏拉图回答说："有了上次的教训，当我走过大半树林还未找到最好的树时，就看到这颗相对较好的树，于是就把它砍掉带回来。"苏格拉底对此给予高度评价。在他看来，较好的就是相对最好的；爱情与婚姻便是这样。① 一则显然受苏格拉底施教柏拉图故事影响的现代版哲理故事，更发人深省：有位教师为检测和培养学生的优选理念能力，他让 A、B、C、D、E5 位学生同时到一个果园各采摘最好的 1 个苹果；采摘者只能边走、边看、边选、边摘，不得回头采摘。A 走了果园的 1/5 开始采摘，B 走了果园的 2/5 开始采摘，C 走了果园的 3/5 亦即近似 0.618 的黄金分割线界开始采摘，D 走了果园的 4/5 开始采摘，E 走了果园的 5/5 亦即跑遍整个果园开始采摘。结果，5 个人分别采摘的苹果 A 较差，B 一般，C 较好，D 一般，E 较差。令人惊奇的是，以同样的方式重复多次，结果基本一样。当 5 个人变成 5 个小组，也是如此。虽然在没有时间限制和竞争对手介入且可以回采的情况下，跑遍整个果园的 E 能采摘到全园最好的 1 个苹果，但在有时间限制和竞争对手介入且不可回采的情况下，E 采摘的

―――――――――――

　　① 见牧之、张震：《心理学与你的生活》，新世界出版社 2009 年版，第 127、128 页和其他相关文献。

却只能是 5 个人中相对较差的 1 个苹果；而 C 采摘的苹果虽然只是全园较好的 1 个(有时可能是全园最好的 1 个)，但却是 5 个人中相对最好的 1 个苹果。这则故事启示人们，包括选择爱情在内的几乎所有事情，都是这样。C 的"较好"选择方案或曰 0.618 方案，往往会成为相对"最好"的选择方案，甚至绝对最好的选择方案。

　　向较好爱情看齐主张，当通过向最好爱情努力收效甚微或无效或得不偿失时，为了最有效地向一般、较差、最差爱情预防，应选择较好的爱情。这种爱情虽然不是理论上的最好爱情，不是事先设想的最好爱情，但它却很可能是概率上和事实上的相对最好的爱情，有可能是最适合自己现状的或曰最适合现实自我的爱情。而在很大程度，"最适合自己的就是最好的"，这已成为多数人的不争事实、心照不宣的选择共识。令人遗憾的是，当今社会那些自命不凡、自恃条件优越的英俊潇洒大龄"剩男"，之所以迟迟找不到自己心仪的"白雪公主"，那些天生丽质、出身高贵的大龄"剩女"，之所以久久找不到梦中的"白马王子"，其中，多数人最根本的原因恐怕在于他们只知道"向最好爱情努力"，不懂得"向一般、较差、最差爱情预防"，更不懂得"向较好爱情看齐"，不善于运用联系的、全面的、发展的辩证法看待和处理爱情问题。这实际上是相当浅薄无知的"爱情迷茫综合症"，其结果多半只能是事与愿违、适得其反：要么光棍一条、独身一世；要么来一个"爱情大甩卖"，卖个"跳楼价"，找个一般、较差、甚至最差的三流异性敷衍了事。这种令人不爽的可悲结局，不可不让人猛醒，不能不引以为戒，不可不大加防范。

　　昨日黄花春已去，今日空枝枉蹉跎；"有花堪折直须折，莫待无花空折枝。"大龄"剩男"、"剩女"，再也不应以往日过时的高标准、严要求审视自己、看待对方。要牢记这样的哲思妙语：

　　　　既然已失去太阳，就不要失去月亮；
　　　　既然已失去月亮，就不要失去星星；
　　　　既然已失去星星，就不要失去灯光。
　　　　即便是萤火，必要时也应抓住不放；
　　　　不然，你将全面陷入爱情黑暗恐慌！

（三）人生爱情的最佳设计建构方法

人生爱情的最佳设计建构方法,指的是按照人生爱情的最佳设计建构原则,结合具体需要,对人生爱情的最正确科学的设计建构方法。对此,古今中外积累了十分丰富的宝贵经验。人生爱情的最佳设计建构方法,归纳起来主要有8种。

1. 恋爱适时,防早忌迟

恋爱适时、防早忌迟,即恋爱的年龄、时间,既不早又不晚,恰适其时。早摘的果实苦涩,晚摘的果实腐烂,适时采摘的果实才最为可口香甜。恋爱的最佳时区确定,颇有研究实用价值。提前,不仅会影响身心健康和正常学习、生活,而且会失去人生特有的广泛接触社会、深入社会、知解生活、历练自身、激发智慧、增长才干、提升自身,彰显自身风采,以及广交朋友、泛结人脉、丰富情感阅历,获得真情大爱良缘的大好时机;滞后,则不仅缩短应有的爱情幸福时光,而且影响正常工作、事业和发明创造,缩小选择最佳恋爱对象的余地,降低选取最佳配偶的概率,甚至影响婚后健康生育。当今社会,那种单纯追求所谓"先下手为强,后下手遭殃","山野的兔子河里的鱼,谁逮着是谁的","交友退一步海阔天空,恋爱退一步人去楼空","青春不常在,抓紧谈恋爱;世界这么乱,千万别晚恋"的过分早恋行为,与单独奉行所谓"来日方长,机会多多,书中自有颜如玉,窗外定有相思人"的消极等待过于晚恋之举,同样不可取。

恋爱适时、防早忌迟要求,根据生理心理特点和国家法定婚龄,以及学习、工作、生活需要,确定恋爱最佳年龄时区。鉴于人体发育一般在25岁左右成熟,而大多数职业发明创造的最佳年龄时区为25～39岁,并且随着科学文化教育、生活水平的提高和医疗保健条件的改善,发明创造的最佳年龄时区呈现向前向后延伸趋势;同时,国家法定婚龄最低为女20岁、男22岁,人的最佳生育年龄为25～29岁左右,23～26岁可视为多数人的最佳恋爱年龄时区,25～28岁可看作硕士和博士研究生的最佳恋爱年龄时区。

2. 量己选偶,条件相当

量己选偶、条件相当,指的是根据自己和对方的德识才学、实际能力,以及相貌、职业、地位、家庭、业绩等条件大致相当的准则选择配偶。量己选偶、条件相当,具有遵循爱情价值规律,进行等价交换的爱情市场化特点。由于受利益取向最大化本性的驱使,所有人都力求寻觅美男或丽女作为自己的伴侣;但是,由于爱情价值规律等价交换原则的支配,彼此交互作用的结果往往是"郎才女貌,门当户对",条件优劣互补。这看似世俗化的爱情博弈,背后却隐藏着事实上的带有一定必然性的基本合理与平等。诚然,在现实生活中也有爱情不等式的出现,特别是年龄过于悬殊的"爷孙婚"、"大伯婚"、"大妈婚"、"大叔婚"、"兄妹婚"、"姐弟婚",条件重度失衡的"好汉无好妻现象"、"鲜花牛粪效应",以及"宁要丑得精彩,不要美得雷同","女人之美在于傻得无怨无悔,男人之美在于说得天花乱坠","女人的坚贞在于没有男人足够的引诱,男人的忠诚在于缺少女人应有的魅力"的畸形婚恋观念,"身高不是距离,年龄不是差距,地位不是条件,空间不是问题"的爱情至上主义、唯美主义、包办婚姻、买卖婚姻等形形色色的错位婚姻恋情,更与量己选偶、条件相当不相吻合。其中,虽然有的无可厚非,但大多数却与不健康的病态婚恋观念相联系,与性爱与情爱相融合的爱情本质背道而驰,应当受到社会的谴责。这种爱情不等式,一方面,是受爱情供求关系的影响,爱情价格围绕爱情价值上下波动的缘故;另一方面,是由爱情观念心态扭曲和价值取向紊乱或强制性因素造成。有关人士分析预测,近几年和未来十几年、几十年甚至更长时间的选偶标准"热点"突出表现为:男子体魄健全,高学历,高文凭,有能力,有气质,谈吐不凡,举止潇洒,理想崇高,目标远大,富有责任感和高度的事业心;女子年龄较小,皮肤白皙,健康貌美,有知识,有文化,有教养,感情丰富,性格开朗,温柔细腻,具有贤妻良母、相夫教子的美德特质,且情趣高致,有一定文艺爱好。无论男女最受欢迎的都是大学生或研究生、留学生、教师、医生、公务员、科技人员、企业家、高干高知子女。文盲、半文盲、低学历、浮浪子弟、懒汉懦夫、水性杨花的女性、无业游民、贫困者,大都不受人们青睐。择偶心理和自身条件,往往存在巨大反差。几乎所有人都渴望选择德识才学和实际能力,以及相貌、职业、地位、家庭、业绩等条件高于自己的配偶。然而,这种愿望却很难变为现实。因为,这不仅不合理公平,而且如果每个人都这样要求对方,则等于全社会选偶标准依次单方面人为地提高了若干个档次,甚至提高到一个虚无缥缈的境界。从整个社会的实现概率来看,正像市场上买方总希冀购买物美价廉、物超所值的商品,卖方总期望卖掉物劣价高、物低所值的商品一样,除极少数人能侥幸如愿以偿之外(即是如此,也往往难以长久巩固),绝大多数人会愿望落空。大龄未婚男女青年,相当一部分就是由于这样的原因耽搁下来的。到头来,他们不仅希望破灭,备尝苦果,而且往往事与愿违,不得不将选偶标准降至其他同类人员社会水准线以下。

量己选偶、条件相当规定,选择配偶应在德识才学、实际能力,以及相貌、职业、地位、家庭、业绩等条件先后依次排序的前提下,既实事求是,有自知之明、知人之明,根据双方的实际情况和各自需要差异互补性,追求对方和受爱于对方;又向最好爱情努力,坚持爱情是"我意我爱我做主,岂容别人牵着走"的择偶理念,坚持以自我感受为基准,以他人评价意见为参考;坚持适合自己的就是最好的择偶标准,力争获得最适合自己的相对最好的爱情。当然,这并不排除联系地、全面地、发展地辩证看待自我和对方。当今社会,一些青年选偶标准往往过于看重对方的相貌、地位、权势与钱财,单纯追求所谓男子"高富帅"(高大富有帅气)、女子"白富美"(白净富有美丽);其实,这是片面的本末倒置的、对大多数人不切实际的观念和举动。因为一方面,一个人的德识才学才是最重要的。相貌不仅会伴随人的青春年华飘逝而衰老,地位、权势与钱财不仅作为生不带来死不带走的身外之物可以随时得失,而且它们若不与美好的心灵、高度的才能相联系,往往会带来一些意想不到的消极不良后果。"高富帅"中虽然不乏德智体美劳全面发展的白马王子"高大全","白富美"中尽管不乏心地善良、天生丽质的白雪公主天使"七仙女",但是,骑白马的未必都是王子,其中亦有唐僧和"鬼子","高富帅"中也有不学无术、横行霸道的"高衙内";展翅飞翔的不一定都是天使,其中也有鸟人和"恶魔","白富美"中也有害人妖怪"白骨精"。而人的品行、能力,却能够价值永驻,与时俱进,历久弥坚,创造出人生更多的幸福,甚至带来全面价值。另一方面,无论"高富帅"还是"白富美",在现实生活中都是少数派。多数男子往往高而不富、富而不帅,大量女子往往白而不富、富而不美。而"高富帅"或"白富美"三全齐具者却很少能看得上自己,甚至根本与自己无缘。

3.志同道合,情深意长

志同道合、情深意长,即恋爱双方理想追求、情趣爱好相互契合,情真意切、感情深厚,彼此能够相爱到永远。青春易老,容颜易衰,社会生涯亦会升降沉浮,唯有共同的志趣坚如磐石,绵绵的情怀意味深长。真正的爱情不是一时的冲动,也不限于青春的时光,更不是"不求天长地久,但求曾经拥有"的"露水之情",它将陪伴人的一生一世,影响人的千秋万代。"爱情"作为"双重的利己主义"情怀,其中最稳固的元素、最富有价值的成分,当数志同道合、情深意长。德国19世纪音乐家贝多芬曾说过:"没有和灵魂结合在一块的肉体享受是兽性的,且会始终依然是兽性的。事过之后,一个人体验到的不是许多高贵的情感,而是悔憾。"哲学家黑格尔则认为,"爱的最高原则是把自己抛舍给对方,在抛舍或牺牲里感觉到自己,在对方的意识里获得对自己的认识。"恩格斯在《家庭、私有制和国家的起源》一书中强调:"性爱是以所爱者的对应的爱为前提的";"性爱常常达到这样强烈和持久的程度,如果不能结合而彼此分离,对双方来说即使不是一个最大的不幸,也是一个大不幸;为了能彼此结合,双方甘冒很大的危险,直至拿生命孤注一掷"。① 外表美固然可爱,但那只是一种浅薄之爱;志同道合、情深意长,才是最深层次的高尚爱情。

对此,不仅我国三国时期蜀国军师诸葛亮与远近闻名的才女"黄阿丑"的姻缘,留下"智者娶丑妻"的千古佳话,而且英国风流倜傥的著名诗人莎士比亚与其相貌平平的情侣的结合,亦备受世人称道。由于心心相印,在莎士比亚的心目中,自己的情侣不是美女却胜似"美女"。为此,他深情地写下这样一首"十四行诗":

> "我情侣的眼睛一点不像太阳,
> 珊瑚比她的嘴唇还要红得多;
> 雪若算白,
> 她的胸就暗褐无光。
> ……
> 我见过红白的玫瑰轻纱一般,
> 她额上却找不到这样的玫瑰;
> 有许多芳香非常逗引人喜欢,

① 《马克思恩格斯文集》第4卷,人民出版社2009年版,第90、90~91页。

我爱侣的呼吸并没有这香味。

我爱听她谈话，可是我很清楚，

音乐的悦耳远胜于她的嗓子；

我从没有见过女神走路，

我情侣走路时候却脚踏实地。

可是我敢指天发誓，

我的情侣胜似任何被捧作天仙的美女！"

那种貌合神离、同床异梦、离心离德，单凭小鸟依人、秀色可餐的俏丽容颜或拥有的钱财、所处的地位维系的爱情，既不是真正的爱情，也不会持久，第三者插足的几率和破裂的风险极大。

志同道合、情深意长主张，一方面，恋人双方要有共同的理想志向，有相近的爱好兴趣，有化铁熔金的炽热情怀和"地老天荒不移情"、"海枯石烂不变心"的坚贞，并且能够理解和包容对方的某些失误不足。另一方面，又不无原则地迁就纵容对方，不唯唯诺诺唯命是从。对方有缺点错误，诚心帮助改正；对方生活遇到波折，体贴有加，温情相助；做到风雨同舟，同甘共苦。志同道合、情深意长，并不排除旨趣性格上的差异互补。事实上，每个事物都有其区别于其他事物的不同个性，每个人都是一个独有的自我。世界上绝对志同道合、情深意长的伴侣是不存在的。现实生活中，人总是或多或少存在这样那样的差异。过于苛求志同道合、情深意长与离心离德、"露水之情"，同样不可取。双方的一定差异，如果能正确对待，科学利用，会带来优势互补的意想不到的伴生效益。

4. 讲求艺术，精心筹划

讲求艺术、精心筹划，指的是讲求恋爱的科学技艺方术，对恋爱能够正确科学地统筹规划。恋爱既平凡寻常，又充满神奇奥秘。爱情能否获得成功，很大程度取决于恋爱艺术筹划方略。一个恋爱艺术高超、筹划方略精湛的人，往往可以轻而易举地占有对方的心灵；而一个不懂得或拙于恋爱艺术筹划的人，则常常在情场失之交臂，功亏一篑，抱恨终生。

讲求艺术、精心筹划强调，在恋爱过程中，一方面，要运用正确科学方法，准确透析对方内心世界,有针对性地运用高超强效方法,赢得对方的痴爱情怀,尽可能地加速恋爱进程;另一方面,要牢牢把握爱情之舟,谨防坠入爱河情海而不能自拔。它具体需要采取 3 种措施。

(1)广泛结交,多中选优。

广泛结交、多中选优,即在社会现实生活中广泛结识交往相应异性,从诸多对象人选中选出优秀者,甚至优中选优,选取最优秀者作为自己的伴侣。理想的异性属于整个人类,散布在社会的各个地区阶层。生活常识告诉人们,择偶优劣受到社会交往的制约;社会交往范围越广,选取理想伴侣的机会就越多,成功的可能性就越大;反之,选取理想伴侣的机会就越少,成功的可能性就越小。现代生活文明,给青年人提供了广泛结交、多中选优的优良社会环境。各种集会活动、文体活动、旅游观光活动,比比皆是。通过参加形式多样的晚会、舞会、聚会,出入高校、考场、超市、影院、剧场、闹区、公园、婚姻介绍所等社交场合,都不失为增大优选伴侣几率的最佳方式。网络媒体谈情说爱,更成为当今广泛便捷快速高效择偶的时尚。"任凭弱水三千,我只取一瓢饮"①;异性千千万,牵手只一人。广泛结交、多中选优要求,广开社交范围,大力开展相应异性交往,力争在大量人群中选取相对或绝对最适合自己的最优秀恋爱伴侣。对此,须防止"泛爱主义"、滥施感情、"脚踩多只船"多角恋,反对"路边的野花不采白不采"的异性投机主义和"恨不相逢未婚时","家里红旗不倒,外面彩旗飘飘"的移情别恋"婚外情",避免充当第三者和见异思迁、一夜情、杯水主义、玩弄异性感情等不道德的行为发生,放弃"多少年来一张床,审美疲劳盼月亮。月亮走我也走,我随月亮情海游。过去有心没有胆,而今心胆全都有。趁着自己还年轻,该出手时就出手"的"爱漂"意动行为。同时,需提高警惕,力避上当受骗,防止一失足成千古恨的悲剧上演。

(2)掌握差异,巧于安排。

掌握差异、巧于安排,指的是通过正确认知双方特点,科学掌握异性差异,精心安排自身相关恋爱活动。研究表明,男女恋爱进程大致分为三个阶段:一是外部吸引阶段;二是价值肯定阶段;三是角色配合阶段。三个阶段中,男女

---

① 《红楼梦》卷九十一:"纵淫心宝蟾工设计,布疑阵宝玉妄谈禅。"

表现出明显的生理心理差异。男子往往性爱至上,女子多半情爱领先。外部吸引阶段,男子比女子更容易一见钟情、积极主动,而女子则多表现为腼腆矜持、消极被动。国外有人对 250 名青年男子和 429 名青年女子进行过"罗曼蒂克测量"。结果表明,在外部吸引阶段,25% 以上的男子恋爱前 3 天内就已深深陷入情网,甚至有的几秒钟内就能做出恋爱决定;而女子出现这种现象的仅为 15%,有的女子讲,在恋爱开始 20 天后,还没有爱上最终所爱的男人。价值肯定阶段,男子价值定位层次清晰。一般认为首先是两性关系,其次是爱情,再次才是物质条件和其他。女子的价值定位往往处于平行并列胶着不分状态,很难分出上下层次。角色配合阶段,男子性心理反应激烈,容易外化为亲昵的举动和性要求。而女子性心理反应迟缓,对接吻拥抱和性行为常怀有恐惧心理和羞怯感。性爱方面,男子具有单一性、快速性、短暂性;女子具有多元性、周期性、持久性。① 美国当代心理学家 L.A.珀文认为,这主要是因为"女性的生殖期和男性的生殖期相比更受年龄范围的限制",以及"女性携带受精卵,她们总是能够确定自己是孩子的母亲,但男性就不能肯定孩子是自己的"。② 女子对爱情承受的负担较多较重,男子对爱情承受的负担较少较轻;女子对播下的爱情种子往往要全程负责,男子一旦播下爱情种子却可以逍遥法外,逃之夭夭。掌握差异、巧于安排规定,根据男女的不同生理心理特点,巧妙适当安排自己的恋爱活动。妙龄年华的男子,情窦初开的女郎,须充分注意和掌握异性的生理心理差异,精心规划自己的恋爱方式和进程。

(3)敞开胸怀,大胆求爱。

敞开胸怀、大胆求爱,即敞开心胸,表明自己的爱情立场态度。它主张,当自己一旦看中对方,首先要弄清对方是否有意于自己;然后,坦露爱意情怀,向对方放胆追求爱情。

迄今,人类已归纳总结出七种最佳测爱方法:

一是对方与自己初次相见,往往脸红眼亮,身手冒汗,情绪激动,兴奋

①　参见舒德平等:《现代生活艺术》,中国展望出版社 1986 年版,第 114、115、105 页;牧之、张震:《心理学与你的生活》,新世界出版社 2009 年版,第 100、101 页。
②　[美]L.A.珀文:《人格科学》,周榕等译,华东师范大学出版社 2001 年版,第 159 页。

异常,甚至情不自禁,不知所措。自己无放电举动,对方却有触电感应。对方总是想和自己在一起,经常偷看自己一眼。每次来找自己又总有某种冠冕堂皇的借口理由。

二是对方经常有意识而又装作若无其事的样子邀请自己一起游玩、餐饮,主动寻找话题而又总有说不完的话语。

三是对方特别关注自己,经常询问自己的学习、工作、生活和家庭情况。经常给自己发短讯,喜欢和自己聊天、嬉戏、外出活动。自己取得成绩,对方比自己还高兴;自己出现波折,对方比自己还痛苦。

四是自己的所作所为、一言一行,对方历历在目,了如指掌,比自己更清楚。

五是对方对自己的衣着、外貌、情绪变化反应特别敏感;谈论爱情婚姻问题总是格外关注自己的神态表情。

六是对方尽量迎合自己的兴趣爱好,给自己赠礼物时自己不收,对方会很伤心。

七是收到自己的来电、来信,对方会及时回复。除特殊情况外,决不会拖延几天置之不理。

如果存有上述信息,说明对方已悄悄爱上自己。当明确意识到意中人已爱恋着自己时,就要敞开胸怀,大胆向对方吐露钟爱之情,公开表明自己的所爱立场态度,力求一举获得成功。

现代青年,是幸运的一代。他们既不同于封建社会的青年,也不同于"十年动乱"时期的青年。封建社会的青年,受"男女授受不亲"和"父母之命,媒妁之言"的困扰,男女不能自由相爱;"十年动乱"时期的青年,由于"左"的观念的禁锢,遭受家庭出身、经济条件、政治条件、社会舆论的种种制约,恋人之间往往有口不能言,有爱不能表。一些有情人,只能心照不宣地相爱,而又默默无言地离散。他们不得不接受红色"月老"的安排,社会"媒妁"的撮合,任凭命运摆布,留下一个又一个终生遗憾。时代不同了,历史的悲剧不能也不应在当代青年人身上重演。看准了就要勇敢地去追求,要追求就要穷追不舍。请记住恩格斯的名言:"谁害怕观念之宫所在的密林,谁不敢手持利剑披荆斩棘,不敢以热吻来唤醒沉睡的公主,谁就不配得到公主和她的王国"①。

5.具体情况,具体对待

具体情况、具体对待,是辩证唯物主义方法论的灵魂,也是重要的人生爱情的最佳设计建构方法。它旨在恋爱过程中,既坚持一般通行的最佳方法,又结合双方具体情况,从实际出发,机动灵活地具体地对待具体情况,不同问题予以不同解决。

具体情况、具体对待倡导,对自身和恋爱对象的特点、恋爱进程,有一个基本的正确科学的估计和态度,不同情况予以不同对待。在爱情表露中至少应当灵活而又正确科学地采用4种方式。

(1)迂回试探,多方了解。

迂回试探、多方了解,即委婉试探对方态度,多方了解对方相关情况,为建立爱情提供可靠依据。它要求,在恋爱前夕,当不了解对方态度而又不便直接问询对方是否有意于自己时,采取曲折试探、多方了解对方的方式,或向对方周围的人探明其恋爱情况,或邀请对方参加各种集会,外出散步、参观、游览、谈心、购物、唱歌、跳舞,观看剧目、电影演出和比赛活动、餐饮,到家中做客,或当面或用手机短信、书信、微博方式,委婉探询对方对未来伴侣有什么要求,对自己有何评价,或公开自己对理想伴侣和未来学习、工作、婚姻、家庭生活的设想等,从而充分了解对方态度,掌握对方信息,以得到自己所需要的答案。世界著名科学家诺贝尔奖获得者居里夫妇的恋爱,颇具这方面的典型性。居里和玛丽亚长期在同一实验室工作,居里十分爱慕玛丽亚温文尔雅的性格仪表和知识才华。当他得知玛丽亚准备回波兰时内心格外酸楚。他情不自禁地问玛丽亚:"你还回来吗?"没等玛丽亚回答,居里便接着说:"答应我吧,你还回来! 你留在波兰就不能继续研究了。那里的条件很差,你不应抛弃科学!"言外之意是"我需要你,你不能离开我!"心有灵犀一点通。玛丽亚深情地回答道:"我相信你的话是对的,我很愿意再回来!"不久,两位才貌双全、天生一对、地造一双的大科学家又走到一起,继而喜结良缘,成为现代科学史上的"盖世伴侣"。

---

① 《马克思恩格斯全集》第2卷,人民出版社2005年版,第304页。

（2）委婉暗示，戏剧处理。

委婉暗示、戏剧处理，指的是在双方默默相爱，彼此心照不宣而又难于吐露真情心迹时，采用婉转提示、艺术化处理方式，对待爱情问题。它规定，尽量运用双关语、比喻、借代、假设、推理、想象、夸张等文学艺术和心理学、逻辑学手法，探测对方的内心世界和情感指向，从而最有效地了解对方的相关爱情信息。我国古代梁山伯与祝英台的爱情故事，曾采用鸳鸯戏水、蝴蝶双飞、井中映象、为妹做媒等手法，表达祝英台对梁山伯的爱慕之情。马克思对燕妮的爱情表露，亦采取了类似方式。马克思不仅给燕妮写出几十首激情澎湃的爱情诗篇，频频向燕妮坦露爱意，而且采用高度浪漫化艺术化的方式向燕妮求爱。

他在《致燕妮》的一首"十四行诗"中写道：

"倘若我能用各种天体作为舌头，
又有雷鸣般的洪亮嗓音，
我的爱情将会响彻整个宇宙。
广袤的夜空也要瑟瑟发抖，
你自己也会吓得匆忙逃走，
智慧的闪光将环绕宇宙划破长空。"①

更富有诗情画意的是，一天黄昏，马克思邀请燕妮同坐在草坪上。他凝视着燕妮悄声地说："燕妮，我已经爱上了一个姑娘！"燕妮大吃一惊，但少女的矜持很快抑制住内心的颤动。燕妮强打着精神问道："你真的爱她吗？"马克思深情地回答："是的，我真的爱她！我们相爱已经很久了。她是我遇到的姑娘中最好的一个，我从心底里爱她！"马克思接着风趣地说："我这里还有她的照片哩，你愿意看吗？"说着他把一只精制的小盒子递过去。燕妮强忍委屈的泪水打开一看，恍然大悟：原来盒子里有一面小镜子，镜子正好映现着自己那羞涩泛红而又闪着泪花的脸庞。马克思所说的"爱人"不是别人，正是她自

---

① 《马克思恩格斯全集》第 1 卷，人民出版社 1995 年版，第 632 页。

己！燕妮一下扑进马克思的怀抱。①

（3）开门见山，直言不讳。

开门见山、直言不讳，即像打开房门一下见到山水景观一样开宗明义，直言相告，表明自己对于对方的爱慕情怀。它主张，异性交往达到非同寻常的地步，或一方急于确认对方的恋爱态度，直接告诉对方真情实况，表明自己的爱恋之情。这种方式，大多采用书信、手机短信、电话或当面说破等直截了当的形式。如果需要选用书信、手机短信形式，写第一次情书时，称呼和内容须特别慎重。切不可轻易妄称"亲爱的"、"心爱的"，更不可滥写"你是天上的星星、地上的明珠，我心中的太阳"，"我的心肝宝贝，我的最爱、命根子"，或"你是我的小苹果，怎么爱你都不嫌多"，"没有你我一天也不能活"，"我为你而生，为你而死"，"生是你的人，死是你的鬼"等轻佻、浅薄、令人生厌的词句。第一次情书最好根据不同情况和彼此关系密度称兄弟或姐妹或"同学"、"同事"、"老乡"，或直呼其名等；内容要健康向上，格调要清新高雅，态度要尽量明确，切实把握好第一印象。列宁向克鲁普斯卡娅求婚就采用了这样的形式。一次，他写信直接对克鲁普斯卡娅说道："请你做我的妻子好吗？"一直眷恋着列宁的克鲁普斯卡娅十分干脆而又风趣地回信道："有什么办法呢？那就做你的妻子吧！"②当然，采取这样的形式往往需要具备"水到渠成"、"瓜熟蒂落"、"马到成功"的把握。不然，会弄巧成拙，给人以草率轻浮鲁莽粗蛮之感，甚至招来对方不应有的痛斥。

（4）借助外力，请求"红娘"。

借助外力、请求"红娘"，指的是凭借外在力量，请求相关"媒介"人员牵线搭桥，帮助自己恋爱美梦成真。它强调，当一方私下选中另一方而又羞于启齿，或带着任务观点盲目征婚时，通过求助外界可信赖力量，让"红娘"帮助联姻，或直接到婚姻介绍所登记求助，或刊出广告征婚，或网上征婚。人类古有"月老"、"媒妁"，今有现代型"媒人"婚介机构牵线搭桥、网络媒体虚拟介绍人。美国、澳大利亚等国家的一些大学，还设有专门培养"婚姻设计人才"的

---

① 见牧之、张震:《心理学与你的生活》,新世界出版社 2009 年版,第 81 页。

② 同上。

相关专业。有的国家像设立"教师"、"人力资源管理师"、"心理咨询师"、"会计师"、"医师"那样,设有专门的"爱情设计师"资格考试认证机构。据《北京晚报》透露:上世纪80年代,我国青年找对象的方式差别很大。一项调查表明,自己认识的占24%,经人介绍的占61%,父母介绍的占12%,其他占3%。其中,完全由本人做主的占11%,完全由父母做主的占8%,本人做主经父母同意的占65%,父母做主经本人同意的占16%。① 而今,一项调查显示,恋爱人群中,同学、同事相爱的占5%,各种聚会相恋的占35%,经介绍传统相亲的占20%,由婚介所介绍和征婚启事相恋的占10.5%,现代版的青梅竹马爱情占10%,BBS、QQ、E-mail等键盘上、指尖上敲出来的爱情占10%,旅行催生的浪漫爱情占7%,不明不白相爱的占2.5%。② 我国的择偶方式总体正由传统式、封闭型,逐渐向现代式、开放型转变。自由恋爱为主体的择偶模式体系基本形成。需要特别注意的是,近年来,国内外屡屡出现网络媒体征婚诈骗,有关征婚者应提高警惕,大力防范,以免上当受骗、遗恨终生。

6. 信心坚定,好事多磨

宝剑锋从磨砺出,梅花香自苦寒来。英俊潇洒、德才兼备的男子,娇艳妩媚、聪明贤惠的女郎,犹如世间瑰宝,越是美好越难得到,越要付出大量的时间、精力和代价去争取。人世间固然有萍水相逢、邂逅相遇"电爱闪婚"的伴侣,但更多的却是经过至少一两年时间的相处了解磨合,才结合而成的佳偶。信心坚定、好事多磨,指的是在恋爱过程中,既不能不追求速度效率,又不可操之过急,冲动草率;要有足够的信心和必要的耐心。

信心坚定、好事多磨要求,当对方态度暧昧、疑虑重重、动摇不定时,不可急于求成;必须坚定信心、冷静分析、耐心等待。应充分明确对方的这种心态举动本身说明,他(她)要么处于对自己不够了解,要么处于对自己某些方面不太满意或存有某种困惑怀疑和误会,要么基于自身难以言状的苦衷。这时,当事人如果拔苗助长、急于求成,不仅不明智,而且于事无补,处理不好甚至会成为分裂的催化剂,像手抓沙子那样抓得越紧失去的越多,导致人为地不应有

---

① 见舒德平等:《现代生活艺术》,中国展望出版社1986年版,第106页。
② 见莫语:《数字知道答案》,北京邮电大学出版社2006年版,第26、27页。

的过早分手。最好的办法是,既坚信最后的胜利往往产生于"再坚持一下的努力之中",多一分信心,就多一分希望,多一分努力,就多一分成功的把握;又积极调查了解,弄清原委,对症下药,及时有效地消除对方的疑团。宁肯等待时机、追求梦想、望梅止渴,也决不轻易放弃、作茧自缚、就此罢休、改弦更张,更不可自欺欺人、饮鸩止渴、自取消亡。有条件的要如此,没有条件的创造条件也应当这样。在不违背法律和道德规范的前提下,要矢志不渝,通过耐心细致的持续积极努力和多方面的顽强出色表现,利用日久生情效应,尽可能地增进感情,促使对方向成婚方面转化。

7. 爱得适度,恪守贞操

青年男女恋爱达到一定程度,便进入迷狂的热恋状态。性心理学统计表明,婚前男性自觉性亢奋者高达100%,女性自觉性亢奋者达36%。情侣间的频频接触,情切切,意绵绵,卿卿我我,搂搂抱抱,加之现代性解放观念的冲击,春心骚动的男子、情窦盛开的女郎,最容易燃起性的欲火,导致性行为失控。据2012年《小康》杂志同清华大学研究披露,我国青年婚前性行为发生率达71%,高校学生达14%,比1994年上升30%。南方某大城市妇产医院统计,60%的流产者为婚前孕或婚外孕。如果不是避孕措施的广泛采用,这一数据还会大幅上升。爱得适度、恪守贞操,即恋爱双方确定恋爱关系之后,在相互关爱的同时,明确婚前爱情界限,把握恋爱分寸,珍重童贞节操,洁身自好,守身如玉。爱情应当是炽热的,但却不应当过早过分地亲昵,更不应当发生婚前性行为。婚前性行为,不仅有损于青年身心健康、个人声誉,败坏家庭、社会风气,而且亵渎爱情的神圣高洁,表现出极端利己主义和不负责任的轻浮随便。这种做法,无异于把爱情等同于性欲,把自身降低到一般动物的水准;并且婚前性行为会过早地揭晓异性特有的神秘魅力,甚至导致爱情关系的破裂,造成一失足成千古恨。至于以所谓"无毒不丈夫、先下手为强"、"一睡定乾坤"的方式,抢先占有对方身心,造成"生米熟饭"效应、"木已成舟"事实,迫使对方不得不就范的行为,则是对对方人格感情的玩弄和肆意践踏,无异于流氓犯罪。恩格斯认为,"现代的性爱,同古代人的单纯的性要求,同厄洛斯[情欲],是根本不同的。"他说:"不言而喻,形体的美丽、亲密的交往、融洽的性情等等,都曾引起异性对于发生性关系的热望;同谁发生这种最亲密的关系,无论对男子还是对女子都不是完全无所谓的。但是这距离现代的性爱还很远很远。"①马克思公开申明:"没有人比我更讨厌随便动感情的了"②;"在我看来,真正的爱情是表现在恋人对他的偶像采取含蓄、谦恭甚至羞涩的态度,而绝不是表现在随意流露热情和过早的亲昵",双方"必须保持一段距离来谈爱情。"③列宁则尖锐地指出:"性生活的淫佚"是"衰颓的现象",正在兴起的阶级"它不需要利用麻醉剂来谋陶醉或刺激。"④革命导师的教诲,值得很好地领悟、学习。

爱得适度、恪守贞操规定,恋爱双方必须理性掌控爱情方式、进程,不可随心所欲、任性为为;要抑制情感冲动,维护爱情的圣洁和尊严,固守贞节底线,确保不入新婚洞房不失童贞节操。有篇外国小说描写了一对热恋的情人。一天,他们相约外出郊游,天色已晚,赶不回城来,只好下榻在猎户遗弃的木房里。男方睡在外间,女方住进里间。女方故意门不上闩,两扇门仅系了一根头发。这既是对自我的约束,又是对恋人的考验。夜阑人静,皎洁的月光撒满大地,远山近水朦胧可见。二人辗转反侧,欲火情焰燎烤着两颗年轻的心,床铺发出吱吱呀呀的响声。可是出乎意料,第二天清晨,那根头发竟安然无损。世界上还有比这更珍重爱情的人吗!从此两人感情更笃,终于结成最亲密的伴侣。小说中描绘的情侣,值得热恋中的青年效法。沉醉在狂热恋情中的男女,最好来一个情感"冷处理",关注焦点"大挪移";有意制造心灵撞击后的短暂分离。这样的爱情,将像冷水"淬火"后的钢铁,坚固恒久。

8. 失恋不失志,在不幸中奋起

失恋不失志、在不幸中奋起,指的是遭遇失恋而不失去应有志向,能在失恋不幸中坚强地站立起来,继续向着远大目标行进。失恋是由多种原因引起的恋人对当事人的冷落和恋爱关系的中止。多情自古伤离别,更何况爱情分裂时。对待爱情,应像对待至关重要的学习、工作和生活一样,通常,一方面,是永不放弃、永不言败,即是只有1%的希望,也要作出100%的努力;另一方

---

① 《马克思恩格斯文集》第4卷,人民出版社2009年版,第90页。
② 《马克思恩格斯全集》第35卷,人民出版社1971年版,第42页。
③ 《马克思恩格斯全集》第31卷,人民出版社1972年版,第520、521页。
④ 见[苏]蔡特金:《列宁印象记》,马清槐译,三联书店1979年版,第71页。

面,笃信"分久必合",误解迟早总会消除,创伤早晚可以愈合,不仅"破镜可以重圆","梅开不乏二度",而且失而复得的爱情往往比常相厮守的爱情更加巩固:"被摧毁的爱,一旦重新修好,就比原来更宏伟、更鲜美、更顽强。"①但是,当一切努力归于失败之后,为避免更大损失,必要的"放弃"也不失为一种理性最佳选择。据说,非洲有一种相当有效的捉猴子的方法。当地居民用口径大小与猴爪相当的瓶子,里面放有猴子最爱吃的坚果,瓶子被绳子牢牢拴在树上或木桩上。当猴子伸手抓取果实时,事先埋伏好的人便乘机而上。结果,那些不愿"放弃"手中食物的猴子一只手被紧紧束缚在瓶内难以逃窜,很快被人捉住;而那些善于"放弃"的猴子却迅速得以逃生。这无疑给失恋者,以有益的启迪。

　　失恋不失志、在不幸中奋起主张,树立正确科学的恋爱观,失恋时保持崇高的志向、冷静的头脑和情感的克制,不能因此而消极颓废,不可沉沦于怨天尤人、哀叹貌丑位低、生活不公、"自己梦寐以求眼睁睁看你半辈子,你却不给我一瞬回眸"的迷恋不平之中,不能陷入"云中有风,风中有我,云对风讲,风对云说,我对谁讲,谁对我说"的痛苦无助不能自拔境地;要在反思自我、总结经验教训的同时,及时转移目标情感,尽快从痛苦中解脱出来,确立起新的恋爱对象,走向新的生活征程。失恋者应深深懂得"失之东隅,收之桑榆","塞翁失马,焉知非福"的辩证法则,懂得失恋并不全是损失、坏事。如果失恋的原因不在于自己的过错,而仅仅由于对方的背叛、失信;那么,这种失恋不仅不是损失、坏事;相反,还是一种值得庆幸的收获和解脱。因为它起码让你早日看清了一个人的品质,及时结束了一段错误的恋情,避免了未来的更大不幸,甚至还能让你压力变动力,奋力成就人生大事业。

　　要牢记俄国19世纪诗人普希金的一段话:

　　　　"假如生活欺骗了你——
　　　　不要忧郁,也不要愤慨;
　　　　不顺心的时候,暂且容忍。

---

① [英]莎士比亚:《十四行诗》。

相信吧,快乐的日子就会到来。"

应当注意的是,失恋固然多属一厢情愿,但它毕竟发生在两人之间,因而双方都负有不可推卸的道义责任。作为拒恋方,应充分体谅失恋者的苦衷,给失恋者以兄妹姐弟般的关怀。至于"绝交"方式,没有固定格式,当面或书面或让人转告皆可。回绝失恋者痴情时,既要言辞婉转,尊重失恋者的人格,又要态度明确,切忌暧昧不清、藕断丝连、保持缄默、置之不理,以免给对方造成误解,延误对方更多的青春时光;更不可恶语伤人,羞辱对方,挫伤其自尊心,给对方造成更深刻的伤害。宁肯"温柔分手",成为"最熟悉的陌生人",也不以恶相待,变为仇敌。生活中以送"伞"象征离"散",送"镜子"讥讽对方其貌不扬、自不量力等不文明行为,决不可取。因为,这样弄不好会成为冤家对头。失恋乃恋爱常事,恋爱不成友谊常在。作为失恋者,一方面,应高姿态,不作无理纠缠刁难对方;另一方面,要牢记"强扭的瓜不甜"、"缘分未到的爱情苦涩"的训诫,坚信唐代诗人高适《别董大》一诗的金玉良言:"莫愁前路无知己,天下谁人不识君",树立信心,振作精神,及时转移爱情目标。

现代网络语言说得好:

> 天涯何处无芳草,何必只在一处找;
> 本来数量就不多,何况质量不会高。
> 只要你能去奋斗,理想伴侣少不了!

世界之大,泱泱人口几十亿,美男丽女数不胜数,只要勤奋努力,不断提高和实现自身价值,何愁找不到称心如意的郎君、心醉神迷的佳丽!那种痴迷于所谓"干得好不如嫁得好,学得好不如嫁得好"的婚恋哲学,不仅是一种令大多数人所不齿的懒汉懦妇哲学,而且在很大程度是一种不切实际的幻想。生活中不知有多少失恋者,在失恋后通过及时转移爱情目标,从而获得超越原有情侣之上的爱情。在失恋中奋起而成就一番大业者,更是大有人在:歌德、贝多芬、罗曼·罗兰、狄更斯、安徒生、诺贝尔等众多文学艺术大师、科学家,便是失恋不失志、在不幸中奋起的典范。失恋者应当从他们身上受到鼓舞,领略到风雨过后见彩虹的人生无限光明。

二、人生婚姻家庭的最佳设计建构

真正健康的爱情,通常会走向婚姻家庭。婚姻家庭,堪称大多数爱情的必然结果和重要形式。在一定意义,可以说没有婚姻的爱情是不幸的,没有爱情的婚姻是痛苦的;不以婚姻为目的的所谓"爱情",则是不负责的游戏性的"爱情";不以爱情为基础的婚姻,则是不道德的、徒有其名的婚姻。人生婚姻家庭的最佳设计建构,可谓人生爱情的最佳设计建构的目的与归宿。对此,应当付出较之人生爱情的最佳设计建构更大的努力。人生婚姻家庭的最佳设计建构,大致由人生婚姻家庭及其最佳设计建构的寓意述说,人生婚姻家庭的最佳设计建构原则,人生婚姻家庭的最佳设计建构方法组成。

(一)人生婚姻家庭及其最佳设计建构的寓意述说

人生婚姻,是男女之间的婚配联姻。它通常以爱情为基础,以家庭为载体。婚姻萌芽于原始社会的血缘群婚制,通过母系氏族婚姻、父系氏族婚姻、对偶婚姻,成熟于一夫一妻制婚姻。作为历史的产物,在当代,婚姻则是通过合法程序缔结的夫妻关系。从恋爱走向婚姻家庭,堪称人生的一次飞跃。千百年来,人们津津乐道的"洞房花烛夜","春宵一刻值千金",子孙绕膝、香火不断、世代繁衍,尽享天伦之乐,即道出婚姻乃至家庭特有的重要功能、"幸福指数"。婚姻,既是惬意的,充满神奇魅力,又是一件负有重要责任和义务的十分严肃的终身大事。它关系到人一生的前途命运和子孙后代的幸福,应十分慎重地对待,切切不可掉以轻心。家庭,本质上是建立在一定婚姻、血缘关系基础之上的人世间最亲密的社会组织,是社会的细胞和婚姻伴生物。它随婚姻嬗变而变化和发展,又与婚姻和血缘关系、养育关系共始终。

婚姻家庭的设计建构,历来是人们关注和热议的社会焦点。我国一方面,自古就有"四海之内皆兄弟","天下一家,共享太平","国之本在家","一家不治何以治天下"的学说。另一方面,近代启蒙主义者鞠普在其《毁家谭》中则提出"毁家"、群居、群婚、群交设想。他主张"破除贞淫之说。复多设会场、旅馆,为男女相聚之所。相爱则合,相恶则离,俾各随其情",各行其便。他认为"家者实万恶之源",私有制的最后避难所;有了家便有了这是你的、那是我的小我意识和剪不断理还乱的矛盾纠葛、是非冲突。"毁家"则可以让人模糊地产生梦幻意识:这个家可能是我的,那个家也可能是我的;这个美男或丽女可能是我的,那个美男或丽女也可能是我的;这个孩子可能是我的,那个孩子也可能是我的大我、大有、大家观念;产生大仁大爱行为。康有为在其秘不示人的《大同书》中强调:"色欲交合之事,两欢则相合,两憎则相离";"人人各得所欲,各得所求,各逐所欢,各从所好";男女婚姻"不得有夫妇旧名","名曰交好之约"。在他看来,美男丽女是大自然造就的,属人类共有资源财富,不应专为哪一个人终身私有;同时,为了保障婚姻的相对稳定性,不至因频繁换婚导致混乱,不致因婚居时间过长生出自己可以辨认的子女,"婚姻限期,久者不许过一年,短者必满一个月",所生婴儿"舍父母之姓","即以某度、某院、某室、某日成一名",交由社会公养公教。他主张,世界各族通婚,人种大同,且因远缘通婚、杂交出优势而高度优化。这样,便产生真正意义的公夫、公妻、公父、公母、公子、公孙、公家、公天下。① 当今,我国社会禁而不止的情人现象,婚外恋、三陪服务、一夜情、露水夫妻、试婚行为,虽然难脱生活糟粕干系,但有的专家却认为,它们多少带有人生婚姻家庭设计建构的某些可以参考的积极元素。在西方,古希腊思想家柏拉图的名著《理想国》,曾精心设计出一个所谓的"理想国家"。国家中的男女经常公开展示"裸体"之美,婚姻优选优配,优生优育,在一定程度实行群婚、对偶婚,优秀男女共居一室,共吃食堂。"理想国"不仅由"哲学王"管理,而且要求"最好的男人必须与最好的女人尽多结合在一起;反之,最坏的与最坏的要尽少结合在一起。"为了防止家庭子女私有化,孩子生下来就被秘密带走,以使父母与子女互不相识,社会予以共同培养教育。人际称谓按性别年龄天下一家规制,最长者统称为"祖父"或"祖母",次长者统称为"父亲"或"母亲",同龄人统称为"兄弟"或"姐妹",与实际血缘无关,以便造成朦胧认同意识、博爱观念。同时,按性别年龄等特点,使其

① 参见张锡勤、饶良伦、杨忠文:《中国近现代伦理思想史》,黑龙江人民出版社1984年版,第152、153、87、88页等。

各司其职、各尽所能,"做天然适宜于自己的工作"。①　西方社会,历来让妓院卖淫嫖娼合法化。一些学者认为,这样不仅能够发扬一定的人道主义精神,让独身男女也可以享受到一定的异性欢愉,有助于充分开发与利用性资源,而且有利于社会"维稳"安定、和谐团结,减少流氓犯罪。在他们看来,异性要求是一切动物的本能,只能疏导而不可遏止消除;妓院就像"厕所"一样,没有"厕所",人们就会随地大小便,没有妓院卖淫嫖娼,社会就会增加流氓犯罪。②　还有人根据否定之否定规律认为,一夫一妻制家庭作为私有制尤其是性私有制的产物,必然被新的公有制所代替,即在更高基础上形成对原始公有群婚制的否定之否定——新的肯定,重建多夫多妻制家庭或建立相互认同的群婚自由人联合体。马克思主义经典作家认为,"公妻制","它差不多是一向就有的";③"个体婚制",是"奴隶制和私有制"的产物,④而"消灭单个分开的经济是和消灭家庭分不开的"⑤;"个体婚姻是一个伟大的历史的进步……在这个时代中,任何进步同时也是相对的退步,因为在这种进步中,一些人的幸福和发展是通过另一些人的痛苦和受压抑而实现的。"⑥"凡是历史上发生的东西,都要在历史上消灭。"⑦诸如此类的观点,得到 20 世纪中叶以来离婚率、婚外恋上升和家庭分裂化、小型化、多样化趋势的一定支持。据统计,美国近 30 年来平均每年有 100 万~120 万对夫妇离婚,离婚率相当于 30 年前的两倍。我国近 30 年来,离婚人数亦大幅递增。2014 年 9 月 28 日,民政部发布的《社会服务发展统计公报》披露,2013 年,我国离婚人数达 350 万对,平均每天近 1万对,是 10 年前的两倍多。我国离婚率已连续 10 年呈增长态势。有关专家预计,这种势头还将进一步加大。1980 年,全世界每个家庭平均人口为 4.3人,现在则只有 3.7 人。2014 年,美国家庭平均人口为 2.5 人,25%的家庭为

---

①　[古希腊]柏拉图:《理想国》,郭斌和、张竹明译,商务印书馆 1986 年版,第 183~199 页。
②　参见 2012 年 9 月 13 日百度网:"开办妓院娱乐场所:开饭馆就得盖厕所","合理开办妓院和打击性解放乱伦聚众淫乱"等文。
③　《马克思恩格斯文集》第 2 卷,人民出版社 2009 年版,第 49、50 页。
④　《马克思恩格斯文集》第 4 卷,人民出版社 2009 年版,第 78 页。
⑤　《马克思恩格斯文集》第 1 卷,人民出版社 2009 年版,第 569 页。
⑥　《马克思恩格斯文集》第 4 卷,人民出版社 2009 年版,第 78 页。
⑦　《毛泽东文集》第 7 卷,人民出版社 1999 年版,第 35 页。

单身型,15%有单亲,15%只有一对夫妇,仅有 45%的家庭为双亲子女家庭。2014 年,我国家庭平均人口为 3.02 人,大大小于 10 年前。未婚同居、临时家庭人数多年来呈上升趋势,并广为社会舆论所接受。同居大致分为短期同居、长期姘居、试婚三种类型。"试婚"一词,自 1894 年由美国著名法官本·B.林塞在《伴侣婚姻》一书提出以来,受到学术界和社会的广泛关注。英国著名哲学家罗素在《试婚革命》一书中表示:"试婚是一个明智"的"建议";"如果要求人们在不知道他们在性的方面是否和谐的情况下就进入一种终身的关系,那是荒唐的。这就像一个人要买房子,但不能获取在成交之前看到房子一样荒唐。""无论男女,如果他们从未有过性经历,就想进入以生孩子为目的的庄重婚姻",令人委实"不敢苟同"。而今,试婚现象在全世界许多国家开始盛行。据有关调查,目前我国上海市至少 30%的新婚夫妇有婚前试婚背景。福建省某市未婚同居的"野鸳鸯"达 23%,并且大有星火燎原、日趋升温之势。① 人类两性关系越来越自主化,"爱情、婚姻、性的统一与矛盾"越来越凸显化,家庭组织形式越来越自由灵活随意化。② 现代西方社会和我国近几十年来婚姻家庭状况的巨大变化,尽管不乏消极负面影响,但有的学者却感到其中也不同程度地蕴涵人生婚姻家庭设计建构的某些可资借鉴的合理成分。

　　人生婚姻家庭的最佳设计建构,即对人生婚姻家庭的最正确科学的设计建构。笔者以为,对于人生婚姻家庭的最佳设计建构,所涉及的未来婚姻家庭形式,尽管一成不变的观点是难以立足的,学术界对此特别是对于人生婚姻家庭的最佳设计建构可以自由研究、畅所欲言,继续探讨论争下去;但是,在现时代,非一夫一妻制婚姻家庭是行不通的,一夫一妻制婚姻家庭至少在近百年之内不应当消逝。同时,妓院卖淫以及各种形式的过分性自由、性解放,在我国当今社会不宜允许。因为,迄今为止,一方面,一夫一妻制婚姻家庭作为社会细胞,对于维系社会的存续、人类的健康发展,仍有其不可替代的积极作用;上

---

① 参见牧之、张震:《心理学与你的生活》,新世界出版社 2009 年版,第 133 页;舒德平等:《现代生活艺术》,中国展望出版社 1986 年版,第 201、206、207 页;联合国开发计划署:《人类发展报告 2014》;国家卫生和计划生育委员会:《中国家庭发展报告 2014》。

② 参见［美］约翰·托夫勒:《第四次浪潮》,华龄出版社 1996 年版,第 192、196、203~209页。

世纪 80 年代以来,西方大量婚姻家庭破裂所酿成的社会悲剧,向人类敲响了警钟。另一方面,妓院卖淫所引发的艾滋病和其他性病的流行,各种各样的"性自由"、"性解放"带来的负面影响日渐凸显。所有这些不良现象,都应予以必要的大力防范和有效治理。

(二)人生婚姻家庭的最佳设计建构原则

人生婚姻家庭的最佳设计建构原则,即基于人生婚姻家庭及其最佳设计建构的寓意述说,联系实际,对人生婚姻家庭的最优设计建构准则。它主要有4 条。

1. 多元透视,不宜匆忙

"物不可以苟合而已,故授之以贲。贲者,饰也。致饰然后享则尽矣。"这是《周易·序卦》对于事物组合的经典妙论。婚姻家庭非同儿戏,它决定人生前途命运乃至千秋万代;缔结婚姻组建家庭必须高度重视,充分认知,全面考量,慎之又慎;切不可心血来潮、感情用事、忘乎所以,失去理智、不负责任、匆忙从事。爱情同心两相许,婚姻家庭贵满意;待到山花烂漫时,玫瑰彩虹连天地。多元透视、不宜草率,即多方面深入了解对方,全方位权衡利弊得失,防止盲行妄动,力避因原来爱情屡屡受挫、生活不幸,而"较劲赌气"或妄自菲薄、自我作践、自我毁弃,闪电般订婚、结婚、成家。大量心理学、社会学的理论和无数经验事实表明,热恋之后,双方最好经过一两年以上时间的冷静反思,在切实明确婚姻家庭目的前提下,把恋人视若路人,重新系统审视考量一番,弄清自己是否真正了解对方,对方是否真正熟悉自己,双方的道德品质、价值取向、文化修养、心理素质、相貌仪表、工作状况、家庭条件、社会地位等是否匹配,有什么疑点需要进一步探明、澄清,对方是否真正值得结为终身伴侣,成为家庭成员,是否存有国家婚姻法禁止结婚的三代血亲关系、严重遗传疾病、血型不合等。通常,男 AB 型血、女 O 型血不宜结婚。不然,后代易患 ABO 型溶血症。这些,都需要进行通盘考虑。同时,还应借助婚前体检,全面了解双方身心健康状况,积极参加新婚知识培训,做好新婚生活的充分准备,增强婚姻家庭新生活的预应性和心理承受能力。古今中外大量统计资料显示,多元透视、不宜匆忙是婚姻家庭美满的制胜法宝和救星、保护神;匆忙乃至"赌气斗狠"、冲动鲁莽是导致婚姻不幸、失败的"魔鬼"、灾星。凡是在这些方面做得好的伴侣,婚姻大都美满,家庭生活大都幸福;反之,婚姻家庭则往往屡屡出现矛盾冲突,感情裂痕,甚至酿成离婚散家悲剧。多元透视、不宜匆忙要求,对恋人必须进行全面深入了解,多方考察思虑,冷静分析,对未来婚姻家庭作出适度预期;在通盘审视评价权衡确无遗憾之后,方可考虑结婚成家。"天作孽,犹可违;自作孽,不可逭。"①万万不可草率从事,不可单凭一知半解或一时冲动而轻许终身、苟且完婚、勉为一家、抱怨一世、遗恨一生。

2. 移风易俗,婚事从简

婚事,本质上是两个人的同心结缘行为。它不是刻意做给别人看的表演游戏,两个人的欢快、惬意、热烈、奔放和相互愉悦、激励、感受最为重要。传统风俗虽然有其一定的合理元素,但也不乏不合事理时宜急需改进之处。订婚之后,操办婚事应当尽量移风易俗,既热闹喜庆,又节约从简。近年来,随着物质生活水平的大幅提高,女方大肆索要彩礼、结婚铺张浪费讲排场、借机大肆收礼敛财拉关系的现象相当严重。不少地方结婚早已由上世纪 80 年代的"两响三转五高档"(收音机、录音机,手表、自行车、缝纫机,彩电、冰箱、洗衣机、组合家具、金首饰)和大吃大喝讲排场,发展成为现在的"有车、有房、有财产,10 万见面方开眼,百万一花才过关"的豪支巨付。这种令人不爽而又难以摆脱的习俗,不仅造成极大人力、物力、财力、时间浪费,而且给婚后经济生活罩上一层阴影。讲排场的背后,往往隐匿着一颗负债累累、忐忑不安的心。难怪一些婚期降临青年频频发出"找得起对象,结不起婚"的慨叹。移风易俗、婚事从简,指的是一旦缔结婚约,确定结婚,应当尽可能地按照婚姻的本质特点,大力移风易俗,喜庆而又从简举办婚事,防止大操大办讲排场,铺张浪费摆阔气,收礼敛财拉关系。它规定,新时代的婚期伴侣应走在移风易俗的前列,大力倡导破旧立新,改革不良婚俗。积极配合有关部门,踊跃报名参加文明节俭的集体婚礼、旅游婚礼,切实履行"几条喜烟几包糖,清茶喜鞭入洞房"的现代结婚新方式,甚至实行"无房无车无钻戒,不办婚礼不蜜月,登记结婚即了结"的"裸婚",争做婚事从简的模范。同时,双方还应履行计划生育义务,做

---

① 《尚书》太甲。

到有计划地优孕、优生、优育、优教。

3. 美满幸福,地久天长

婚姻作为维系家庭的纽带,是家庭的重要因素;家庭作为婚姻的形式,既是少年儿童诞生和成长的圣地摇篮,又是成年人业余学习、研究和生活、休息、娱乐的场所,还是老年人养老栖身直至生命终结的依归之地。人的一生,大部分时光是在婚姻家庭中度过的。美满幸福、地久天长,对于人生婚姻家庭的最佳设计建构有着特别重要的意义。它指的是婚姻高度美满,家庭生活充分幸福,婚姻家庭如日之升、如月之恒,兴旺发达,像天地一样悠久无疆。它主张致力做好两项工作。

其一,相亲相爱,兴家创业。一方面,丈夫要勇挑家庭、社会重担,妻子相夫教子、甘做贤妻良母,"上得起厅堂、下得了厨房。"夫妇双方互敬互爱,夫唱妇随,妇意夫从,协调一致,或优势互补,相得益彰。另一方面,要长幼有序,尊老敬老,赡养老人,关爱子孙后代;兄友弟恭,姐妹相亲,妯娌团结,姑嫂和睦,共同营建温馨和谐美好家园;争当模范夫妻,尊老孝老好后代、教子有方的好父母,家人团结的楷模。再一方面,夫妻双方不仅要成家立业,更要兴家创业,让良好家风内化为精神诉求,外化为实践行动,努力争做新时代的创业先锋、致富能手、文明之星,争创"五好家庭"。

其二,珍重爱情,共渡难关。两性结合,拉开了家庭新生活的帷幕。双方的家庭地位、社会角色、生活内容、生活节奏、生活方式乃至生活环境发生巨大改变,生活重心开始转移。研究表明,婚后 3～10 年,相当一部分婚姻家庭关系进入最严峻、紧张、艰难的时期。这一时期,异性生活的奥秘被彻底揭晓,婚姻家庭的魅力弱化。昔日的风采神韵日趋衰颓,青春的骚动逐渐平息,双方的缺点暴露无遗,彼此心目中的偶像发生倾斜。旧时花前月下的卿卿我我,公园郊外的执手相伴、形影相随、笑逐颜开,名胜古迹旁的海誓山盟,被枯燥乏味的现实生活所代替。青春年华编织的五彩梦幻大部从天国降到地上,化作一缕缕泡影,破灭蒸发。美妙的婚姻家庭梦想所剩无几,甚至荡然无存。眼前所展现的多是嗷嗷待哺的孩子和单调重复的家务劳动、纷繁复杂的社会重负。这一切来得又是那样突然,简直令人始料不及。心理的天平失衡了,承受能力超限了。少数人的精神情感防线几近溃决,厌倦情绪、希望的失落感油然而生。

怨天尤人的牢骚时常病态式地宣泄,双方对峙甚至剑拔弩张的格局形成。加之生理上、心理上的欲罢不能、第三者插足,以及再婚的社会相容效应,情感上频频出现裂痕、断层,甚至滑坡,离婚率陡然上升。"一日夫妻百日恩,百日夫妻感情比海深。"珍重爱情、共渡难关,重在明确婚姻家庭生活特点特别是其难关特点,珍惜来之不易的婚姻家庭;彼此互相体贴,相互谅解,努力化解婚姻家庭中的各种纠结难题,用理智克制自我、战胜苦恼,用真情大爱融化对方,用两性的忠贞、整个的身心以及勤劳的双手,浇灌婚姻之花、家庭之树,战胜一个又一个困难,确保婚姻之花常开、家庭之树常青。

男怕娶错妻,女怕嫁错郎。婚姻的最佳设计建构,当然也不应一概地否定离婚。正确的态度应当是既反对喜新厌旧、始乱终弃、充当第三者、婚外恋、轻率离婚,又反对生活在水深火热中备受煎熬、痛苦不堪的婚姻,反对娶狗随狗、嫁鸡随鸡、忍辱负重、逆来顺受、得过且过、从一而终的婚姻,反对身陷玻璃囹圄,本来备受压抑、走投无路,但却自欺欺人、误以为前途光明的麻木不仁、执迷不悟、妄抱幻想的愚昧无知、悲剧无望婚姻。恩格斯曾指出:"既然性爱按其本性来说就是排他的……那么,以性爱为基础的婚姻,按其本性来说就是个体婚姻";"如果说只有以爱情为基础的婚姻才是合乎道德的,那么也只有继续保持爱情的婚姻才合乎道德。"①婚姻不仅应是专一的,而且应是道德的、公平合理的、美满幸福的。长痛不如短痛。倘若婚姻从一开始就是痛苦不幸的婚姻,一种被欺骗、胁迫或草率、轻佻、凑合、荒唐、错误的婚姻,受害方应幡然醒悟,奋起自救,尽快走出婚姻梦魇阴影,摆脱家庭生活苦难,毅然决然与对方决裂,并且决裂得越早越快越彻底越好。决不应囿于反正"生米已经做成熟饭"、"木已成舟"不能再回到从前,而犹豫不决、破罐破摔、自暴自弃,任凭不幸命运摆布。事实上,即便"生米已经做成熟饭",也有一个今后给谁吃,是给所爱之人吃,还是给不爱之人吃的问题;"木已成舟"还有一个给什么人乘坐、为了谁的问题。生生大活人,决不应被外界强加给自己的原本莫须有的一纸黑字、一抹红章的所谓"结婚证"所压倒。如果婚姻原来尚可,后来由于出现不应有的变故,双方感情确已破裂,婚姻名存实亡,家庭徒具形式,并且调解无

---

① 《马克思恩格斯文集》第4卷,人民出版社2009年版,第95、96页。

效、不可修复,经双方慎重考虑磋商后,可按法律程序提出离婚,但这通常只是迫不得已的一种选择。

4. 邻里和睦,共居共荣

婚姻家庭,不仅是社会赖以存续和发展的基本形式,而且是邻里相伴互助的最小社会单位。近水楼台先得月,远水不解近渴;远亲不如近邻,近邻不如对门。现代交际学表明,人际交往互动空间呈涟漪波澜状,具有以中心为重周围逐步扩散的动力递减规律。空间距离越近,彼此交往互动越强烈;空间距离越远,各自交往互动性越弱化。邻里是地缘关系最近的外围人际关系,邻里之间犹如隔壁的大家庭,拆了墙是一家,不拆墙也是一家,彼此交织着诸多利益联系。在高度信息化、协作化社会,发展新型邻里关系越来越显得重要。邻里和睦、共居共荣,指的是邻里之间建立起以诚相待、相互尊重、相互谅解、互助友爱,不是一家胜似一家的道德风尚。它强调,高度重视和建立和谐融洽的邻里关系,彼此共同发展繁荣。坚决反对几千年来延续下来的"各扫门前雪,莫管他人瓦上霜","鸡犬之声相闻,老死不相往来"的孤家寡人做法,以及以邻为壑、冷眼相待的错误之举;坚持以邻为友、与邻为善、亲如一家,大力营造邻里友好互助氛围,力求共居一处相尊重,团结一致谋进步,协作互利求飞跃,一道发展共繁荣。

(三)人生婚姻家庭的最佳设计建构方法

人生婚姻家庭的最佳设计建构方法,指的是按照人生婚姻家庭的最佳设计建构原则,结合具体需要,对人生婚姻家庭的最优设计建构方略法术。它主要有4种方法。

1. 力求夫妻恩爱,忠贞不渝

"十年修得同船渡,百年修得共枕眠,千年修得夫妻情,万年修得生死恋。"夫妻关系是来之不易的人间最亲密的关系。妻子常将丈夫视为自己的靠山;丈夫常将妻子看作自己的内助。宋代学者徐似道在其《阮郎归》一诗中则将妻子比作"蜂窝"、"牙"齿:"有一物,是蜂窝,姓牙名老婆";认为妻子既可以给丈夫酿造生活的甜蜜,与丈夫唇齿相依,又难免与丈夫磨牙争吵,并且能够对来犯者尤其是情敌像蜜蜂那样拼命蜇刺对方。夫妻作为家庭的主要角色,夫妻关系堪称家庭关系的轴心。力求夫妻恩爱、忠贞不渝,即夫妻双方恩爱有加,彼此忠贞专一,不允许第三者侵犯、插足、介入、占有、分享。它不仅有利于维系和加深双方的感情,而且有利于维护家庭和整个社会的安定,有利于夫妻双方的身心健康和工作、生活。有关统计表明,一般说来,结婚的比不结婚的长寿;不丧偶的比丧偶的长寿,夫妻关系和谐融洽的比离心离德的长寿。结婚的比不结婚的、夫妻恩爱的比感情不和的工作、生活更有责任心,更有事业成就。古代一些民族认为,爱情是"保春剂",能使人年轻化。一块罗马人墓碑上曾刻有这样的墓志铭:"勒·克拉夫季·格里姆靠着承接其年轻妻子的呼吸活了 115 岁零 5 天。这使医生惊讶不已。盼后人效仿。"相当多的人在热恋中激发出特有的创造活力。德国诗人歌德晚年因爱上年仅 19 岁的青春少女乌露丽叶,而创作出名作《玛丽茵巴托的悲歌》。① 法国 18 世纪启蒙主义思想家爱尔维修指出:"如果说爱情的快乐对于男子来说是最强烈的快乐,又有哪一种包含在这种快乐里的勇敢的种子、哪一种对于美德的热忱不能为好色的欲望所鼓动呢?","爱情发明一切,产生一切。"② 为此,我国著名长寿漫画家丁聪不仅喜欢人们一直称呼他为"小丁",而且饶有风趣地给自己订出这样的"爱妻歌诀":"如果发现太太错,那一定是我的错;如果不是我的错,也一定是我害太太犯的错;如果我还坚持她有错,那就更是我的错;如果太太真错了,那尊重她的错我才不犯错。总之太太绝对没有错——这话肯定没错!"著名教育家陶行知则对爱情的真谛作出这样的解读:"爱之酒,甜又苦;两人喝,是甘露。三人喝,酸如醋。随便喝,毒中毒。"③马克思与燕妮的动人爱情、撼世婚姻,更是令人称颂。马克思的小女儿艾琳娜曾深情地写道:"没有燕妮·冯·威斯特华伦,那么卡尔·马克思也就不成其为马克思。这绝不是夸大。两个生命(两个卓越的生命)能结合得如此紧密,互相取长补短,的确是见所未见的。"当回忆父母生离死别的感人场面时,她作出这样的描述:"在前面的大房间里躺着我的母亲,旁边的小房间里躺着摩尔(马克思)。这两个难舍难

① 参见莫语:《数字知道答案》,北京邮电大学出版社 2006 年版,第 69 页;"长寿之惑",《读者文摘》1985 年第 5 期;张瑞甫:《人生最优化原理》,山东人民出版社 1991 年版,第 170 页。

② 参见章海山:《西方伦理思想史》,辽宁人民出版社 1984 年版,第 403 页。

③ 教育部组编全国高校教材:《思想品德修养》,高等教育出版社 2003 年版,第 109 页。

分、相依为命的人不能同居一室……摩尔又一次战胜了病魔。我永远也忘不了那天早晨,他觉得自己已经有气力,(便)走到母亲房间里去了。他们在一起又都变得年轻起来,像是一对正在共同走进生活的热恋中的少男少女,而不像一个被疾病摧毁了的老翁和一个行将就木的老妇正在彼此永远诀别。"燕妮在临终时,对马克思说的最后一句朴实而又眷恋的话是"卡尔,我不行了",便安详地撒手人寰。①

力求夫妻恩爱、忠贞不渝要求,在爱情基础上建立起最高度融洽的夫妻关系,力争彼此心心相印,长相知不相疑,同甘共苦,亲密无间,生死不渝。当然,夫妻恩爱、忠贞不渝,不能狭隘地理解为无条件的盲目之爱。丁聪的"爱妻歌诀"也有不尽完美之处。夫妻恩爱、忠贞不渝除了真情大爱之外,还应包括对爱人缺点错误的批评矫正。这样的爱,才是充实的、丰富多彩的、平等而又健康向上、充满生机与活力的完美无瑕之爱。爱情是互相的。老公对太太"投以木瓜";反过来,太太对老公应当"报以琼瑶"。

2. 确保父慈子孝,敬老爱幼

人生一世,一般都要经历少年儿童、青年、中年、老年几个不同的时期。与此相对应,绝大多数人也都要经历"人养、养人、人养"几个阶段。孩子虽然是家庭的纯消费者,但他们却代表未来,充满希望;一些老人虽然已丧失劳动能力,未来也很少属于他们,但他们却为子孙后代已经做出一系列贡献,且成为长寿代表、精神情感依托。父慈子孝、敬老爱幼,堪称人类的自然使命;而冷落遗弃子女、歧视虐待老人,不仅国法不容,而且天理良心不许,理智情感不容。确保父慈子孝、敬老爱幼,指的是确保父辈慈爱子孙后代,抚养后代健康成长,成家立业;子孙后代孝敬老人,关心照顾老年健康生活。

确保父慈子孝、敬老爱幼规定,父母必须关爱子孙后代,辛勤培养教育他们,让他们德智体美劳全面发展;子孙后代对老人必须尊敬孝顺,尽职尽责,使之老有所养、老有所依、老有所乐、老有所望、老有所为,心情舒畅,享受幸福生活,欢天喜地安度晚年。我国乃文明古国,礼仪之邦。父慈子孝、敬老爱幼,是

---

① 详见张瑞甫主编:《中外名人的人生之路》,内蒙古人民出版社2010年版,第106、107、108页。

中华民族的传统美德。隋代教育家颜之推十分关注子孙后代的教育培养。他主张"当及婴稚,识人颜色,知人喜怒,便加教诲;使为则为,使止则止。"①甘肃武威地区发现的《王杖诏书令》汉简表明,西汉时期我国就有了尊老养老法律。法律规定,年龄在 70 岁以上的老人,由朝廷赐予"王杖",享受优待照顾。其社会地位相当于俸禄 600 石的官吏,出入官府可以不受礼节限制等。对侮辱持"王杖"老人者,按蔑视皇上罪,处以极刑。② 新中国的公民应继承和发扬祖国父慈子孝、敬老爱幼的光荣传统,用实际行动谱写出父慈子孝、敬老爱幼的新篇章,争做呵护子孙后代健康成长的好家长,孝敬老人的好后代。

3. 厉行家政民主,群策群力

民主不仅是一个社会概念、一种人权方式,而且也是一个家庭范畴。厉行家政民主、群策群力,即对家庭事务管理充分发扬家庭成员治家民主,做到群策群力,集思广益,共同建设家园,振兴家庭。

厉行家政民主、群策群力主张,所有家庭成员政治上一律平等,彼此之间不分男女老幼、辈分大小、职位高低、收入多少,都有资格参与家事、料理家务、制订家规、主持家政,谁说得对,就照谁的意见办理。彼此间,有事共同商量。坚决反对"男子汉大丈夫主义",破除男尊女卑独裁专制的封建家长制遗风;防止"妻管严",避免"夫人一手遮天";力避"公子小姐专政",防止爱子娇女称王称霸恣意妄行。要充分尊重老人的意愿,听取他们的合理化意见和建议,切实树立起集体家集体管、家衰我耻、家兴我荣的主人公意识,尽心尽责,把家庭治理好、建设好。

4. 致力内亲外和,共创未来

和为贵,家和万事兴,团结就是力量;忠厚传家远,勤劳济世长。苏联著名教育家马卡连柯说过:"爱情不能单纯地从动物的性的吸引力培养出来。爱情的'爱'的力量只能在人类的非性欲的爱情素养中存在",一个人"如果不爱他的父母、同志和朋友,他就永远不会爱他所选来做他妻子(或丈夫)的那个女人(或丈夫)。他的非性欲的爱情范围愈广,他的性爱也就愈为高尚"。③

---

① 《颜氏家训》教子篇。
② 见《文汇报》1983 年 4 月 21 日。
③ 本书编纂组:《中外名言大全》,河北人民出版社 1987 年版,第 216 页。

婚姻家庭,是一个有机系统。现代系统科学研究表明,系统不仅由目标、要素、结构、功能、过程(发展、变化、控制、反馈)构成,而且不同程度地受到环境影响。婚姻家庭作为一个有机系统,要尽可能维系好、巩固好、发展好,必须做到内亲外和,共创未来。致力内亲外和、共创未来,指的是婚姻家庭内部凝心聚力、亲密无间、兴家创业,树立良好的家风,建立优越高尚的社会形象;婚姻家庭外部团结和睦,同心同德;内外通力合作,共同创造出幸福明天。

致力内亲外和、共创未来强调,在全面开展婚姻家庭最佳设计建构,充分提升婚姻家庭质量品位水平的同时,力争婚姻家庭内部最大限度地团结,婚姻家庭外部包括亲戚、朋友、同事、邻里关系尽可能地和谐,从而共同开创婚姻家庭的美好未来。

三、人生社会交往的最佳设计建构

随着科技腾飞、信息化、数字化时代的到来,整个人类社会日益"缩小"为一个"地球村"。人生社会交往的最佳设计建构,堪称人生横向交际的最佳设计建构的进一步拓展。它大体包括人生社会交往及其最佳设计建构的积极效用,人生社会交往的最佳设计建构原则,人生社会交往的最佳设计建构方法三项内容。

(一)人生社会交往及其最佳设计建构的积极效用

人生社会交往及其最佳设计建构的积极效用,是人生横向交际的又一重要内容。所谓人生社会交往,主要指的是人与人、人与群体之间的交际往来。它以互利互惠、协作共赢为宗旨,以获得自己在独立状态下无法得到的利益和力争自身利益最大化为目的,具有整合功能、交流功能、互补功能、发展功能、增值功能、保健愉悦功能等有益功能。

人作为最社会化的动物,"人的本质",在其社会现实性上,"它是一切社会关系的总和。"[1]个人只有通过社会交往才能最大限度地提高和实现自身的价值。人的性别、年龄、性格、职业、分工、地位、能力及其需求的千差万别,彼

---

[1]　《马克思恩格斯文集》第 1 卷,人民出版社 2009 年版,第 501 页。

此之间的相互需要,不仅使人生社会交往成为人类生存、发展、享受的必要,而且成为现实可能。

东晋诗人陶渊明的一首《杂诗》写得好:

> "人生无根蒂,飘如陌上尘。
> 分散逐风转,此已非常身。
> 落地为兄弟,何必骨肉亲。
> 得欢当作乐,斗酒聚比邻。
> 盛年不重来,一日难再晨。
> 及时当劝励,岁月不待人。"

同住一个地球村,普天之下一家人。单单是谈情说爱、结婚繁衍,这一至关重要而又司空见惯的事实,人生就必须通过社会交往而不能离开别人来实现。试管婴儿、克隆人体,永远不可能替代和企及人类其乐融融的谈情说爱、自然而然的结婚繁衍。不仅如此,甚至婚配的血缘远近,也受制于天下为公、奖公罚私的"天之道"规律的支配:胸襟宽广利己利人远缘结婚出优势,狭隘自私"肥水不流外人田"近亲结婚多缺陷。其他方面的成功,总体可以说七分在实力拼搏,三分在社会交往;有些事情的成功,实力与交往绩效相当,甚至比重前三后七。据此,我国宋代哲学家邵雍认为,集众聚能、集思广益对于人生异常重要。他在《皇极经世·观物内篇》中深刻指出:"我亦人也,人亦我也,我与人皆物也。此所以能用天下之目为己之目,其目无所不观矣;用天下之耳为己之耳,其耳无所不听矣;用天下之口为己之口,其口无所不言矣;用天下之心为己之心,其心无所不谋矣……夫其见至广,其闻至远,其论至高,其乐至大,能为至广、至远、至高、至大之事……岂不谓至神至圣者乎!"德国18世纪哲学家哥特弗雷德·赫尔德认为"任何一个人"都是"整个人类的一分子;人类发展的链带延续不断,个人只不过是其中的一个节点。"①法国思想家伏尔泰强调:"相互需要……乃是人与人之间永恒的联系";荷兰17世纪哲学家斯

---

① [德]哥特弗雷德·赫尔德:《论语言的起源》,姚小平译,商务印书馆1998年版,第87页。

宾诺莎一反英国同时代的哲学家霍布斯的"人对人就像狼一样"的观点,认为"每个人对于别人都是一个神","除了人外,没有别的东西对于人更为有益";法国18世纪哲学家爱尔维修认为"在所有东西中间,人最需要的东西乃是人","爱别人,就是爱那些使我们自己幸福的手段"。① 日本当代著名管理学家系川英夫不仅认为社会交往在同行熟人中受益匪浅,而且认为"拥有最好的知识和信息的人,是跟自己没有来往的人。要掌握新的信息和知识,就一定要跟这样的人多接触。"美国当代学者马科思·冈瑟曾用20年时间,调查访问了1000多名社会达人成功者,让他们谈对社会交往效用的看法。结果他们大都回答:"总的来说,最走运的人是那些拥有许多朋友和熟人的人",人的"结交网越大……发现某种走运机会的可能性就越多。"②"你是我的幸福,我是你的最爱","人品是品牌,学历是铜牌,人脉是银牌,创新是金牌,特长是王牌","情商高于智商",交往强于独立蛮干,对于多数人不仅不是哗众取宠的新潮用语,而是实实在在真真切切的生活写照。

人生社会交往从不同角度,可以划分为异性社会交往、同性社会交往,直接社会交往、间接社会交往,单向社会交往、双向社会交往、多向社会交往,水平社会交往、垂直社会交往,简单社会交往、复杂社会交往,表面社会交往、深度社会交往,经济社会交往、政治社会交往、文化社会交往,物质社会交往、精神社会交往、情感社会交往,良性社会交往、恶性社会交往,以及友谊社会交往、日常社会交往、特殊社会交往、博弈谈判社会交往,最优社会交往、次优社会交往、一般社会交往、次劣社会交往、最劣社会交往等。

人生社会交往的最佳设计建构,即对人生社会交际往来的最正确科学的设计建构。其宗旨在于以最少的投入消耗,获得最大的人生社会交往价值效益。它在人生的生产、生活中,发挥着越来越大的积极效用。

(二)人生社会交往的最佳设计建构原则

人生社会交往的最佳设计建构原则,即立足人生社会交往及其最佳设计

---

① 引自章海山:《西方伦理思想史》,辽宁人民出版社1984年版,第374、263、354页;周辅成编:《西方伦理学名著选辑》下卷,商务印书馆1987年版,第89页。

② 参见李光伟:《时间管理的艺术》,甘肃人民出版社1987年版,第102页。

建构的积极效用,联系实际,对人生社会交往的最正确科学的设计建构准则。它大致涉及 4 个方面。

1. 相互尊重,与人为善

相互尊重、与人为善,即交往双方彼此相互敬重,友好向善,而不是单单从自我需要出发,歧视别人,与人为恶。人生天地间,同为人类一族,本无所谓高低贵贱之分。马克思高度赞赏英国古典经济学家亚当·斯密关于"个人之间天赋才能的差异,实际上远没有我们所设想的那么大"的观点;他认为"从根本上说,搬运夫和哲学家之间差别要比家犬和猎犬之间的差别小得多。"①鲁迅先生强调:虽然"天才大半是天赋的",但是,"即使天才,在生下来的时候的第一声啼哭,也和平常的儿童的一样,决不会就是一首好诗。"②现实生活中人的高低贵贱,尽管与先天遗传素质有一定关联,但主要的却是由后天的家庭条件、社会分工和周围的环境尤其是个人奋斗造成的。在社会交往中,人应当相互尊重、与人为善。对此,孟子有一段名言:"一箪食,一豆羹,得之则生,弗得则死;呼尔而与之,行道之人弗受;蹴尔而与之,乞人不屑也。"③即是居上位而对于下位,施舍者对受舍者,也应当尊重其人格。同时,人为万物灵,人性本为善;世界上没有一个天生的恶人,"恶"主要是后天教育不当等原因引起的人性的扭曲和兽性的上浮。相互尊重、与人为善,乃是人性自然之规定。大千世界,人海茫茫,众生不一:投桃报李者有之,冤冤相报者有之;以怨报德者有之,以德报怨者有之;斤斤计较者有之,宽宏奉献者有之;直接善恶相报者有之,间接善恶相报者亦有之;善恶希冀与现实相统一者有之,善恶希冀与现实相背离者亦有之。然而,异中有同,同中有异,冥冥之中自有定数,千变万化蕴含一定规律:因果相随,善恶相报,能量守恒,物质不灭,相互转化。古今同理,中外皆然,将来亦复如此。医学界曾对 500 多位廉政官员和 500 多个贪官污吏,进行过 10 年随访调查。结果发现,廉政官员,因其一身正气,两袖清风,心胸坦荡,受人尊敬,无缺德压力,无一人去世,得重病的仅有 16%;而贪官污吏却由于

---

① 《马克思恩格斯文集》第 1 卷,人民出版社 2009 年版,第 619 页。
② 《鲁迅全集》第 1 卷,人民文学出版社 1981 年版,第 169、168 页。
③ 《孟子》告子上。

忧心忡忡,积怨成疾,死亡者与患癌症、得脑溢血等重病者高达 60%。① 善恶即使今生今世得不到相报,死后论名、子孙利害,亦将得到相应回报,结果不多不少,正好等于原因。冤冤相报何时了,以德报德最当然,以德报怨最高尚,以怨报怨最狭隘,以怨报德最缺德。缺德受罚,古今中外概莫能外。这不是唯心主义宿命论,而是马克思主义关于"人类历史上存在着某种类似报应的东西"、"报应的规律"②的正确科学的辩证唯物主义、历史唯物主义因果观。为人自当尽人道,做事理应遵天理,人生社会交往应当多行善事,应当而且必须相互尊重、与人为善。这是人生社会交往的本质规定,也是其首要原则。

相互尊重、与人为善要求,一方面,人生社会交往双方必须尊重对方人格。不仅须深谙"世界上最大的侮辱是对人格的侮辱,最大的不敬是对人格的不敬,最大的耻辱是恬不知耻、以耻为荣"的至理通则,而且须精通"你要想别人怎样对待自己,你就怎样对待别人"的换位思考、处世之道,平等相对,真诚相待,一视同仁;切不可歧视、怵慢对方。另一方面,必须视人如己。像善待自己一样善待别人,设身处地为别人着想。力求助人为乐,乐于奉献,行善多多,多多益善;对得起天地良心,对得起人之为人的至尊称号。牢记现代教育家叶圣陶抨击的"你骂我,我骂你,骂来骂去只是借别人的嘴巴骂自己"的深刻教诲;做到爱憎分明,抑恶扬善。大爱无言,至善无疆。除极少数邪恶之人外,对于广大社会交往对象,应尽可能地想对方之所想,急对方之所急,言对方之所言,为对方之所为;在力所能及的范围内,不惜真情奉献,大爱施予,大善相加,满足对方正当合理诉求,给对方一个充分满意,予别人一个意外惊喜。

2. 科学观人,区别对待

科学观人、区别对待,指的是运用最正确科学的方式观察人,并在此基础上最正确科学地区别对待人。科学观人、区别对待,既是古今中外人生社会交往的常见现象,名人名家的关注热点,辩证唯物主义和历史唯物主义人生社会交往观所恪守的基本要求,也是人生社会交往最佳设计建构的又一重要原则。在人生社会交往中,固然单纯的以貌取人、以言定人、以行待人、血统论、背景

---

① 莫语:《数字知道答案》,北京邮电大学出版社 2006 年版,第 46 页。
② 《马克思恩格斯全集》第 12 卷,人民出版社 1962 年版,第 308 页。

关系论、职位分工论有失偏颇,不足为取;特别是带有大量宗教唯心主义迷信色彩、神秘蒙骗意图的相面算命术,更应受到批判;但是,本质决定现象,现象反映本质,通过现象可以看到本质。孟子所说的"存乎人者,莫良于眸子"①;人们常说的"眼睛是心灵的窗口";生理学、心理学、语言学、行为科学、人际关系学所揭示的情由相表、相由心生,以及貌为心形、言为心声、行为心动等人性特点、人生规律、友谊之道、交往科学,对于人生社会交往的最佳设计建构,却值得借鉴。一般说来,身心健康、相貌端庄秀美的人往往聪明善良、积极向上,身心不健康、相貌丑陋的人多半愚钝、邪恶、消极落后;肥头大耳、大腹便便的人往往懒惰、忠诚,身体瘦削、贼眉鼠眼的人多半狡猾、伪善、凶悍;襟怀坦白、明辨是非、爱憎分明、立场坚定的人往往聪明正直、诚实可靠,心灵灰暗、不辨是非、态度模糊、动摇不定的人多半愚昧无知、不可信赖;谨言慎行、表里如一的人往往坚持原则、忠于职守,夸夸其谈、巧言令色、手舞足蹈、评头论足、人云亦云的人多半见风使舵、反复无常、惯于背后损人、善于搬弄是非;唯唯诺诺、支吾其辞的人往往优柔寡断、难当重任,言不由衷、言过其实的人多半是伪君子,大吹大擂的人多半是缺乏自信、热情有余、成事不足之人;行动果敢、迅速、阳光透明者往往自信、耿直、敏捷、办事效率高,行动迟缓、举棋不定者多半办事拖拉、效率低下,行动诡秘隐蔽者多半有不可告人的目的;勤奋刻苦、自强自律、拼搏进取者往往对自己、家庭、国家、社会富有责任心且贡献卓著,好逸恶劳、抽烟致瘾、嗜酒成性者多半是对自己、家庭、国家、社会不负责任的人间寄生虫、败类;衣饰大众化、言行合常规的人往往是安分守己之人,奇装异服、行动怪诞者多半是个性特殊的社会另类;家庭出身条件优越、背景关系职位分工强势者往往综合素质较高,家庭出身条件平平、背景关系职位分工一般者多半综合素质中等,家庭出身条件低劣、背景关系职位分工弱势者多半综合素质较低;忠厚诚信、清官廉吏均为正人君子,奸诈投机、贪官污吏均属小人之辈;工人、农民较勤劳淳朴,商人、经济人多斤斤计较,高级知识分子、名人大家、德高望重者、医生、教师、科技人员大多工作生活作风严谨、落落大方,文艺、体育、管理、公关人员和外向性格者大多活泼开朗、社交能力强,贫困潦倒、地位低

① 《孟子》离娄上。

下、内向性格者常常少言寡语、不善社交,文化程度低下者、城市小市民、农村小生产者往往视野狭窄,知识阶层、走南闯北人员特别是有国外留学、工作、生活背景者多半见多识广、富有知识才华。

科学观人、区别对待规定,一方面,注意防止假象干扰、影响和单纯以貌取人、以言定人、以行待人、血统论、背景关系论、职位分工论,特别是大力破除反科学欺诈性的占卜算命相面术,避免其貌不扬、思想超群、内心仁慈、言行高尚的春秋思想家政治家晏子、孔子式的人物,以及一只眼睛不佳廷试第一名的明代才子张和式的人物受到误解冷落,不让仪表堂堂、表里不一、心灵丑陋、行为邪恶的宋代奸臣秦桧、明代有才无德的陈世美、《水浒》中貌美心狠手辣的潘金莲式的人物兴风作浪。另一方面,根据各种各样社会交往对象的不同生理、心理、语言、行为、出身、背景、职位、分工特点、愿景诉求,运用现代生理学、心理学、语言学、行为科学、人际关系学相关手法艺术,正确科学地区别对待每一个不同人生社会交往对象。再一方面,对于坏人坏事予以坚决斗争,既"不让好人吃亏"受气、倍受损失,也不让坏人投机钻营、屡屡得手、横行霸道占便宜。力求以最恰当的方式,用最少的成本投入、消耗,获得最大的人生社会交往价值效益。

具体说来,应高度明确和牢牢坚持六种切实可行的准则。

其一,对待品质高尚、为人正直、积极进取的人,不仅见贤思齐,引以为楷模,积极学习,而且推心置腹,赤诚相待,勇于做出自我牺牲,以满腔热情关心、爱护、支持和帮助他们。这方面,古今中外留下许许多多的动人佳话。我国战国时代钟子期和俞伯牙的生死知音情谊;马克思与恩格斯肝胆相照、风雨同舟、荣辱与共的莫逆之交,无不备受人们的称颂。列宁对马克思、恩格斯的深情厚谊曾倾情赞叹道:"古老传说中有各种非常动人的友谊故事。欧洲无产阶级可以说,它的科学是由这两位学者和战士创造的,他们的关系超过了古人关于人类友谊的一切最动人的传说";"自从命运使卡尔·马克思和弗里德里希·恩格斯相遇之后,这两位朋友的毕生工作,就成了他们的共同事业。"①实践证明,这种高尚无私的交往之情,不仅基于彼此之间的共同理想志向,而且

---

① 《列宁选集》第1卷,人民出版社2012年版,第95、88页。

基于疑人不用、用人不疑、诚实守信的道德诉求，以及人生社会交往是相互的，不能光有"收入"而无"支出"，基于某些事情的"疑行无功，疑事无成"，它是事业成功的必要保障。据《美国名人谈成功秘诀》一书介绍，美国名人"至少有2/3确实认为他们在关心他人方面特别擅长"，"有51%的人认为，关心别人是对他们的成功起作用的极为重要的特性。"这自然是由人生社会交往的"相互性"、相得益彰功能和有所"支出"才能有所"收入"甚至是更大"收入"的规律性造成的。

其二，对于朋友、亲爱者、同道之人，不仅要虚心求教，取长补短，而且要友爱至上，情同手足，甚至视为异体同心的另一个自我，互谅互让，互帮互助，格外呵护，关爱备至。对此，法国现代作家约瑟夫·鲁在其《一个教区牧师的沉思·爱情·友谊和朋友》中有一句经典话语："何为友谊？两个身子一颗心。"患难之交、莫逆之友、生死之情，尤其是世世代代历久弥新的永恒之谊，因其弥足珍贵，更应倍加爱护。"一死一生乃知交情；一贫一富乃知交态。"①对于人生社会交往，既要结识新朋友，升华老友谊，防止喜新厌旧、得不偿失的不明智之举，力避有钱、有权、有用即朋友，无钱、无权、无用"陌路人"的不仁不义行为；又要对亲朋好友的缺点错误，能够予以及时善意的批评纠正，防止无原则的包庇怂恿。这才是健康积极向上的高尚永久的友谊，而不是病态世俗取向低下，甚至黑社会、宗派小团体的实用主义短暂"交情"。

其三，对于一般人，不仅尽量予以正面积极影响，使之不断提升自身文化素质，而且要胸怀博大，搞"五湖四海"，不搞个人山头和唯我独尊；大事讲原则，小事讲风格，善于团结大多数人一道学习、工作和生活。对于偶犯错误且思悔改者，不仅批评适可而止，不抓住不放，而且要善于谅解宽容，"得饶人处且饶人"，给之以将功补过的机会，使之向好的方面转化。战国时代的楚庄王"下令扯缨护下僚"的故事，尤为耐人寻味，值得后人效法。一次，楚庄王设宴招待得力重臣，他让一位爱妃出面敬酒。不料，一阵风吹灭了烛火。黑暗中有人乘机对爱妃调戏非礼。这位爱妃顺手扯下此人帽缨。烛光重新点燃，爱妃凭手中帽缨要楚庄王找出并处罚其人。谁料到，楚庄王不但装着若无其事，而

---

① 汉代学者刘向:《说苑》论丛。

且要求重臣开怀畅饮，并发话"谁喝得不把帽缨扯下来，就要受罚"，以便让图谋不轨者蒙混过关。这位大臣，为报不究之恩，痛下决心拼死疆场。后来，在攻打郑国时，他率军英勇杀敌连斩五将，力挫群雄大获全胜。不仅如此，人生社会交往还需对上不奴颜婢膝、阿谀奉迎，对下不盛气凌人、冷眼相待，不论亲疏远近、上下左右、地位高低、势力强弱，都一视同仁，真理面前人人平等。做到铮铮铁骨、一身正气、两袖清风，决不与世俗浊水污泥同流合污。

其四，对于一贯搬弄是非、挑起事端、爱占便宜、诬陷造谣或施加情感"冷暴力"的无聊之辈，一方面，置之不理，使之"垃圾"化；另一方面，可以予以必要的防范，恪守"害人之心不可有，防人之心不可无"的古训；再一方面，可以给予其必要的批评劝导或斗争。千万不要为之大动肝火，过于烦恼。要牢记这样的哲理名言："生气是连自己也控制不了的无能表现"；"生气不如争气"，"生气是帮助别人加倍惩罚自己"，"争气却能让人事业再接再厉，勇往直前，让谣言不攻自破，令对方不打自垮。"

有首现代哲理诗写得好：

"人若气我我不气，我若生气中奸计。
面对歹人有三法：一曰不理任他去；
二曰以其之道治其身；三曰将计还就计。"

对于无聊之辈，不仅要深知"一打三分低、攻人者自损三成"的常理和《孙子兵法·谋攻篇》"不战而屈人之兵，善之善者也"的战略思想，而且要深明"强自取柱，柔自取束"①；人生当自强、人生当自立，加强自身建设总是第一位的。

有位哲人说得好：

当你是一粒尘埃，只能随风飘荡，飘向何方，落于何处，全不由己；
当你是一粒沙子有人用脚驱下土，就会轻易把你埋没；

---

① 《荀子》劝学。

当你是一块顽石,有人要埋没你,必须耗神费力,甚至动用镐锹;

当你是一座高山,有人要埋没你,

不仅会使他适得其反,更加增加大山的高度,使你更加巍峨壮观,

而且最终会令他拜倒在你的脚下,望山兴叹! 这也是量变到质变的一种飞跃。

其五,对于欲火中烧"羡慕、嫉妒、恨"的"变态狂",不可机械地以眼还眼、以牙还牙、针锋相对,最好的办法是把工作做得更好,让他更加嫉恨。因为嫉恨本身会产生足以毒死一头牛的毒素让嫉恨者自残,嫉恨者本人由于自己不思进取,不希望别人进步超越自己,到头来他自己也只能止步不前,甚至倒退;并且被嫉恨说明自己已经超过嫉恨者,值得欣慰。不然,自己则不仅身心受损,影响个人取得更大进步,而且正中嫉恨者的下怀。

其六,对于心术不正、忘恩负义、恩将仇报、图谋不轨、一向与人为恶、为非作歹、害人为乐、品质恶劣、道德败坏的人渣败类,以及祸国殃民、天怒人怨、人神共愤、十恶不赦、死有余辜的坏人,一方面,要旗帜鲜明、立场坚定、针锋相对地予以坚决斗争。另一方面,须讲求斗争的策略艺术,特别是最佳方式方法和灵活机动的战略战术,善于运用以毒攻毒方略,让其搬起石头砸自己的脚,使其垫脚石变为绊脚石,令其过河后所拆之桥成其断后之路,走投无路;要运用道德和法律双重手段,甚至不惜动用武力,务求斗争实效、速战速决、战而胜之。

第七,对于弱势群体、落难之人、贫困潦倒者,给予高度人性关怀、大力援助;使之坚强挺立,勇敢面对现实,不断战胜困难,走向成功。

至于古希腊学者比雅斯所说的"爱你的朋友时,要把他看得将来也许有一天会成为你的仇人,恨你的仇人时,要把他看得将来也许有一天会成为你的朋友"[1];英国前首相丘吉尔所讲的"没有永远的朋友,也没有永远的敌人,只有永远的利益"等;这类观点和方法,虽然可以作为初交时的参考,但却不可作为人生社会交往的普遍准则、永久方法在人生社会交往中全面倡导。否则,

---

[1]　章海山:《西方伦理思想史》,辽宁人民出版社1984年版,第249页。

爱憎原则将变得模糊不清,无足轻重,不利于最大限度地团结同志和最有效地对付作恶多端的坏人;更与鲁迅先生所说的"和朋友在一起可以脱掉上衣,但上阵要穿甲"的主张相违背①。

古今中外有关科学观人、区别对待的文本性和民间口头流传的喻世明言、警世通言、醒世恒言,极为丰富。除却其中的唯心主义迷信色彩、低俗不雅元素和经验主义、以偏概全形而上学观点以外,不乏可资借鉴的金玉良言。特别是我国古代的《四书五经》、《三字经》、《教儿经》、《幼学琼林》、《弟子规》、《千字文》、《增广贤文》,国外的《圣经》、《羊皮传》、《关系学》、《心灵鸡汤》、《成功学》,以及民间大量长期口头流传的经验性哲思妙语、观人艺术,其中的人生社会交往思想精华,更是值得大力借鉴汲取。

附:古今中外科学观人、区别对待名言

"观乎人文,以化成天下";"君子吉,小人否";"小人用壮,君子用罔。"

——《周易》贲彖传、遁经、大壮经。

"玩人丧德,玩物丧志","知人则哲","无偏无党,王道荡荡。"

——《尚书》旅獒、皋陶谟、洪范。

"大象无形","大音稀声","大直若曲,大巧若拙";"上善若水,水善利万物","天道无亲,常与善人";"自见不明,自是不彰,自伐无功,自矜不长";"善人,不善人之师;不善人,善人之资";"信言不美,美言不信";"善建者不拔,善抱者不脱。"

——《老子·道德经》第四十一、四十五、八、七十九、

二十四、二十七、八十一、五十四章。

"智者不失人,亦不失言","不患人之不己知,患不知人也";"恭而无礼则劳,慎而无礼则葸,勇而无礼则乱,直而无礼则绞";"勇者进取,涓者有所不为";"视其所以,观其所由,察其所安","民无信不立";"仁者先难而后获","见贤思齐焉,见不贤而内自省";"君子务本","笃信好学,守死善道";"节用而爱人,使民以时","言必信,行必果","君子求诸己,小人求诸人";"智者不

———————————

① 《鲁迅书简》。

惑,仁者不忧,勇者不惧";"巧言令色,鲜矣仁";"君子和而不同,小人同而不和","君子矜而不争,群而不党","人之过也,各于其党";"君子成人之美,不成人之恶";"君子"有"九思"、"五美"、"四毋"、"三畏"、"三戒"、"三友"、"三乐";"道不同不相为谋","可与共学,未可与适道;可与适道,未可与立;可与立,未可与权";"智者利仁","泛爱众,而亲仁","天下为公","有朋自远方来,不亦乐乎";"与朋友交,言而有信","近者悦,远者来","老者安之,朋友信之,少者怀之。"

——《论语》卫灵公、学而、泰伯、子路、为政、颜渊、雍也、里仁、子罕、阳货、季氏、公治长;《礼记·礼运》。

"善气迎人,亲如兄弟;恶气迎人,害于刀兵","善人者,人亦善之";"甚富不可使,甚贫不知耻";"小谨者不大立。"

——《管子》心术下、霸形、奢靡、形势。

"有谀人,有利人;有恶人,有善人;有长人,有谋士;有勇士,有巧士,有使士;有内人者,有外人者;有善人者,有善门者","器用皆谨部,各有积分数";"爱人利人者天必福之,恶人贼人者天必祸之。"

——《墨子》襍守、法仪。

"至人无己","至仁无亲","知天之所为,知人之所为者,至矣。知天之所为者,天而生也;知人之所为者,以其知之所知以养其知之所不知,终其天年……是知之盛也";"人皆知有用之用,而莫知无用之用";"君子之交淡若水,小人之交甘若醴";"小人殉财,君子殉名","势为天子而不以贵骄人,富有天下而不以财戏人","不累于俗,不饰于物,不苟于人,不忮于众。"

——《庄子》逍遥游、天运、大宗师、人间世、山木、盗跖、天下篇。

"仁者爱人","老吾老以及人之老,幼吾幼以及人之幼,天下可运于掌";"天下无道,小役大,弱役强";"人必自侮,然后人侮之;家必自毁,而后人毁之;国必自伐,而后人伐之";"生于忧患而死于安乐";"爱人者人恒爱之,敬人者人恒敬之。"

——《孟子》离娄下、梁惠王上、离娄上、告子下。

"好荣恶辱,好利恶害,是君子小人之所同也";"凡攻人者,非以为名,则案以为利","唯利所在,无所不倾","相形不如论心,论心不如择术";"执拘则最,得间则散","善假于物";"仁者好告示人","善言古者必有验于今,善言天者必有征于人";"小人可以为君子而不肯为君子;君子可以为小人而不肯为小人";"天不为人之恶寒也辍冬,地不为人之恶辽而辍广,君子不为小人汹汹也辍行。"

——《荀子》荣辱、富国、非相、强国、不苟、劝学、性恶、天论。

"入境而问禁,入国而问俗,入门而问讳。"

——《礼记》曲礼上。

"与善人居,如入芝兰之室,久而不闻其香……与不善人居,如入鲍鱼之肆,久而不闻其臭。"

——《孔子家语》第六。

"君子居必择邻,游必就士。"

——《晏子春秋》杂居。

"尺有所短,寸有所长;物有所不足,智有所不明,数有所不逮,神有所不通。"

——战国楚国诗人政治家屈原:《楚辞》卜居。

"凡人之论,心欲小而志欲大,智欲圆而行欲方,能欲多而事欲鲜。"

——汉代学者刘安:《淮南子·主述训》。

"志道者少友,逐俗者多俦。"

——汉代学者王符:《潜夫论》实贡。

"水至清则无鱼,人至察则无徒。"

——汉代学者东方朔:《答客难》。

"人之性最难察焉,美恶既殊,情貌不一。有温良而为诈者;有外恭而内欺者;有外勇而内怯者;有尽力而不忠者。然知人之道有七焉:一曰问之以是非而观其志;二曰穷之以辞而观其变;三曰咨之以谋而观其识;四曰告之以难而观其勇;五曰醉之以酒而观其性;六曰临之以利而观其廉;七曰期之以事而观其信。"

——魏晋智多星诸葛亮:引自《诸葛忠武志》书心知人。

"君子,重神交而贵道合。"

——唐代诗人王勃:《上郎都督启》。

"宁人负我,无我负人。"

——唐代政治家房玄龄:《晋书》沮渠蒙逊载记。

"人生交契无老少,论交何必先同调。"

——唐代诗人杜甫:《徒步归行》。

"好人常直道,不顺世间逆;恶人巧谄多,非义苟且得";"镜破不改光,兰死不改香;始知君子心,交久道益彰。"

——唐代诗人孟郊:《择友》,《赠崔纯亮》。

"宁为宇宙闲吟客,怕作乾坤窃禄人。"

——唐代诗人杜苟鹤:《自叙》。

"君子挟才以为善,小人挟才以为恶。"

——宋代文学家司马光:《资治通鉴》周纪一。

"君子好誉,小人好毁;君子好与,小人好求。"

——宋代学者邵雍:《君子吟》。

"君子不责人所不及,不强人所不能。"

——清代学者王通:《文中子中说》魏相。

"世事洞明皆学问,人情练达即文章。"

——清代小说家曹雪芹:《红楼梦》第五回。

"横眉冷对千夫指,俯首甘为孺子牛。"

——现代文学家鲁迅:《自嘲》。

"海纳百川,有容乃大;壁立千尺,无欲则刚";"君子诚信守志,小人欺诈多变";"风流不在谈锋胜,袖手无言味最长","喋喋不休者未必智,讷讷寡言者未必愚","真人不露相,露相非真人";"艺高人胆大,无能者自卑","宰相肚里能撑船,小人肚里一麻线","人微言轻,人贵言重;财大气粗,理直气壮";"先到为君,后到为臣","胜者为王,败者为寇","不以成败论英雄,但以善恶定好坏";"自古弱国无外交,从来位卑寡交往";"胆小不得将军做,怕事莫想称大王";"慈眉善目心地良,贼眉鼠眼诡计多","文质彬彬君子相,小志小气小人颜,满脸横肉多凶险";"人逢喜事精神爽,人遇难事少欢颜";"逢人面带三分笑,有冤也不报;逢人面带三分气,无气也有气";"酒逢知己千杯少,话不投机半句多";"出门看天气,进门看脸色";"兴高易交往,愁容难成事";"和气生财"，"舍得，舍得，有舍才有得。"

——中国民间格言。

"好人难做，好事多磨；闲人愁多，忙人快活"；"木不钻不透，话不说不知"，"会哭的孩子有奶吃"，"好酒也怕巷子深，好事亦需多吆喝"，"老虎不发威，以为是病猫"；"办事合情理，理真情更切"；"来言是非者，多为是非人"；"病从口入，祸从口出"，"会说的惹人笑，不会说的让人跳"，"会说不如会听，好话说三遍谁都不喜欢"："要想人不知，除非己莫为"，"好事不出门，坏事行千里"，"有理走遍天下，无理寸步难行"；"有话好说、有理讲理"，"攻心为上，攻身为下"；"家和万事兴，人和千业旺"，"恶语伤和气"，"骂人有失尊严，辱人自取其辱"，"好汉不打坐汉，举手不打笑脸"，"不战而胜为上上策"；"来者不善，善者不来"；"无事不登三宝殿"；"曲木怕直绳，小人惧君子"；"正襟危坐未必可，谈笑风生能成功"；"当面夸人不为夸，人后夸人才是真"；"锦上添花未必好，雪中送炭是好人"；"画虎画皮难画骨，知人知面不知心"；"宁为玉碎，不为瓦全"，"爱有多深，恨有多大；赞助好人本身就是善举；宽纵坏人本身就是恶行"；"浇花浇根，交人交心"；"路遥知马力，日久见人心"；"以文会友，以德交人，英雄不问出处，交友不计出身"，"结交须胜己，似我不如无"；"结识新朋友，不忘老朋友，朋友多了路好走"；"天外有天，人外有人"；"好人的最好报偿为，当他不慎失误也会得到别人的谅解宽容；坏人的最佳奖赏是，当他偶做好事也会引人生疑"；"吉人天相，恶人天谴"，"人善人欺天不欺，好人自有好报；人恶人怕天不怕，恶人自有恶人治"；"相逢一笑泯恩仇"，"给人一个笑脸，换己一分开心"，"帮助别人，快乐自己，奉献社会，泽润子孙"，"十个好处要七个，留下三个修儿孙！"

——中国民间谚语。

"十全十美的友谊，存在于具有共同美德的善良人之中"，"对谁都是朋友，实质对谁都不是朋友。"

——古希腊思想家亚里士多德:《伦理学》。

"朋友是另一个自己。"

——古罗马哲学家西塞罗:《朋友论》。

"只要你告诉我，你交往的是些什么样的人，我就能说出你是什么样的人。只要知道你是干什么的,我就知道你能成为什么样的人才。""把旧友交换为新交,无异于卖了果实买进花。"

——德国 19 世纪诗人歌德:《格言和感想集》,《浮士德》。

"我们所知道的最好、最可靠、最有效而又最无副作用的兴奋剂是社交。"

——美国现代作家爱默生:《论文集》。

"既然我们举目共望同样的星星,既然我们都是同一个星球上的旅伴,既然我们都住在同一个天空里,既然生存之谜深奥得只有一条路才使人找到答案,那我们还有什么理由总是彼此不团结呢?"

——美国现代文学家房龙:《宽容》。

"不要相信对任何人都说好话的人。"

——美国现代作家柯林斯:《警句》。

"人类之所以伟大,是因为他的灵魂能容纳一切。"

——印度现代诗人泰戈尔:《人生的亲征》。

"一个伟大的人有两颗心(左右心房),一颗心流血,另一颗心宽容。"

——黎巴嫩现代诗人纪伯伦:《先知》沙与沫。

"教育出奇迹,但却并非万能","朝过圣的驴子虽然能够受到洗礼,但却不会就此变为圣人";"老酒最好喝,老友最可靠","最值得信赖和尊重的朋友,是自己愧对他后仍能善待自己的人";"给坏人打开地狱之门,为好人开辟天堂之路!"

——西方谚语。

3. 合作共赢,优势互补

合作共赢、优势互补,指的是人生社会交往各方通过合作达到共同赢利,相互取长补短、优势互为补充。无论科学理论,还是经验事实,从古至今,由中到外,都反复并将永远不断印证着这样一条真理:所有人都是利益动物,一切群体都是利益群体。马克思主义创始人认为,把人们"连接起来的惟一纽带是自然的必然性,是需要和私人利益"[①],"无论利己主义还是自我牺牲,都是

---

① 《马克思恩格斯全集》第 3 卷,人民出版社 2002 年版,第 185 页。

一定条件下个人自我实现的一种必要形式。"①美国现代心理学家爱德华·威尔逊,在其名著《论人的天性》中不仅认为利己性是由人的"基因"决定的,而且认为"人的利他行为……说到底都含有自私(广义利己)的成分",利他不过是扩大化迫不得已的间接变相利己。② 无论人生社会交往的个人还是群体,无一不是为了通过人生社会交往而更好、更快、更多、更省地获得自身利益。"天下熙熙皆为利来,天下攘攘皆为利往"③。毛泽东认为,在一定意可以说"谅解、支援和友谊,比什么都重要。"④人生社会交往的实质,是通过交往实现合作共赢、优势互补。一方面,人生社会交往能够使交往者总体损失减少到最低限度。对策论中有一个著名的"顶牛"案例:当两个人同时过独木桥,若双方僵持,互不相让,则谁都过不去。若一方避让,让另一方先过,然后自己再通过,则两人都能过桥。避让方虽然暂时有所损失,但相对于互不相让谁都过不去,损失却达到最少化。需要注意的是,下次遇到类似情况,先过桥者必须作出补偿性的相应让步,才能尽快达到公平,继续保持合作。不然,将造成永久不公、中断合作或导致地狱生活惨相和美国耶鲁大学经济学家苏必克(M. Shubike)游戏中的两败俱伤。地狱生活惨相讲的是,天堂里的人和地狱里的人,每天都在各自丰盛的餐桌用餐。让人费解的是,天堂里的人个个吃得满面红光,而地狱里的人却人人饿得面黄肌瘦。原来,他们人人双臂上捆绑一副不能让自己胳膊弯曲自行用餐的刀叉,天堂里的人相互给对方喂餐,而地狱里的人却只顾自己喂自己。苏必克的游戏是"1000元大钞拍卖"。他在一场鸡尾酒会上,让一位先生掏出 1 张 1000 元大钞,以 50 美元为起价竞拍,直到没人加价卖给竞价最高者为止;但出价较低的必须将其出价无偿捐给拍卖者。经过几番竞价后,剩下的 A 先喊出 950 美元,B 立即出价 1050 美元,A 一怒之下报价 2050 美元,B 退出。鹬蚌相争,渔翁得利。结果 A 花 2050 美元买到 1000美元钞票,失掉 1050 美元;B 付给拍卖者 1050 美元。A、B 两者均损失 1050

---

　① 《马克思恩格斯全集》第 3 卷,人民出版社 1960 年版,第 275 页。
　② [美]爱德华·威尔逊:《论人的天性》,林和生等译,贵州人民出版社 1987 年版,第142 页。
　③ 司马迁:《史记》货殖列传。
　④ 《毛泽东选集》第 4 卷,人民出版社 1991 年版,第 1441 页。

美元,拍卖者净赚2100美元。① 另一方面,人生社会交往可以使交往者获得最大价值效益。人生社会交往不仅能使交往者整合力量,齐心协力办大事,完成各自单独不能完成的艰巨任务,彼此互通有无,相互增益,获得在独立状态得不到的巨大价值效益,而且能够像人的眼睛组合一样,产生乘积倍增效能。科学家证实,"人类双眼的视敏度不是单眼的两倍,而是6~8倍;并且双眼还能形成新的广阔的立体感。这在单眼是根本不能实现的。"②爱尔兰作家萧伯纳将这种增殖现象生动地表述为:"你我是朋友,各拿一个苹果彼此交换,交换后仍然是各有一个苹果;倘若你有一种思想,我也有一种思想,而朋友间相互交流思想,那么我们每个人就有两种思想了。"日本当代学者系川英美进一步指出,不同类型的人交流思想不是加法,而是乘法。交往可以产生新的杂交组合,出现原来不会有的杂交新优势。他举例说,如果有两个人能力都是5,那么,他们接触交流后的能力就不是交流前的5+5=10,而是5×5=25;"假设天才头脑中有1000个信息,凡人的大脑中只有100个信息,那么将11个掌握了不同信息的凡人组合在一起,就足以同一个天才相匹敌。"③这酷似我国"三个臭皮匠,赛过一个诸葛亮"的格言。重大尖端高新科技项目的研发,更需要在社会交往最佳设计建构基础上组成团队,协作攻关。法国19世纪天文学家拉普拉斯在其《宇宙体系论》中指出:"当科学进步到一个阶段,各分科接触增多,而且个人也不能深入到每个领域里去,只有许多学者的协作才能解决问题时,这种团体组织便感到有特别的重要。"④美国当代社会学家朱克曼统计,1901~1972年的286位诺贝尔奖获得者,有185人的成果为合作成果,占总成果人数的65%,合作成果第一个25年占41%,第二个25年占65%,第三个25年占79%。⑤ 现在则高达90%以上。1961~1972年,美国阿波罗登月工程的设计、建造,不仅耗资240亿美元,而且动用了42万人,涉及120所大学实验室和200多家公司。我国嫦娥探月工程不仅预计耗资上万亿元人民币,而且

---

① 莫语:《数字知道答案》,北京邮电大学出版社2006年版,第228、229页。
② 参见孙钱章主编:《现代领导方法与艺术》,人民出版社1998年版,第255页。
③ 参见李光伟:《时间管理的艺术》,甘肃人民出版社1987年版,第102、101页。
④ 肖兰、丁成军编:《人才谈成才》,中国青年出版社1986年版,第221页。
⑤ 严智泽等主编:《创造学新论》,华中科技大学出版社2002年版,第215页。

参加人员可达 10 万人之多,涉及 1000 多个部门单位。

合作共赢、优势互补主张,一方面,人生社会交往各方要根据交集利益最易实现的原理,尽可能地寻求相互认同的最大利益交集或曰"最大公约数"①,精诚合作、共同赢利,取长补短、相得益彰,彼此都能够得到各自所需要的或物质或精神情感、或直接或间接、或现实或长远的应有交往价值效益。另一方面,人生社会交往者应正确科学计算交往的人力、物力、财力、时间特别是经济、政治、文化成本,交往的次生效应、后发影响、总体得失成败,力求以最少的成本投入、消耗,获得最大的人生社会交往价值效益。

4. 有错必纠,一切为了增进自身与人类最大幸福

由于主客观条件的制约,人生社会交往中个人缺点错误在所难免。因而,应努力做到有错必纠,纠正得越迅速越彻底越好;同时,一切人生社会交往的最终目的在于增进自身与人类最大幸福。有错必纠、一切为了增进自身与人类最大幸福,即在人生社会交往中,有了错误必须迅速纠正,一切从增进自身与人类最大幸福需要出发,以此作核心,为目的。

有错必纠、一切为了增进自身与人类最大幸福强调,一方面,要严于律己,时时反思自我。列宁指出:"想探寻'使人类走向幸福的途径'的人,他的首要职责就是不要欺骗自己,要有坦白承认事实的勇气。"②心理学证明,由于自我向心力和思维惯性的作用,个人常常出现对自身缺点错误认识不足或视而不见的"若要断酒法,醒眼看醉人"、"当局者迷,旁观者清"灯下黑效应、"醉死不认酒钱"的"谁都不服只扶(服)墙(强)"效应,对自身优点长处夸大其辞估价过高的晕轮发散效应。正是基于这样的现实,人们常说"凡事自是,便少一是";日本管理学家山本俊彦认为"自己否定自己才能前进"。为了平衡这种失重的心态,校正心理误差,按照本来面目客观评价自我,必须从严要求和对待自我,像鲁迅那样时时解剖自己,反思自己,勇于纠正自己的缺点错误。特别是对于善意的批评,要有则改则,无则加勉。当然,也不应过分责难自己,更不要妄自菲薄,自暴自弃。另一方面,须宽以待人,不计个人恩怨。由于同样

---

① 参见"青年要自觉践行社会主义核心价值观与祖国和人民同行,努力创造精彩人生",《人民日报》2014 年 5 月 5 日。

② 《列宁全集》第 1 卷,人民出版社 1984 年版,第 353 页。

的一些原因,特别是晕轮发散效应,个人对别人的缺点错误往往人为地放大,而对于别人的优点长处却又有意无意地贬低,或熟视无睹、视而不见。因而,坚持宽以待人、不计个人恩怨,才能有效保证客观公正地评价、对待别人。对别人尤其应宽宏大量、虚怀若谷,不仅要善于团结帮助与自己意见相一致的人,而且要善于团结帮助与自己意见不一致,甚至反对过自己并且被实践证明反对错了的人。当然,这要防止走向无原则的盲目博爱极端。对不法人员、道德败坏者不能包庇怂恿、姑息养奸、助纣为虐。因为这无异于对自己和人类的犯罪。正如鲁迅所说:"苛求君子,宽纵小人,自以为明察秋毫,而实则反助小人张目。"①同时,要维护自身基本的人格尊严,不能不分是非曲直地委曲求全、丧失人格、奉行奴隶主义、任人欺辱;更不可效法"圣经"旧约里所散布的"有人打你的这边脸颊,你便使那边脸颊也由他打;有人夺你的外衣,你便不阻止他夺你的内衣。凡有求于你的,你就给他。有人把你的东西夺去,不要再讨回来。"②再一方面,要牢牢坚持一切为了自身与人类最大幸福的人生社会交往主旨。在一定意义,人、己利益纵横交错,难分难解,爱别人就是爱自己,帮别人就是帮自己,恨别人就是恨自己,损别人就是损自己。③ 有才智的人总是被一条条无形的线和他人、社会联系在一起。那些为人类带来幸福的人,理论证明他们是最睿智的人,经验显示他们是最幸福的人。

(三)人生社会交往的最佳设计建构方法

人生社会交往的最佳设计建构方法,指的是遵循人生社会交往的最佳设计建构原则,结合具体需要,对人生社会交往的最正确科学的设计建构方略法术。它主要由 3 类方法组成。

1. 常规普适交际的最优化方法

常规普适交际的最优化方法,即人生社会交往者在明确自身角色使命的

---

① 《鲁迅全集》第 6 卷,人民文学出版社 1981 年版,第 434 页。
② 周辅成编:《西方伦理学名著选辑》上卷,商务印书馆 1964 年版,第 331 页。
③ 一则流行很广的故事讲的是,两个攀登雪山的人,在下山的途中遇到一位冻得奄奄一息倒在路旁的人。一位心地善良者坚持要把他背下山抢救;另一位却执意自己下山。结果,救人者因其背人累得汗流浃背,不仅自己没有冻坏,而且所散发的热量暖醒了被救者,二人相互依偎着安然走下山来;而独自下山者却因势单力薄冻死在路上。

基础上,根据各种不同交际方式特点,为获得交际的最大价值效益所制定和采用的常规性普遍适用的交际方法。它是人生社会交往最佳设计建构方法的重要内容,主要有 3 种类型。

(1)年龄、性别、相貌、品格、能力交际的最优化方法。

年龄、性别、相貌、品格、能力交际的最优化方法,即年龄、性别、相貌、品格、能力交际的最正确科学的方法。它要求,按照年龄、性别、相貌、品格、能力交际的不同特点和交际价值效益最大化规定对待交往。根据美国现代社会心理学家厄盖赖尔、G·奥尔波特等人 20 世纪 60 年代的研究成果和大量经验事实,一般说来,由于年龄越大特别是老人越能自觉意识到自己对社会的责任担当和对他人的依赖性,越需要人的拥戴和照顾;因而,年龄往往与自私行为成反比,与利他行为成正比。这似乎应验了"鸟之将死,其鸣也哀;人之将死,其言也善"的古训[①]。通常,年龄越大越易于交际,越小越不易交际。这与人的交际知识经验、生活开放度,也有一定正相关。男女尤其是同龄男女之间,由于受异性相吸、婚恋关已度较大规律的支配易于交际。男男或女女同性之间,因其受同性相斥规律的影响不易交际。相貌美丽动人者利于交际,相貌平庸甚至丑陋不堪者不利于交际。胖人敦厚者易于交际,精瘦自私者不易交际。包括品质、地位、文化等在内的品格高尚者易于广泛交际,品质、地位、文化等低下者不易交际。性格外向者易于交际,性格内向者不易交际。曲高和寡,能力近乎完美者因其要求太高不易交际,能力一般者因其从众合群性较强易于交际。[②] 年龄、性别、相貌、品格、能力交际的最优化方法,对此应引起高度重视,予以充分利用。

(2)动机需要、信度、态度、刺激、语式交际的最优化方法。

动机需要、信度、态度、刺激、语式交际的最优化方法,指的是动机需要、信度、态度、刺激、语式交际的最正确科学的方法。它规定,根据交际的动机需要、信度、态度、刺激、语式交际的不同特点和交际价值效益最大化需要予以交际。美国当代心理学家马斯洛、李雷、米德、霍兰、哈维茨、戴尔、詹尔斯等人研究表明,动机需要强烈、信度高、态度专注、乐观积极者,尤其是直接交际中的

---

① 《论语》泰伯。

② 参见时蓉华主编:《现代社会心理学》,华东师范大学出版社 1989 年版,第 342~363 页;郑全全、俞国良:《人际关系心理学》,人民教育出版社 1999 年版,第 28~32、330~336 页。

老乡、同学、同事、战友、同道者、熟人、朋友、三人组合,以及双向交际、水平交际、上对下(垂直)交际和兴致高涨、良性刺激,易于交际;反之,动机需要弱小、信度低、态度散漫、悲观消极者,尤其是间接交际者、陌生人,以及单向交际、下对上(垂直)交际和情绪不佳时、恶性刺激(如噪音、恶臭、污言秽语、生气等),不易交际。口头语、书面语、表情提示语三结合交际效果最佳,其次为任意两者的结合交际,再次为单独口头语交际、单独书面语交际,最后为单独表情提示语交际。① 动机需要、信度、态度、刺激、语式交际的最优化方法,对此应格外关注,进行最正确科学的运用,以求交际最大价值效益。

(3)时间选择与空间确定交际的最优化方法。

时间选择与空间确定,对交际的成败得失具有重要作用。"时来天地皆同力,运去英雄不自由","久别胜新婚,时间雪耻辱","历史作证","恰逢其时","雪中送炭,锦上添花","距离产生美","外来和尚会念经","拍马拍在马屁上","恰到好处"等,均昭示出时间选择与空间确定对交际的重要性。时间选择与空间确定交际的最优化方法,即时间选择与空间确定交际的最正确科学的方法。它主张,依据时间选择与空间确定交际的不同特点和交际价值效益最大化需要进行交际。通常,交际的最佳时间选择为元旦、春节、圣诞节、生日和其他相应节日、双休日、假期、升学、毕业、就业、热恋期、结婚、生子、庆典、集会、出行、晋升、乔迁,以及重大变故、不幸事件发生之时,尤其是第一时间。如抢险救灾的前 24 小时"最佳时间"或 72 小时之内,新闻报道事件真相揭秘的前 4 小时"黄金时间"等。社会一般交际的最佳时间为:上午 9~10 点,其次为下午 3~4 点,再次为晚上 7:30~8:30。交际价值效益较差的为其他时间,特别是吃饭、睡眠、休息、工作繁忙时间。谈情说爱的最佳时间,除元旦、春节、圣诞节、生日、一般节假日、双休日、庆典、集会外,最重要的还有元宵节、情人节、七夕节、中秋节。其他特殊交际的最佳时间,因人因事因时因地因情而异。所有交际的最佳时间,除少数个别情况外,都应严格选择在交际者喜悦、冷静、清醒,而不是烦恼、激动、昏聩之时。交际的最佳空间确定,一般为公事

---

① 参见时蓉华主编:《现代社会心理学》,华东师范大学出版社 1989 年版,第十、十一、十二章;郑全全、俞国良:《人际关系心理学》,人民教育出版社 1999 年版,第二、三、四、十一章。

在办公场所,私事在家中,恋人在花前月下,重修旧好者在睹物思人、触景生情的故地。美国现代心理学家费斯丁洛、怀特、普里斯特等人研究表明,两家居住在7米以内者最容易成为好邻居,7米以上者则随着空间距离的拉大而逐步弱化。美国当代社会心理学家爱德华·赫尔(E.Hall)、华东师范大学心理学教授杨治良等研究表明,谈话等交际的最佳空间距离:夫妻恋人为0~0.5米,一般亲属、老乡、同学、同事、战友、同道者、熟人、朋友为0.5~1.2米,其他交际的最佳空间距离为1.2~3.5米,萍水相逢的陌生人安全空间距离为1.2~4米。同性陌生人比异性陌生人,安全空间距离相对小一些。面对面谈话的最佳空间距离为两米,大于两米有疏离感,小于两米有压迫感。背对背双方、背对面一方有局促不安感、压抑感。水平侧面远距离有安全感,上下近距离有等级感。核心地位有威严感,显著地位引人注目。45°夹角斜向两米面对面空间距离方位,最能发现对方真实内心世界,交际效果最佳。集会自愿坐在正面最前面的,参与积极性最高,最易于沟通;反之,坐在两侧和最后面的,参与积极性最低,最不易沟通。在空间一定、人员拥挤的场所,如跳舞、滑冰,让所有人流动起来,可使所有人走遍全场,拥有的相对活动空间最大、交际的效果最高。① 时间选择与空间确定交际的最优化方法,对此应大力借鉴,使之充分应用于相关交际之中,发挥出应有的交际最大价值效益。

2. 沟通形式的最优化方法

沟通形式的最优化方法,指的是按照沟通形式特点,通过选择或创建最佳信息沟通形式,达到交往目的的最佳方法。它是人生社会交往最佳设计建构的重要方法,大致分为3类10种形态。

(1)正式沟通形式的最优化方法。

正式沟通形式的最优化方法,即常规性沟通形式的最优化方法;它是通过选择或创建最佳正式沟通形式,从而最准确高效地传递信息的方法。本方法源于美国当代社会心理学家 H.J.莱维特等人提出的正式沟通形式理论,并

① 参见郑全全、俞国良:《人际关系心理学》,人民教育出版社1999年版,第325、326页;时蓉华主编:《现代社会心理学》,华东师范大学出版社1989年版,第323、325页;朱宝荣等:《现代心理学原理与应用》,上海人民出版社2006年版,第336~338页;莫语:《数字知道答案》,北京邮电大学出版社2006年版,第72页等。

对其进行了深化和发展。它主要有五种。

第一,链式沟通形式的最优化方法。

链式沟通形式的最优化方法,即信息沟通者根据链式沟通形式特点,选择或创建最佳沟通形式传递信息的方法。

链式沟通形式如图:

$$Ⓐ—Ⓑ—Ⓒ—Ⓓ—Ⓔ$$

它表明,如果有 A、B、C、D、E5 个人(其他两人以上沟通形式可依此类推,下同,从略),他们之间都是等距离的,且传递信息的时间从前一个到后一个均为1(以下4种沟通形式雷同,从略),那么,传递完自己的信息,则 A 到各点的时间分别为:A→B = 1,A→C = 2,A→D = 3,A→E = 4;累计费时为:1+2+3+4 = 10。B 到各点的时间分别为:B→A = 1,B→C = 1,B→D = 2,B→E = 3;累计费时为:1+1+2+3 = 7。C 到各点的时间分别为:C→B = 1,C→D = 1,C→A = 2,C→E = 2;累计费时为:1+1+2+2 = 6。D 到各点的时间分别为:D→E = 1,D→C = 1,D→B = 2,D→A = 3;累计费时为:1+1+2+3 = 7。E 到各点的时间分别为:E→D = 1,E→C = 2,E→B = 3,E→A = 4;累计费时为:1+2+3+4 = 10。显然,在链式沟通形式中,处于中间位置的 C 到各点的累计费时最少为 6,距离最短,位置最佳;其次是 B、D 各自为 7;最后是 A、E 各自为 10。链式沟通形式的最优化方法要求,致力链式最优沟通者,力争选择或确定 C 的沟通位置,进行信息最佳沟通。

第二,Y 式沟通形式的最优化方法。

Y 式沟通形式的最优化方法,指的是信息沟通者按照 Y 式沟通形式特点,选择或创建最佳沟通形式传递信息的方法。

Y 式沟通形式如图:

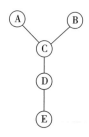

同理可证:传递完自己的信息,A、B 到各点累计费时都是 1+2+2+3=8;C 到各点累计费时为:1+1+1+2=5;D 到各点累计费时为:1+1+2+2=6;E 到各点累计费时为:1+2+3+3=9。不难看出,在 Y 式沟通形式中,C 到各点的累计费时最少为 5,其次是 D 为 6,再次是 A、B 各自为 8,最后是 E 为 9。Y 式沟通形式的最优化方法规定,致力 Y 式最优沟通者,应力争选择或确定 C 的沟通位置,实现信息最佳沟通。

第三,辐式沟通形式的最优化方法。

辐式沟通形式的最优化方法,即信息沟通者依据辐式沟通形式特点,选择或创建最佳沟通形式传递信息的方法。

辐式沟通形式如图:

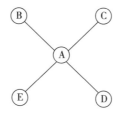

同理可证:传递完自己的信息,A 到各点累计费时为 1+1+1+1=4;B、C、D、E 到各点累计费时分别都是 1+2+2+2=7。显而易见,在辐式沟通形式中,A 到各点累计费时最少为 4,A 的沟通形式最佳,其次为 B、C、D、E 各自为 7。辐式沟通形式的最优化方法主张,致力辐式最优沟通者,应力争选择或确定 A 的沟通位置,进行信息最佳沟通。

第四,环式沟通形式的最优化方法。

环式沟通形式的最优化方法,指的是信息沟通者参照环式沟通形式特点,选择或创建最佳沟通形式传递信息的方法。

环式沟通形式如图:

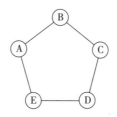

同理可证:传递完自己的信息,A、B、C、D、E 到各点累计费时,分别最快都是 1+1+2+2=6。可以看出,在环式沟通形式中,各个沟通点都无所谓最优或不最优,选择或确定哪个沟通点都可以。环式沟通形式的最优化方法强调,致力环式最优沟通者,应根据实际需要,随时选择或确定任意一点的沟通位置,实现信息最佳沟通。

第五,全通式沟通形式的最优化方法。

全通式沟通形式的最优化方法,即信息传递者遵循全通式沟通形式特点,选择或创建最佳沟通形式传递信息的方法。

全通式沟通形式如图:

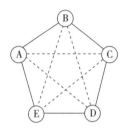

同理可证:传递完自己的信息,A、B、C、D、E 到各点累计费时分别最快都是 1+1+1+1=4(约数)。全通式沟通形式与环式沟通形式各点的优势程度,大体相似。在全通式沟通形式中,各个沟通点都无所谓最优或不最优,选择或确定哪个沟通点都可以。所不同的只是,全通式沟通形式的所有各点传递信息,都可以直接到达其余各点,而环式沟通形式所有各点传递信息,只能直接到达相邻的两点,其余两点必须分别通过各自相邻两点才能间接到位。全通式沟通形式的最优化方法倡导,致力全通式最优沟通者,应结合自己需要,随意选择或确定一点沟通位置,进行信息最佳沟通。

上述五种沟通形式中,传递完自己的信息,各点到所有点的累计费时总和分别是:链式沟通形式为 10+7+6+7+10=40;Y 式沟通形式为 8+8+5+6+9=36;辐式沟通形式为 4+7+7+7+7=32;环式沟通形式为 6+6+6+6+6=30;全通式沟通形式为 4+4+4+4+4=20(约数)。可以看出,全通式沟通形式在以上所有沟通形式中,不仅累计费时最少,传递速度最快,而且因其直接性强,传递信息准确率高,平等自主性最突出,最具全方位最优化方法意蕴;第二为环式沟通形式;第三为辐式沟通形式;第四为 Y 式沟通形式;最后为链式沟通形式。链式沟通形式不仅传递信息累计费时最多、速度最慢,而且因其间接性突出,传递信息误差最大,通常仅适用于保密性较强的情报特工人员单线联系。唯有全通式沟通形式,才能实现莱维特所说的"既能使效率和准确性达到最高程度,同时又能使士气和灵活性处于最佳状态"的最优"信息沟通结构"。①致力全方位最优沟通者,应从沟通整体最优化需要出发,力争尽可能选择或创建全通式沟通形式,予以信息最佳沟通,尽量舍弃和力避其他信息沟通形式。

（2）非正式沟通形式的最优化方法。

非正式沟通形式的最优化方法,指的是相对于正式沟通形式的最优化方法而言的,通过选择或创建最佳非正式沟通形式,从而最准确高效地传递信息的方法。该方法在美国当代社会心理学家 K·戴维斯的《沟通管理和小道消息》一书提出的相关方法基础上,改造完善而成。它大致有三种。

其一,单线水平沟通形式的最优化方法。

单线水平沟通形式的最优化方法,即信息沟通者根据同一个层次的一连串的人将信息依次传递给接受者的特点,从而选择或创建最佳沟通形式传递信息的方法。它与正式沟通形式中链式沟通形式的最优化方法相同。

单线水平沟通形式如图:

显然,其中处于中间的 C,沟通位置最佳;其次为 B、D,最后为 A、E。单线水平沟通形式的最优化方法要求,从事单线水平沟通形式最优沟通人员,应力争选择或确定 C 的沟通位置,进行信息最佳沟通。

其二,单复线垂直沟通形式的最优化方法。

单复线垂直沟通形式的最优化方法,指的是信息沟通者按照上下不同层次的一连串和多连串的人将信息依次传递给接受者的特点,选择或创建最佳沟通形式传递信息的方法。

① 引自［美］哈罗德·J.莱维特:《管理心理学》,张文芝等译,山西经济出版社 1991 年版,第 307 页。

单复线垂直沟通形式的最优化方法,主要有 M、N 两类。如图:

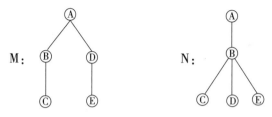

不难看出,在 M 图中,A 处于最佳沟通位置,其次为 B、D,最后为 C、E。在 N 图中,B 处于最佳沟通位置,其次为 A、C、D、E。单复线垂直沟通形式的最优化方法规定,从事单复线垂直沟通形式最优沟通人员,应力争在 M 图中选择或确定 A 的沟通位置,在 N 图中选择或确定 B 的沟通位置,实现信息最佳沟通。

其三,多线复合沟通形式的最优化方法。

多线复合沟通形式的最优化方法,即信息沟通者依据多线复合沟通形式特点,选择或创建最佳沟通形式传递信息的方法。

多线复合沟通形式的最优化方法,大致有 O、P、Q3 种。如图:

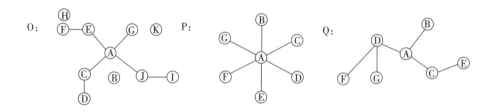

显而易见,在 O 图中,A 的沟通位置最佳,其次为 C、E、J,再次为 G,第四为 D、F、I,最后为沟通之外的 B、H、K;在 P 图中,亦是 A 的沟通位置最佳,其次为 B、C、D、E、F、G;在 Q 图中,还是 A 的沟通位置最佳,其次为 D,再次为 C,第四为 B,第五为 F、G,第六为 E。多线复合沟通形式的最优化方法主张,从事多线复合式最优沟通人员,应最大限度地选择或确定 O、P、Q 图中 A 的最佳沟通位置,进行信息沟通。

先秦思想家荀子曾说过:"凡流言、流说、流事、流谋、流誉、流愬,不官而衡至者,君子慎之。"[①]鉴于非正式沟通形式,既有主动、灵活、快捷、广泛、丰富

---

① 《荀子》致士。

的优点,又有群众性、隐秘性、扭曲性、人为制造性、以讹传讹性、小道消息、流言蜚语缺陷,非正式沟通形式的最优化方法规定,从事整体非正式沟通人员应当针对非正式沟通形式各自特点,对非正式沟通信息,通过去伪存真、去粗取精、由此及彼、由表及里、由内而外的全面分析、科学鉴别,取其精华、弃其糟粕,选择或创建最优沟通形式,使之最大限度地获得整体信息沟通最大价值效益。

（3）测量统计沟通形式的最优化方法。

测量统计沟通形式的最优化方法,是基于美国当代心理学家莫雷诺(J.L. Moreno)的相关方法补充升华后形成的,通过选择或创建最佳测量统计沟通形式,从而最准确高效地获取信息,达到特定目的的方法。它主要有两种。

第一,图形测量统计沟通形式的最优化方法。

图形测量统计沟通形式的最优化方法,即信息沟通者根据图形测量统计沟通形式的特点,选择或创建最佳沟通形式,达到特定目的的方法。它主要有星形图方法、靶形图方法、坐标图方法。星形图方法,是在特定目的引领下,通过测量统计,选择或创建以实线箭头所指为一方认同方,以虚线箭头所指为一方反对方,以无实线或虚线箭头所指为一方弃权忽视方的一目了然的星形图,从而确定相应最佳沟通方案的方法。靶形图方法,是在特定目的引导下,通过测量统计,选择或创建以"△"表示男,以"○"表示女,以实线所指为互认方,按照各自认同指数多少,由内而外画出一看即明的靶形图,从而确定相应最佳沟通方案的方法。坐标图方法,是在特定目的引导下,通过测量统计,选择或创建以实线所指为一方认同方,根据所受认同度高低,由上而下画出一清二楚的坐标图,从而确定相应最佳沟通方案的方法。

星形图:

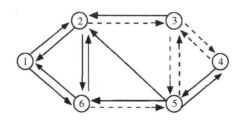

本星形图表明,2 的认同度最高,第 2 为 6,第 3 为 1,第 4 为 4 和 5,最受

反对者为 3。星形图最优化方法要求,致力星形图最优沟通者,若选择或确定一位领导或先进人物,其最佳方案为选择或确定 2;若选择或确定最不受欢迎者,则应选择或确定 3。

靶形图:

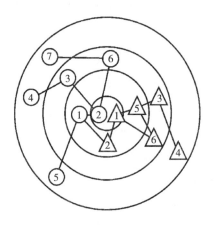

该靶形图表明,男 1 女 2 认同度最高,第 2 为男 2、5 女 1,第 3 为男 3、6 女 3、6,最不受认同者为男 4 女 4、5、7。靶形图最优化方法规定,从事靶形图最优沟通人员,若选择或确定男女性别不同的两位领导或先进人物,其最佳方案为选择或确定男 1 女 2;若选择或确定最不受欢迎者,则应选择或确定男 4 女 4、5、7。

坐标图:

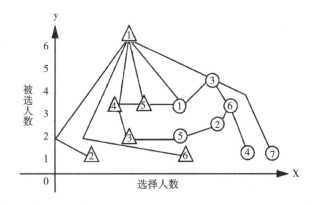

本坐标图表明,男1认同度最高,第2为女3,第3为男4、5女1、6,第4为女2,第5为男3女5;最不受认同者为男2、6女4、7。坐标图最优化方法主张,致力坐标图最优沟通者,若选择或确定1名领导或先进人物,其最佳方案为选择或确定男1;若选择或确定最不受欢迎者,则应选择或确定男2、6女4、7。

第二,表格测量统计沟通形式的最优化方法。

表格测量统计沟通形式的最优化方法,是信息沟通者按照表格测量统计沟通形式特点,选择或创建最佳沟通形式,达到相应目的的方法。它大致有分值表方法、排名表方法两类。分值表方法,是在特定目的引导下,通过测量统计,选择或创建以最高分、最低分、置空分为计分方式的简要显明的计分表格,从而确定相应最佳方案的方法。排名表方法,是在特定目的引导下,通过测量统计,选择或创建从第1名开始,以阿拉伯数字由小到大前后依次排序简单明了的排名表格,从而确定相应最佳方案的方法。

表5-1 分值表

(n×n行列表,最高分3分,最低分-3分,置空为0分;
最高分认同度最高,最低分认同度最低,其余类推。)

分值 选择值 \ 被选择者	A	B	C	D	E	n
①		3	2	1	-1	
②	3		1	1		
③	2	1		-2	3	
④	2	-1	1		4	
⑤	3	2	-1	1		
n						
合计得分	10	5	3	1	6	

表5-1制表文字:选择者①、②、③、④、⑤、n;被选择者:A、B、C、D、E、n;分值3、2、1、-1、3、1、1、2、1、-2、3、2、-1、1、4、3、2、-1、1;合计得分10、5、3、1、6。

该分值表显示,A得分最高为10分,第2为E得6分,第3为B得5分,第4为C得3分,D得分最低为1分。分值表最优化方法要求,从事分值表最优沟通人员,若选择或确定 1 名领导或先进人物,其最佳方案为选择或确定 A。

表 5-2　排名表

(n×n 行列表,不得置空;

合计名次数最小的认同度最高,反之亦然,其余类推。)

排名 选择值＼被选择者	A	B	C	D	E	n
①	1	3	2	4	5	
②	2	3	5	1	4	
③	1	2	3	5	4	
④	3	2	5	1	4	
⑤	1	3	4	5	2	
n						
合计得分	8	13	19	16	19	

表 5-2 制表文字:选择者①、②、③、④、⑤、n;被选择者 A,B,C,D,E,n;排名 1、3、2、4、5、2、3、5、1、4、1、2、3、5、4、3、2、5、1、4、1、2、4、5、2;合计名次 8,13,19,16,19。

　　本排名表显示,合计名次数 A 最领先为 8,B 第 2 名为 13,D 第 3 名为 16,C、E 最落后均为 19。排名表与分值表所列数值合计排序,恰恰相反。排名表最优化方法规定,致力排名表最优沟通者,若选择或确定 3 名领导或先进人物,其最佳选择或确定方案为:首先选择或确定 A,其次为 B,再次为 D。

　　测量统计沟通形式表,若涉及人员、指标数量巨大,如某项人文社会调查、全民公决等,则应设计若干问题,绘制出具体积分表或卡表。经填涂汇总后,由读表读卡计算机读取信息、统计结果,填入总预制表,或通过编制程序软件,以刷卡投票方式、网上投票方式,由计算机自动计算排序,填入总预制表。然后,按照测量统计沟通形式表所填数据情况,选择或确定最佳人选。①

---

　　① 　沟通形式的最优化方法,所涉及的图示表格,可参见周晓虹:《现代社会心理学》,上海人民出版社 1997 年版,第 276~282 页;程正方:《现代管理心理学》,北京师范大学出版社 1996 年版,第 239~249、262~265 页;时蓉华主编:《现代社会心理学》,华东师范大学出版社 1989 年版,第 368~373 页;郑全全、俞国良:《人际关系心理学》,人民教育出版社 1999 年版,第 35~37、71~73 页;张瑞甫:《人生最优化原理》,山东人民出版社 1991 年版,第 178~184 页,以及其他相关文献资讯。

3. 博弈谈判的最优化方法

博弈,是人生社会交往中借助下棋对弈之名,人与人、人与群体乃至群体与群体之间的决策对策交往活动。谈判,是双方或多方为调整相互利益关系,达成一定意向协议,而采取的谈话判决沟通形式。博弈谈判,是人生社会交往中最常见的现象。无论巅峰对决博弈、高端谈判,还是一般性博弈、常规性谈判,在人生社会交往中都占有不可或缺的重要地位。博弈谈判的最优化方法,即人生社会交往中的博弈谈判各方,为充分节约博弈谈判成本,达到自身一定目的,而采取的一系列最正确科学的博弈谈判方法。它在人生社会交往最佳设计建构方法体系中占有重要地位,主要有两种形态。

（1）博弈的最优化方法。

博弈的最优化方法,即博弈者运用最佳决策对策方式,达到自身一定目的的方法。它是一个庞大的系统整体,主要有五组十四种方法构成。

其一,二人博弈与多人博弈的最优化方法。

二人博弈,即两个人之间展开的博弈。各种双人斗智斗勇、竞争比赛等,都属于这种类型。多人博弈,是由 3 人或 3 人以上参与的博弈。各种组织竞争、各类团队比赛等,均为多人博弈形式。二人博弈与多人博弈的最优化方法,即二人博弈与多人博弈的最正确科学的方法。它要求,知己知彼,按照各自的特点,尤其是各自扬长避短的特点和多人博弈团队内部分工合作、各负其责、各展所长、优势互补的特点,以最少的人力、物力、财力、时间投入、消耗,获得博弈的最大价值效益。

其二,正和博弈、零和博弈与负和博弈的最优化方法。

正和博弈,指的是博弈各方损益之和为正数的博弈。它主要有三种类型:一是各方互利共赢型。如合作组织、统战联盟。二是某方有收益、他方损益为零型。如收益者与非收益无损者行为。三是某方收益较大,他方损失较小型。如颁奖者与获奖者之间的关系。零和博弈,是博弈各方通过博弈损益相抵,相加之和为零的博弈。其特点是,彼此只发生损益转移,总收益与总损失相等,某方的收益恰恰是他方的损失。如某些体育、棋局、事业胜负比赛。负和博弈,即博弈各方通过博弈损益之和为负数的有失无得或得不偿失的博弈。它亦主要有三种类型:一是两败俱伤型。如自杀性爆炸行为。二是某方有损失,他方损益为零型。如损人不利己的纯破坏行为。三是某方收益较小,他方损失较大型。如偷窃国家高价物资低价出卖行为。正和博弈、零和博弈与负和博弈的最优化方法,指的是正和博弈、零和博弈与负和博弈的最正确科学的方法。它规定,一方面,当正和博弈、零和博弈与负和博弈可以任选一项时,应选正和博弈。同时,在正和博弈中,应首选各方互利共赢、且赢利最大型;其次选自己有收益、他方损益为零型;再次选自己收益较大、他方损失较小型。因为在博弈中,有时往往与人方便、与己方便;与人有害、与己有害,互利共赢有百利而无一害,尤其是有巨大安全之利、和谐相处之利、长久总体之利,而无潜在被报复风险、后发制人之忧和长久总体损失的万全之策、最佳之策,最富有人性化、持久性、巨大化价值效益。另一方面,由于条件限制,只能选零和博弈时,除个人利益与社会利益发生冲突外,应千方百计确保自己成为收益一方。再一方面,当只能选择负和博弈时,应最大限度地确保自己合理利益;迫不得已,应尽可能使自己损失减少到最低限度。

其三,完全信息博弈、不完全信息博弈、盲目探索博弈的最优化方法。

完全信息博弈,即在完全占有信息的情况下所进行的博弈。信息论的白箱方法,各种明火执仗的公开挑衅斗争,即属于完全信息博弈。不完全信息博弈,是在不完全占有信息的情况下所开展的博弈。信息论的灰箱方法,知其一不知其二的试验推理行为,即为不完全信息博弈。盲目探索博弈,即在一团漆黑,对他方一无所知的情况下所实施的博弈。信息论的黑箱方法,运筹学的"盲人爬山法",信息全无的各种调查、观察、试验、假设举动,即为盲目探索博弈。完全信息博弈、不完全信息博弈、盲目探索博弈的最优化方法,即完全信息博弈、不完全信息博弈、盲目探索博弈的最正确科学的方法。它主张,对完全信息博弈予以充分科学分析,利用现有信息,力争以最少的人力、物力、财力、时间投入、消耗,获得博弈最大价值效益;对不完全信息博弈,在尽可能多地占有相关信息的基础上进行最佳博弈;对盲目探索博弈,通过全方位相应信息探索搜集,在充分拥有相关信息的前提下进行最正确科学的博弈。

其四,单纯策略博弈与混合策略博弈的最优化方法。

单纯策略博弈,即针对简单易决事项,采用单一性策略进行的博弈。如各种整齐划一的业绩考评、晋升定级等。混合策略博弈,是针对复杂难决事项,采用多元化、综合性策略进行的博弈。如复杂斗争的对决,疑难问题、综合问题的解决等。单纯策略博弈与混合策略博弈的最优化方法,指的是单纯策略博弈与混合策略博弈的最正确科学的方法。战国著名军事家孙子堪称单纯策略博弈与混合策略博弈相关最优化方法研究的集大成者。他不仅提出"知天知地,胜乃无穷;知彼知己,胜乃不殆","多算胜,少算不胜","上下同欲者胜","不战而屈人之兵,善之善者也"的战略策略博弈理论,而且认为"安则静,危则动,方则止,圆则行","善出奇者,无穷如天地,不竭如江河",①从而为单纯策略博弈与混合策略博弈的定性与定量相结合、静态与动态相统一和合圆润的最优化方法建构,开创了先河。单纯策略博弈与混合策略博弈的最优化方法强调,按照最少的人力、物力、财力、时间投入、消耗,最大的价值效益主旨,根据单纯策略博弈与混合策略博弈的特点,一方面,确保单纯策略博弈最大限度地发挥效能,以一当十、百战百胜;另一方面,力争混合策略博弈不仅井井有条、优势互补,而且出奇制胜,令对方猝不及防、防不胜防,从而获得博弈最大系统规模价值效益。

其五,单项博弈、多项博弈与一次博弈、多次博弈的最优化方法。

单项博弈,即围绕单一目标任务进行的博弈。各种单打独斗比赛,各类单一项目竞技,都属于单项博弈。多项博弈,是围绕多项目标任务开展的博弈。所有复杂目标任务的博弈,均为多项博弈。一次博弈,即通过一次性博弈便可决出胜负或终止的博弈。各种形式的一战一胜对决,各类一战即停的斗争,都属于一次博弈。多次博弈,是经过一级多次或多级多次性博弈才能见分晓的博弈。各类多次角逐才能见输赢的较量,均为多次博弈。单项博弈、多项博弈与一次博弈、多次博弈的最优化方法,即单项博弈、多项博弈与一次博弈、多次博弈的最正确科学的方法。它倡导,按照博弈的相关最优化方略,根据单项博弈、多项博弈与一次博弈、多次博弈的不同特点,力争使单项博弈一举成功,使多项博弈各个击破、全面胜利,使一次博弈旗开得胜,使多次博弈步步为营、首尾互动、节节胜利,既赢在起点、过程,更赢在终点、结束。当单项博弈、多项博弈与一次博弈、多次博弈受到条件限制,难以获得全面全程胜利时,必须至少确保获得大部胜利、最后胜利;尽可能做到不仅赢得最早、赢得最多,而且赢到

---

① 《孙子兵法》地形篇、计篇、谋攻篇、势篇。

最后、赢得最好,成为常胜将军。

(2)谈判的最优化方法。

谈判的最优化方法,指的是谈判人员采取最佳谈判艺术和相应辅助形式,以达到自身一定目的的方法。它以便利、快捷、高效为指向,以有理、有利、有节为遵循,以机智、勇敢、诙谐、幽默、风趣、犀利、生动、活泼、感人、精彩为特征,属语言论辩博弈或曰语言交际的重要形式。谈判的最优化方法丰富多样,应有尽有,堪称无所不用其极。其中,最主要的有五组十五种方法。

第一,开宗明义法、迂回曲折法与针锋相对法。

开宗明义法,即在条件充分具备的情况下,开门见山、直言宗旨,明确提出目的意向的谈判方法。它要求,致力最佳谈判者,在充分准备、彼此相互了解且时间紧迫的状态下,直接表明谈判立场、观点、态度和所要达到的目的,有时甚至直接亮出底盘下限,以求速谈、速决、速胜。迂回曲折法,指的是不宜正面展开谈判,不得不迂回绕行、曲折探试对方态度意图,以求最大限度地获胜的谈判方法。有学者统计,古今中外一些著名战役70%是迂回曲折获得胜利的,只有30%正面出击成功。其根本原因在于正面防御往往较充分,易守难攻,不易直接突破;侧面则常常疏于防守,力量相对薄弱,易于攻克。迂回曲折法规定,从事最佳谈判人员,在不便直言要义、正面进击,或不了解对方立场、观点、态度、意图的情况下,委婉试探对方,旁敲侧击、曲折前进,力争以最小的风险,最少的迂回曲折成本,获得最大的谈判价值效益。针锋相对法,即针对谈判对方相应立场、观点、态度、意图,锋芒毕露、不屈不挠、以眼还眼、以牙还牙的方法。它主张,致力最佳谈判者,针对居心叵测、图谋不轨、险恶用心,多管齐下、全面出击、克敌制胜。在不是谈判胜似谈判的一次中外记者招待会上,周恩来总理采取的就是这样一种方法。当一位外国记者试图嘲讽中国贫穷落后发问道:请问总理阁下"贵国共发行了多少货币?"周总理为维护国家和民族尊严、保守国家机密,机智利用语言的模糊歧义性,答非所问地说:"我国共发行了18元8角8分。"当时的人民币面值型号仅有10元、5元、2元、1元、5角、2角、1角、5分、2分、1分,加起来正好18元8角8分。① 从而避免了

---

① 参见张践主编:《公共关系理论与操作》,当代世界经济出版社1998年版,第249、250页。

一场令人不爽的国际尴尬。

第二，以攻为守法、以退为进法与软硬兼施法。

以攻为守法，即在不易直接守护自身利益的形势下，以进攻方式达到守护自身利益目的的谈判方法。它是一种变消极为积极、化被动为主动、矫枉过正、保二进三、先发制人的方法。以攻为守法要求，从事最佳谈判人员，在对方虎视眈眈、咄咄逼人、自身难以界守、守之不足、攻则有余的情况下，按照"求其上上而得其上"的原理，先提出高于预定目的的方案，然后根据对方反应，作出适当让步，从而达到预定目的。以退为进法，指的是在宜退不宜进的情况下，以暂时退却实现下一步进攻目的的谈判方法。它是一种先礼后兵、以屈求伸、后发制人的方法。以退为进法规定，致力最佳谈判者，面对谈判劲敌、不利形势，只宜战术退却、不宜战略进攻时，作出暂时让步，而后伺机反攻、达到前进的目的。软硬兼施法，又称刚柔相济法。它是根据双方相应特点，采取"胡萝卜加大棒"，恩威并用、软硬结合的谈判方法。软硬兼施法主张，从事最佳谈判人员，根据谈判双方实际情形，软措施与硬手段并行，当软则软，当硬则硬，软中有硬，硬中有软，软硬配合，相互助益，既投其所好又强其所恶，既全面进攻又突出重点、分化瓦解，区别对待、各个击破，力求总体谈判价值效益最大化。

第三，欲擒故纵法、布局造势法与将计就计法。

欲擒故纵法，即在不宜遏制对方时故意放纵对方，使之麻痹松懈，充分暴露自身缺点，继而乘其不备、出其不意、战而胜之的谈判方法。它要求，致力最佳谈判者，面对难以制服的谈判强手劲敌，先让其充分表演，待其露出破绽，从而乘虚而入，一举致胜。布局造势法，又称张网诱捕法。它指的是对难以就范的顽固对手，预先布设迷局，造成对己有利态势，从而让对方陷入罗网、束手就擒的谈判方法。布局造势法规定，从事最佳谈判人员，对于奸诈失信、顽固不化的谈判对手，想方设法诱其深入，一举俘获，迫其就范，牵着对方鼻子走，从而达到既定谈判目的。将计就计法，即面对实施阴谋诡计者佯装不知，暗自采取以毒攻毒、以计制计、顺水推舟方式，使对方用计适得其反、归于失败的谈判方法。各种成功的反间计、连环计，在很大程度就属于将计就计类型。将计就计法主张，致力最佳谈判者，针对谈判对方计谋，暗定相应对策，使对方在浑然不觉或惊愕叹疑或得意忘形、始料不及中惨败,让自己出奇制胜。

第四,趁热打铁法、冷却淬火法与外力介入法。

趁热打铁法,即凭借谈判双方意向渐趋一致大好形势乘势而上,像趁热打铁那样一鼓作气、一气呵成的谈判方法。它要求,从事最佳谈判人员,抓住谈判有利时机,乘机而动、雷厉风行、再接再厉、勇往直前,直至胜利。冷却淬火法与趁热打铁法相反,它指的是当谈判陷入困境难以为继,不得不暂时停顿冷却下来,像打铁将烧红的铁一下子投入水中冷却使之淬火后更加坚硬一样,经过双方冷静思考后重开谈判,以求大见成效的谈判方法。冷却淬火法规定,致力最佳谈判者,在谈判步履艰难、全面受阻时,可暂时休谈,经过双方进一步冷静分析权衡后,再继续谈判,直至获得成功。外力介入法,又称第三方参与法、中间力量嵌入法。它是在谈判陷入僵局,面临破裂,而双方又无力直接自行化解的危机情态下,依靠外界力量协调各方关系,以求继续进行对话谈判的方法。外力介入法主张,从事最佳谈判人员,在谈判终止情况下,邀请中间人、中介组织,或通过转移话题、叙旧、参访、游览、歌会、舞会、宴会等形式,从而化解矛盾,达成共识,促成继续谈判,以获得谈判较大既定价值效益。

第五,交叉复合法、a 步 b 式法与系统综合法。

交叉复合法,即针对复杂谈判,用两种或两种以上方法组合而成的谈判方法。它具有多元并举、多维交叉、规模复合优势。在实际谈判中,单一法谈判并不多见,最常见的是交叉复合法谈判。交叉复合法要求,致力最佳谈判者,针对复杂谈判局势,采取多种相应谈判方略,使谈判收到多方面的价值效益。a 步 b 式法,指的是按照多步骤、多方案谈判需要,采取 a 个步骤 b 种方式的谈判方法。它主要有一步到位式、一步妥协式、步步升高式、步步下降式、取此舍彼式 5 种类型。a 步 b 式法规定,从事最佳谈判人员,根据对方谈判变化特点,以变应变,一一做出最佳应对策略,力求万变不离最佳,步步式式获得谈判最大价值效益。

表 5-3 a 步 b 式谈判法统计表
（10 为目标，n 表示任意正整数）

谈判目标 谈判方式 谈判步骤	a_1	a_2	a_3	a_4	a_n	方式名称
b_1	10	10	10	10	10	一步到位式
b_2	11	10	10	10	10	一步妥协式
b_3	6	7	8	9	10	步步升高式
b_4	14	13	12	11	10	步步下降式
b_n	1,9	2,8	3,7	4,6	5,5	取此舍彼式

表 5-3 制表文字：谈判方式 b_1、b_2、b_3、b_4、b_n；谈判目标 10、10、10、10、10、11、10、10、10、10、6、7、8、9、10、14、13、12、11、10、1.9、2.8、3.7、4.6、5.5；谈判步骤 a_1、a_2、a_3、a_4、a_n；方式名称一步到位式，一步妥协式，步步升高式，步步下降式，取此舍彼式。

系统综合法，即根据系统综合谈判需要，按照系统目标、要素、结构、功能、环境、过程最佳设计、建构、调控方略，针对系统综合谈判现实特点，进行的谈判方法。它主张，致力最佳谈判者，力争事先明确谈判的总体目标、基本要求、构成要素、内容形式、程序步骤、环境优劣、过程变化，乃至谈判人员的构成情况，从而事先做好充分准备，事中加强谈判调控，事外优化谈判环境，事后签署谈判协议、形成备忘录，进行评价、分析和有效监督执行；努力做到既突出重点、千头万绪抓根本，又统筹兼顾、全面推进统全局，实现谈判系统综合价值效益最大化。

此外，谈判的最优化方法还包括时空选择法、多案备选法、先入为主法、后来居上法、攻心洗脑法、感情投入法、请君入瓮法、上楼抽梯法、二难选择法、投桃报李法、模糊暗示法、反间用策法、投石问路法、许愿补偿法、声东击西法、软磨硬泡法、缓兵之计法、最后通牒法、分道扬镳法、不战而胜法、皆大欢喜法等。可以说，有多少最正确科学的决策对策，就有多少种谈判的最优化方法。谈判时究竟采用哪种方法为最好方法，关键在于因人因事因时因地因情制宜。核心是最适合自己的最少投入消耗、最大价值效益者，即是谈判的最好方法。

第六章　人生学习、记忆与思维的最优化

人生学习、记忆与思维，是人生的重大课题。人生要升华自身、提高自身的素质，正确科学地认识世界、改造世界、创造世界造福自身，离不开一定的学习、记忆与思维。人生学习、记忆与思维的最优化，堪称人生最优化的重要形式。它与人生最优化的其他内容前后呼应，相互贯通，形成不可分割的有机整体，凸显着自己特定的意蕴价值。

一、人生学习的最优化

人生学习的最优化，是人生记忆与思维的最优化的前提。它大致涉及人生学习及其最优化的构成形态，人生学习的最优化原则，人生学习的最优化方法三个方面的内容。

（一）人生学习及其最优化的构成形态

自古至今，成就盛德大业者始在学习；而学习首在家庭、重在学校、大在社会，关键在自己，收效在态度、意志、努力与方法。人生学习，简单来说，即通过听讲、阅读、演练、研究、实践等形式，学知识、习技能、增才干。它不仅是认识世界的重要方式和动力，而且是人类改造世界、创造世界造福自身的重要主体保障。知识改变命运，学习成就未来。知识就是力量，最是书香能致远，腹有诗书气自华；无知便是不幸，胸无点墨空悲切。人们时常羡慕伟人们的渊博学识、横溢才华。其实，任何人的学识才华都不是生而就有的，而是通过后天的学习、实践这一"源头活水"得到的。"临渊羡鱼，不如退而结网。"①人生学习

----

① 《汉书》董仲舒传。

是所有成功者的第一法宝。我国古代教育家孔子及其后学不仅认为不学习无以知，不学习无以立，"君子学道则爱人，小人学道则易使"，"学也，禄在其中也"，"仕而优则学，学而优则仕"，而且认为"好仁不好学，其蔽也愚；好知不好学，其蔽也荡；好信不好学，其蔽也贼；好直不好学，其蔽也绞；好勇不好学，其蔽也乱；好刚不好学，其蔽也狂"，主张"敏而好学，不耻下问"，默而识之，"学而不厌，诲人不倦"；[①]"好学近乎知，力行近乎仁，知耻近乎勇"。[②] 荀子表示"学不可以已"，"终日而思之，不如须臾之所学也"。[③] 西汉学者杨雄提出"百川学海而至于海，丘陵学山而不至于山"[④]，认为学习须像百川学海那样虚怀若谷、海纳百川、源源不断，从而形成知识的海洋；而不能像丘陵学山那样故步自封、一成不变，永远达不到书山的高度。唐太宗李世民则强调"以铜为镜，可以正衣冠；以古为镜，可以知兴替；以人为镜，可以明得失。"[⑤]宋代哲学家张载感到"致学而可以成务，得天而未始遗人。"[⑥]明代文学家蒲松龄认为"书痴者文必功，艺痴者技必良。"[⑦]人们生活在世界上，既离不开实践的大力支持，也离不开学习的强力助推。人类进入文明社会以来，已不必也决不应一切从零开始，一切从头做起，一切以茹毛饮血、钻木取火、刀耕火种、结绳记事为开端，更没有必要事必躬亲，一切都完全依赖于自身的直接实践。否则，人类将止步不前，甚至倒退到或永远停留在原始社会。人类之所以从蒙昧野蛮状态发展到高度文明，很大程度凭藉和得益的就是对世世代代积累起来的文明知识的学习，以及在此基础上的进一步丰富和发展。学习，对于每一个不同年龄阶段的人，都有其特定的积极效用："少而好学，如日出之阳；壮而好学，如日中之光；老而好学，如秉烛之明。"[⑧]随着知识爆炸、信息裂变、科技腾飞、网络普及数字化时代的到来，人类知识技能的获取，越来越多地依赖于学习尤其是

---

① 《论语》阳货、卫灵公、子张、公治长、述而。

② 《中庸》。

③ 荀子：《劝学》。

④ 《杨子·法言》。

⑤ 《贞观政要》。

⑥ 《张子全书》正蒙·乾称篇。

⑦ 《聊斋志异》阿宝。

⑧ 汉代学者刘向：《说苑》。

网络课堂学习。即使是实践知识技能的获得,也越来越多地依赖于高新知识的指导,而不是一般化、重复性、低效能的活动。人生学习在人类生产生活中,越来越占有突出的位置,越来越具有跨越式、便捷性的知识获得特点。"千里眼"、"顺风耳"、"一夜通五经","秀才不出门,便知天下事",已不再是神话,而是司空见惯的事实。个人实践知识技能相对于群体实践知识技能,当代实践知识技能相对于人类千百万年积淀的实践知识技能,直接实践知识技能相对于浩如烟海的间接广博实践知识技能等等的学习,越来越相形见绌。学以解惑、学以增智、学以致用、学以创新,一个以学习为主要知识技能来源的终身学习型社会,正在悄然到来。而今,学习的内容已无所不包;哲学、人文社会科学、自然科学无所不至。1972 年,法国前总理、法兰西学院院士埃德加·富尔在其《学会生存》一书中预言:伴随着教育的普及和"学习化社会"、知识经济时代的到来,"未来的文盲,不再是不识字的人,而是没有学会怎样学习的人"。① 人生学习的最优化,即学知识、习技能、增才干的最优化。其目的在于,以最少的人力、物力、财力、时间投入、消耗,获得最大的学习价值效益。它主要包括家庭、学校、社会学习的最优化,直接、间接学习的最优化,实践、请教学习的最优化,口头、书面、网络、媒体上下纵横学习的最优化。

(二)人生学习的最优化原则

人生学习的最优化原则,即根据人生学习及其最优化的构成形态,联系实际,最正确科学的学习准则。它主要含有 3 项基本内容。

1. 目标明确,态度端正

学习的最高目标,在于正确科学地认识世界、改造世界、创造世界,最大限度地造福于自身。其直接目标,是为了完成自身或家庭、学校、社会所赋予的一定任务。三国时代的诸葛亮曾提出"学须静也,才须学也。非学无以广才,非志无以成学,淫慢则不能励精,险躁则不能治性。年与时驰,意与日去,随成枯落,多不接世,悲守穷庐,将复何及"的治学见解。② 隋代学者颜之推认为,

---

① 参见田玉敏主编:《学习方法论》,广西人民出版社 1990 年版,第 14 页。

② 诸葛亮:《诫子书》。

"古之学者为人,行道以利世……今之学者为己,修身以求进。"①目标明确、态度端正,指的是在最优观念、最佳心态取向引领下,学习目标明朗确切,而不是模糊不清,知道为什么而学,须达到什么样的目的要求;学习态度端重正确、认真主动、积极努力、奋发向上、求真务实,而不是偏离正确目标方向、消极应付、误入歧途。现代学习方法论尤其是风靡全球的《学习的革命》一书认为:"在学习方面……最有价值的财富是一种积极态度。"②目标明确、态度端正,对于学习的最优化具有首要的原则意义。

目标明确、态度端正要求,秉持三个"务必"。

第一,务必树雄心、立壮志,面向世界、面向未来、面向现代化,瞄准科学文化前沿,努力赶超世界先进水平,填补世界科学文化空白;不仅为个人安身立命、升学就业、创业成才学习,更要为人类进步、社会发展学习;不仅为考试晋级、检查评比学习,更要为学懂、弄通、掌握真才实学,最大限度地造福于人类社会学习。在高校,学习应特别牢记习近平对当代大学生的殷切教诲:大学阶段,"恰同学少年,风华正茂",有老师指点,有同学切磋,有浩瀚的书籍引路,可以心无旁骛求知问学。此时不努力,更待何时!③ 努力变"'大一'稀里糊涂,'大二'马马虎虎,'大三'忙忙碌碌,'大四'进进出出",为"'大一'目标明确,'大二'学习热烈,'大三'万马奔腾,'大四'马到成功!"同时,切实立足现实、刻苦钻研、一丝不苟,在战略目标上藐视学习,在战术实践上重视学习。既勇于挑战尖端极限,又脚踏实地艰苦奋斗,力求充分掌握哲学、人文社会科学、自然科学各个方面的重要学习内容。

第二,务必牢记"尽信书,不如无书"④,读书贵有疑,大疑则大进,小疑则小进,无疑则不进的古训;牢记俄国著名作家托尔斯泰所说的"如果学生在学校里学习的结果使自己什么也不会创造,那他的一生永远是模仿和

---

① 《颜氏家训》。

② 引自许汝罗、王永亮主编:《思想道德修养》(学生学习辅导用书),高等教育出版社2003年版,第37页。

③ "青年要自觉践行社会主义核心价值观与祖国和人民同行,努力创造精彩人生",《人民日报》2014年5月5日。

④ 《孟子》尽心下。

抄袭。"①不忘爱因斯坦告诫人们的"仅仅死记那些书本上可以翻到的东西，什么事件啦，人名啦，公式啦，等等，根本就不用上大学……必须充分重视培养学生会思考和探索问题的本领。人们解决世界上的问题，靠的是大脑的思维和智慧，而不是照搬书本"；要"在所阅读的书本中找出可以把自己引到深处的东西，把其他一切统统抛掉，就是抛掉使头脑负担过重和会把自己诱离要点的一切"。② 坚决反对"只唯书，只唯上，不唯实"，防止"死读书、读死书、读书死"的悲剧一而再、再而三地发生；坚持灵活机动的学习，切实根据人类现有知识的复杂性、主客观条件的历史局限性、内容体系的优劣兼具性，解放思想，实事求是，开拓进取，以比较鉴别、批判继承、取其精华、弃其糟粕的态度，对待人类所创造的一切科学文化知识技能，用怀疑的目光审视一切，用实践的方式检验一切，用科学的理性求证一切，用博大的胸怀吸纳古今中外一切优秀文化知识技能、先进成果，充实升华自身。

第三，务必既奋发努力、争分夺秒、学而不厌，加快学习进度，又循序渐进，变难为易，步步攀升。切实制定详细的学习计划，根据学习内容的主次轻重、难易缓急特点，合理安排学习内容，分配学习时间。按照先主后次、先重后轻、先易后难、先急后缓的步骤，紧张而又有序地正确科学推进，确保学习价值效益最大化。

2. 专博结合，结构最佳

"闻道有先后，术业有专攻"③；博学力为之，专博相通融。专博结合、结构最佳，即专业知识技能和其他相关广博知识技能相互结合，知识技能结构达到最佳，能够发挥最大结构效能。

专博结合所涉及的"专"，通常指单一、独自；有专一、专门、专业之意。德国著名哲学家黑格尔非常重视"专"。他在《小逻辑》一书中写道："一个志在有大成就的人，他必须如歌德所说，知道限制自己……世界上有趣味的东西异常之多：西班牙诗、化学、政治、音乐都很有趣味，如果有人对这些东西感兴趣，

---

① 引自许汝罗、王永亮主编：《思想道德修养与法律基础》（学生辅学读本），高等教育出版社 2006 年版，第 15 页。

② 本社编纂组：《中外名言大全》，河北人民出版社 1987 年版，第 348 页。

③ 唐代文人韩愈：《师说》。

我们决不能说他不对。但一个人在特定的环境内,如欲有所成就,他就必须专注于一事,而不可分散他的精力于多方面。"①"博",一般指广大、众多;有博大、高远、丰富之意。美国当代著名科学家埃尔文·拉兹洛认为,人应当成为"有博学的'通才',把发展系统理论,研究其互相关系当做自己的任务",否则,"短期计划和有限的驾驭能力,将导致自己的毁灭"。② 由于事物都是共性与个性的对立统一和个人能力所限、学习规律所致,以及社会分工的制约,人们的学习总体呈现出从"专一"到"博多",再从"博多"到新的更高层次的"专一",循环往复,螺旋式上升、波浪式前进的态势。业贵精专,学贵渊博;学无止境,多多益善。不专不足以致用,不博不足以精专。"专"必须是渊博保障下的深邃精专,"博"必须是紧紧围绕专精展开的广远渊博。鲁迅先生认为,"博学家易浅,专门家易悖。"③清代文学家刘开说过:"非尽百家之美,不能成一人之奇;非取法至高之境,不能开独造之域。"④坐井观天式的"专"不是学习的最优化所要求的"专",蜻蜓点水式的"博"也不是学习的最优化所要求的"博";只有像大海一样深不可测而又浩瀚无垠的"专博",才是学习的最优化所要求的真正的"专博"。专博结合,即专业知识技能与广博的其他相关知识技能的学习相结合,使之优势互补,相得益彰,发挥出学习的最大价值效益。

结构最佳中的所谓"结构",即内容构成方式。序变引起质变,结构可以影响功能。结构最佳,指的是所学习的知识结构和技能结构高度有序,关系达到最优化,能够发挥出最大结构功能。根据古今中外相关成功经验和研究成果,最佳知识结构,可谓以哲学为基础,以基础人文社会科学、基础自然科学为两翼,以专业基本理论为主干,以专业尖端知识为智慧卫星的箭星发射装置系统。

最佳知识结构图:

① ［德］黑格尔:《小逻辑》,贺麟译,商务印书馆1980年版,第174页。

② 引自［美］阿尔文·托夫勒:《第三次浪潮》,朱志焱等译,三联书店1983年版,第374页。

③ 引自王通讯:《宏观人才学》,中国社会科学出版社2001年版,第361页。

④ 刘开:《与阮芸台宫保论文书》。

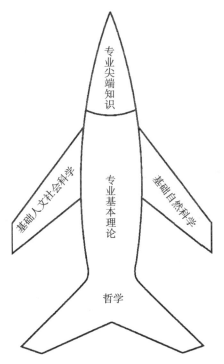

最佳知识结构图制图文字:哲学;基础人文社会科学;基础自然科学;专业基本理论;专业尖端知识。

其中的哲学,作为历史反思批判、现实改造创造、未来设计预测与导向引领的世界观和方法论,主要包括大学本科的哲学原理、哲学史、人生哲学、社会哲学、自然哲学、管理哲学、逻辑学、美学、伦理学、心理学、行为科学、信息论、控制论、系统论、最优学通论;基础人文社会科学,主要包括从小学、中学到大学本科的语言学(母语学、外语学)、文学艺术、写作、经济学、政治学、文化学、法学、人生学、社会学、人才学、成功学、科学研究方法论、最优化理论与方法;基础自然科学主要包括从小学、中学到大学本科的数学、物理、化学、生物学、地理学、工学、生理学、医学健康常识、饮食营养烹饪安全知识、体育学、运筹学;专业基本理论主要包括大学本专业的原理、方法论、专门史等约 10 门主干课;专业尖端知识主要包括硕士和博士研究生本专业的前沿理论、交叉科学、新兴科学、研究动态、发展预测等。这些理论知识,各自发挥着不同功能,彼此构成不可分割的有机整体。可以说,没有其中的哲学就没有知识的力度,没有基础人文社会科学、基础自然科学就没有知识的广度,没有专业基本理论就没有知识的深度,没有专业尖端知识就没有知识的高度;只有全面拥有最佳知识结构,才能以无比强大的威力和最优化的制导方式,把发明创造的智能卫星,以最快的速度,最好的保障,最准确的定位,发射到最高远的理想太空!

最佳技能结构,指的是由生存技能、发展技能、最高价值实现技能构成的三位一体的宝塔形系统。它是务实性、递升性、健全性、高位性四性一系的有机结合。

最佳技能结构图:

最佳技能结构图制图文字:生存技能;发展技能;最高价值实现技能。

图中的生存技能,又称基本生活技能、生理需要满足技能。它是保障人的基本生活、维系人的生命存续的技能;主要包括基本衣、食、住、行、用技能,恋爱婚姻繁衍后代技能,自保防卫健康技能。发展技能,指的是提高人的生命质量的技能。它主要包括较高层次的教育、培养、训练技能,交际技能,改善和提高生活质量的生产劳动技能等。最高价值实现技能,又称自我需要高度满足技能。它是满足人的最高诉求的技能;主要包括求真、向善、达美技能,发明创造奉献技能,权力地位尊严荣誉获取技能等。生存技能、发展技能、最高价值实现技能三者相互规定,互相促进。生存技能处于最低部位,发展技能处于中间层次,最高价值实现技能处于最顶端。前者依次决定后者,后者对前者具有反作用。美国心理学家马斯洛认为,现代社会,普通人生理需要满足85%,安全需要满足70%,社会交往需要满足50%,自尊需要满足40%,自我实现需要满足 10%。① 其中的生理需要、安全需要,反映着生存技能需要;社会交往需要,反映着部分发展技能需要;自尊需要和自我实现需要,则直接彰显着最高价值实现技能需要。马斯洛的观点,值得借鉴。

专博结合、结构最佳规定,一方面,专博要有机统一。专要专得深邃至极,透彻无比,无微不至,无所不明;博要博得学贯中西,通识古今,明察未来,无所不及,甚至连生理卫生常识、饮食营养常识、保健医疗常识、建筑园艺常识和旅游交往常识、军事外交常识等也包含其中。既力避"样样通,样样松,什么东西都不精",离开专精的浅尝辄止、盲目肤浅渊博,防止由"一个内行,变为多个外行";更力避习近平所批评的心浮气躁,朝三暮四,学一门丢一门,干一行弃一行②,"一无所专,一无所通",连坐井观天式的专也不具备的"什么都不行"。宋代著名诗人苏轼的《题西林壁》一诗写得好:"横看成岭侧成峰,远近高低各不同。不识庐山真面目,只缘身在此山中。"事物内外因素的复杂多样性和普遍联系,决定了要识专业真面目,不仅需要深入专业中,而且还要跳至专业外,不在专业中。笔者以为,我国现行的高中分文理科,多数大学一年级分具体小专业的教育体制亟待改革。高中和大学一年级应文理并举,大学二年级可分为大文大理科,大学三、四年级才应根据验证确定后的个人爱好、特长分具体小专业。如此,才能培养出合乎学习的最优化规定的,真正的专博结合、知识结构最佳的理想人才;才能破解"钱学森之问":我国为什么长期培养不出一些世界顶级大家难题,才能培养出大师级、巨匠型、诺贝尔奖获得者式的世界级高端人才。这早已为我国这个占世界人口 1/5 的第一人口大国,半个多世纪以来大陆仅培养出两位中国籍的诺贝尔奖获得者的严酷现实,以及发达国家同期诺贝尔奖获得者多达数以百计的成功经验所证实。另一方面,最佳技能结构的建立,应当根据个人不同特点、不同时间、不同地点、不同情况,因己而异、因时而变、因地而定、因情制宜;随着人类的不断进步、社会的持续发展,在确保生存技能、发展技能学习的基础上,不断向最高价值实现技能

---

① 参见［美］弗莱蒙特·E·卡斯特等:《组织与管理》,傅严等译,中国社会科学出版社 2000 年版,第 350、351 页。

② "青年要自觉践行社会主义核心价值观与祖国和人民同行,努力创造精彩人生",《人民日报》2014 年 5 月 5 日。

学习层次升华。这是历史发展的规律,也是技能学习最优化的必然要求。

3. 学思并重,收效最大

学思并重、收效最大,指的是学习与思考并举,彼此相互促进,达到最大学习价值效益。早在两千多年以前,世界著名教育家孔子就提出"学而不思则罔,思而不学则殆"的著名论断①,认为学习如果生吞活剥、浅尝辄止,不加以反刍、消化、吸收,则会迷惑不解,或一知半解;单独的思考而不学习,就会陷入玄思空想,收效不大,甚至想入非非、误入歧途。现代科学学习方法认为,学习应既根据自己与社会需要相统一的诉求,按照自己的生理心理规律特点进行,尤其是按照自身的体力、智力、情绪节律,早中晚精神状态、记忆效率,以及学习内容的主次轻重、难易缓急、新旧比重、内在联系适当安排,循序渐进;又注意识记、思考的姿态和睡眠学习。据英国《泰晤士报》介绍,"躺着是(学习)思考的最佳方式";躺着学习、思考比站着坐着学习、思考速度快、效率高;"同站立或坐着的姿态相比","躺着"学习能使思考"速度提高10%"。有消息介绍,当一个人躺在平衡木式的大型天平上学习、思考问题,头部天平会明显地向下倾斜。英国现代心理学、学习学研究专家诺林伯利亚大学尼克·尼尔维博士认为,这种现象是由大脑血液流畅、营养供给充足和大脑肾上腺素的浓度降低、干扰减少多重因素造成的。② 但有消息报道说,躺着学习虽然效率高,然而回忆提取却较站着或坐着学习困难,修改文稿、润色升华书籍坐着比站着特别是比躺着效果好。前苏联一本畅销书《一边睡觉,一边成功》则披露,在睡觉时带着问题和播放识记材料录音入睡,比没有此举的平常入睡,可提高学习效率的30%。③ 这是由于排除大脑后摄抑制影响和时刻不停的潜意识活动,以及部分前意识活动综合作用的结果。

学思并重、收效最大强调,学习必须与思考并行不悖,摆在同样的重要位置,使二者有机地统一在一起,按照自己的生理、心理特点,以及学习内容的主次轻重、难易缓急、新旧比重、内在联系,乃至学习姿态、8小时以上的足够的睡眠时间安排学习,通过睡前带着问题播放识记材料录音睡觉,力求收到最大

---

①　《论语》为政。

②　参见莫语:《数字知道答案》,北京邮电大学出版社2006年版,第192、51、52、193页。

③　陈红春:《人生价值的要素》,上海文化出版社1988年版,第50页。

学习价值效益。

4. 融会贯通,组合升华

融会贯通、组合升华,即将所学知识技能,按照不同类别特点,使之有机地融会连接起来,并且能通过优化组合产生质的飞跃。客观世界,本来是一个相互联系、不可分割的整体。人们只是为了认识和研究的方便,才不得不把它们"割断"、"割碎"、"简单化",变为若干不同的孤立领域、独立对象予以对待。物质决定精神,存在决定意识。源自客观存在的人类文明,本来只有一颗种子,后来才逐渐萌生出文理两株同根异体、干枝交错、枝繁叶茂,并且树冠交叉成为一体的参天大树。其中,盘根错节的根部形成早期包罗万象的哲学,两株树干变为文理两大科学,枝杈成为分支科学,交叉部位形成交叉科学,树冠则发展成为宇宙哲学、哲学原理,尤其是综合科学、系统科学、最优学理论等新兴科学理论。有鉴于此,德国现代著名科学家普朗克在《世界物理图景的统一性》一书中指出:"科学是内在的整体。它被分解为单独的部门,不是取决于事物本身,而是取决于人类认识能力的局限性。实际上存在着从物理到化学、通过生物学和人类学到社会学的连续链条。这是一个任何一处都不能被打断的链条。"[1]美国当代诺贝尔奖获得者夸克理论和复杂系统论的奠基人格尔曼(M.Gellmann)在其《夸克与美洲豹——简单性与复杂性的奇遇》一书中写道:"研究已表明,物理学、生物学、行为科学,甚至艺术与人类学,都可以用一种新的途径把它们联系到一起。有些事实和想法初看起来风马牛不相关,但新的方法却很容易使它们发生联系。"[2]因而,人们要按照事物的本来面目全方位认知和研究事物,必须在孤立认知和研究它们的基础上,把它们重新放回原处,还原其本来面目,从系统整体去审视把握。

融会贯通、组合升华要求,把学习获得的各种各样的知识技能,尽可能融会贯通,整合为一个系统整体,从而使其产生在各自孤立状态下所没有的系统功能,并在此基础上悟出诸多潜规则、显道理,发现一些新规律和新问题,升华创造出新的知识技能体系,产生出大于各孤立知识技能机械相加之和的功能,

---

[1] 引自王通讯:《微观人才论》,中国社会科学出版社2001年版,第31页。

[2] 引自冯之浚主编:《软科学纲要》,三联书店2003年版,第314、315页。

最大限度地服务于认识和改造、创造世界造福于人类的需要。世界公认的发明创造力一流的国家德国,其学校一向十分重视和大力倡导融会贯通、组合升华的学习方式。现代的"德国大学没有(统一的)教学大纲,也没有什么必修课和选修课",学生凭"兴趣"、爱好、需要,想学什么"就学什么"。只要可以注册,学生能够任意择校学习,随便跨学校听课。"任何一名学生都有机会与这个国家的最优等的科学家讨论问题。"①这种极利于融会贯通、组合升华的学习方式,培养和造就出一批又一批世界顶级科学文化巨人,以至于德国被誉为世界发明创造的国度。而我国由于现今教育的清规戒律繁多,大大束缚了学生择校学习、跨校听课、拜师求教的学习自由,从而培养出来的学生严重缺乏融会贯通、组合升华的创新能力。正反两方面的例证发人深省,值得大力汲取经验教训。

(三)人生学习的最优化方法

人生学习的最优化方法,是按照人生学习的最优化原则,结合具体需要,获取学习最大价值效益的方法。它大致包括 3 种类型。

1. 最优知识技能获取法

最优知识技能获取法,即对知识技能的最佳获取方法。它主要包括两个方面的内容。

(1)听讲、阅读、预习、复习、见习与实习、演练、考试相并举。

听讲,指的是在家庭、学校或其他场合,听取家长、教师或其他人员的知识讲授。其优点是节时省力,不走或少走弯路;缺点是消极被动接受,不便开动脑筋,容易形成学习惰性。听讲尤其是听讲文科知识,不必全盘接受,对已经学懂弄通的内容可以不听,剩余时间应当兼学其他。阅读,是以自学形式或在别人指导下,阅览解读图书报刊等书面资料和电子资讯文档活动。迄今,它仍然是人类学习的重要方式之一。预习,即在听讲之前,预先对将要学习的内容自行学习。预习的最大优点有三个:一是机动灵活,见缝插针,随意安排;二是能够培养自身独立思考、分析、解决问题的能力,有利于提高创新能力和自信

---

① 参见严智泽等主编:《创造学新论》,华中科技大学出版社 2002 年版,第 344 页。

心;三是可以在听讲前把大部分或全部问题解决,从而将听讲内容大部分或全部变为复习、巩固、提高的内容,使未能解决的难题通过以后听讲全部清除掉。预习的突出缺点,是耗时费力较多,容易误入歧途。预习的新内容,不宜过多。现代心理学、教育学研究表明,预习的新旧知识之比以 1:5 为最佳,低于该比例则收效不大,高于该比例则难以完成,甚至根本无法接受。复习,即对所学习的内容重复温习。复习的优点不仅在于可以巩固知识,而且能够"温故而知新"①,使原来尚未学懂弄通的问题一扫而光,从而有助于提高学习效果;其缺点在于花费的精力时间较多。复习需按照最佳方式安排时间顺序,突出重点难点,兼顾一般。见习,是观察、模仿、效法教师或其他人的示范性演练的学习。作为师范生,听讲本身就是一种见习,作为非师范生则还需辅助实际操作性见习。见习的最大优点是比一般听讲更具有直观现实性、生动多样性;其突出缺点是较之实习、演练不够深刻全面。实习、演练,是在听讲、阅读、预习、复习、见习基础上,自行或在导师指导下的实际操作性练习。它是教育、科技、文化、卫生、体育,尤其是讲课、试验、表演、绘画、雕塑、手术、游泳、驾驶、烹饪等所有部门行业,必不可少的实际操作性学习环节。实习、演练的优点重在身体力行、深刻、全面、实用;缺点在于人力、物力、财力、时间投入成本高、消耗大,易受经验主义、表面现象的迷惑。德国 19 世纪学者尼采则提出:"永远做一个学生,这对于他的老师不是好的报答",最好的学生学问应后来居上,超过老师。② 实习、演练,不必完全抄搬复制教师所讲的内容,可以而且应当有一定的自主创新。最佳实习、演练应当是,规定内容要到位,选创内容要精彩。考试,是通过多种形式考核、检验学习成绩,以利于发现问题,总结经验教训,提高学习绩效的重要方式。它分为自主考试、受命考试,书面考试、口头考试,开卷考试、闭卷考试,书面与口头综合考试、实际操作考试、即兴发挥考试等。对于学生而言,听讲、阅读、预习专心,复习、见习、实习、演练用心,考试才能有信心,最后结果才能不伤心。

听讲、阅读、预习、复习、见习与实习、演练、考试相并举,即听讲、阅读、预

---

① 《论语》为政。

② 引自严智泽等主编:《创造学新论》,华中科技大学出版社 2002 年版,第 98 页。

习、复习、见习与实习、演练、考试并行不悖,相互促进。它要求,一方面,在崇高社会动机引领下,根据听讲、阅读、预习、复习、见习与实习、演练、考试各自不同的优缺点,以及现代心理学、教育学学习研究成果,尽可能地使各种不同学习形式扬长避短、优势互补、相得益彰,形成强势系统整体,发挥最大学习效能。另一方面,通过适当考试方式,及时检验听讲、阅读、预习、复习、见习与实习、演练效果。但是,必须充分认识和防范现行考试方式所带来的不必要的过大压力、耗时多和内容局限性等负面效应。据有关文献介绍,我国古代考试成绩名列第一的状元,很少有成为大家者。国外也是如此。马克思考试成绩只有"中等",爱因斯坦考试成绩也不十分突出。① 我国 1977 年恢复高考至今38 年来,各省市自治区的文理科第一名有 2000 多人,成大器者亦为数不多;而是中上游考试成绩者大多功绩卓著。究其原因,并不是因为前者比后者智力差,而主要是由于前者保持考试第一名的压力大,知识大多局限于课堂和教材规定的考试范围,缺乏在此基础上的广博知识、自由学习、自主思考、后续智能储备。更何况人类已推测的 120 种智力因素中,至今仍有 22 种没有探明,考试内容所涉及的智力因素并不全面。② 英国著名科学家贝弗里奇说过:"普通的考试并不足以说明学生研究能力的强弱,因为考试往往有利于积累知识的人,而不利于思想家","爱因斯坦则在工艺学校入学考试中不及格"。③ 爱因斯坦曾表示,十分厌恶频繁的考试,每次考试前后都令他萎靡不振。他回忆当年在瑞士苏黎世工业大学考试时说道:虽然在"这里一共只有两次考试",但是,"人们为了考试,不论愿意与否,都得把所有这些废物统统塞进自己的脑袋。这种强制的结果使我如此畏缩不前,以至在我通过最后的考试以后有整整一年对科学问题的任何思考都感到扫兴。"而这种现象,在"其他许多地方"更为严重。④ 当今考试,必须大力突破死记硬背的局限,尽量减少考试次数,优化主客观题的考试内容,提高富有科学创新性的主观题比重,最大限度地鼓励学生扩大课外知识视野,增强学生自由自主学习思考的能力,提高学生

---

① 参见王通讯:《人才论集》第 1 卷,中国社会科学出版社 2001 年版,第 64、427 页。

② 参见王通讯:《人才论集》第 1 卷,中国社会科学出版社 2001 年版,第 427 页。

③ [英]贝弗里奇:《科学研究的艺术》,陈捷译,科学出版社 1979 年版,第 145 页。

④ 《爱因斯坦文集》第 1 卷,许良英等编译,商务印书馆 1976 年版,第 8 页。

文化素质,尤其是创新素质。

(2)自学与求教、建立外脑相辅助。

随着知识爆炸、信息时代、数字化社会的到来,自学与求教、建立外脑越来越显得异常重要。德国当代著名作家霍夫曼认为,爱因斯坦的成才"关键是自学。这同他的强烈好奇心以及他的惊奇感联系在一起,就有了决定性的意义。"①我国古代的车胤囊萤、孙康映雪、孙敬悬梁、苏秦刺股、匡衡凿壁借光的自学,唐代诗人李贺和宋代诗人梅尧臣的随时随地将所见所闻、所思所想记入囊中,以及杨时程门(程颐之门)立雪和一些步行千里拜师讨教的原始自学与求教、建立外脑相辅助方式,虽然可敬可佩,但而今却变得无足轻重。据统计,全世界近30年来创造的知识信息,已超过以往5000年的总和。现代一天所生产的知识信息量,相当于20世纪80年代以前一年甚至十几年、几十年、上百年、上千年的知识信息。全世界杂志1667年仅有1种,1750年有10种,19世纪初达100种,19世纪中期达1000种,1900年达10000种,20世纪70年代达15万种,2015年达20多万种。19世纪科学知识每50年翻一番,20世纪初每10年翻一番,20世纪70年代每5年翻一番,20世纪80年代每3年翻一番,现在则每2年翻一番。全世界每天发表1万多篇论文,1个人1年读不完。大学不少专业尤其是信息专业,"大一"学的内容"大四"即有1/4淘汰。一般人在校听教师讲课所获得的知识信息,仅占其在校所获专业知识信息的1/5,一生所获专业知识信息的1/10,甚至1/100或更少。每天仅国际互联网新生产的知识信息即达数亿条,其知识信息总量近乎无限。一个小指大小的U盘,内存即可容纳几百万甚至上千万本书的知识信息。我国运算速度居世界第一的"天河2号"超级计算机,每秒可输入输出计算6亿亿次的知识信息量。国际互联网搜集任意一条信息,通过输入点击1秒之内即可搜遍全球,如愿以偿。如果电子可按指令高度有序化运行,将带来电子节能传输的又一场革命。这场革命,有望在曲阜师范大学执教过的现任清华大学副校长薛其坤院士带领的课题组攻关中变为现实。自学与求教、建立外脑相辅助,对于学习乃至人生最优化必不可少。

---

① 《纪念爱因斯坦译文集》,赵中立、许良英译,上海科学技术出版社1979年版,第98页。

自学，即自己独立学习；包括书面自学、电讯自学、网络自学，以及家庭自学、学校自学、单位自学、社会自学等。其中，最便捷高效的方式是，先看《辞海》、《词源》、相关词典，再到网上或图书馆、资料室查阅有关图书、报刊文章目录索引、文摘选粹、名言集锦、争鸣辑录、讨论综述、最新动态、未来展望等；然后，从中选出自己所需要的图书报刊、网络媒体知识信息。求教，即向别人当面直接或通过信函、电话、网络等方式间接求得教义。其中，除了根据孔子的"三人行必有我师"、唐代诗人刘禹锡《陋室铭》的"山不在高，有仙则名；水不在深，有龙则灵"、"谈笑有鸿儒，往来无白丁"的名训，广泛向一切有知识经验技能的相关人员学习之外，最有效的方式有三种。一是带着问题向最有名的相关专家、学者、教授请教。美国诺贝尔奖获得者奥托·沃伯格认为"一个年轻科学家一生中最重要的事情，是跟他那个时代的科学巨人所进行的个人接触。"[①]他的高足弟子克雷布斯在获得诺贝尔奖后感慨道："如果我扪心自问，我怎么会有朝一日来到斯德哥尔摩？我毫不怀疑我之所以有这个幸运的机会得归功于我在我科学生涯的关键阶段里有过一位杰出的老师……奥托·沃伯格树立了一个第一流研究方法和质量的榜样。如果没有他的话，我可以肯定，我永远不会达到作为诺贝尔奖金委员会考虑的前提的那种标准。"[②]二是力争参加第一流的相关学术会议。这样不仅能以最少的人力、物力、财力、时间投入、消耗获得最大量的高精尖信息，而且能够通过交流互动解决一些疑难问题，并能建立起与相关人员长期稳定的信息联系，源源不断地获得对方的支持。英国著名科学家贝弗里奇倡导，要"争取一切机会参加著名科学家举行的次数不多的特别报告会。"他认为，这样将给人以极大的启迪，"很有帮助。"[③]三是加强老、中、青专家学者之间的多元沟通、密切合作。贝弗里奇认为"青年的敏感和独创精神，一经与成熟科学家丰富的知识和经验相结合，就能相得益彰。"[④]据统计，迄今全世界诺贝尔奖获得者中，有50%以上跟前辈诺贝尔奖得主学习合作过；他们比没有跟前辈诺贝尔奖得主学习合作

①　肖兰、丁成军编：《人才谈成才》，中国青年出版社1986年版，第230页。
②　王通讯：《人才论集》第2卷，中国社会科学出版社2001年版，第216页。
③　[英]贝弗里奇：《科学研究的艺术》，陈捷译，科学出版社1979年版，第8页。
④　[英]贝弗里奇：《科学研究的艺术》，陈捷译，科学出版社1979年版，第128页。

过的平均提前 7 年获奖。英国卡文迪许实验室师徒人才链中获诺贝尔奖的人员,现已达 26 人。① 建立外脑,即将最有价值的知识信息及时圈画在自己的书刊或载入个人笔记本、卡片、电脑。通常,人们所学习到的知识信息,只有10%永久性清晰地保留在大脑里,约 90%模糊不清或被遗忘掉。知识信息上下几千年,纵横几万里,浩如烟海,多如星汉,如果一一学习既无必要,时间、精力也不允许;因而,欲成大才者,要在最短时间内掌握最多最有价值的知识信息,必须建立外脑,将所需要的知识信息要点、学习体会、思想感悟,随时记录在自己的书刊或笔记本、卡片、电脑中。法国 19 世纪著名科幻小说家凡尔纳的写作,就采取了卡片外脑法。凡尔纳一生著作极丰,仅小说就多达 104 部。从他 35 岁开始到去世的 42 年间,平均每年有两、三部大部头的长篇小说问世。其创作速度之快,数量之多,内容之广,令人难以置信。有人甚至怀疑他雇用了一个专门为他写作和提供材料的作家、科学家组成的"写作公司"。后来,通过调查证实,这个所谓的"写作公司"不是由专人组成的,而是由塞满书架的十几万张各种不同内容的文摘卡片和心得笔记卡片组成的。美国曼哈顿原子弹工程、我国的嫦娥探月工程所涉及的成千上万亿数据信息,则大多存储在大型电脑之中。有条件的学习人员,可将有关知识信息通过整理分类,直接输入电脑,需要时可直接点击相关文档或词条检索调阅。

自学与求教、建立外脑相辅助,指的是自学与求教、建立外脑相辅相成、相互助推。它规定,根据自学与求教、建立外脑的成本大小,收效高低,将自学与求教、建立外脑有机结合起来,使之相互协助增益,从而产生最佳学习效果。

2. 最佳知识信息解读创新法

最佳知识信息解读创新法,指的是最合理精湛的知识信息解析阅读创新方法。它大致涉及两项内容。

(1)突出重点,全面展开,务求深解实效。

突出重点、全面展开、务求深解实效,即围绕学习中心,突出学习重点,服务学习大局,全面开展知识信息搜集活动,对所学知识、所获信息,进行多层

---

① 参见李光伟:《时间管理的艺术》,甘肃人民出版社 1987 年版,第 103、104 页;2014 年"百度"相关网页等。

次、多向位、全过程鉴别分类,确认解析。它要求,务必全面占有知识信息,并在此基础上,对其进行突出化的要点难点全方位分析,深刻透彻理解,力争获得实际效果。博物学家、文化巨人、思想家、哲学家所采用的学习方法,大多为突出重点、全面展开、务求深解实效的方法。

(2)整理归类,找出规律,发展真理。

整理归类、找出规律、发展真理,指的是按照所学知识、所搜集信息类别特点及其相互联系,将其整理归纳为不同的类型,然后根据需要对其进行取优汰劣、系统排列,从中发现奇迹和新的性质特点、规律与真理,并将真理进一步推向前进。它主张,通过科学整理归类,尽可能又好又快地找出规律,发现真理,发展真理。此类案例,举不胜举。上世纪 60 年代,美国一位刊物撰稿人莫冬特运用散见于报刊媒体的大量知识信息片断,将其整理归类、找出规律、发展真理,居然发表出一篇有关氢弹结构、功能、制造工艺的文章。其中,1322 个数字为国家"保密数据",从而使五角大楼高官极为震惊。相关人员立即受到指控,莫冬特本人也受到审讯。这种不公开的公开"保密数据",其指控和审讯结果当然只能是无罪而终。[1] 1994 年 3 月,英国一个代号为"数据流"的孩子,通过对计算机网络技术的潜心研究和对捕获到的相关信息进行整理归类、找出规律、发展真理,居然发明出一种可获取绝密情报的"探测器"软件。该软件,可探测到美国五角大楼计算机系统的数百个用户的名称账号,以及弹道导弹武器研究和战斗机研制方案、人事档案,电子邮件等"绝密材料",监听到美国特工人员检查朝鲜核设施问题的通讯。当"数据流"孩子将这些信息传输到国际互联网,不仅使美国中央高官发指,而且使全世界为之震撼![2] 2013 年,美国电讯专家爱德华·斯诺登向全球爆料出美国特大电讯窃取丑闻:美国中央情报部门通过国际互联网"根域服务器"设在美国的有利条件,大肆监视监听世界各地的重要网络电子信息,从而整理归类、找出规律、发现大量所需宝贵资讯。而今,整理归类、找出规律、发展真理的学习的最优化方法,不仅在学习中广为应用,而且在运筹学、管理科学、系统论中广泛推开。有志于学习

---

① 参见舒德平等:《现代生活艺术》,中国展望出版社 1986 年版,第 379 页。
② 参见孙钱章主编:《现代领导方法与艺术》,人民出版社 1998 年版,第 590 页。

的最优化方法掌握和运用者,应倍加关注,大力采用。

(3)努力探索、创建属于和最适合于自己的新方法。

宋代哲学家张载,曾以"芭蕉"成长过程作比,形容学习求新。他在《芭蕉》一诗中写道:"芭蕉心尽展心枝,新卷新心暗已随。愿学新心养心德,旋随新叶起新知。"①学习的最优化方法,不仅具有高度普适性,而且在一些方面因人而异,因事而变,需要不断创新。努力探索、创建属于和最适合于自己的新方法,指的是尽力探求总结和创立起属于自己和最适合于自己的学习新方法。它强调,结合自己的不同学习特点,根据自己的学习内容收效情况,选择、确定和创建起具有鲜明个人特色的真正属于和最适合于自己需要的最高度有效的学习新方法;切忌不顾自己的学习实际特点,盲目效法别人,千人一律,万法共用,不计个人学习实际情况、收效高低盲目进行学习;必须力求学习收效最大化。

3. 学以致用,用当其所法

先秦教育家荀子曾精辟地说道:"不闻不若闻之,闻之不若见之,见之不若知之,知之不若行之,学至于行之而止矣。"②隋代学者颜之推在其《颜氏家训》中申明:"学者犹种树","春玩其华,秋登其实。讲论文章,春华也;修身利行,秋实也。"人若不学习,方寸如废田;学习不致用,恰似播种无收获,纵好也枉然。不学不用是懒汉,光用不学是蛮干;光学不用是学究,学以致用、用当其所才是最明智之举。学习的目的在于应用,掌握知识的目的在于用当其所、联系实际,付诸实践、改造社会、造福自身。学习的最优化方法,离不开学以致用、用当其所。

学以致用、用当其所法,即学习与应用相结合,在学习中应用,在应用中学习,将所学知识、技能运用于当用之时、当用之处,使之发挥应有作用的方法。它主张,一方面,学习必须牢记我国现代教育家叶圣陶的告诫:"读书忌死读,死读钻牛角。矻矻复孜孜,书我不相属。活读运心智,不为书奴仆。泥沙悉淘汰,所取唯珠玉。其精既在我,化为血与肉。斯得读之用,书可高阁束。"③坚

---

① 《张子全书》正蒙·诚明。

② 《荀子》儒效。

③ 引自辛立洲:《人生设计原理》,天津人民出版社1987年版,第214页。

持从实际需要用途出发,不脱离实际为学习而学习。学习的目的必须是为了更好地认识世界、改造世界、创造世界造福于人生社会。另一方面,学习的知识技能能够应用于实践,与实践活动相结合,有针对性地正确科学地指导各项有益实践活动。既防止学而无用的"书呆子",学而不用的"活书橱",亦即唐代诗人李白《嘲鲁儒》诗中所讽刺的"鲁叟谈五经,白发死章句。问以经济策,茫如坠烟雾"的愚儒蠢学行为;防止生搬硬套、貌似科学"时尚"、实则不顾语法逻辑修辞科学准则、"文科教学考试过分政治化、教条化"的形而上学行为;防止似是而非的被人戏称为"假作真时真亦假,真作假时假亦真;是非曲直一锅煮,糊涂一锅浆一盆。不知造就出多少个'孔乙己',不知毁掉了多少个'范举人'"的各种形式主义的硬性选择题考试;又防止学非所用、用非所学的学用分裂、脱离实际之举。再一方面,必须坚持实践第一的准则。当学习的知识理论与实践发生矛盾时,知识理论应服从实践应用的规定。如此,才能使学有目标,不致盲目,学习高效,受益至深;才能使学有所用,运用得当,大见成效,学用相长,相互促进,勇往直前。

人生学习的最优化方法作为多元系统整体,还包括安静舒适、光线充足、空气清新、温度适宜的学习环境营造法,竞赛协作学习法(合作学习法),趣味和乐学习法,形象学习法,情境学习法,运动学习法,意义学习法,逻辑学习法,因己、因事、因时、因地、因情制宜灵活学习法,以及分布与集中相结合学习法等。这些方法,运用得当,亦可谓人生学习的最优化方法。

二、人生记忆的最优化

人生记忆的最优化,堪称人生学习的最优化和人生思维的最优化的重要保障。它主要包括人生记忆及其最优化的属性规定,人生记忆的最优化原则,人生记忆的最优化方法三个组成部分。

(一)人生记忆及其最优化的属性规定

现代脑科学研究表明,记忆是外部信息作用于人的感觉器官,在人脑中形成的痕迹和再现现象与过程。它由信息输入、译码、编码、存储和提取(输出)

几个部分构成,通过识记、再认、重建来实现。记忆从不同的角度可以分为形象记忆、抽象记忆,情境记忆、表述记忆、语意记忆,情绪记忆、运动记忆、程序记忆,内隐记忆、外显记忆,机械记忆、意义记忆、口诀记忆,无意记忆、有意记忆,深刻记忆、一般记忆、浅表记忆,以及感觉记忆、瞬时记忆、短时记忆、长时记忆等。感觉记忆一般持续 1 秒,瞬时记忆仅持续 0.25~4 秒,短时记忆可持续 5~59 秒,长时记忆可长达 1 分钟至几十年,甚至一生一世。人脑能同时记忆 7±2 个信息模块。记忆信息近乎无限。德国 19 世纪心理学家艾宾浩斯的记忆保持曲线表明,人的记忆内容遗忘呈先快后慢递减规律,1 天内遗忘最快,以后逐渐减缓。1 天内复习巩固效果最高,其次为 3 天,再次为 7 天的再复习巩固。美国现代心理学家巴拉德记忆恢复曲线表明,学习内容第 2 天回忆效果最佳。还有的研究成果表明,熟练达到会背诵程度的 150% 的学习记忆和高信息模块、不同内容的分布学习记忆效果最高。其他记忆相关研究成果,亦相当丰富。① 人生记忆的最优化,即准确记忆、快速记忆、大量记忆、牢固记忆、确切回忆的最优化。它旨在依据记忆的规律特点,以最少的精力、时间投入、消耗,获得最佳记忆效果。

(二)人生记忆的最优化原则

人生记忆的最优化原则,即基于人生记忆及其最优化的属性规定,联系实际,获得记忆最大价值效益的准则。它大致由 3 个方面组成。

1. 准确无误,快速大量

准确无误、快速大量,可谓记忆最优化的基本原则;它指的是记忆的内容高度准确,至少没有重大失误;记忆的速度快捷,记忆的数量巨大。它对于人类社会存续和发展至关重要。衡量人的知识的多少,教学、宣传、历史研究、文献考证、电话查询人员等部门人才的招考、聘用、评价,很大程度取决于相关人员知识记忆的正确与否,知识记忆、知识提取的快慢多少。就连现今中外普遍推行的高考、考研也不例外。关键时刻,一字记忆准确,一词回忆较快,一句记

---

① 　参见叶奕乾等:《图解心理学》,江西人民出版社 1982 年版,第 216、221 页,以及其他相关文献。

忆见长,即可胜券在握、荣登榜首;与此相反,一字记忆有误,一词回忆较慢,一句记忆欠缺,即可惨败考场、名落孙山。准确无误、快速大量要求,调动多种记忆方式,尽可能准确无误地记忆相关内容,最快速大量地记忆有关对象。

2. 深刻牢固,永记不忘

深刻牢固、永记不忘,即记忆内容必须记得深入巩固、永不忘却,切不可掉以轻心、敷衍了事、浅尝辄止。它规定,运用多种强化记忆方式,识记有关内容对象,使之达到过目成诵,闻听刻骨,学而铭心,没齿不忘,随时为提取、使用做好充分准备。对此,马克思为我们做出了榜样。拉法格在《回忆马克思恩格斯》一书中,对马克思赞颂道:"马克思的头脑是用多得令人难以相信的历史及自然科学的事实和哲学理论武装起来的,而且他又是非常善于利用他长期脑力劳动所积累起来的一切知识来观察的。无论何时,无论任何问题,都可以向马克思提出来,能够得到你所期望的最详尽的回答,而且总是含有概括性的哲学见解。他的头脑就像停在军港里生火待发的一艘军舰,准备一接到通知就开向任何思想的海洋。"①

3. 回忆确切,随时可取

回忆确切、随时可取,指的是记忆的内容在回忆时高度正确、切实,根据需要随时可以提取运用。它主张,调动有利于回忆的各种手段,营造良好的回忆心态环境,使回忆尽可能地正确、切实,不予丢失、扭曲信息,以随时提取使用,收到最大回忆价值效益。它带有明显的记忆实用性、目的性。生活中常见的回忆高度准确、随时可以提取任何记忆信息的超强记忆者,都属回忆确切、随时可取的楷模。

(三)人生记忆的最优化方法

人生记忆的最优化方法,指的是依据人生记忆的最优化原则,结合具体需要,最正确科学的记忆方法。其形式多样,不拘一格,大致涉及 8 组 16 种方法。

1. 信心记忆法与意义记忆法

信心记忆法,是坚信自己一定能够记住的方法。它是记忆的先决条件。

---

① ［法］保尔·拉法格:《回忆马克思恩格斯》,马集译,人民出版社 1993 年版,第 9 页。

心理试验表明,坚定记忆信心,能够调动记忆情绪、激活记忆细胞、积极主动记忆、集中注意力,加速加深记忆内容。不少人认为,"相信自己一定能记住,就等于记住了一半。"如果在记忆过程中老是担心记不住,失去记忆信心,就会降低记忆情绪,抑制记忆细胞兴奋度,造成消极被动记忆,分散注意力,大大降低记忆效果和巩固程度。信心记忆法要求,记忆者坚信自己不仅能够记住,并且能够记得精准,记得快捷,记得量大,记得牢固,随时可以提取。

意义记忆法,又称动机需要记忆法。它是根据记忆内容意义大小、动机需要高低强弱进行记忆的方法。试验表明,意义越大、动机需要指向越高越强的内容,记忆效果越好;反之,意义越小、动机需要指向越低越弱的内容,记忆效果越差。意义记忆法规定,记忆者必须充分明确记忆对象的重要意义,努力强化记忆动机需要,以"舍我其谁能"的主人翁姿态,开展高效记忆活动。

2. 取舍记忆法与适时记忆法

取舍记忆法,是根据记忆内容价值大小、需要程度高低,有选择地进行最优选取和舍弃的记忆方法。苏联教育家苏奥洛夫说过:"记忆是智慧的仓库。"大脑记忆力和信息储存量尽管极大,但在一定条件下却总是有限的,而外来的知识信息却无限丰富多样。它们有的对人生社会很有价值,有的却价值一般,有的则很少有用或根本没用。什么都记既没有必要,也不可能都记下来。这就要求,必须有取舍地进行记忆。清代学者章学诚说得好:"宇宙名物,有切己者,虽锱铢不遗;不切己者,虽泰山不顾。"①爱因斯坦则尤其讨厌不分主次轻重、难易缓急的死记硬背。他表示,为了防止"偏离主要目标",学习必须"识别出那种能导致深邃知识的东西,而把其他许多东西抛开不管",紧紧抓住书的骨肉,而抛弃书的皮毛。② 1921 年,有人用当时流行的"科学测验"试题问他:"声音在空气中的传播速度是多少?"没想到这样一个物理常识问题(每秒 331.36 米),竟把这位世界最伟大的物理学家难住了。他坦率地说:"对不起,我不知道这个数字。但是有什么必要记住它呢? 随便哪一本物理参考书都能找到这个数字。我的记忆力是用来记忆书本上还没有的东西

---

① 章学诚:《文史通意》内篇。
② 《爱因斯坦文集》第 1 卷,许良英等编译,商务印书馆 1976 年版,第 8 页。

的。"与此相反,一位报考英国现代著名科学家卢瑟福教授研究生的青年,把卢瑟福的书背得滚瓜烂熟,结果却没有考取。他委屈地向卢瑟福诉说自己的苦衷。没想到卢瑟福却毫不同情地告诉他:"我的著作不是《圣经》,科学不需要只会死记硬背的脑袋,科学需要创新!"①取舍记忆法主张,有选择地首先重点识记内容价值大、需要程度高的对象,其次识记内容一般、需要中等的对象,再次识记内容价值小、需要程度低的对象,根本忽略或完全不记无价值、不需要的内容对象。

适时记忆法,即根据生理、心理节律状态和所处的环境条件,特别是大脑兴奋度、情绪高低度和试图记忆心理,以及早晚最佳记忆时间,开展高效率记忆的方法。除了生理、心理节律高潮期有助于记忆之外,美国现代心理学家斯坦福大学教授 G・波卫尔研究发现,心情愉快比情绪一般和懊丧记忆效果好。心理学家盖兹试验表明,积极的试图记忆比消极的被动记忆效果好。有关调查表明,全天有 4 次记忆高潮。第 1 次为早晨起床后两小时;第 2 次为上午 9~10 点;第 3 次为晚上 6~8 点;第 4 次为夜间 10 点临睡前的 1 小时左右。一些学者认为,早晨和晚上记忆效果比其他时间好,早晨不受大脑前摄抑制的影响;晚上不受大脑后摄抑制的干扰,并且晚上 6~8 点为全天最佳记忆时间。还有人认为,晚上虽然比早晨记忆效果更好,但提取知识信息不如早晨容易。据此,适时记忆法规定,抓住生理、心理节律高潮期,愉快心情和积极的试图记忆心理,以及早晨、上午、晚上时间,结合记忆内容特点,开展记忆活动,强化记忆内容,从而收到恰适其时、事半功倍的记忆效果。

3. 归类记忆法与排序记忆法

归类记忆法,是将记忆内容整理归纳,分成不同类型,加以记忆的方法。这种方法,便于头脑知识信息库输入、译码、编码、存储和提取(输出),从而可以强化记忆效果。归类记忆法要求,首先将记忆内容集中归结起来,然后按其不同性质、特点、形式、种类,予以不同记忆,使记忆内容高度清晰条理化。

排序记忆法,是对所记忆的内容主次轻重、难易缓急进行时间先后最优排序,确定相应持续时间长短的记忆方法。研究成果表明,学习记忆的记忆量与

---

① 引自舒德平等:《现代生活艺术》,中国展望出版社 1986 年版,第 413、416 页。

学习时间、学习数量成正比,与学习难度成反比;记忆效率通常与连续学习时间长度和数量难度成反比;熟练背诵且牢记不忘的次数一般为6次,每次间隔分别为10分钟、1天、1周、1个月、半年。学习记忆的新旧相关知识最佳比例为1:5,低于或高于该比例则会引起效率下降;学习记忆的最佳连续超时长度为50%,低于或高于此比例会导致效率下滑;学习记忆的内容最佳排序为先易后难;记忆效果后面最佳,前面其次,中间最差,中间仅为开端和结尾的1/3;同类知识的集中学习,不同知识的分布学习,记忆效果最佳。排序记忆法要求,在对记忆内容正确认识鉴别的前提下,进行科学时间排序。一方面,用较长时间集中反复学习主要重点内容,并按照记忆规律特点,适当间隔休息;同时,力争将新旧知识相关比例控制在1:5水平。另一方面,严格按照先主后次、先重后轻、先易后难、先急后缓记忆规则,以及记忆效果后面最佳、前面其次、中间最差记忆规律特点,确定记忆内容次序,力求达到最佳记忆效果。

4. 笔记记忆法与诵读记忆法

笔记记忆法,是对记忆内容做笔抄记录的记忆方法。它是记忆中普遍使用的记忆方法。常识表明,"好记性赶不上孬笔尖"。笔记不仅便于书面写作,而且因其字形、字意印象和手动印记,可以加深记忆。毛泽东等名人名家"不动笔墨不看书"的良好学习习惯,大多数学子的每学必记、每听必录的优良学风,为人们提供了成功的范例。笔记记忆法主张,博闻强记者必须对所学、所思、所见、所闻重要内容,及时做好笔记,以便形成深刻印象,随时提取、运用。

诵读记忆法,即在阅览的基础上诵读识记内容,或在笔记的同时默读识记内容的记忆方法。诵读记忆法同笔记记忆法一样,都是最常用的记忆方法。各级各类学生的学习记忆,均主要采取这种方法。疯狂英语学习方法创始人李阳的英语学习,也主要是采用的这种方法。只不过它较一般诵读记忆法,融入了更多的在户外旷野、大庭广众面前疯狂诵读的元素。诵读记忆法强调,凡学必读,通过读音强化记忆,达到最佳记忆效果。

5. 缩略记忆法与口诀记忆法

缩略记忆法,是将相关多项记忆内容化繁为简,压缩概括或升级换代为若干要略条目,形成纲领,减轻大脑负担,从而便于记忆的方法。人们常说的

"UFO"（宇宙飞碟）、"WTO"（世贸组织）、"APEC"（亚洲及环太平洋经济合作组织）、"三向四有新人"（面向世界、面向未来、面向现代化，有理想、有道德、有文化、有纪律新人）、"三农问题"（农民、农业、农村问题）、"985 高校"（江泽民 1998 年 5 月提出的国家要建设世界一流水平大学）、"十八届三中全会决定"（中共十八届三中全会关于全面深化改革若干重大问题的决定）等，均属缩略记忆法的运用形式。缩略记忆法主张，将较复杂的记忆内容缩减略化升级换代为英语词头、数字或目标纲领性内容，以达到快速简要记忆的目的。

口诀记忆法，即把识记内容缩编成合辙押韵、朗朗上口的歌诀，从而造成强烈印象，大大加快背诵速度的方法。这种方法简便易行，收效甚佳。《三字经》、《百家姓》、《千字文》、《幼学琼林》，以及乘法口诀、英语字母歌、各种诗歌等，其表现形式均与口诀记忆法相联系。口诀记忆法强调，将复杂繁多的记忆内容，尽可能简约口诀化，从而最大限度地提高记忆效果。

6. 协同记忆法与整体记忆法

协同记忆法，是充分调动听、说、读、写、看、做等各种感觉器官和表情动作，共同完成记忆任务的方法。这种方法，可使记忆大见成效。实验证明，在同一时间，人单从视觉获得的知识信息能记住 70%，单从听觉获得的知识信息能记住 60%，而视听结合却能记住 86.3%。[①] 如果加上说、写、做和其他表情动作，则记忆效果更佳，可达 90% 以上，甚至 100%。协同记忆法要求，在记忆时充分利用记忆增效特点，听、说、读、写、看、做和表情动作多元并举，使之优势互补、相互支持，获得最大记忆收益。

整体记忆法，又称板块记忆法、框架记忆法、系统记忆法。它是通观整体，对已知内容一目带过，对未知内容重点掌握，以熟代生，以旧推新，抓住内在联系，找出内部规律，突出要点而又兼顾全面强化记忆内容的方法。快速阅读法、提纲记忆法等，都是整体记忆法的生动运用。心理学研究表明，学习记忆的识记效率，整体记忆法最高。整体记忆法强调，记忆者必须首先对记忆对象进行整体把握；然后重点记忆新内容，按照新旧知识的内在逻辑，明确其异同

---

① 参见叶奕乾等：《图解心理学》，江西人民出版社 1982 年版，第 224 页。

特点,联想开去,以新带旧、以旧促新,从而达到突出要点而又兼顾全面推进记忆的目的。

7. 睡眠记忆法与健脑记忆法

睡眠记忆法,是利用睡眠恢复精力,给大脑知识信息库以整理调节时间和带着识记内容入睡的记忆方法。睡眠记忆法,大致分为两种:一是学习一段时间后闭目养神,打打瞌睡,继而再度学习;二是在睡觉前播放识记内容录音,利用大脑前意识和潜意识细胞的不停活动,带着识记内容入睡。试验证明,8 小时有睡眠的记忆平均可记住 60%,8 小时无睡眠的记忆平均只能记住 28%;入睡时播放学习内容录音,可以提高记忆效率 30%左右。前苏联介绍睡眠记忆法的《一边睡觉,一边成功》一书之所以成为特别畅销书,其中一个重要原因就在于此。[1] 睡眠记忆法主张,根据睡眠与记忆的内在联系特点,科学安排记忆活动;在长时学习时,既中间适当睡眠休息,又入睡前播放识记内容录音,从而最大限度地提高记忆效能。

健脑记忆法,即根据记忆的生理、心理需要,通过健脑增进大脑记忆机能,强化大脑记忆效果的方法。这种方法,主要分为益智食物健脑记忆法、清心寡欲健脑记忆法、体育活动健脑记忆法、文艺娱乐健脑记忆法、清新空气健脑记忆法、眺望原野健脑记忆法、旅游观光健脑记忆法等。健脑记忆法强调,在确保大脑不受各种食品添加剂、污染物危害和电磁波,尤其是手机、微机、微波炉、电视机、无线电发射装置等辐射前提下,运用营养物质以及多种调身、调心、调息健脑方式进行记忆,从而尽可能地增进记忆效率。

8. 联想记忆法与复习记忆法

联想记忆法,即把所学内容同已知知识纵横联系起来,予以解读、分析和加深记忆的方法。这种记忆方法,能够将识记内容尽量类推引申、扩大、衍生、辐射、泛化,形成网络,从而有效地巩固和加深记忆内容,尽可能地使所学知识、所获信息举一反三系统丰富化,形成有机整体。联想记忆法规定,在记忆对象时,尽量联想相关内容,从而使之相互助推,得到多方面的牵引、支持,大

---

① 参见叶奕乾等:《图解心理学》,江西人民出版社 1982 年版,第 220 页;陈红春:《人生价值的要素》,上海文化出版社 1988 年版,第 50 页。

大增强记忆效果。

复习记忆法,即对所学内容重复学习的方法。它主要包括及时复习、分布复习、综合复习三种类型。

及时复习是记忆的十分重要的方法。其特点是在最佳时间间隔内抓紧复习,巩固提高。

表 6-1　艾宾浩斯对无意义音节记忆试验表

时间间隔	重学(复习)节省诵读时间
20 分钟	58.2%
1 小时	44.2%
8 小时	35.8%
1 天	33.7%
2 天	27.8%
6 天	25.4%
31 天	21.4%

资料来源:叶奕乾等:《图解心理学》,江西人民出版社 1982 年版,第 216 页。

西方现代心理学家斯必叟(Spitzer)对文选记忆的试验表明,复习者一天后保持 98%,一周后保持 83%;无复习者一天后则保持 56%,一周后仅保持 33%。一般说来,所学内容 12 个小时内遗忘最慢,一天后至两三天内遗忘最快,以后遗忘逐步减慢。据此,掌握死记硬背需要机械记忆的内容,如人名、地名、时间、新概念、外语单词、各种数码、数理化公式、定理等,最好早晨学习、晚上复习,或晚上学习、早晨复习。这样效果最佳。

分布复习,即间隔分散复习。分布复习,由于能够适时休息,避免单一重复疲劳,及时恢复精力,因而便于记忆,比集中长时间、一次性复习效果好。苏联心理学家沙尔达科夫试验表明,同样时间条件下,分布复习者成绩优秀的占 31.6%,良好的占 36.8%,及格的占 31.6%,劣等的没有;而集中复习者,成绩优秀的仅占 9.6%,良好的占 36.6%,及格的占 47.4%,劣等的占 6.4%。西方现代心理学家道尔和海尔加特的试验结果则如下表。

表6-2　道尔和海尔加特试验表

组别	练习时间（分）	休息时间（分）	名次
一	1	1	3
二	2	3	2
三	1	11	1
四	3	1	4

资料来源：叶奕乾等：《图解心理学》，江西人民出版社1982年版，第221、222页。

综合复习，即运用多种方式对识记内容进行全面系统复习。它有助于整体记忆、把握实质、总揽全局，形成系统印象。大量研究成果表明，初学与间隔复习时间最佳比例为2∶8，即学习2小时，8小时后复习记忆效果最佳。

复习记忆法规定，根据复习与记忆的特定关系，结合记忆内容特点，有针对性地进行及时复习、分布复习、综合复习，通过三管齐下，实现最佳复习记忆目标。

此外，主动记忆法、图表记忆法、SQ3K记忆法（浏览、发问、阅读、复述、背诵复习5步骤法）、趣味记忆法、兴致记忆法、规律记忆法、讨论记忆法、形象记忆法、运动记忆法、对话记忆法、转换记忆法、尝试记忆法、重点记忆法、难点记忆法、闭目养神调息记忆法、要点快速记忆法、大声歌唱记忆法，以及各种良性刺激醒脑记忆法等，也不失为人生记忆的最优化方法。人生记忆的最优化方法关键在于发现、选取、创造和灵活运用各种最适合自己记忆特点需要的高效、高质记忆方法，从而以最少的精力、时间投入、消耗，获得最大的记忆效益。

附：表6-3　现代心理学、教育学学习与记忆研究成果

资料来源	研究成果要点
1.美国现代心理学家费约的观点；黄仁发、战立克编：《效率与心理》，北京科学技术出版社1988年版，第10页；时蓉华主编：《现代社会心理学》，华东师范大学出版社1989年版，第160页。	学习和记忆动机所引起的学习效果，最高为社会重大需要动机达200，其次为发挥个人最高才能的动机为150，最后为一般要求动机为100，其余均在100以下。学习和记忆的自我或他人表扬激励所造成的积极向上的动机，可提高优等生学习成绩的28%，中等生学习成绩的34%，差等生学习成绩的65%。

续表

资料来源	研究成果要点
2.中西现代心理学、教育学家试验成果;朱宝荣等:《现代心理学原理与应用》,上海人民出版社 2006 年版,第 49 页。	学习和记忆的同时注意广度,成人最多为 7±2 个对象。
3.西方现代心理学家艾宾浩斯等人的研究成果;朱宝荣等:《现代心理学原理与应用》,上海人民出版社 2006 年版,第 73 页;张厚粲主编:《大学心理学》,北京师范大学出版社 2001 年版,第 153 页等。	熟练背诵且牢记不忘的次数一般为 6 次,每次间隔分别为 10 分钟、一天、一周、一个月、半年。
4.现代心理学、教育学家的试验成果;参见张瑞甫:《人生最优化原理》,山东人民出版社 1991 年版,第 98、85 页。	学习新旧相关知识最佳比例为 1:5,低于或高于该比例会引起效率下降。
5.苏联心理学家沙尔达可夫的试验成果;参见张瑞甫:《人生最优化原理》,山东人民出版社 1991 年版,第 61 页。	学习和记忆内容的综合识记效率最高,其次为整体识记,最后为分布识记。
6.西方心理学家金斯利、范卡尔德、波斯特尔等人的研究成果;参见张瑞甫:《人生最优化原理》,山东人民出版社 1991 年版,第 62~66 页。	学习与记忆材料的最佳排序为先主后次、先重后轻、先易后难、先急后缓,记忆效果后面最佳,前面其次,中间最差,且仅为前后两端的 1/3。
7.西方心理学家盖茨(A.I.Gates)的研究成果;参见张瑞甫:《人生最优化原理》,山东人民出版社 1991 年版,第 75 页。	初学与间隔复习时间,最佳比例为 2:8,即学习 2 小时,8 小时开始复习记忆效果最佳。
8.研究成果,参见张瑞甫:《人生最优化原理》,山东人民出版社 1991 年版,第 58~62 页。	学习与记忆单独"看"仅能记住 70%,单独"听"仅能记住 60%,"看、听"结合能记住 86%。而听、说、读、写等同时并用则效果最佳,可记住 90% 以上,甚至 100%:记忆量与学习时间、学习数量成正比,与记忆难度成反比;记忆效率与连续学习时间长度、数量、难度成反比。
9.中西现代心理学家、教育学家的研究成果;朱宝荣等:《现代心理学原理与应用》,上海人民出版社 2006 年版,第 53~68 页;参见张瑞甫:《人生最优化原理》,山东人民出版社 1991 年版,第 194~199 页。	兴致学习、专注学习、适时学习、提纲学习、图表学习、歌诀学习、比较学习、联系学习、特点学习、要点学习、缩略学习、运动学习、时空转换学习,音、色、味、痛等多元刺激学习、系统全面学习,快、准、牢、活学习等,可收到显著学习效果。良好的饮食、精神状态、健康状况、环境等对学习、记忆有一定良性影响。
10.中西现代心理学、教育学家研究的新发现;朱宝荣等:《现代心理学原理与应用》,上海人民出版社 2006 年版,第 30、31 页。	不同知识的分布学习、记忆,同类知识的集中学习、记忆,通常效果最佳。

续表

资料来源	研究成果要点
11.西方现代心理学家艾宾浩斯等人的研究成果;朱宝荣等:《现代心理学原理与应用》,上海人民出版社2006年版,第71页。	学习和记忆的最佳连续超时长度为50%,低于或高于此比例,会引起效率下降。

三、人生思维的最优化

人生思维的最优化,不仅是人生理性认识的重要范畴,而且是人生学习与记忆的最优化的发展与升华,属意识的高级最优化形态。它对于最正确科学地认识世界、改造世界、创造世界造福于人生自身,具有至关重要的意义。它大致涉及人生思维及其最优化的内涵解读,人生思维的最优化原则,人生思维的最优化方法三项内容。

(一)人生思维及其最优化的内涵解读

人生思维是建立在人生学习和记忆基础之上的多元多维性思想意识活动。它是人类特有的心理活动及精神现象;主要由概念、判断、推理、想象、假说、证明构成。人生思维从不同角度可以分为形象思维、抽象思维,纵向思维、横向思维,发散思维、收敛思维,以及线性思维、非线性思维,单向思维、复合思维、系统思维、辩证思维等。人生思维反映着事物的普遍联系,表现出思想意识的多元多维特点,彰显出思想意识由点到线、由线到面、由面到体、由体到系统的全过程。人生思维的最优化,即建立在人生学习与记忆的最优化基础之上的多元多维性思想意识活动的最优化。它具有概括、升华、统摄、指导人生学习与记忆的最优化重要功能。

(二)人生思维的最优化原则

人生思维的最优化原则,即立足人生思维及其最优化的内涵解读,联系实际,最正确科学的思维准则。它主要包括5个方面。

1. 科学精准，清晰严谨

科学精准、清晰严谨，即人生思维的方式高度科学、精化、准确，思维清晰严密，无懈可击。它是人生思维的最优化前提和保障性原则，是思维的生命力所在。没有科学精准、清晰严谨，就谈不上真正意义的科学思维，更谈不上思维的最优化。科学精准、清晰严谨，对于思维功用异常之大。重大事件一念领先，可以捷足先登，青云直上；关键时刻一念之差，则会谬之千里，一落万丈；细节在某些情况下，可以决定成败。20 世纪 60 年代，西方国家有位天文学家，在计算一颗行星运行轨道时，忽略了小数点后一个微不足道的数据，即认为该星球必定撞击地球毁灭人类，于是提前自杀，成为世人笑料。1999 年 9 月 30 日《华盛顿邮报》披露，美国太空总署（NASA）的火星气象探测器突然失踪，造成 1.25 亿美元的直接经济损失，使美国火星计划大大向后推迟。调查原因是，操作人员在输入参数时，未把英制转化为公制计算，导致探测器飞入火星大气层燃烧失败。[①] 科学精准、清晰严谨要求，无论遇到什么样的问题，知解何种难题，都必须坚持科学至上、精化准确，思路清晰、严谨周密，一丝不苟、天衣无缝，确保思维最正确科学进行。

2. 逻辑与历史相一致

逻辑与历史相一致，指的是思维所遵循的逻辑规则与客观事物及其发展的历史相统一。它是思维的最优化的重要理论原则。对此，恩格斯认为，在思维过程中"逻辑的方式是唯一适用的方式。但是，实际上这种方式无非是历史的方式，不过摆脱了历史的形式以及起扰乱作用的偶然性而已。历史从哪里开始，思想进程也应当从哪里开始，而思想进程的进一步发展不过是历史过程在抽象的、理论上前后一贯的形式上的反映；这种反映是经过修正的，然而是按照现实的历史过程本身的规律修正的"[②]。在这个意义，可以说逻辑是被思维概括、抽象、升华、修正过的主观历史，历史则是现实化、丰富化、具体化的未及修正过的原生态客观逻辑；逻辑反映的是客观规律，历史表现的则是前后相继的客观现实。逻辑与历史本质上相一致。正如价格围绕价值上下波动二

---

① 参见莫语：《数字知道答案》，北京邮电大学出版社 2006 年版，第 57 页。

② 《马克思恩格斯文集》第 2 卷，人民出版社 2009 年版，第 603 页。

者本质上相一致一样,并且这种"一致",表现为不断发展的永恒过程。逻辑与历史相一致规定,按照逻辑与历史相统一的特点,尽可能地使思维所运用的概念、判断、推理、假说、想象、证明,既合乎认识自身发展的逻辑要求,又符合客观实在及其发展的历史规律。

3. 利益分析与矛盾分析相结合

利益,即适合人类某种需要的有利条件和有益因素。它是人生需要的对象化和人类赖以生存、发展的必不可少的前提条件与动力源泉。宋代学者邵雍有一段脍炙人口的诗句:"财能使人贪,色能使人嗜;名能使人矜,势能使人倚。四患既都去,岂在尘埃里?"①马克思主义者不仅认为,人是利益动物,追求利益是人的本能;而且认为"现实的人只有以利己的个体形式出现才可予以承认"②。利益从不同角度可以划分为物质利益、精神利益,经济利益、政治利益、文化利益、保障利益、环境利益,微小利益、一般利益、重大利益,局部利益、整体利益,当前利益、长远利益等。由于人们的世界观、人生观、价值观、最优观不尽相同,所处地位、社会关系、单项利益、复合利益、所居环境,以及各种各样的需要不完全一样,因而,人们对利益的追求目标、层次、方式,以及各种利益之间的相互替代,特别是物质利益与精神利益的侧重点,会多种多样,甚或截然不同。矛盾,即事物的对立统一关系属性。它反映着事物对立双方的相互斗争与相互统一、相互转化特点;体现着事物发展的内在动力、源泉和事物由量变到质变、再到新的量变,由肯定到否定、再到新的肯定——否定之否定螺旋式上升、波浪式前进的内容形式、方向道路,以及一分为二、合二为一、两点论与重点论相统一的方法论要求。矛盾,是普遍性与特殊性的统一,共性与个性的结合,具有丰富多样性。从不同的角度它除了可以划分为简单矛盾、复杂矛盾,和缓矛盾、尖锐矛盾之外,还可以区别为主要矛盾、次要矛盾,矛盾的主要方面、矛盾的次要方面,内部矛盾与外部矛盾等。主要矛盾和矛盾的主要方面决定矛盾的性质特点;通常,抓住了主要矛盾或矛盾的主要方面,其他矛盾或其他矛盾方面的问题,便会迎刃而解。尽管广义外部矛盾对于事物的

---

① 邵雍:《男子吟》。
② 参见《马克思恩格斯全集》第3卷,人民出版社2002年版,第188页。

发展变化起因有时是主动的、甚至在一定意义具有决定性;但是,内部矛盾总体上却是事物发展变化和成为事物自身的根据,外部矛盾则是事物发展变化和成为事物自身的条件,外部矛盾通过内部矛盾而起作用。矛盾解决的方式,大致有"一方克服另一方式","同归于尽式","相互融合式","相互分离式"。利益分析与矛盾分析相结合,即按照利益最大化与充分利用矛盾属性的规定,将二者紧密结合在一起。它是思维的最优化的价值取向原则。它主张,依据人类思维的合目的性与合规律性相统一、人为选择性与创造性相结合的原则,在对利益和矛盾分别考析的基础上,将二者整合在一起,全面权衡其利弊得失,尤其是成本投入、消耗多少,利、害程度高低,替代对象优劣,风险可能性大小,最大限度地获取利益,化解利益之间的各种矛盾,力求趋利避害,总体价值效益最大化。

4. 原则性与灵活性相统一

原则性,指的是原本基础规则性;灵活性,即灵机便利活动性。原则性反映着思维的本质特点和必然要求,决定着思维最优化的基本形式和走向;灵活性彰显着思维的非本质特点和偶然性,它是原则性的必要补充和随机修正。一般说来,原则性应当尽可能地坚持和遵守,而不可轻易放弃,不能违背和动摇。在通常情况下,"决不能拿原则来做交易"①。但是,原则性本身却不是目的,原则性从属于一定的目的,是为一定的目的需要服务的。当目的或外部条件发生变化,或原则涉及的对象过于特殊,原则不再适用于目的、条件或特殊对象要求,这时就必须借助灵活性对原则进行相应调整。需要特别指出的是,这种灵活性决不等于任意性,必须最大限度地有利于目的的实现。情况在不断地变化,要使思维适应新情况,必须坚持原则性与灵活性相统一。原则性与灵活性相统一,指的是将原则性与灵活性通过目的同一性有机结合起来,坚持原则而不至僵化,适当灵活而不失原则。它是思维的最优化的保障性原则。它强调,只要目的正确,只要价值效益可以达到最大化,原则性可以而且应当同灵活性相结合。只是这种结合后灵活化了的原则性和原则化了的灵活性,必须与同一个目的或更高目的要求相一致。正如马克思主义经典作家所说:

① 《列宁选集》第1卷,人民出版社2012年版,第311页。

为了达到目的,要像"少女一样腼腆",像"鸽子一样驯良",像"蛇一样灵巧。"①"在政治上为了一定的目的,甚至可以同魔鬼结成联盟,只是必须肯定,是你领着魔鬼走而不是魔鬼领着你走。"②要"尽最大的努力,同时必须极仔细、极留心、极谨慎、极巧妙地一方面利用敌人之间的一切'裂痕',哪怕是最小的'裂痕',利用各国……各个集团或各种类别之间利益上的一切对立,另一方面要利用一切机会,哪怕是极小的机会,来获得大量的同盟者,尽管这些同盟者可能是暂时的、动摇的、不稳定的、不可靠的、有条件的。"③

5. 系统高效,富于创新

系统高效、富于创新,即将思维内容对象作为一个有机整体,运用系统论的理念和方式,进行高效而又颇具创造性的思维。它是思维的最优化的整体性和发展性原则。马克思主义哲学所坚持的普遍联系、永恒发展思想,对立统一规律、量变质变规律、否定之否定规律理论,从特殊找到普遍、从个别找到一般、从个性找到共性、从具体找到抽象,从暂时找到永恒、从有限找到无限,既见树木、又见森林,两点论与重点论相结合、分析与综合相统一、理论与实践相联系,以及内容与形式、现象与本质、原因与结果、必然与偶然、可能与现实、要素与结构、系统与功能、控制与反馈、目标与过程、整体与环境思维,乃至一切有关发现、发明、创造性思维等,均不同程度地贯彻了系统高效、富于创新的思维最优化原则。系统高效、富于创新倡导,最优思维者必须借助系统论的理念与方式,把思维的相关内容、对象,以最佳方式整合起来,使其各个组成部分相得益彰,产生 1+1>2 的思维增值功能和直觉、灵感、顿悟的创新思维火花,创造出最大思维价值效益。

(三)人生思维的最优化方法

人生思维的最优化方法,是遵循思维的最优化原则,结合具体需要,最正确科学的思维方法。它是一个庞大的群体,主要有 10 组 20 种形态组成。

---

① 《马克思恩格斯全集》第 31 卷,人民出版社 1972 年版,第 569 页。
② 《马克思恩格斯全集》第 11 卷,人民出版社 1995 年版,第 552 页。
③ 《列宁选集》第 4 卷,人民出版社 2012 年版,第 180 页。

1. 具体思维法与抽象思维法

具体思维法，是根据事物的具体属性特点进行科学思维的方法。它涵盖形象思维法，又比形象思维法内涵丰富。具体思维法，广泛应用于日常思想意识活动和文学艺术创作。文学艺术创作惯用的生活原型法、杂合法、想象创作法，均属于具体思维法。我国文学名著《三国演义》、《水浒》、《红楼梦》，法国18 世纪小说家巴尔扎克的《人间喜剧》，现代电影《白毛女》、《红色娘子军》，电视剧《少年毛泽东》、《开国大典》等现实主义作品所采用的创作方法，即是生活原型法。鲁迅先生的小说《阿 Q 正传》、《孔乙己》，浩然的《金光大道》、《艳阳天》等现实主义与浪漫主义相结合的作品所采用的创作方法，即是杂合法。对此，巴尔扎克作过这样的描述："文学采用的也是绘画的方法，它为了塑造一个美丽的形象，就取这个模特儿的手，取另一个模特儿的脚，取这个的胸，取那个的肩"；高尔基指出："把每一个商人、贵族、农民身上最自然的特征分离出来，并概括到一个商人、贵族、农民身上，这样就形成了文学的典型"；鲁迅先生则说道："人物的模特儿也一样，没有专用过一个人，往往嘴在浙江、脸在北京、衣服在山西，是一个拼凑起来的角色。"①《女娲补天》、《封神演义》、《西游记》、《星球大战》、《阿凡达》等传奇浪漫主义作品所采用的创作方法，则属想象创作法。具体思维法，在自然科学研究中也发挥着重要作用。1953 年，DNA"双螺旋结构"的提出，就是美国科学家詹姆斯·沃森、克里克，通过观察英国科学家罗萨琳·富兰克林拍摄的 DNA 晶体 X 射线衍射照片具体形象，激发灵感进行思维发现的。具体思维法要求，按照事物的本来面目，具体地分析思考具体问题，具体地对待具体对象，使其个性充分得到反映。

抽象思维法，即在具体思维法基础上通过概括提升形成的思维方法。它是撇开具体事物表象，深入事物内部，把握事物本质，揭示和升华事物共性特点的思维方法。各种理论方法，尤其是哲学原理、逻辑学、数学方法，采用的大多是抽象思维法。抽象思维法，堪称具体思维法的拓展和提升。从人类原始思维到现代思维、未来思维，从儿童思维到成人思维，所遵循的思维发展路线，充分体现了从具体思维到抽象思维的历史进程。正是在这个意义，列宁强调：

---

① 引自朱宝荣等：《现代心理学原理与应用》，上海人民出版社 2006 年版，第 88 页。

"一切科学的抽象",都"更深刻、更正确、更完全地反映着"客观"自然"。①抽象思维法规定,超越具体思维法局限,从一系列的个性概括出共性,从个别推导出一般,从特殊上升到普遍,进而发现某些新事物、新现象、新品质、新特点、新规律。

2. 纵向思维法与横向思维法

人的思维不是单层次、单向位的形式,而是多层次、多向位的立体化动态过程,是纵向思维与横向思维的有机结合。纵向思维法,是按照事物产生、发展、变化过程的历史进行思维的方法。它具有时间先后特点。马克思主义者历来重视纵向思维法。列宁曾就此深刻指出:在"科学问题上有一种最可靠的方法,它是真正养成正确分析这个问题的本领而不致淹没在一大堆细节或大量争执意见之中所必需的,对于用科学眼光分析这个问题来说是最重要的,那就是不要忘记基本的历史联系,考察每个问题都要看某种现象在历史上怎样产生、在发展中经过了哪些主要阶段,并根据它的这种发展去考察这一事物现在是怎样的。"②同时,他要求"必须善于在每个特定时机找出链条上的特殊环节,必须全力抓住这个环节,以便抓住整个链条并切实地准备过渡到下一个环节"③。各门科学的历史研究方法,所采用的大都是纵向思维法。德国著名哲学家康德,曾对纵向思维法给予高度评价。他不仅认为"没有科学哲学的科学史是盲目的",而且认为"没有科学史的科学哲学是空洞的"。④纵向思维法主张,既立足现实、背靠历史、面向未来,用历史的、现实的、未来的眼光看问题、思考问题,又善于发现和利用机遇,抓住关键环节,兼顾其他环节,照应整个过程;并且力争纵向到底,首尾相接,一以贯之。

横向思维法,即按照事物的横向联系,尤其是并列关系、交叉关系、属种关系特点,进行认识和分析事物的思维方法。横向思维法所运用的核心方法,是横向比较法、异同鉴别法。它具有多向度规定和左右逢源的认识优势。与纵向思维法相对应的其他一切方法,本质上都与横向思维法相统一。横向思维

---

①　《列宁全集》第 55 卷,人民出版社 1990 年版,第 142 页。

②　《列宁选集》第 4 卷,人民出版社 2012 年版,第 26 页。

③　《列宁全集》第 34 卷,人民出版社 1985 年版,第 185 页。

④　引自王贻志等:《国外社会科学前沿》,上海社会科学院出版社 1999 年版,第 19 页。

法强调,多方面、多向位地思考对待事物,突出重点,全面兼顾,力争横向到边,辐射到位,整体推进。

3. 发散思维法与收敛思维法

事物的普遍联系和聚合集成性,决定了人的思维的发散性和收敛性。发散思维法,又称演绎思维法、辐射思维法。它是按照事物的普遍联系,尤其是主要相关联系特点,最大限度地正确科学知解事物的方法。英国科学家牛顿发现万有引力定律,采用的即是发散思维法。儿时的牛顿和小朋友在一起玩耍,很多小朋友对司空见惯的苹果落地现象熟视无睹、置之度外。牛顿却陷入沉思,任凭思绪自由发散——苹果为什么落在地上,而没有向前后左右和天上飞去?月亮挂在天上,活像一个大苹果,为什么月亮不会落地?——炮弹打出去,划一道弧线落地,如果它打得像月亮那样高,还会落地吗?正是带着和长期思考着这样一连串的问题,通过发散思维法,牛顿发现了万有引力定律。哲学中的具体分析法、逻辑学中的演绎方法、文艺创作中的想象创作法,大都属于发散思维法。发散思维法要求,根据事物的普遍联系,由内而外、由此及彼、联想开去,举一反三,从而形成新思路、发现新问题、得出新论断。

收敛思维法,又称归纳推理法、概括总结法。它是与发散思维法方向相反的一种思维形式,是根据事物的聚合集成性特点进行思维的方法。哲学中的抽象概括法、逻辑学中的归纳综合法、文艺创作中的杂合法,均为收敛思维法。收敛思维法规定,将分散的对象、信息,由外而内,由分到总,聚合成一体,从中发现和抽象概括出某些共性、特点、规律,让思维形成组合效能、系统效应、规模效用。

4. 定位思维法与换位思维法

事物不仅具有自身的内在规定性,而且具有适合自身特点的时空位置。序变能够引起质变,时空位置可以改变事物的性质。定位思维法是根据事物的位置特点,科学确定思维对象时空位置的方法。孔子的"不在其位,不谋其政"思想[①];1923 年,美国福特公司大型电机出现故障,请科学家史坦敏茨找出原因,他在故障处用粉笔画了一条线,要求相关人员打开电机去掉 16 圈线

---

① 《论语》宪问。

圈使机器恢复正常,史坦敏茨为此收费 1 万美元并解释说粉笔画一条线 1 美元,知道在哪里划线 9999 美元的故事;①现代人的各就其位,各司其职,各尽所能,各得其所,不越位、不错位、恰适其位管理理念;以及当代中国化的马克思主义者提出的"调结构、转方式、保民生、促发展"的科学发展观,无不基于定位思维法愿景期许。定位思维法主张,按照事物的向位属性认知事物,根据需要最佳安排事物的时空位序,充分发挥事物的最大价值效益定位功能。

换位思维法,即基于事物位变质变的规律特点,为获得思维积极效能,而变换对象位置,进行思维的方法。古代的异地做官任职规定;现代经营管理的换位思考、角色扮演为对方着想理论;英国科学家贝弗里奇所提出的"把问题搁置数天或数周"将其淡化或"遗忘",然后"从新的角度来看这个问题","先前被疏忽的缺陷(会)暴露得十分明显","恰当的新的见解"会"跃入脑际"的学说等;②均采用了换位思维法。由于由一点可以引出无数条线段,每一条线段都存在着无数个点,每一条线段每一个点都构成观察事物的一个新角度,这就决定了换位思维法不仅具有无限性,而且对于认识事物具有重要功能。换位思维法强调,对人应当设身处地为他人着想,处事待物应当通过一定的互易其位思维,发现其新特点、新优势,从而避免当局者迷、旁观者清的负面效应和以自我为中心、私于自是的晕轮效应出现。

5. 移植思维法与嫁接思维法

移植思维法,又称"拿来主义"思维法。它是根据一定思维需要,将相关思维方法移至并植入一定思维程式中,从而使思维更好地发挥效能的方法。英国科学家贝弗里奇认为"移植是科学发展的一种主要方法,大多数的发现都可应用于所在领域以外的领域。而应用于新领域时,往往有助于促成进一步的发现,重大的科学成果有时来自移植";"移植"堪称"科学研究中最有效、最简便的方法,也是在应用研究中运用最多的方法"。③ 鲁迅的"拿来主义",我国在管理、科技创新等方面倡导的"引进、消化、吸收、组合再创新",运用的就是移植思维法。移植思维法要求,移植思维必须防止机械照搬、盲目移植、

① 参见王通讯:《宏观人才学》,中国社会科学出版社 2001 年版,第 8、9 页。
② [英]贝弗里奇:《科学研究的艺术》,陈捷译,科学出版社 1979 年版,第 70 页。
③ [英]贝弗里奇:《科学研究的艺术》,陈捷译,科学出版社 1979 年版,第 133 页。

"水土不服"和"厚古薄今"、"食古不化"、"崇洋媚外"、妄自菲薄,努力做到切合实际,使其移植适当,用之高效有益。

嫁接思维法,又称杂交思维法、借鉴思维法。它是按照一定思维所需,将相关思维方法与既有思维方法有机结合在一起,从而形成各自所没有的杂交新优势的思维方法。古为今用、洋为中用、他为我用、我为他用、组合创新的思维方法,交叉科学思维方法,所采用的均为嫁接思维法。嫁接思维法规定,充分考虑嫁接思维的"母本"、"父本"特点,以及可能出现的正反两个方面的变异特性,防止随意嫁接、乱点鸳鸯谱、出现"畸形怪胎",力争尽可能地利用最佳嫁接方式,获得最佳嫁接思维效能。

6. 类向思维法与逆向思维法

类向思维法,是根据矛盾双方的统一性,对有关思维内容进行同向、近向或侧向类推的延伸思维方法。它主要包括同向思维法、近向思维法、侧向思维法几种类型。恩格斯对类向思维法给予高度评价。他说:"如果我们把事情顺过来,那么一切都会变得很简单"[①]。逻辑学中的类比推理、相似假说,修辞学中的比喻、借代,运用的即是类向思维方法。美国现代著名工程师林里埃,从妻子的香水喷雾器悟出内燃机汽油雾化原理;风力灭火器发明人从"吹灯灭火"悟出风力灭火器原理;各种仿生器具发明者从相关生物性能、特点悟出仿生器具设计工艺,如蜂窝散热器、鱼雷、潜艇、直升机的构造,各种成功经验借鉴等,所运用的亦是这种方法。类向思维法主张,沿正确的所取方向,使好事锦上添花,创新层出不穷,将事物进一步推向前进;循科学思路,让科学思想熠熠生辉,使之充分发挥积极效能。

逆向思维法,又称反向思维法、倒转思维法、反刍思维法。它是与类向思维法相对应的,根据矛盾双方的对立性,对有关思维内容形式反其道而行之的思维方法。其特点是倒因为果,变果为因,因果互逆互证。这种方法往往成本十分经济,效果极为显著。英国19世纪科学家法拉第运用这种方法,从电产生磁力现象,想象到倒过来磁力也可以产生电,从而发明了发电机。原子弹的制造是根据核聚变原理,而氢弹的制造则是依据核裂变原理。氢弹的制造方

---

① 《马克思恩格斯文集》第9卷,人民出版社2009年版,第464页。

法,采用的即为原子弹制造的逆向思维法。"把木梳卖给和尚",让其自用梳头挠痒,或作为开光"法器"圣物赠送善男信女大获收益的思维方法;由"1+1可以大于2"想到"1-1也可以大于2",即用必要的资产、感情投资换取数倍的回报,以及书法中的倒书、体育健身中的倒行、倒立,写作中的倒叙等思维方法,亦复如此。逆向思维法强调,按照事物两极相通、矛盾双方在一定条件下可以相互转化的特点,尽可能地创造条件,使事物两极化创新,让教训变为财富,让失败成为成功之母,使坏事变为好事。

7. 原点思维法与目的思维法

人们在思考、研究问题时,有时会因长时间专心致志而忽略甚至忘记最初的动机、出发点,偏离原来的目的而误入歧途。原点思维法与目的思维法,即为防止思维偏差失误而建立的相反相成的两种思维方法。

原点思维法,又称初始动机思维法、原定起点思维回归法。它是在思维发生偏差失误后,重新回到原来出发点,进而反思整个过程,找出偏差失误原因,纠正偏差失误,从而使之转入正确路线的思维方法。英国科学家贝弗里奇深刻指出:"在无法解决某一问题时,最好从头开始;若有可能(则应)采用新的方法。"①对于我国的三年"大跃进"变成三年"大跃退"、"文化大革命"异化为"大革文化的命"的动乱反思,以及为拨乱反正而制定的解放思想、实事求是、团结一致向前看、开拓创新、与时俱进的思想路线和宏伟蓝图,即运用了原点思维法。原点思维法要求,在遇到事与愿违、出乎预料的异化现象时,回归初衷原点,反思自我,找出原因,分析原因,进而拨乱反正,达到预定愿景。

目的思维法,又称目标思维法。它是在明确目的前提下,依据目的需要,检测和调控思维内容形式,使之与目的保持一致的思维方法。系统中的控制反馈原理,就是基于目的思维法而提出的。目的思维法规定,通过正确科学的思维内容形式,将思维活动与目的紧密结合起来,从而使之前后呼应,相互观照,发挥联通效用,达到最佳目的。

8. 常规思维法与超常思维法

常规思维法,又称一般思维法。它是按照惯常规则,进行思维的方法;具

---

① [英]贝弗里奇:《科学研究的艺术》,陈捷译,科学出版社1979年版,第70页。

有传统性、习惯性、经验性、大众化、一般化的特点,适用于解决普通的思维问题。如日常衣、食、住、行、用、文、学、艺,以及劳动、休息、医疗、保健、婚恋、生育、家庭、交往中的常见问题。常规思维法主张,常人常事常规划,在平常中见真知;常物常理常思维,于平常中见水平,发现真理、悟出奥妙、创造新奇。

超常思维法,又称跳跃思维法。它是与常规思维法相对立的,超越常规标新立异的思维方法;具有反传统、违习惯、悖经验、个性化、特殊化的属性,常以叛逆姿态出人意料、出其不意、跳跃突进、异想天开的形式出现。通常用来解决棘手难题、特殊问题、新鲜问题,开展对策博弈、发明创造。著名军事家孙武、诸葛亮,著名诗人歌德,音乐大师贝多芬,著名科学家牛顿、达·芬奇、爱因斯坦、居里夫人,世界发明大王爱迪生等,他们惯用的思维方法,多是超常思维法。天才伟人、巨匠大师人物与一般人的最大区别,就在于前者在兼用常规思维法的同时,善用超常思维法;而后者则通常拘泥于常规思维法。超常思维法强调,新人、新事、新思路,于新异中出神奇;特物特理特对待,在特别中求超常;在少见多怪中见奇迹,在奇思妙想中铸辉煌。

9. 因果思维法与预测思维法

因果思维法,是根据事物产生、发展、变化的原因与结果,进行正确科学思维的方法。所谓原因,即引起事物产生、发展、变化的原发或继发因素。它主要包括内在原因、外在原因,直接原因、间接原因,主要原因、次要原因,单一原因、复合原因、综合原因等。结果是被原因引起的结局后果。[①] 因果思维法,主要由归因思维法、过程思维法、结果思维法组成。美国现代心理学家海德、琼斯、戴维斯等研究表明,对既定过程、结果能不能正确科学地积极归因,对于事业未来的成败得失至关重要。凡是把"成功"的原因归结为个人的"能力强"并且作出积极努力,把"失败"的原因归结为个人的"消极不努力"的,都是正确科学的积极归因,都有助于事业的未来成功;凡是把"成功"的原因归结为客观条件、天意侥幸、"任务容易或运气好",把"失败"的原因归结为不可改

---

① 传统哲学教科书,将"原因"和"结果"统统归结为某种"现象";将"原因"定义为"引起某种现象的现象",将"结果"定义为"被某种现象引起的现象",而不涉及事物的本质,实不可取。

变的自己的"能力差"或打破头怪天、划破脚怨地因而不必再作努力的,都是错误的消极归因,都会导致事业的未来失败。① 思维的最优化方法,所追求的自然是正确科学的积极归因,而不是错误的消极归因。过程思维法,是在目标确定之后,对如何实现目标的过程进行最佳思维的方法。最优化的思维方法,所要求的过程思维法无疑是"既管耕耘,又问收获"、"既奋力奔跑,又抬头看路",而不是"只管耕耘,不问收获"、"只低头奔跑,不抬头看路"的思维方法。结果思维法,是对结果进行最正确科学分析评价的思维方法。它具有阶段性、结论性、成果性特点,与归因思维法、过程思维法有不可分割的内在联系。德国辩证法大师黑格尔深刻指出:"结果包含它的开端,而开端的过程以新的规定性丰富了结果","它不仅没有因它的辩证的前进而丧失什么,丢下什么,而且还带着一切收获和自己一起,使自身更丰富、更密实。"②原因经过程而丰富密实为结果;结果包含最初的原因,比最初的原因丰富密实而又不多不少等于开端和过程的全部内外原因;过程则是内外原因交互作用的历程。原因和结果之间的关系,大体存在着同因同果、异因同果、异因异果、一因一果、一因多果、多因一果、多因多果(复合因果)几种形式。传统哲学讲述的所谓同因异果是不存在的;其中所举的"橘生淮南为橘,生于淮北为枳"例子,不属同因异果,而是同内因异外因异结果,总体仍属于异因异果。思维的最优化方法,所求索的结果思维法,一要客观准确,二要定性研究与定量分析相结合,三要纵向对照与横向对比相统一。因果思维法要求,将原因和结果紧密联系起来,加以最正确科学地认知分析与对待,使归因思维、过程思维、结果思维三者,既尽可能地正确科学,又彼此相互促进,把有利的因果尽可能培植壮大,将有害的因果防患于未然,消灭在萌芽之中,清除于既发之后,力求因果思维获得最大收益。

　　预测思维法,是对未来进行正确科学预见测度的思维方法。列宁说过:"神奇的预言是童话。科学的预言却是事实。"③事物的发展无不具有一定前

---

　　① 参见朱宝荣等:《现代心理学原理与应用》,上海人民出版社 2006 年版,第 5 页;时蓉华主编:《现代社会心理学》,上海人民出版社 1997 年版,第 195~203 页。

　　② [德]黑格尔:《逻辑学》下卷,杨一之译,商务印书馆 1981 年版,第 549 页。

　　③ 《列宁选集》第 3 卷,人民出版社 2012 年版,第 551 页。

兆、规律可循。美国当代著名未来学家阿尔文·托夫勒有一句警世名言："今天你如果不生活在未来，那么明天你就生活在过去。"①古今中外，大量成功人士无不是运用预测思维法的巨匠。英国现代预言家阿德里安·贝里的《大预言未来500年》一书，对人类迄今的一些重大事件有多项命中。② 预测思维法，堪称发明创造的制胜法宝；从根本上说，没有预测思维法，就不可能有发明创造。预测思维法规定，根据思维对象的内外在条件及其发展变化规律，正确科学预测其未来发展变化趋势特点，从而达到事先准备、防患未然，事中控制、随机调优，事后成功、价值效益最大化。

10. 重点思维法与全局思维法

重点思维法，是依据最大思维收益需要，将思维精力集中在某一局域的思维方法。事物之间不仅存在着并列关系、交叉关系、从属关系，而且存在着重点与非重点关系。不分主次轻重、难易缓急一概而论的思维方法，不是正确科学的合乎逻辑的思维方法，更不是最优化的思维方法。重点思维法具有牵一发而动全身，抓一点而影响其余的特点。抓住了重点，尤其是重中之重，很多问题就会迎刃而解。重点思维法主张，以最大收益思想为指导，牢牢把握关键环节，重点抓住主要矛盾和矛盾的主要方面，使之发挥最大价值效益。

全局思维法，即根据事物联系的普遍性、整体性特点，在分清主次轻重、难易缓急的基础上，对思维对象统筹兼顾、全面安排的思维方法。马克思主义创始人提出的"人的全面发展"理论，当代中国化的马克思主义者建树的"科学发展观"，无一不是运用全局思维法的产物。全局思维法强调，总揽全局全面推进，力求规模价值效益、整体价值效益最大化。

人生思维的最优化方法，作为庞大的方法群体，还涉及大量与认识和实践的最优化方法相贯通的直觉、灵感、顿悟思维法，逻辑思维法、辩证思维法、系统思维法，尤其是形象思维法、抽象思维法，演绎思维法、归纳思维法、想象假说思维法、证明思维法，以及缩略思维法、延展思维法、冷却间接思维法、跳跃思维法、求异思维法、立体思维法、追踪思维法、换元思维法，精确思维法、模糊

---

① 引自林华民：《世界经典教育案例启示录》，农村读物出版社2003年版，第193页。

② 参见［英］阿德里安·贝里：《大预言未来500年》，田之秋译，新世界出版社1997年版。

思维法,聚焦思维法、升级换代思维法、整合思维法、辩证创新思维法等。这些思维方法,不仅各具特点,相互独立,而且多半两两相对、相互补充,必要时应协同运用,以期收到最大思维效果。

第七章　人生形象、语言、行为与情境效应对策的最优化

人生形象、语言、行为与情境效应对策，是人生的基本要素构成部分。中华元典《周易》认为，客观事物"在地成形"、"在天成象"，人生应观"其形容，象其物宜"，"立象以尽意"；"言行，君子之枢机；枢机之发，荣辱之主也"，"君子之所以动天地也"；"君子夬夬"，"以遏恶扬善，顺天休命"，"知进退存亡而不失其正"。① 人生最优学应当将形象、语言、行为与情境效应对策的最优化作为自己的研究对象，置于重要位置。如此，才能建立健全人生最优学的基本内容体系。

一、人生形象的最优化

形象堪称人之为人、物之为物的第一要素。优美的形象，能够给人带来视觉盛宴、精神享受，让人赏心悦目、顿生好感；而丑陋的形象，则会给人造成视觉污染、精神压抑，令人恶心辱目、由衷生厌。人生形象的最优化，在人生、社会最优化中，具有异常重要的意义。古今中外，大凡文明国人，无不注重自己的形象。我国素有文明古国、礼仪之邦的美誉。"万世师表"孔子，非常强调形象。他不仅主张"立不中门，行不履阈"，席不歪坐，目不斜视，耳不淫听，"文质彬彬，然后君子"，"温良恭俭让"，而且对服装款式、颜色格调、行走姿态

---

① 《周易》系辞上、夬象传、大有象传、乾文言。

相当考究。① 儒家经典《礼记》中的大量内容,都是关于礼仪形象之论。世界各地形形色色的现代职业着装,各种礼仪公关活动,内强素质、外树形象的现代企业经营理念,各种雕刻、绘画、舞蹈、建筑、表演、模型等,均为相应形象的展示演绎。人生形象的最优化,主要由人生形象及其最优化的寓意功能,人生形象的最优化原则,人生形象的最优化方法三项内容构成。

(一)人生形象及其最优化的寓意功能

形象就其广义而言,泛指一切事物的表现形式;就其狭义而论,仅指人或群体、社会的形体表象。这里的人生形象,自然主要是对狭义形象中的前者即人的形体表象来讲的。人生形象作为人生内在品质的表现形式,是标明自己身份、地位的生动鲜活名片;它反映着人的品位高低、意志风范和向往追求。美国著名作家艾默生将人类"社会"比喻为"一个化装舞会",认为"人人都掩饰着自己的真面目,但又在掩饰中暴露了自己的真面目。"②

内容决定形式,形式表现内容并反作用于内容。有什么样的品质,往往就有什么样的形象;反过来,有什么样的形象,常常就有什么样的品质。人或事物的品质丰富多样,形象势必异彩纷呈。《西游记》中的黄袍加身、一脸严肃、高高在上、掌握天上人间大权的玉皇大帝,给人以至高无上的天尊形象;慈眉善目、手持佛珠、斋戒诵经而又胆识超群、法力无边的西天佛主,给人以超然物外、无所不知、无所不能、普度众生的救世主形象;雷公嘴脸、火眼金睛、体态轻盈、手握金箍琅琊棒、身穿小黄袍、擅长七十二般变化、一个筋斗就是十万八千里,一路降妖除魔、忠心耿耿的孙悟空,给人以呼风唤雨、叱咤风云、上天入地、翻江倒海、挟雷携电、扶正祛邪、忠于职守、敢于担当、光彩照人的齐天大圣形象;一脸忠厚、能力平平的沙僧,给人以仁慈宽厚、忠诚尽责的常人形象;好吃懒做、意动神摇、肥头大耳、身广体胖、一副猪像,而又本事平庸的猪八戒,给人以笨拙、懒惰、好色、丑陋的形象;肉眼凡胎、不辨善恶,而又虔心向佛、一心求取真经的唐僧,给人以庸善可掬、浑噩乏能的形象;变化无常、兴风作浪、作恶

① 参见《论语》乡党、雍也、学而。
② [美]艾默生:《处世之道》。

多端的各种妖魔鬼怪,给人以邪恶可憎的形象。《三国演义》中的诸葛亮,《水浒》中的晁盖,《济公》中的济公,《佐罗》中的佐罗,给人以大智大勇、扬善惩恶的英雄豪杰形象;鲁迅笔下的孔乙己、阿Q、祥林嫂,给人以穷困潦倒、呼天天不应、叫地地不灵、孤立无助的下层社会弱势群体形象;炎帝、黄帝、孔子、孙武、张衡、毛泽东、邓小平、苏格拉底、柏拉图、亚里士多德、牛顿、达·芬奇、马克思、爱因斯坦、居里夫人、爱迪生等,给人以伟人、大家、奇才的光辉形象;当代世界第一大企业微软公司、称雄我国企业界的海尔集团,则给人以不可一世、独领风骚的企业霸主形象;北京大学、清华大学、哈佛大学、剑桥大学等,则给人以可望难及的学界鳌头形象。

　　形象对于内容的反作用,一方面,表现在当形象适合品质要求时,就有利于维护和提升品质,当形象不适合品质要求时,就有损于品质;另一方面,表现在形象本身也有自己的独立属性和发展规律。形象对人或群体、社会的重要性,已达成人们的广泛共识。一个优美动人的形象,可以给人或群体、社会带来意想不到的收获,而一个丑陋低劣的形象,则能够给人或群体、社会造成始料不及的损失。由于第一印象、首因效应的影响和初次接触彼此了解甚少的缘故,人们往往先入为主、以貌取人,不计品质。一个大型企业之所以精心策划,格外注重对外形象包装整饰,处心积虑地设计产品广告,不惜高额代价聘用明星美女攻关,邀请名人名家作企业形象大使、代言人,为之大炒大作、宣传推介;古今中外所有国家之所以格外注意对外使节的选派,究其原因也就在于此。

　　七分素质,三分装扮,"加脂粉则嫫母进御,蒙不洁则西施弃野。"[1]孟子将这种现象解释为"西子蒙不洁,则人皆掩鼻而过之。虽有恶人,斋戒沐浴,则可以祀上帝。"[2]金玉不睹乎外,则王宫不以为宝;人才不显于世,则众人不以为才。理论和实践证明并将继续证明,金玉其外、败絮其中固然不可取,但金玉其内、败絮其外也行不通;好人难当却又不可不当,形象羞讲却又不得不讲。形象不仅具有自然性、社会性,而且具有历史继承性。诚如西方一些学者所指

---

① 《韩非子》佚文。
② 《孟子》离娄下。

出的那样："人是世界的模型"、社会化样板，"如果一个人被抛弃在一个孤岛上，他就不会专为自己而去装饰他的小茅棚或是他自己，不会去寻花，更不会栽花，用来装饰自己。只有在社会里，人才想到不仅要做一个人，而且要做一个按照人的标准来说是优秀的人"；"人既是他正在是的那种人，同时又是他向往成为的那种人"；人"既是我所是"，又是人"所欲"，是"我所是"与人"所欲"的内在统一。①　人的自然形象或社会形象的自然性固然难以改变，整容健身的作用相当有限，但人的社会形象或形象的社会性却可以进行大幅优化。

人生形象的最优化，指的是运用相应最优化理论、原则与方法，树立人生最佳形象的方式和过程。人生最佳形象，即最大限度地有利于自身生存和发展的宜人形象。所有伟人大家、英雄豪杰形象，均为一定意义的人生最佳形象。

（二）人生形象的最优化原则

人生形象的最优化原则，指的是根据人生形象及其最优化的寓意功能，联系实际，建树最佳形象的准则。它主要有两项。

1. 提升理念，重视形象

提升理念、重视形象，即提高和升华相关理念，高度重视形象的功能、作用和建树。以往，尤其是我国改革开放前，一方面，由于广大民众常年生活在温饱线上下，人们的形象理念十分淡漠，生活格外低调单一。以简朴为美、以艰苦为荣，一件衣服"新三年，旧三年，缝缝补补又三年"的现象比比皆是。不少人迫于温饱生计，无力顾及自身的形象；似乎只要是良善之辈，心灵美、语言美、行为美、环境美，个人形象优劣无所谓。而实际上，追求真、善、美是人类的天性，形象优劣对于人生、社会非同小可。古希腊思想家亚里士多德认为"美丽是比任何介绍信更为巨大的推荐书。"法国作家罗曼·罗兰认为"面部表情是多少世纪培养成功的语言，是比嘴里讲的更复杂到千百倍的语言。"美国现

---

① 参见［意］达·芬奇：《自我论》；［德］康德：《当你步入人生》；［美］马斯洛：《存在心理学探索》，李文恬译，云南人民出版社1987年版，"心理学的论据和人的价值"；［美］弗罗姆：《自为的人》，万俊人译，国际文化出版公司1988年版，第63页；万俊人：《现代西方伦理学史》下卷，北京大学出版社1992年版，第221、222页。

代心理学家阿尔·伯特梅拉毕安发现这样一个公式："信息的总效果=7%的书面语+38%的音调+55%的面部表情"。据说，意大利一位著名演员，台上用十分悲怆的表情朗诵阿拉伯数字，竟使听众潸然泪下。西方现代心理学家雪莱·蔡根做过一项著名试验：他在莫萨利特大学挑选出 68 位能力相当、仪表美丑不一的应试者，在街道寻求 4 位素不相识的路人帮助，结果形象佼佼者获胜。一项形象与收入的关系调查显示：身高、体重、肤色、装束、表情、容貌等特征优越者，比一般人收入高 5%，比劣差者收入高 17%，一般人比劣差者收入高 9%。①

可以说，在日常生活交往中，往往是：

> 七分长相，三分打扮：
> 衣服堪称人的"第二肌肤"，
> 鞋袜可谓人的"根底装束"，
> 发型乃是人的"头等大事，顶上功夫"。
> 修饰则是人的容貌标签，
> 化妆是人的实惠美容、动人楚楚。
> "眼睛是心灵的窗户"，
> 表情动作是人的内心展示，
> 谈吐举止是人的精神风貌崭露，
> 整个形象则代表着人的物质和精神生活水平，
> 彰显着个人文明程度！

而今，我国已步入小康社会。一场讲究生活质量，追求形象真善美的群众活动，正在国民中悄然兴起；各种化妆品、装饰品、名牌服装、美容广告的媒体热播持续升温。提升理念、重视形象，已提上时代民生重要议程。

提升理念、重视形象要求，每一个公民都应转变传统观念，重视形象建树，

---

① 分别参见郑全全、愈国良：《人际关系心理学》，人民教育出版社 1999 年版，第 330、331 页；孙钱章主编：《现代领导方法与艺术》，人民出版社 1998 年版，第 544、539 页；莫语：《数字知道答案》，北京邮电大学出版社 2006 年版，第 244、245 页。

把形象建树提高到陶冶情操、升华心灵、美化生活,促进人生出彩,建设美丽国家,助推人类社会和谐文明发展的高度来认识。

2. 形神俱佳,品格高尚

形象在很大程度是精神品格的外在表现;精神品格则是形象的内在意蕴。形象与精神密不可分地联系在一起。古希腊哲学家德谟克利特说过:"身体的美若不同聪明才智相结合,是某种动物的东西。"外在形象美固然重要,但内在精神品格之美更是必不可少;形象的天然之貌固然难以改变,但精神品格的培养塑造却大有可为。形神俱佳、品格高尚,指的是外在形象和内在精神俱佳,品质人格高尚。形神俱佳、品格高尚规定,形象建树必须既致力形体仪表美化,又致力内心世界、精神风貌、高尚品格塑造,立志为人类社会创造出应有的丰功伟绩。

形神俱佳、品格高尚就个人社会形象而言,至少应满足9项具体要求。

(1)最佳的衣服、鞋帽是:男女有别,可体,合乎身份、地位、情境、时宜,而又经济、美观、大方、实用。

(2)优美的发型修饰是:长短适中、简洁靓丽,便利学习、工作和生活,而又富于个性。

(3)最好的化妆是:扬长避短,看似无妆还有妆。

(4)最上乘的表情动作、言谈举止是:高风亮节、宜人宜事,而又充满智慧魅力、合情合理、洒脱奔放。

(5)男子以阳刚为美,女子以温柔贤惠为美。

(6)男子应站如挺拔青松,坐似端庄洪钟,走路昂首挺胸,语辞一言九鼎。

(7)女子应站则亭亭玉立,坐则两腿并拢,走则敏柔轻盈,说话满面春风。

(8)无论男女,都应笑对人生,让世界充满欢乐,把痛苦化为学习、工作和生活动力,营造人间一片光明。

(9)吃饭、赴宴、会友、集会,力避吵吵嚷嚷、进进出出、抓耳挠腮,以及强行劝酒、剔牙哼鼻、口出脏言、大大咧咧、不修边幅、不讲卫生、不求文明。

美到极致是自然，最美不过自然美。天生丽质，貌若天仙，美如"西子"，"浓妆淡抹总相宜"之秀美固然为美，但"清水出芙蓉，天然去雕饰"的淳朴之美，却不失为至美。模特形象好看不中用，上得了台面市场，但却不能在现实生活中奏效叫响；舞台动作故作姿态，可以作为艺术欣赏，但却登不上人生具体生活大雅之堂。形象塑造，最重要的在于用最适合自己的方式塑造出一个特有的自我。切忌矫揉造作、盲目追风逐潮，不切实际、不分情境地效法别人。群体、社会形象应永远追求"卓越"，不断创造一流。

（三）人生形象的最优化方法

人生形象的最优化方法，是按照人生形象的最优化原则，结合具体需要，树立最佳形象的方略法术。它主要由两种方法组成。

1. 因己饰形，适度扮相

因己饰形、适度扮相，即根据自己的生理、心理特点，经济、政治、文化地位，恰当装扮自己的形象。

因己饰形、适度扮相要求，形象设计必须根据自己的实际来确定，把形象饰扮投入、消耗控制在最适度范围，防止过度与不及两个极端。具体说来，一方面，须根据自己的身材、相貌特点，装扮、美化自身，力求藏拙露巧、扬长避短；且不可邯郸学步、东施效颦、盲目效法、机械模仿、弄巧成拙。另一方面，人穷志不短，贫贱不能移，威武不能屈，穷且益坚，不坠青云之志；穷要穷得正直自尊，清洁简朴；切忌胸无大志、目光短浅、妄自菲薄、不思进取、蓬头垢面、龌龊不堪、满口脏话、举止下流。再一方面，为富不能奢，富贵不能淫，不穿奇装异服，不恃富傲贫、作威作福、霸道横行。第四方面，防止"打肿脸充胖子"、"死要面子活受罪"、盲目攀比讲排场、衣服一天三换俏打扮的低俗不廉之举，力避游手好闲、好吃懒做、贪图安逸、一味享乐、不务正业的懒汉懦夫、服务小姐行为，以及抽烟酗酒、打架斗殴、打牌赌博、招摇撞骗的二流子、小痞子、官混子作风。无论什么层次的人员，都应恪守基本个人品德、家庭美德、职业道德、社会公德。在公共场合，牢记美国当代著名社会学家欧文·戈夫曼关于印象整饰的告诫：防止"彼此间直呼其名……使用亵渎的含有公开的性内容的语言；当面发牢骚；抽烟；不讲究非正式的穿着；'不规矩'的站、坐姿态；使用方言或不太标准的语言;咕咕哝哝或大声地叫喊;嬉戏式的放肆行为,或哄骗嘲弄"等。①

2. 合乎身份、地位、情境、时宜

一些人总以为"穿衣戴帽个人所好,梳妆打扮自己情愿","形象优劣纯属个人问题,与他人社会无关","别人无权也无需干涉";其实,此念差矣。个人固然有自己的形象打扮自由,但殊不知形象不仅是个人问题,而且关系社会风貌。优美的形象可以组成靓丽的社会风景线,给人以视觉审美愉悦;而低劣的形象却可以造成龌龊的污染源。有句话说得好:"形象低劣对于当事人本身不重要,重要的是你污染了别人的视线,败坏了社会风气,与出彩人生、美丽国家建设不和谐。"

合乎身份、地位、情境、时宜,指的是形象塑造必须合乎自身所拥有的特定身份、地位,所处居的情境、时宜。它规定,一方面,根据自己的具体身份、地位,特别是自己的性别、年龄、职业、角色特点,予以装扮自身;谨防男扮女装、女扮男装,少服老穿、老装少扮,农民穿着工人服,教师穿着学生装,干部穿着乞丐衣,浪子穿着军人装,张冠李戴,王服赵穿,以及故弄玄虚、洋相百出,"种了别人的地,荒了自己的田","穿了别人的衣,弃了个人的装"。另一方面,按照自身所处情境、时宜,力求着装打扮内外有别,家庭社会分开,个人居室、工作室、公共场合、荒郊野外相异,婚丧嫁娶、节日喜庆、顺境、逆境、常境、特殊场所,各有不同。努力做到非常时期非常要求,正常时期正常对待;通常情况下,尽量避免今人穿古装,现代人穿将来可能出现的奇装异服。所有致力形象最佳建树者,都要务必内强优良素质,外塑美好形象,充分发挥自身正能量,力求不仅拥有同性的风光、异性的目光,更要拥有人格的闪光、思想的灵光、事业的星光、社会的荣光,确保人生全方位"出彩"闪闪发光。

让我们铭记下列诗句:

人为万物灵,人生当自强;

---

① [美]欧文·戈夫曼:《日常生活中的自我表演》,徐江敏译,云南人民出版社1988年版,第108页。

把痛苦埋藏心底,把笑容写在脸上。

有头脑就应当会思考,

有双手就应当会创造;

能说话就应当会唱歌,

能走路就应当会舞蹈,能奔跑。

好男儿志在四方,

莫埋怨命运无常;

只要奋斗不止,便可无尚荣光!

人生苦短,

时光一去不复返;

历史渐行渐远,未来越来越近,

现实就在眼前;

昨天越来越多,明天越来越少;

今天更应当争分夺秒!

经历越来越多,感动越来越少,

价值效益唯应选择最高!

做事就要做大事,为人就要为高尚,

干就干得最好,活就活出个人样!

好男儿永远高唱《中国志气歌》:

"中华好儿孙,落地就生根;

脚踏三山和五岳,手托日月和星辰;

……

堂堂七尺男儿身,顶天立地掌乾坤!"

二、人生语言的最优化

　　人生语言的最优化,既是人生形象的最优化的一定延伸,又是连接人生行为与情境效应对策的最优化的纽带和桥梁。它和人生形象、行为与情境效应对策的最优化一起,构成人生最优学的四大要素;大致涉及人生语言及其最优化的实质真谛,人生语言的最优化原则,人生语言的最优化方法三个方面的基本内容。

(一)人生语言及其最优化的实质真谛

语言,是表达思想情感的语汇、言辞、声音、文字、动作、符号,是传播知识信息的重要载体和人之为人的本质属性。马克思将"语言"看作人的内心世界的"直接现实"①。爱因斯坦认为,"我们的大部分知识和信仰都是通过别人所创造的语言由别人传授给我们的。要是没有语言,我们的智力就会真的贫乏得同高等动物的智力不相上下。"②语言具有语音、语义、语式、语境、语效五种要素,表音、表形、表意、表情、传播五大功能。语言从不同角度可以分为口头语言、书面语言、肢体语言、符号语言,内部语言(无声语言)、外部语言(有声语言,动作、表情、符号语言)、机器语言,母语言、外来语言,正式语言、非正式语言,普通语言、地方语言,行业语言、俚语、黑话,健康语言、非健康语言,科学语言、非科学语言,哲理语言、文学语言、大众语言,最优语言、次优语言、一般语言、较劣语言、最劣语言等。由于人们的品格、处境、需要以及思想情感不同,不仅言为心声、语如其人、"不知言,无以知人"③,时常出现《周易·系辞下》所说的"吉人之辞寡(当言则言,言无不尽,言简意赅;不当言则不言,一言不发,守口如瓶——引者注),躁人之辞多,诬善之人其辞游,失其守者其辞屈"的现象,而且人们对于同一语言的认知解读亦不一致。正像鲁迅先生在谈及《红楼梦》时所说:"单是命意,就因读者的眼光而有种种:经学家看见《易》,道学家看见淫,才子看见缠绵,革命家看见排满,流言家看见宫闱秘事。"④不同的时代,不同的民族,甚至同一句话出自不同年龄的人之口,也承载着不同的寓意信息。如同德国哲学大师黑格尔所言:"同一句格言,从完全正确地理解了它的年轻人口中说出来时,总没有在阅历极深的成年人心中所具有的那种含义和广度,后者能够表达出这句格言所包含的全部力

---

① 参见《马克思恩格斯全集》第 3 卷,人民出版社 1960 年版,第 525 页。

② 《爱因斯坦文集》第 3 卷,许良英等编译,商务印书馆 1979 年版,第 38 页。

③ 《论语》尧曰。

④ 《鲁迅全集》第 8 卷,人民文学出版社 1981 年版,第 145 页。

量。"①语言的丰富多样性,在很大程度标志着人类文明的进步状态,反映着社会发展的历史进程。一般说来,语言内容的丰度、语言水平的高度,与个人或组织、社会文明的程度成正比。即语言内容越丰富,水平越高,其文明程度就越高;反之,语言内容越贫乏,水平越低,其文明程度就越低。

　　语言对于人生进步、社会发展,意义十分重大。人生"三不朽":"太上有立德,其次有立功,其次有立言",立言有其一②;"人生三大宝:口才、文笔和大脑",口才、文笔有其二;"笔杆加嘴皮,走遍天下全无敌",语言可以一统天下。古希腊思想家赫西俄德认为"朴实的舌头是人的至宝,翻转流利的舌头是人们最大的喜悦"③;德国19世纪诗人海涅说道:"语言可以把死人从坟墓中叫出来,也能把活人埋入地下;语言可以使侏儒变为巨人,也能将巨人彻底打倒"④;美国现代作家艾默生认为"人的舌头如果不用作讲话,那么人至今还只是森林中的野兽"⑤;美国现代人生学家汤姆士在卡内基的《人性的弱点》一书序中强调:"说话的能力是成名的捷径,它能使人显赫,鹤立鸡群。能说话受人欢迎的人,往往得到的功绩,出于他真正才力的比例之外"⑥;苏联著名教育家苏霍姆林斯基在《给教师的建议》中指出:"教师的语言修养在极大的程度上决定着学生在课堂上的脑力劳动的效率。我们深信,高度的语言修养是合理地利用时间的重要条件"。法国诗人弗·吕凯特强调"谁有舌头不言语,谁有利剑不劈刺,谁就白白活一世。"⑦言为心声,语滚惊雷;笔走龙蛇,辞著华章。文章小宇宙,宇宙大文章;文以人著,人以文名;天人合一,天人一体;人文相通,文人一致。语言"文章"堪称"经国之大业,不朽之盛事"⑧,甚至可以"一言而兴邦","一言而丧邦"⑨。语言可谓个人安身立命之本,择业创业、提

---

① 引自《列宁全集》第55卷,人民出版社1990年版,第83页。
② 《左传》襄公二十四年。
③ [古希腊]赫西俄德:《工作和岁月》。
④ [德]海涅:《法兰西的状态》序。
⑤ [美]爱默生:《代表人物》。
⑥ 引自田玉敏主编:《学习方法论》,广西人民出版社1990年版,第141页。
⑦ 引自《马克思恩格斯全集》第1卷,人民出版社1995年版,第187页。
⑧ 魏文帝曹丕:《典论》论文。
⑨ 《论语》子路。

职晋级、建功立业、成名成家之路。

历数不清的大量事实，也正是这样。孔子"祖述尧舜，宪章文武"①，作《春秋》乱臣贼子惧，半部《论语》治天下，删述六经，垂宪万世，流芳千古，名列世界十大文化名人之首。希特勒谣言惑众，发动第二次世界大战，荼毒生命，祸国殃民，遗臭万年。江苏电视台近年热播的"非诚勿扰"青春男女当众"口秀"求偶，往往英俊潇洒、地位颇高的男子一开始单凭相貌、身份、地位背景资讯、形象动作"走秀"而赢得女子的"芳心"，但通过短短几分钟的演讲、对话，却被"灭灯"抛弃；而其貌不扬、举止一般、能说会道者却与之相反，后来居上，获得成功。古今中外"一言九鼎"、"一诺千金"，一句话让人笑一笑，一句话让人跳一跳，好话胜似三春暖，孬话恶于"三九"寒，"言不顺则事不成"②的事例，不胜枚举。因语言而成事兴业或败事毁绩，因一言救人救己一命，或置人于死地或招来杀身之祸导致灭顶之灾的现象；三寸不烂之舌强于百万雄兵，可以搅动天下风云，半尺纤细之笔胜过神仙妙手，能够描绘世间万象的现象；数不胜数。可以说，当今世界，大多数部门行业和个人的认识和实践活动，都与语言相关联。语言之于人类仅次于阳光、空气、水分、食物而不可缺少。由语言裂变出的几十种、上百种职业，如教师、歌唱、写作、演艺、音乐、咨询、广播、外交、律师、新闻、出版、图书、情报、议员等，比比皆是。

人生语言的最优化，即语言内容、形式或曰语音、语义、语式、语境、语效的最优化。它是最丰富深刻的思想情感内容，与最恰切精当的语言表达形式的统一。最精湛的口头语言、最优美的书面文字，尤其是最具哲理文采的格言警句，脍炙人口的诗歌、散文、论辩华章，都属于人生语言的最优化形态。对此，我国现代著名作家老舍在其《出口成章》一文中创造性地指出："我们的最好的思想，最深厚的感情，只能被最美妙的语言表达出来。若是表达不出，谁能知道那思想与感情怎样的好呢？这是无可分离的、统一的东西。"③人生语言

---

① 《中庸》。

② 《论语》子路。

③ 老舍：《关于文学的语言问题》，人民文学出版社1984年版，第59页；载文学理论编写组：《文学理论》，高等教育出版社、人民出版社2009年版，第229页。

应当最优化,人生语言必须而且一定能够最优化。①

(二)人生语言的最优化原则

清代文人袁枚谈及写诗语言说道:"爱好由来落笔难,一诗千改心始安;阿婆还是初笄女,头未梳成不许看。"②写诗如此,其他著文和语言形式亦复如此。人生语言的最优化原则,是基于人生语言及其最优化的实质真谛,联系实际,最正确科学的语言规则。它大致涉及两个方面。

1. 致用,精当,鲜明

致用、精当、鲜明,即高致实用,精确恰当,鲜活明快。它是语言最优化的首要原则。大凡思想和语言巨匠,无不重视语言的致用、精当、鲜明。战国时代的思想家鬼谷子主张"与贵者言,依于势;与富者言,依于高;与贫者言,依于利;与贱者言,依于谦;与勇者言,依于敢;与过者言,依于锐。"③庄子提出"大知闲闲,小知间间,大言炎炎,小言詹詹"的观点④。汉代思想家王充则强调"为世用者,百篇无害;不为用者,一章无补。"⑤唐代诗人白居易力倡"文章合为时而著,歌诗合为事而行。"⑥元代文人高明则提出"不关风化体,纵好也枉然"的论断⑦。一些文人大家,为求一字、一句、一诗、一文恰到好处,常常处心积虑,用心良苦,反复推敲,直至满意。唐代诗人卢延让的"吟安一个字,捻断数茎须";贾岛的"两句三年得,一吟双泪流";白居易的"此处无声胜有声";司空图的"不著一字,尽得风流";宋代文人邵雍的"炼词得奇句,炼意得余味";宋代文学家李之仪的"丰而不余一言,约而不失一辞"⑧;宋代词人吴可的"一笔扫尽从来窠臼"⑨等;他们的字斟句酌、千锤百炼语言,追求卓越明快

---

① 详见张瑞甫、钱荣英、张乾坤:《语言最优化初论》,《现代语文》2009 年第 2 期;张乾坤:《再论语言最优化问题》,《现代语文》2013 年第 4 期。

② 袁枚:《谴兴》其五。

③ 引自朱彤:《情商决定成败》,京华出版社 2006 年版,第 187、188 页。

④ 《庄子》齐物论。

⑤ 王充:《论衡》自纪。

⑥ 白居易:《白氏长庆集》与元九书。

⑦ 高明:《琵琶记》题记。

⑧ 李之仪:《跋山谷书摩诘诗》。

⑨ 吴可:《而庵诗话》。

极致精神;古希腊著名思想家阿里斯托芬的"唯有聪明人才善于把许多意思压缩在一句话里"的语言至精、至简、至明经验之谈①;便是语言致用、精当、鲜明的真实而又生动的成功写照。

致用、精当、鲜明要求,语言一方面,必须言之有物、言之有用、言之有理、持之有故,且不可无病呻吟、胡言乱语、废话连篇、不计功利。无论什么样的语言形态,都应当从人生、社会需要出发,为匡扶正义、扬善惩恶摇旗呐喊,为驱除邪恶口诛笔伐,为认识世界道破天机真谛,为解读世界辨明真伪澄清是非,为大刀阔斧改造世界、创造世界大造舆论,为发展新生事物、促进发明创造、谋求人类幸福奔走呼号、高歌猛进。另一方面,必须尽可能地精准、确实、得当、到位,合乎内容形式要求,做到详略适当。该详者如行云流水,扬扬洒洒、自由奔放,似江河行地一泻千里、势不可挡,像浩瀚大海恣肆汪洋、波澜壮阔;当略者惜墨如金,不费一词一言、不使一字一词一句多余。能以一语道破天机,一言直指要义,尽可能地达到俄国文学家托尔斯泰所追求的"既不能加一个字,也不能减一个字,还不能因改动一个字使作品遭到破坏"②,即达到加一个字嫌多,减一个字嫌少,换一个字不行,变一下位置不可的尽善尽美之境。再一方面,必须最大限度地鲜活醒目,如日月经天、光芒四射,逻辑高度严谨、深入浅出,让人一听便知、一看即明、拍案叫绝、回味无穷。

2. 新颖,生动,感人

新颖、生动、感人,指的是新鲜别致、生气勃勃、幽默风趣、美妙动听,感人肺腑、扣人心弦。它是语言最优化的重要求美升华原则。在这方面,唐代诗圣杜甫曾提出"不薄今人爱古人,清词丽句必为邻。切攀屈宋宜方驾,恐与齐梁作后尘"③,"为人性僻耽佳句,语不惊人死不休。"④同时代的诗人杨巨源在《城东春早》中写道:"诗家清景在新春,绿柳新黄半未匀。若待上林花似锦,出门俱是看花人。"南宋文人戴复古一反"复古"其名,大倡语言创新之风,提

①　[古希腊]阿里斯托芬:"嬉戏二辞"。
②　[苏]季莫菲耶夫主编:《俄罗斯古典作家文论》,人民文学出版社 1958 年版,第 1129 页。
③　杜甫:"戏为六绝句"。
④　杜甫:"江上值水如海势聊短句"。

出"意匠如神变化生,笔端有力任纵横。须教自我胸中出,切忌随人脚后行。"①明清之际的思想家顾炎武认为,"效《楚辞》者必不如《楚辞》,效《七发》者必不如《七发》……笔刀复不能自遂。"②清代诗人袁枚在《续诗品》中写道:"不学古人,法无一可;竟似古人,何处著我;字字古有,句句古无。吐故吸新,其庶几何!"③《左传》则提出"言以足志,文以足言","言之无文,行而不远。"④汉代学者毛苌强调言为心声,"在心为志,发言为诗。情动于中而形于言,言之不足故嗟叹之,嗟叹之不足故咏歌之,咏歌之不足不知手之舞之足之蹈之。"⑤唐代诗人白居易认为"感人心者,莫先乎情,莫始于言,莫切乎声,莫深乎义。"⑥南朝文论家刘勰主张,语言应当令人"寂然凝虑,思接千载;悄然动容,视通万里;吟咏之间,吐纳珠玉之声;眉睫之前,卷舒风云之色","登山则情满于山,观海则意溢于海。"⑦德国诗人歌德认为包括语言等在内的"独创性的一个最好的标志就在于选择题材之后,能把它加以充分的发挥,从而使得大家承认压根儿想不到会在这个题材里发现那么多的问题。"⑧语言要达到新颖、生动、感人,必须注意运用适当表现手法,合乎语音、语义、语形、语境、语效等语法、逻辑、修辞要求。新颖、生动、感人,不仅是优美的文艺作品语言的基本要求,而且是论文论著语言的升华利器。论文论著本质上属于具有一定创新观点,内含绪论、本论、结论三大部分,论点、论据、论证三要素,提出问题、分析问题、解决问题三步骤,致力是什么、为什么、应怎样问题研究,思想观点、材料内容、结构形式、语言表达多元多维多层次纵横交错而又有机统一的文体;它既以新颖为特征,又与生动、感人结下不解之缘。古今中外经典文献,均不乏新颖、生动、感人妙语。汉代著名史学家司马迁的《史记》,被鲁迅先生称之为"史家之绝唱,无韵之'离骚'。"开启世界历史新纪元、改变人类发展进程的

① 戴复古:《论诗十绝》之三。

② 顾炎武:《日知录》卷十九。

③ 袁枚:《续诗品·著我》。

④ 《左传》襄公二十五年。

⑤ 汉代毛苌《诗》序。

⑥ 白居易:"与元九书"。

⑦ 刘勰:《文心雕龙》神思。

⑧ 肖兰、丁成军编:《人才谈成才》,中国青年出版社1986年版,第220页。

马克思恩格斯合著的《共产党宣言》，从头至尾不乏新颖、生动、感人的语言。《共产党宣言》的开头第一句话即用了比喻、借代修辞手法："一个幽灵，共产主义的幽灵，在欧洲游荡。"文中则生动形象地描绘道：资本主义"现在像一个魔法师一样不能再支配自己用法术呼唤出来的魔鬼了"；"封建的社会主义，半是挽歌，半是谤文，半是过去的回音，半是未来的恫吓"；"为了拉拢人民，贵族们把无产阶级的乞食袋当做旗帜来挥舞。但是，每当人民跟着他们走的时候，都发现他们的臀部带有旧的封建纹章，于是就哈哈大笑，一哄而散"；改变社会的重任历史地落在了无产阶级及其政党共产党人的身上。文章结尾则昭告世界，发出震撼人心的呐喊："让统治阶级在共产主义革命面前发抖吧。无产者在这个革命中失去的只是锁链。他们获得的将是整个世界。全世界无产者，联合起来！"①马克思的巨著《资本论》，亦不乏新颖、生动、感人的哲理性文学性语言。马克思不仅用辛辣讽刺的笔触写道：至少在英国等西方国家"资本来到世间，从头到脚，每个毛孔都滴着血和肮脏的东西"，而且用辩证的语言指出："资本不能从流通中产生，又不能不从流通中产生。它必须既在流通中又不在流通中产生"；"资本家幼虫的货币占有者"，"他变为蝴蝶，必须在流通领域中，又必须不在流通领域中"。② 甚至自然科学论著作品，特别是具有重大原始创新意义的论著、科幻作品的语言，与新颖、生动、感人亦结下不解之缘。爱因斯坦的《相对论》一书一开始就将高深莫测的"相对论"与显而易见的"车厢"与"路基"的相对运动关系作比喻："相对于路基而言，车厢是运动的"，"相对于车厢而言，路基是运动的"；并且在扉页写道："当你陪一个美丽的姑娘坐上两小时，你会觉得好像只坐了一分钟；当你坐在炙热的火炉旁，哪怕只坐上一分钟，你会感觉好像坐了两小时。这，就是相对论"。③ 从而深入浅出地论述了相对论的本质。只是文艺作品语言与论文论著语言，在新颖、生动、感人方面的侧重点篇幅比重和要求程度有所不同。

新颖、生动、感人规定，最优化语言既需要具有崇高博大永久的情怀，道出

---

① 《马克思恩格斯文集》第 2 卷，人民出版社 2009 年版，第 30、37、54、55、66 页。

② 《马克思恩格斯文集》第 5 卷，人民出版社 2009 年版，第 871、193、194 页。

③ ［美］爱因斯坦：《相对论》，易洪波、李智谋编译，重庆出版集团、重庆出版社 2010 年版，第 138 页、扉页。

别人闻所未闻的话语、见所未见的心迹，又需要写出人人心中有、个个笔下无的撼世之作，甚至写出个个笔下无、人人心中也无的荡气回肠、萦绕不去的创新精品，创造出万古流芳、历久弥新的语言经典不朽杰作。

（三）人生语言的最优化方法

金代文人王若虚曾以设问自答的方式写道："或问文章有体乎？曰无。又问无体乎？曰有。然则果如何？曰定体则无，大体须有。"①清代学者吕璜认为"章有章法，句有句法，字有字法；到纯熟之后，纵然所如，无非法者。"②文无定法，大体则有，具体则无，因文适就，即为妙法。人生语言的最优化方法，是依据人生语言的最优化原则，结合具体需要，获取语言最大价值效益的方法。它大致包括 3 种类型。

1. 博览群书，重点解读，博闻强记，尽为我用

清代学者万斯全强调："必尽读天下之书，尽通古今之事，然后可以放笔为文。"③人的时间、精力的有限性和语言知识需要的丰富多样性，以及自己一定需要的定位取向性，决定了莘莘学子必须既有目的地博览群书，又重点解读、博闻强记，尽可能地利用相关内容知识造福于人类。

博览群书、重点解读、博闻强记、尽为我用，即广泛阅读高层次、高品位、高价值的书报、杂志、网络媒体中外经典，及时大量捕获各种有益语言信息，博采百家之长，围绕目的重点阅读，深刻理解，牢记其中内容要点，最大限度地丰富自己的语言信息库，为正确科学地认识世界、改造世界、创造世界造福于人生社会，贡献应有的语言力量。它要求，每位知识分子，特别是高级知识分子，至少在精通一门专业基本理论的前提下，具备哲学、基础人文社会科学、基础自然科学的知识，努力学习和掌握专业尖端知识。④ 兴趣广泛、志向高远者，在此基础上还须了解大量有关哲学、人文社会科学、自然科学语言常识；各类学者和有志于成名成家的学子，必须备有《现代汉语词典》、《辞源》、《辞海》、

---

① 王若虚：《滹南遗老集》文辩。
② 吕璜：《初月楼古文绪论》。
③ 万斯全："与钱汉臣书"。
④ 详见本书第五章一、（二）2.专博结合，结构最佳。

《英语大辞典》，以及本专业辞书。有条件的学者、学子，还应购阅《名人名言录》《格言警句集》，经常深入社会，收集各种新生用语，通过家庭或单位、社会网络媒体，获取相关语言知识信息；从而不断而又最大限度地丰富和增加语言信息量，尽可能多地拥有和利用人类已有语言知识信息，为自身生存和发展助力。

2. 精通语法、逻辑、修辞，善于言辞凝练、创新升华

语法，指的是语言方法。精通语法，即精通语音、语义、语形、语境、语效。各个民族、各个时代，都有各自的语音特点。同一个概念，在不同的民族往往有不同的发音。语言的书写大致有表音、表意、表形及其交叉复合几种形式。"好"，汉语发音为"hao"，英语则为"good"。语音，即语言发音；有乐音、噪音，纯音、杂音，正音、斜音之分。语义，指的是语言的内涵寓意；可以从不同角度分为褒义、贬义、中义，同义、近义、反义，以及本义、转义、歧义、引申义等。语形，主要指口头语言和书面语言的表达形式。广义语形，包括用字、遣词、造句、谋篇、布局等；狭义语形，仅仅指用字、遣词、造句。语境，即语言环境；有优劣好坏之分。语效，即语言效果；有高低强弱之别。精通语法，尤其要掌握字、词、句、层、段、节、章，精通主语、谓语、宾语、定语、状语、补语，以及中心语、辅助语，古语词、现代词、专业词、通用词、外来词，实词、虚词，名词、动词、形容词、代词、副词、量词、助词、语气词；掌握各种词组，尤其是联合词组、主谓词组、偏正词组、动宾词组、补充词组，甚至句群；精通并列、顺承、解说、从属、交叉、递进、选择、转折、因果、目的、假设关系；掌握叙述句、疑问句、感叹句、无主句、省略句；精通标点符号，甚至韵律、韵味、意境等。逻辑，主要指形式逻辑、辩证逻辑、系统逻辑。精通逻辑，即对语言逻辑所涉及的形式逻辑方法、辩证逻辑规则、系统逻辑要求，有着精深的认知理解，能够熟练运用。精通逻辑，特别要精通概念、判断、推理、假说、证明，以及各种辩证方法、系统方法等。修辞，则是对言辞的修缮、装饰、美化。而今，人们运用的修辞方式多种多样，修辞格高达60多种。其中，最常用的修辞格有谐音、语气、排疑、突显、均衡、比喻、比拟、借代、夸张、粘连、顶针、双关、多关、含蓄、拆字、组字、仿造、反语、婉转、对照、照应、排比、层递、回环、映衬、反复、反问、追问、通感、褒扬、贬讽、创意、格言、警句、成语、歇后、引用、图示，以及二者或三者以上的组合、套用和公文、应用文、科技文、政论文、文艺文的特定修辞。精通修辞,即对修辞学的内容形式有深刻全面的认知理解,能够熟练运用。我国现代语言学家金兆梓认为,语言"修辞学",即"教人以极有效极经济之言说文辞,求达其所欲之思想感情想象之学科"。① 精通语法、逻辑、修辞,几者密不可分。语法,重在求通;逻辑重在求对,修辞重在求美。几者构成语言真、善、美的和谐统一。善于言辞凝练、创新升华,即根据语言自身的发展规律,结合生产、生活和社会用语发展特点,使语言高度简洁洗练,言辞内容、形式及其运用全方位创新升华,力争达到最佳。对此,宋代文学家苏轼认为,文章"大略如行云流水,初无定质,但常行于所当行,止于所不可不止;文理自然,姿态横生";"意尽而言止者,天下之至言也。然而言止而意不尽,尤为极致"。② 南朝文论家刘勰在《文心雕龙·练字》中指出:"善为文者,富于万篇,贫于一字;一字非少,相避为难";清代学者刘大櫆在《论文偶记》中认为"文贵简。凡文笔老则简,意真则简,辞切则简,理当则简,味淡则简,气蕴则简,品贵则简,神远而藏不尽则简。故简为文章尽境。"钱大昕认为"文有繁简,繁者不可减之使少,犹简者不可增之使多也。"③当代著名语言学家吕叔湘主张,语言以"适度"、"恰当"、"自然"、"一切都恰到好处"为最佳。④ 南京大学语言学教授王希杰指出:"人们运用语言,总不会是消极的,总是有意无意地追求最佳的表达效果。"⑤

精通语法、逻辑、修辞,善于言辞凝练、创新升华,指的是高度明确和通晓语法、逻辑、修辞的内涵特点,善于高度简洁洗练创造提升语言功效,尽可能地促进语言发展。它规定,高度精通语言的各种属性,善于简洁洗练、标新立异创新言辞内容形式,促进言辞升华,求取语言最优化;力求用最恰切精当的语法、逻辑、修辞创新形式,表达最丰富深刻的思想情感内容;做到语法尽可能地规范,尤其是语音清亮准确,形象生动,抑扬顿挫,悦耳动听;语义精准科学,丰富多彩;语形优美,恰切动人;语境用语适当,因情制宜,意境非凡;语效高度显

---

① 见王希杰:《汉语修辞学》,商务印书馆 2004 年版,第 6 页。
② 苏轼:"答谢民师书",《苏文忠公全集》。
③ 钱大昕:《与友人论文书》。
④ 引自王希杰:《汉语修辞学》,商务印书馆 2004 年版,序言第 1、2 页。
⑤ 王希杰:《汉语修辞学》,商务印书馆 2004 年版,第 7 页。

著,超乎寻常,逻辑严谨,无懈可击;表达详略得当,整体收益最大化。

3. 听、说、读、写四位一体,以说写为主

听、说、读、写,是语言的四大功能表现。所谓听,即听别人讲话。它既是人类学习语言、掌握知识技能的主要形式,又是知解对方内心世界的重要途径和尊重说话人的交往要求。说,即说话。它是口头语言的表达方式,也是人类最重要的信息交流方式之一。它具有即时性、实效性、面对面互动性特点。读,即阅读纸制和电子图书、报纸杂志、信函文件等书面文字。它分为默读、诵读、解读三类。写,即写作、著述。它主要包括应用文写作、文艺作品创作、论文论著写作,具有永久性、广泛传播性优势。听、读是为说、写服务的,说、写是语言的中心任务。古今中外哲人大家无一不是说、写的巨匠,无一不与说、写尤其是著书立说紧密结缘。孔子之所以成为中国第一圣人,孔府之所以成为天下第一家,除了孔子开启规范口语教育、推广道德教化之外,主要的就在于其撰写出旷世书面语言华章。诚如清代大学士纪晓岚为孔府大门题写的对联:"与国咸休安富尊荣公府第,同天并老文章道德圣人家"。《论语·述而》中的所谓子曰:"述而不作",并不是通常一些学者所说的孔子光说而不写作,而是孔子重著述而无暇大规模具体作为。毛泽东之所以成为新中国的缔造者,除了与其年轻时代立下的"指点江山","欲与天公试比高"的宏愿有关,便是得益于他用笔、墨、纸、砚"文房四宝","激扬文字",写就书面语言檄文,开展革命斗争。他自称用"'文房四宝'打败了国民党反动派。"①西方一些伟人大家的丰功伟绩,语言亦功不可没。

听、说、读、写四位一体,以说写为主,即将听、说、读、写有机结合为一体,以说写为主导,构建语言特定科学体系。它主张,听要听得富有价值、细致入微、收获巨大;说要说得出口成章、简洁明快、生动感人、无所不至,达到言之切切、语之有故、言简意赅,甚至口若悬河、滔滔不绝、一泻千里、所向无敌;读要读得准确无误、深刻透彻、流畅无阻;写要写得情理交融、淋漓尽致、下笔成文、文采飞扬、出神入化,甚至惊天地、泣鬼神、开先河、垂万世。同时,要将听、说、读、写四者有机地结合在一起,并且以说、写为主体,围绕说、写全方位建构起

---

① 2007年12月26日中央电视台1台"走近毛泽东"节目。

最佳语言内容形式大体系。

三、人生行为的最优化

　　人生学习、记忆、思维和形象、语言的最优化,目的在于付诸行为,从而造福于人类自身。人生行为的最优化,具有人生最优化的一定目的性意义。它主要由人生行为及其最优化的意蕴特点,人生行为的最优化原则,人生行为的最优化方法三个部分构成。

(一)人生行为及其最优化的意蕴特点

　　人生行为,通常指人生思维或曰思想意识指导下的行动作为。无意识或下意识的行动作为,只是偶然个别现象。马克思主义创始人不仅强调社会生活的"实践"本质,强调"改变世界"、"美"化世界造福人生社会的重要性①,而且认为"人只有凭借现实的、感性的对象才能表现自己的生命"②,"无论历史的结局如何,人们总是通过每一个人追求他自己的、自觉预期的目的来创造他们的历史,而这许多按不同方向活动的愿望及其对外部世界的各种各样作用的合力,就是历史";尽管这些力量有的相互通融,有的互相抵消,有的"如愿以偿",有的事与愿违,但是,"就单个人来说,他的行动的一切动力,都一定要通过他的头脑,一定要转变为他的意志的动机,才能使他行动起来"③;就社会而言,每个人的意志及其行动则构成"无数互相交错的力量","无数个力的平行四边形","融合为一个总的平均数,一个总的合力","每个意志都对合力有所贡献",都"包括在这个合力里面","最后出现的结果"往往是"谁都没有希望过的事物";其中,不仅看似如愿以偿的意志力量会发生一定程度的改变,而且看似事与愿违的意志力量所发挥的作用也不会"等于零",④从而呈现出

---

①　《马克思恩格斯文集》第 1 卷,人民出版社 2009 年版,第 501、502、163 页。
②　《马克思恩格斯文集》第 1 卷,人民出版社 2009 年版,第 210 页。
③　《马克思恩格斯文集》第 4 卷,人民出版社 2009 年版,第 302、306 页。
④　《马克思恩格斯文集》第 10 卷,人民出版社 2009 年版,第 592、593 页。

合目的性与合规律性、选择性与创造性相统一的历史的"自然过程"①。德国哲学家黑格尔在其《精神现象学》一书中指出:"行为的必然性在于:目的本来就是与现实关联着的,而且目的与现实的这个统一性就是行动的概念;行为之所以发生,乃是因为行动自在自为地即是客观现实的本质。"②德国文学家歌德则认为"思想活跃而又怀着务实的目的去进行(完成)最现实的任务,就是世界上最有价值的事情。"③人生行为不仅是学习、记忆、思维和形象、语言的动力、检验标准,以及几者在某些方面一定程度的表现形式,而且是它们的一定归宿。"纸上得来终觉浅,绝知此事要躬行。"④人生学习、记忆、思维和形象、语言,若不与行为相结合,不付诸行为,便会成为形式主义的东西,即便再高明的运筹帷幄之举,也只能是纸上谈兵、论道空想,而不会见诸现实之中,更不可能"决胜于千里之外。"

人生行为与实践活动,既有相同之处,又有差异之点。行为包括全部实践活动,涵盖人类的一切外在化行动作为,而实践活动主要限于实验和物质生产流通活动行为。前者比后者外延要大得多,后者从属于前者。行为是中性概念,它可以分为高尚行为、一般行为、低劣行为,正当行为、不正当行为,科学行为、非科学行为,生产流通行为、非生产流通行为,以及最优行为、次优行为、一般行为、次劣行为、最劣行为等;实践活动则是褒义概念,它指的是直接改造世界、创造财富造福人生社会的行为。

道不行不至,事不为不成。无论什么样的目的,都必须通过付诸行为才能实现。现实生活,不仅智者常虑,虑者常行,而且"行者常至",为者常成。⑤ 人生行为的最优化,即在人生学习、记忆、思维与语言的最优化指导下,运用最正确科学的理论、原则与方法所达到的人生实际行动的最佳化。它不仅需要行为主体作出最精当合理的筹划,而且需要行为主体付出艰苦细致的不懈努力。人生行为的最优化,既离不开其最优化原则规范指导,又离不开其最优化方法的支持。

---

① 《马克思恩格斯文集》第 10 卷,人民出版社 2009 年版,第 593 页。
② 本书编纂组:《中外名言大全》,河北人民出版社 1987 年版,第 379 页。
③ 本书编纂组:《中外名言大全》,河北人民出版社 1987 年版,第 432 页。
④ 陆游:"冬夜读书示子聿"。
⑤ 《晏子》春秋。

（二）人生行为的最优化原则

人生行为的最优化原则，即根据人生行为及其最优化的意蕴特点，联系实际建立的最正确科学的行为准则。它主要包括两项内容。

1. 取向崇高，光明正大

取向崇高、光明正大，即行为选取的目标方向至高无上、前景光明、正确远大。取向崇高、光明正大，不仅是一切正人君子、有识之士、英雄豪杰、社会名流的行为所向，而且是行为最优化的首要原则。"行"字一旁为"双人"，"为"字上下有"两点"。人的行为本质上是一种社会行为；理应坚定不移地奉行社会人道主义准则。取向崇高、光明正大要求，无论什么样的正当行为都必须目标取向至高无上，前景光明，正确远大，行所当行而不可肆意妄行，为所当为而不可为所欲为；力求行天下之大道，为人类所当为，行则天下法，为则天下则，为人生社会做出应有的最大贡献。

2. 利己与利人、利于社会相统一

作为最社会化的高级动物，任何人的行为都不可能绝对封闭孤立，而是直接或间接与外界尤其是与他人、社会联系在一起。人的行为通常是从自我出发，通过直接利己或利人、利于社会的间接利己，从而自觉不自觉地达到利己与利人、利于社会三位一体的对立统一。它堪称人生最正确的抉择。[①] 利己与利人、利于社会相互一致，不啻是人类的最明智行为和行为的重要最优化原则。利己与利人、利于社会相统一，指的是利己行为与利人行为、利于社会行为协调一致。它规定，在一般情况下，无论什么样的行为都应当将利己与利人、利于社会三者最大限度地统一整合在一起，并且当个人利益与他人正当利益尤其是社会利益发生矛盾时，个人利益服从他人正当利益尤其是社会利益。这不仅是利己行为得以顺利实现的保障，是他人正当利益尤其是社会利益对个人利益，在质量、数量、能量上的优势至上性，以及人类最大价值效益取向交互作用共同造成的，而且是人生行为最优化的必然要求。[②] 利己与利人、利于社会相统一，不仅可以力避三者矛盾冲突所带来的不必要的个人利益损失，最

---

① 参见《马克思恩格斯选集》第 1 卷，人民出版社 2012 年版，第 199 页等。

② 参见张瑞甫："论个人利益的正确导向"，《中国教育报》1994 年 2 月 9 日，《新华文摘》1994 年第 4 期。

大限度地消除各种利益阻力,便于个人利益的实现,而且能够得到"投桃报李"、互通有无的利益回报,以及直接或间接超值利益和优势互补、相得益彰的系统规模超大收益。

(三)人生行为的最优化方法

人生行为的最优化方法,指的是按照人生行为的最优化原则,结合具体需要,以相对最少的投入、消耗,获得行为最大价值效益的方法。它主要由两种形态。

1.科学权衡,趋利避害

"权,然后知轻重;度,然后知长短。物皆然,心为甚";"人有不为也,而后可以有为"。① 人是最富有科学理性的利益动物。如果说权衡利弊、趋利避害,是所有动物乃至所有生物生存发展的本能;那么,科学权衡、趋利避害,则是人所特有的本性,是人区别于其他动物的最宝贵的品质。诚如荀子谈及修身时指出的那样,大凡生活有道的正人"君子","之求利也略,其远害也早,其避辱也惧,其行道理也勇。"②在科学权衡利害的基础上,有所为有所不为,而后才能大有作为,才能达到最佳趋利避害的目的。科学权衡、趋利避害,即通过科学权衡行为的利弊得失,趋向有利的一方而避开有害的一面。

科学权衡、趋利避害要求,一方面,人生必须在实施行为之前,运用相应科学理论知识,总体分清行为本身的利害关系特点,明确何者有利,何者有害;然后,按照《尚书》所强调的"不作无益害有益","不贵异物贱用物"准则,③将行为最大限度地趋向有利者,避开有害者。另一方面,当利害关系比较复杂,有所得必有所失,趋其利必就其害时,必须运用相应科学理论知识,对其作出进一步权衡,看其是利大于害,还是等于或小于害。当利大于害时,应趋大利而不避小害。这种不避小害,其实并非取害,而是一种迫不得已的避大害而取小利形式;当利等于或小于害时,亦即通常人们所说的劳而无功或事倍功半、得不偿失,甚至招灾惹祸时,则必须放弃该行为。再一方面,当利具有大小不同

---

① 《孟子》梁惠王上、离娄下。
② 《荀子》修身。
③ 《尚书》旅獒。

向位层次,且不可全部拥有而必须有所取舍时,必须取大利而舍小利;当害具有大小不同等级先后,且不可全部避开,而又能够取舍时,必须取小害而避大害。孔子所说的"小不忍,则乱大谋"①;墨子所讲的"断指以存腕,利之中取大,害之中取小也。害之中取小也,非取害也,取利也。其所取者,人之所执也","害之中取小,不得已也"②;管子所说的"利之所在,虽千仞之山,无所不上;深渊之下,无所不入"③;孟子所说的"鱼我所欲也,熊掌亦我所欲也。二者不可得兼,舍鱼而取熊掌者也"④;荀子所讲的"白刃扞乎胸,则目不见流矢;拔戟加乎首,则十指不辞断"⑤;马克思在《资本论》中高度肯定和援引的英国19世纪《评论家季刊》刊载的,包括资本家在内的人格化的"资本逃避动乱和纷争","资本害怕没有利润或利润太少,就像自然界害怕真空一样。一旦有适当的利润,资本就胆大起来。如果有10%的利润,它就保证到处被使用;有20%的利润,它就活跃起来;有50%的利润,它就铤而走险;为了100%的利润,它就敢践踏一切人间法律;有300%的利润,它就敢犯任何罪行,甚至冒绞首的危险;如果动乱和纷争能带来利润,它就会鼓励动乱和纷争";⑥人们通常所奉行的"鱼和熊掌我都要"、"芝麻西瓜一起抓","豺狼当道,安问狐狸?"(南宋学者范晔语),丢卒保车、丢车保帅、割肉补疮,互利共赢,利害相权取其利,利利相权取其大,能全取的不放弃;害害相权取其小,能不取的全舍去,以及高度精细化、科学化、数字化的最有利于自身的"正和博弈"、"零和博弈"、迫不得已的最小"负和博弈"等;都属不同向位、层面的科学权衡、趋利避害的最佳运用。

2. 重点突进、全面兼顾,力求收益最大化

行为不仅是单元化的个体,而且是多元化的群体;不仅存在相融统一关系,而且存在矛盾对立关系;不仅表现为从属、并列、交叉形态,而且表现为主次轻重、难易缓急形式。

重点突进、全面兼顾,力求收益最大化,指的是突出重点、兼顾一般,力求

① 《论语》卫灵公。
② 《墨子》大取。
③ 《管子》禁藏。
④ 《孟子》告子上。
⑤ 《荀子》强国。
⑥ 马克思:《资本论》第1卷,人民出版社1975年版,第829页注。

整体最大价值效益。它规定,根据行为及其最优化的内在机制、相关原则,在科学权衡、趋利避害的基础上,致力完成三项任务。一是在立足人生建设的前提下,充分顾及经济、政治、文化与环境等各方面的行为效益需要,使之各自达到收益最大化。二是尽可能地密切行为相融关系,化解行为不必要的矛盾冲突,力争行为高度协调,使矛盾对立关系转化为相融统一关系,消除一切非正当不科学的行为。三是突出重点、兼顾一般,做到先主后次、先重后轻、先易后难、先急后缓,并且当主、重、易、急发生矛盾时,通过价值效益量化评价,将加入时间维的价值效益最大者排在第一位,将其他按价值效益大小先后依次排列;当次、轻、难、缓产生冲突时,亦通过采用价值效益量化评价,将其中价值效益相对最大者排在第一位,将其他按价值效益大小、先后依次排列;以此类推,当主、次、轻、重、难、易、缓八者彼此对立时,通过系统价值效益量化评价,按各自价值效益大小先后依次排列,力求行为总体收益达到极大值。

四、人生情境效应对策的最优化

无论任何形式的人生最优化,都处在一定情境之中,受一定情境效应影响支配。人生情境效应对策的最优化,直接制约着人生学习、记忆与思维的最优化和人生形象、语言、行为的最优化的现实特点和历史进程。它大体分为人生情境效应对策及其最优化的科学认知,人生情境效应对策的最优化原则,人生情境效应对策的最优化方法三个组成部分。

(一)人生情境效应对策及其最优化的科学认知

人生情境效应,即主体人所处的情态、境遇效能反应。从不同的角度,它可以分为正面情境效应、中性情境效应、负面情境效应,积极情境效应、一般情境效应、消极情境效应等。人生情境效应对策,即主体人对其所处情态境遇效能反应的正确科学应对策略。毛泽东有句名言:"外因是变化的条件,内因是变化的根据,外因通过内因而起作用。"[①]人是情景中人,情景是人的生存发展

---

① 《毛泽东选集》第 1 卷,人民出版社 1991 年版,第 302 页。

活动的外在条件。情景可以创造人,人也可以创造情景。二者相互规定,相互影响。我国古代的风水学说,现代景观的选址建造,各类建筑物的内外装饰,各种人居环境的布局美化,文艺作品的铺垫、映衬、烘托、造势等,无一不是情境效应对策的生动体现。人生情境效应对策的最优化,即主体人为达到自身的某种目的,对其所处情景效应对策的最大限度的优化利用。它通过主体人,对不同情境效应的最优对策制订和实施来实现。

(二)人生情境效应对策的最优化原则

事在人为,人以事立。人生情境效应对策的最优化原则,即依照人生情境效应对策及其最优化的科学认知,联系实际,以最少的人力、物力、财力、时间投入消耗,获得最大人生价值效益的情境效应对策规则。它主要涉及两项原则。

1. 充分利用,化害为利

任何情景效应,都是一把双刃剑,具有利害两种不同甚至截然相反的正负效应。譬如泛化效应,如果是好人好事则有利,如果是坏人坏事则有害;缩化效应则完全相反。即使同一种情景效应,对于同一个人或同一个事物在不同时间、地点、条件下,所表现出的利害属性,亦有所不同,甚至截然相反。如蛇毒、蜂毒、蝎毒等含毒物品,适当用于药物配伍,治疗风湿、类风湿和心脑血管疾病,可以治病救人;若滥用则会损害人体健康,甚至危及生命。充分利用、化害为利,即充分利用各种情景效应,使有利情景效应更加有利,有害情景效应化害为利。它要求,按照自身收益最大化宗旨,根据情景效应的利害得失特点,一方面,将情景效应的有利因素尽可能发挥到极致,利用到最大限度,服务于自身生存、发展、享用需要;另一方面,积极创造条件,使中性情境效应、一般情景效应转化为有利情景效应,从而最大限度地造福于自身;再一方面,将情景效应的有害因素,尽可能地规避或减少到最低限度,使之由大变小、由小化了,甚至变不利为有利。

2. 及时营造,应于所需

情景效应与人生活动,作为互动系统,情景效应可以影响人生、改造人生;同样,人生也可以在一定目的引导下,遵循一定规律,影响情景效应、改造情景效应,满足人生自身的一定需要。及时营造、应于所需,指的是及时营造有利情景效应,以适应自身一定需要。它规定,按照情景中主体人的某种意愿,根据情景效应生成变化特点,随机及时地营造有利于自身生存发展的情景,进而利用其有利效应,满足自身的相应需要。及时营造、应于所需,在情景效应对策最优化中举足轻重、大有可为。古今中外一些选天时、择地利、取人和、造环境,以求更好地生存、发展、享用的举动,国内国际各种契约、合作协定的缔结和履行,各式各样的环保、安全、卫生、公共福利设施建设、协作共赢发展措施公约的制订和实施,尤其是我国大力倡导的构建和谐家庭、和谐集体、和谐国家、和谐社会、和谐世界的战略实践活动,无不基于一定人生情景效应及时营造、应于所需的愿景诉求。

(三)人生情景效应对策的最优化方法

人生情景效应对策的最优化方法,是秉持人生情景效应对策的最优化原则,结合具体需要,应对人生情景效应的最强效方法。它大致有 10 组 20 种方法构成。

1.首因效应对策法与近因效应对策法

首因效应,又称第一印象。最初由美国现代心理学家鲁钦(A.Sluchins)根据前人经验,通过试验证实并明确提出。它指的是,由首发先行原因引起的效应。事出有因、物变有缘,世间万事万物之所以成为它自身,产生相应效应,都有合乎其然的逻辑开端原因。这种逻辑开端原因所引起的效应,即为首因效应。首因效应的突出优点,是能够掌握主动权,抢占先机,开拓创新,引领未来,尤其在势均力敌的斗争中,往往先下手为强,后下手遭殃。先见之明、先发制人、先声夺人、捷足先登、"早起的鸟儿有虫吃",以及由于受自主选择、初始动力、惯性助推导致的"狭路相逢勇者胜",同型同样两车相撞主动撞击者赢,各种原创效应、零和博弈之战,只有冠军胜利者和失败者没有亚军第二名等,都是对首因效应优势性的经典描述。首因效应一旦形成,往往刻骨铭心,除特殊变故之外很难改变。这也正是精明之人格外注重首次印象、原创成果的缘由。首因效应的显著缺点是,容易导致错误印象观点、以貌取人、经验主义,往往因条件欠缺、阻力较多、风险较大、成本过高,而归于失败;"堆出于岸水必湍之,木秀于林风必摧之","早起的虫子被鸟吃","功高谤兴,名高毁来","万事开头难","头三脚难踢","最先进的最终必定变为最原始落后的",便是对首因效应负面性的生动写照。首因效应对策法要求,既充分利用首因效应的积极因素,努力造成美好的第一印象,勇于首当其冲,锐意创新,招招领先,步步获胜;又大力防范和化解首因效应的不利因素,防止盲目蛮干、拔苗助长、成本过高、遗留后患、得不偿失。

近因效应,又称尾居效应。最初亦由鲁钦提出。它是由新近居后原因引起的效应。现代心理学研究表明,在同等情况下,由后来居上造成的近因效应,一般由于受后摄抑制影响小而较首因效应影响大。近因效应的突出优点是新近深刻、经验丰富、有备无患、后发制人,容易赢得更多的同情和支持,常常胜出一筹。经验证明,实力相当非面对面的先后异时进行的各种赛事,常常后出场的占优势。美国卡内基梅隆大学专家研究近 50 年的重大文体赛事发现,势均力敌的比赛,最后出场的比最先出场的胜出率高出 20%。在一支十几人、几十人的参赛队伍中,最后出场的比最先出场的胜出率高 2 倍。这固然与后者准备较充分和评委较前面有经验有关,但更多的原因却是近因的优势性所致。① 赛跑、投掷、拳击和其他形式的向前进击,往往先后退几步积蓄力量,再凭借反作用力和作用力向前进击,比直接向前进击更能成功。新近印象之所以最强烈,大器晚成者之所以能够后来居上,很大程度都由近因效应的优势性造成。后发效应的显著缺点是,缺少积极主动性和开拓创新精神,常常处于被动状态,为"马后炮效应"所困扰。近因效应对策法规定,一方面,要充分利用近因效应的有利性,力争厚积薄发,不仅赢在起点、兴在过程,更要胜在最后;不仅笑到最后,而且笑得最好。另一方面,要大力防范消极等待,坚决防止坐失良机,永远免除输在起点、衰在过程、败在最后,防止全程悲哭的惨相发生。

2. 从众效应对策法与晕轮效应对策法

从众效应,又称群发效应、趋同效应。它是由"多数人原则"引起的屈从效应。这一效应根基于无机界的凝聚态物理和植物微生物群落现象,以及动

---

① 参见莫语:《数字知道答案》,北京邮电大学出版社 2006 年版,第 175 页。

物的合群性,起源于人的先天社会性和后天经验自保性、仿效性及其发展欲望。经验告诉人们,即是物体运动也具有一定的趋同从众效应。据中央电视台 10 频道 2009 年 4 月 4 日"科技之光"节目介绍,德国科学家曾把几个摆向、摆速不同的金属摆,放在同一个摇动的秋千平板上,由于共振作用、相互牵制和以强制弱、以弱扰强的合力影响,30 秒钟之后,则各个金属摆摆向、摆速趋于完全一致。从众效应的最大特点是,因质量、数量的差异,屈从大众,随众所为。一些人的不问是非曲直的"追星"、"发烧"盲目效法,"三人成虎"、"谣言千遍成真理"、"破鼓乱人捶"、"墙倒众人推"、"一荣俱荣,一损俱损"的连动效应,"集市买卖一群羊"、"萝卜快了不洗泥"、"随大流居中游",美国洛杉矶大学现代经济学家伊渥·韦奇所说的:"即是你有了主见,但如果有 10 个朋友看法与你相反,你就很难不动摇"[1],即为从众效应典范。从众者,多为缺乏独立性"趋炎附势"的合群者或弱势者,其事业很少有冒险创新,其风险小、损失小,创新收益亦会因此而流于一般。众从效应,则是从众效应的翻版或曰另一个方面。它是一人所为群起效法,众人尾随其后的效应。生活中常见的一呼百应、揭竿而起、接踵而至,即属众从效应。从众效应对策法主张,按照主体耗能最少、收益最大的期望,根据从众效应及其所连带的众从效应的利害特点,最大限度地趋利避害,既将其正效应不遗余力地推波助澜,引向高潮,又将其负效应防范、减少到最低限度,以至于零。

晕轮效应,有广义与狭义之分。广义晕轮效应,又称扩缩效应。它分为泛化晕轮效应和收缩晕轮效应两种类型。泛化晕轮效应,指的是对客观事物某些方面的人为放大性效应,带有明显的虚幻成分。《后汉书·马援传》所描写的"城中好高髻,四方高一尺;城中好广眉,四方且半额;城中好广袖,四方全布帛","有一奉十"、"见风谓雨"、"杯弓蛇影"、"疑人偷斧"、"一俊遮百丑",以及"情人眼里出西施"、"爱屋及乌"、"厌恶和尚恨袈裟"等,即为泛化晕轮效应。收缩晕轮效应,是与泛化晕轮效应相反的对客体事物某些方面的人为缩小性效应。"轻敌意识"、造谣中伤、贬低别人行为等,即为收缩晕轮效应。心理学中著名的等长直线错觉效应:在等长平行线中,视觉双箭实线变短,视

---

① 引自任顺元:《心理效应学说》,浙江大学出版社 2004 年版,第 130 页。

觉双鱼尾线变长,如图 ⋗⋖;在等长垂直线中,视觉竖线变长,视觉横线变短,如图⊥;在回型图中,8～10秒一个凹凸周期,如图 ⊠,以及读红色书写的"蓝"(音)字、读蓝色书写的"红"(音)字、读白色书写的"黑"(音)字造成的视读困难,配乐诗朗诵乐曲的突然改变造成的朗诵障碍,初学知识错误的难以纠正,条件刺激改变的经验惯性,人们常讲的"老婆看着别人的好,孩子看着自己的好"等,都是泛化晕轮效应与收缩晕轮效应的混合表现形式。狭义晕轮效应,仅仅指泛化晕轮效应。晕轮效应对策法强调,采取最正确科学的措施,一方面,将其有利效应尽力泛化,以激励自身;另一方面,将其不利效应尽可能地缩小,将不利因素防患于未然,消灭在萌芽之中,清除于继发过程和已发事后。

3. 定势效应对策法与推衍效应对策法

定势效应,又称定型效应、成见效应、刻板效应、印象观点。它是受以往或现实事件影响,发生深刻长期作用的情景效应。"龙生龙,凤生凤,老虎生来就威猛"、"将门出虎子"、"老子英雄儿好汉、老子不义儿混蛋"的机械血统论,"强将手下无弱兵"、"名师出高徒"的门户观念,形形色色的官本位、论资排辈思想等一成不变的观点,均属定势效应形态。定势效应对策法要求,按照主体耗能最少、收益最大的准则,既充分利用定势效应的有利深刻印象特点,将正确无误的对象永记不忘;又大力防止定势效应的不利影响,对已经变好的对象及时作出相应印象修正。

推衍效应,又称演绎效应;它是以既有理论知识经验为参照,从而推导衍生出相关对象亦有某种相应属性的情景效应。该效应具有举一反三、由内而外、由表及里、由此及彼的联通衍生性。电闪思雷鸣、春华想秋实,一见如故、似曾相识,睹物思人、见字如面,"感时花溅泪,恨别鸟惊心。烽火连三月,家书抵万金","风声鹤唳,草木皆兵","一叶知秋","一朝被蛇咬,三年怕井绳","闻鸡起舞"等弥散、辐射、次生效应,传统的对联口诀"天对地,雨对风,大陆对长空",即为推衍效应的生动写照。推衍效应对策法规定,一方面,运用最正确科学的措施,确保推衍效应沿着正确路径推进延展,获得应有的最大价值效益;另一方面,防止推衍效应误入歧途,造成不应有的损失危害。

4. 优势效应对策法与劣势效应对策法

优势效应，又称强势效应。它是因优势地位、优势力量所引发的效应。优势效应，可分为名人效应、优位效应、高潮效应、强力效应、品牌效应、机遇效应等。晋代文人左思《咏史·其二》所描述的"郁郁涧底松，离离山上苗。以彼径寸茎，荫此百尺条。世胄蹑高位，英俊沉下僚。地势使之然，由来非一朝"，居下未必低，居上未必高，以及变本加厉，登高望远极目天外，振臂一呼八方响应，高潮迭起东风劲，万里风雷万里歌，鲲鹏展翅九万里，扶摇羊角上青天等，展现的即是优势效应。优势效应对策法主张，依据优势效应对策准则，既让有利的优势效应锦上添花，优上加优；又使不利的优势效应得到遏制，乃至分化瓦解。

劣势效应，又称弱势效应；它是地位、力量处于劣势的情境效应。人微言轻、人低位卑、人穷志短、马瘦毛长、雪上加霜、破罐破摔、越穷越吃亏等，均为劣势效应所致。劣势效应对策法强调，一方面，使有利的劣势效应不断发展壮大，由弱变强，由劣变优；另一方面，使不利的劣势效应更加弱化，进而彻底消除。

5. 模确效应对策法与过渡效应对策法

模确效应，即模糊与精确效应。它是人或事物所表现的模糊或精确特点效应。由于主体能力所限和客体事物属性的复杂多样性、明暗程度不同性，以及主体特定的利益需要，人们常常用模糊或精确的认知态度、语言、行为对待人或事物。其中，模糊的认知态度、语言、行为，多半是基于对事物的缺乏了解或相应的探索性活动、概率性希望；精确的认知态度、语言、行为，则主要基于对客观事物的明确精通。新兴应用数学分支模糊数学所采用的方法，现代系统科学中的灰箱方法，大量定性方法，即是基于模确效应所产生和采用的方法；精算数理方法、现代系统科学中的白箱方法，所有科学定量方法，均属精确效应支配下所形成和采用的方法。模确效应对策法要求，根据模确效应的利害特点，既充分利用模确效应的有利性，必要时可通过定量分析和概率统计，将模糊效应精确化，或通过概括抽象将精确效应模糊化，做到应模糊的模糊，当精确的精确，力求得心应手，运用自如，恰到好处；又大力防范模确效应的不利性，力避将应模糊的精确化，把当精确的模糊化。

过渡效应,又称中间效应、中介效应、桥梁纽带效应。它是居于前置效应与后位效应之间的效应,既兼有二者的共同属性,又具有二者的不同特点。矛盾双方的中间力量,事件的高潮部分,我国过渡时期的总路线等所具有的效应,都属过渡效应。过渡效应对策法规定,一方面,对过渡效应的有利性发扬光大,使之优势互补,相互促进;另一方面,大力防范过渡效应的不利性,力避短短相连,劣劣相接,以及不应有的折中主义。

6. 顺从效应对策法与逆反效应对策法

顺从效应,又称服从效应。它是由一定权威、强力因素引起的顺从他人意志、听从别人召唤的效应。赤胆忠心、惟命是从,即为顺从效应。社会心理学研究表明,通常弱者顺从强者,幼者顺从长者,女性顺从男性,一般人顺从权威、名人、恩人,以及能力强的同道者、可信赖之人、亲朋好友、老师等。顺从效应对策法主张,按照投入消耗最少、价值效益最大的意愿因势利导,既对有利的顺从效应推波助澜、大力支持,使之蔚然成势;又对不利的顺从效应及时阻止,加以纠正,使之化不利为有利。

逆反效应,又称反向效应。它是与顺从效应相反的由事态、问题"倒逼"引起的对施动者意志反其道而行之的效应和喜新厌旧效应。南辕北辙背道而驰,明火执仗针锋相对,变本加厉对着干,自家的饭不如别人的好吃,"但看三、五日,相见不如初",薄古厚今,今不如昔,崇洋媚外,外国的月亮比中国的圆,以及借酒消愁愁更愁等,即属逆反效应。逆反效应,常发生于晚辈对师长、下级对上级的填鸭式教育、强制性命令、过分苛求、不合情理、不厌其烦说教的反抗,以及标新立异心理等。它具有让施动者适得其反和猎奇好胜的特点。逆反效应对策法强调,一方面,对有利的逆反效应予以支持;另一方面,对不利的逆反效应予以化解,采取有力措施,防止逆反者的肆意妄为、一意孤行,必要时须以"反"制"反",使其负负得正。

7. 关键效应对策法与马太效应对策法

关键效应,又称关节点效应、拐点效应。它是事物由量变到质变的转折、飞跃效应。人们常说的"差之毫厘,谬之千里"、"一着不慎,满盘皆输"、"挟天子以令诸侯"、"四两拨千斤"、"一夫当关,万夫莫开"、"木桶短板决定盛水多少"、"99+1∶0"、"一票否决制"、"一颗老鼠屎坏了满锅汤"、"画龙点睛龙更龙,画蛇添足蛇成龙"、"看花半开时,饮酒微醉候"等,均为关键效应形式。关键效应对策法要求,采取千头万绪抓根本的方略,乘风破浪抓机遇,及时而又牢牢掌控事态变化的关键环节,因情制宜、因势利导,既对有利关键效应大力助推,使之产生质的飞跃,获得惊人收益;又对不利关键效应倾力扭转,使之急转直下,变害为利。

马太效应,又称两极联动效应、多米诺骨牌效应。它源自基督教圣经《旧约》马太福音一章:已有的还要加给他,让他成为多余,没有的连他已有的也要夺走,使他一无所有。老子所说的"天之道,损有余而补不足;人之道,则不然,损不足以奉有余"[1],好事成双、名利双收、一举多得,祸不单行、雪上加霜、"屋漏又逢连阴雨,船破又遇西北风",以及"一石激起千层浪"、"牵一发而动全身"、"敲山震虎"、"打草惊蛇"、"杀鸡给猴看"、"一人当官,鸡犬升天";西方古代著名故事讲述的"少钉一颗钉子,丢掉一个马掌,扎坏一只马蹄,倒下一匹战马,伤了一名将军,输掉一场战争,亡了一个国家";现代混沌理论创始人洛伦茨1979年12月在美国科学促进会演讲中所说的"一只蝴蝶在巴西扇动几下翅膀,两周后,在美国的得克萨斯州就可能引起一场飓风"[2];一些学者揭示的"美国人打一个喷嚏,附属国就会患感冒";心理学家所宣扬的情绪感染等;均为马太效应范例。马太效应对策法规定,一方面,尽可能地发挥马太效应有利性,借局布势、乘势而上,尽展风流;另一方面,最大限度地防范马太效应的不利性,使之防患于未然,消除于既发。

8. 背景效应对策法与示意效应对策法

背景效应,即人或事物的背后情景所产生的效应。它大致分为经济背景效应、政治背景效应、文化背景效应、其他背景效应等。某人的来头如何,有无靠山、后台强弱、根底深浅等背景资讯,团队组织的资质,狐假虎威,投鼠忌器,打狗要看主人面,事物产生、发展、消亡的原因等所产生的效应,即为背景效应。过去的已成为历史,未来的尚不确定,唯有现实的最具可靠稳定性。背景

---

① 《老子·道德经》第七十七章。

② 参见冯之浚主编:《软科学纲要》,三联书店2003年版,第43页;任顺元:《心理效应学说》,浙江大学出版社2006年版,第356页;[英]帕金森等:《不可不知的管理定律》,苏伟伦、苏建军编译,中国商业出版社2004年版,第275、276页。

效应固然重要,但较之现实存在却居于次要位置。背景效应对策法主张,既充分利用背景效应的有利性,应烘托的尽量烘托,该照应的大力照应,使之尽量得以凸显;又大力防范和消除背景效应的不利性,尤其是门第观念、"啃老族"思想,以及哗众取宠、故弄玄虚、过分夸张行为。

示意效应,即通过一定方式表示某种意图的效应。它由明示效应和暗示效应组成。明示效应,又称显化效应。它是将一定信息公开化,明确示于对方,使之真相大白的情境效应。其突出特点,是公开透明、不加掩饰、一目了然。各种阳光法案、透明操作、游行示威、公开行为所产生的效应,均属明示效应。暗示效应,又称隐性效应、灰色效应、潜规则效应。它是有意隐瞒事实真相,间接表露心迹情态的效应;大体分为语言暗示效应、表情暗示效应、动作暗示效应、行为暗示效应等。其显著特点是一定程度的隐蔽性、模糊性、多重性、多意性。暗送秋波、指桑骂槐、旁敲侧击、含沙射影等效应,即为暗示效应。示意效应对策法强调,一方面,对有利的示意效应恰当运用或积极回应;另一方面,对不利的示意效应予以回避,故作不解、置若罔闻、消极对待或积极反击,迫其退让、放弃无理要求等。

9.扬抑效应对策法与极化效应对策法

扬抑效应,又称肯否效应、褒贬效应。它是为人处事,尤其是日常教育、交往、管理中的肯定、表扬与否定、批评效应。大量理论研究和知识经验表明,在教育、交往、管理中,肯定、表扬、否定、批评四者的不同排列组合,效果大不一样:

　　——肯定、表扬效果通常优于否定、批评效果。肯定、表扬直接用褒义词,如好、聪明,比用否定词加贬义词如不是不好、不是不聪明效果好;否定、批评用否定词加褒义词,如不对、不良,比直接用贬义词如错误、坏效果好。

　　——先肯定、表扬,后否定、批评,再进一步肯定、表扬,效果最佳。如某老师对学生说,你是一位好同学,美中不足的是你还有某个缺点,若能改正将会更好;我坚信你决不会辜负老师的希望。

　　——先肯定、表扬,后否定、批评,效果次佳。

——先否定、批评,后肯定、表扬,效果一般。

——先否定、批评,后肯定、表扬,再进一步否定、批评,效果最差。

扬抑效应对策法要求,对于大多数人,既对有利的扬抑效应大加推广,牢牢坚持肯定、表扬为主,否定、批评为辅,以及先肯定、表扬,后否定、批评,再进一步肯定、表扬;又对不利的扬抑效应尽力防止,坚决反对和避免对大多数人的否定、批评为主,肯定、表扬为辅,以及先否定、批评,后肯定、表扬,再进一步否定、批评,甚至只否定、批评,无肯定、表扬的过于简单化、冷酷化举动。

极化效应,又称上下限效应、极大极小效应、最值效应。它是将对象通过假设或确证推向正反两个极端,从而形成极度鲜明对比的效应。天渊之别、贫富极度悬殊化、"不鸣则已,一鸣惊人"等效应,即为极化效应。极化效应对策法规定,一方面,将极化效应的有利性发挥到极致,用足用好用彻底,全面做到向最好一极努力,向最坏一极预防;另一方面,将极化效应的不利性减少到最低限度,防患于未然之前,消灭于萌芽之中,消除于已发事态,甚至转化为有利因素。

10. 综合效应对策法与必胜效应对策法

综合效应,又称系统效应、整体效应。它是将若干孤立要素以最佳方式整合为一体,所产生的效应。各种组合效应、有机体效应,即为综合效应。综合效应对策法主张,既高度利用综合效应有利的一面,使各种有利要素效应以最佳方式整合起来,发挥出大于各孤立要素功能之和的综合价值效益,又有效防范综合效应不利的一面,避免和消除不利要素及其集结聚合造成危害。

必胜效应,即志在必定胜利的效应。必胜效应的坚定理念信言是:"会当凌绝顶,一览众山小","我是世界上最优秀的人","家事国事天下事,舍我其谁能","世上无难事,只要肯登攀","不管现在行不行,只要我努力,将来一定能成功!"各种形式的鼓气教育、"魔鬼训练"、励志活动,大量成功人士、社会名流,都不同程度地受到必胜效应的感召、鼓舞和洗礼。必胜效应对策法强调,牢固树立志在必得的信念,始终坚定敢打必胜的信心。一方面,以超常胜利决心迎难而上,克敌制胜;另一方面,防止不切实际的轻举妄动,不合情理的急于求成,力求用最正确科学的方式,以最少的投入、消耗,获得最大的人生价值效益。

　　情境无限,效应无穷。人生情境效应最优对策法,是一个宏大的群体。除上述一系列方法之外,还有导向效应对策法、连续效应对策法、搭载效应对策法、应急效应对策法、风险效应对策法,感觉效应对策法、知觉效应对策法,直觉、灵感、顿悟效应对策法,学习效应对策法、记忆效应对策法、思维效应对策法、形象效益对策法、语言效应对策法、行为效应对策法、交往效应对策法,以及方位效应、即时效应、超前效应、滞后效应、换位效应,正干扰(正能量)效应、负干扰(负能量)效应,危机效应、亲疏效应、当事效应、旁观效应、协作效应、互补效应、冷落效应、打压效应、追捧效应、轰动效应、强化效应、弱化效应、激将效应、风头效应、弄潮效应、因果效应,耗散结构效应、自组织效应,水煮青蛙效应、狼鹿效应、鲶鱼效应,矫枉过正效应、亡羊补牢效应、抢抓机遇效应、先入为主效应、厚积薄发效应、延迟倍增效应、惯性强化效应、黎明黑暗效应、回光返照效应、原始创新效应、全方位优化效应等效应的对策方法。这些人生效应的对策方法,也应予以适当关注和运用。

第八章 人生职位、事业与创新的最优规划建构

人类要生存、发展,社会要维系、进步,离不开人生职位、事业与创新的强力支持。人生地位的高低、价值的大小,很大程度取决于人生职位、事业与创新规划建构的成败得失。人生职位、事业与创新的最优规划建构,在人生最优学研究体系中居于核心主导地位。

一、人生职位、事业的最优规划建构

"业精于勤荒于嬉,行成于思毁于随。"[①]人生职位、事业,堪称人生尤其是成年人生最现实、最基本的生产、生活、发展要务。人生职位、事业的最优规划建构作为人生最优化的重要内容,主要包括人生职位、事业及其最优规划建构的属性特征,人生职位、事业的最优规划建构原则,人生职位、事业的最优规划建构方法三个方面的内容。

(一)人生职位、事业及其最优规划建构的属性特征

人生职位,即人生的职业定位,或曰人生的职业位置。它反映着人生职业的性质特点和具体岗位,与狭义职业、职务、身份、地位涵义大致相同。各行各业的体力劳动者、脑力劳动者、体力与脑力相结合劳动者所属的职业岗位,均为人生职位。人生事业,泛指人所从事的各种业务活动。它包括与人生职位、

---

① 韩愈:《进学解》。

事业相联系的一切家庭事务、社会事务、各种作业等。人类生存、发展需求丰富多彩，社会生活各种各样；相应地，人生需求引起的社会分工所造成的职位、事业复杂纷繁，层出不穷：农民、工人、科技人员、教师、文艺工作者、卫生、体育、环保人员和军事、外交、管理工作者，职位应有尽有；农业、工业、交通、运输、邮政、电信、财政、金融、税收、商业、旅游服务业，科学技术、教育、文化、卫生、体育、环保、军事、外交、管理等事业无所不包。360 行，行行都需要；360行，行行用人才；360 行，行行出状元。农民是修理地球的能工巧匠，描绘山河的神笔画家，美化田园的辛勤园丁①，生产衣食的生活保障者；工人，是上下合一的"天"字号兴业创业劲旅；科技人员是时代文明的急先锋；教师，是人类灵魂的工程师，太阳底下最光辉的职业者；文艺工作者，是反映生活、彰显生活、创造生活、引领生活，把欢乐大爱撒向人间的笑星美神；医生，是治病救命、救死扶伤的白衣天使；体育、环保、军事、外交人员，是人间卫士、钢铁长城；管理人员，则是社会的"组织者"、"领导者"、"指路人"。农业是人类社会的基础，工业是人类社会的主导，交通、运输、邮政、电信、财政、金融、税收、商业、旅游服务业，是人类社会的筋骨经络血脉；科学技术、教育文化事业，是人类社会的大脑神经中枢、软实力和第一生产力；卫生、体育、环保、军事、外交、管理事业，则是人类社会的坚强后盾和必要保障。在一定意义，可以说无农不稳，无工不富，无商不活，无科教不兴，无文化、卫生、体育、环保、外交、管理等则社会机体不健全，缺乏有机系统整体功能，人类难以甚至不能存续和发展。

　　人生职位、事业对于人类社会的必要性，本无所谓高低贵贱之分，只有分工不同。1960 年，时任国家主席的刘少奇在接见"宁愿一人脏，换来万人洁"的全国劳模北京市厕所清洁工时传祥时说道："你当清洁工人是人民的勤务员，我当国家主席也是人民的勤务员"，这只是"分工的不同"，都是社会"事业中不可缺少的一部分。"然而，不同职位、事业对于社会的重要性程度却不尽相同，甚至相当悬殊。不能想象一名清洁工与一位大科学家，一位餐饮服务人员与一位航天员的劳动等价。即便同是人民的勤务员，清洁工与国家主席的

---

　　①　农民所营造的农村，堪称百花的海洋，果实的世界。各种瓜果蔬菜、粮棉油作物、花草树木，春夏郁郁苍苍，繁花似锦；夏秋硕果累累，香飘万里，可谓希望的田野，丰收的大地，生机勃发、层出不穷而又广袤无际，令人心旷神怡、纵情放歌陶醉的美好生活家园。

地位、级别和作用,也有显著差异;同一职位、事业内部亦存在着实际地位高低之差和贡献大小之别。不仅如此,人生职位、事业与人生的特点兴趣需要,还存在着适合与否的问题。

人生职位、事业的最优规划建构,即对人生职位、事业的最正确科学的规划建构。它对于人生价值的提高与实现,具有十分重要的意义。它不仅可以让人如鱼得水、似虎添翼、大显身手,而且能够让人受益至大,幸福一生;而人生职位、事业的一般规划建构只能使人庸庸碌碌、小作小为、业绩平平、淡然终身;人生职位、事业的低俗规划建构,则只能令人一筹莫展、一事无成,甚至一败涂地、痛苦一世。人生职位、事业的最优规划建构,重在按照人生最大价值效益取向,根据人生的特点兴趣爱好需要和社会职位、事业的诉求,运用最恰当的方式,对人生职位、事业进行最正确科学的规划建构。其目的在于获得最大的人生职位、事业价值效益。

(二)人生职位、事业的最优规划建构原则

人生职位、事业的最优规划建构原则,指的是根据人生职位、事业及其最优规划建构的属性特征,联系实际,对人生职位、事业选择、创造的最合情合理的规划建构准则。马克思在《青年选择职业时的考虑》一文中指出"在选择职业时,我们应该遵循的主要指针是人类的幸福和我们自身的完美","如果我们的生活条件容许我们选择任何一种职业,那么我们就可以选择一种使我们获得最高尊严的职业,一种建立在我们深信其正确的思想上的职业,一种……臻于完美境界的职业"。① 人生职位、事业的最优规划建构原则,主要有 5 项。

1. 凭借现代职业测试和自身专业特长,明确个人择业方向

凭借现代职业测试和自身专业特长、明确个人择业方向,即凭藉和借助现代职业的生理心理测试手段,根据与其相关职业对应测试提示和自身所学专业特长,从而明确个人择取相应最佳职业的方向。

现代职业的生理、心理测试,主要有以解答为主的笔试,以口试为主的面试,以操作表现为主的演示,以动作表情态度为主的展示,以体检和心理测验

---

① 《马克思恩格斯全集》第 1 卷,人民出版社 1995 年版,第 459、458 页。

为主的生理、心理健康状况显示,以及以血型、气质、个性测量为主的测验。笔试、口试、面试、演示、展示、显示测验,主要表明其智商、情商、健商。其具体内容多种多样,方式因职位、事业而异。

依据国内外公认的通行准则,血型主要分为 A 型、B 型、O 型、AB 型 4 种类型。血型测验,可通过简单的指尖取血化验完成。日本学者古川竹二研究认为,A 型血的人内向、保守、多疑、焦虑、富于感情,但缺乏果断性,容易灰心丧气;B 型血的人外向、积极、坚定、乐观、善交际、感觉灵敏,但轻诺寡信,好管闲事;O 型血的人胆大、好胜、喜欢指挥别人、自信、意志坚强、积极进取,但较为鲁莽粗狂;AB 型血的人则介于 A 型与 B 型血之间,兼有二者的优劣特性。①

气质,大体分为黏液质、多血质、抑郁质、胆汁质 4 种。气质所属类型可结合自身经验感受,参照西方现代心理学家瑟斯顿的气质量表、斯特里劳的气质调查表、安菲莫夫的气质调查表、布斯与普洛明的 EAS 气质问卷,以及我国心理学者复旦大学教授朱宝荣等人的相关问卷测出。(详见附一:气质测试表)

如果每表累计分数超过 20 分,则为典型的该表相应气质;若两表均超过20 分,则为典型的两表相应混合型气质。其中,低于 20 分而又高于 10 分的为一般该表相应气质;低于 10 分者,以其中最高得分者为该表相应倾向性气质。一般说来,黏液质的人,突出特点是性格内向、安静沉着、稳健扎实、注意力集中、意志坚强,但反应迟钝、固执己见、因循守旧、缺乏进取心。多血质的人,突出特点是思维敏捷、情感丰富、善于交际、兴趣广泛、喜欢新事物,但注意力分散、情绪波动大、易灰心丧气。抑郁质的人,突出特点是多愁善感、内慧外秀、感情细腻,但胆小怕事、过于谨慎、动作迟缓、孤僻腼腆,经不住沉重打击。胆汁质的人,突出特点是性格外向、大方开朗、精力旺盛、果敢顽强、反应迅速、动作敏捷,但易冲动、急躁好怒、缺乏耐心和自制力。

参照血型、气质分类特点数据,心理学家、行为科学专家对于择业达成如下共识:

　　A 型血、黏液质的人,最适合选择管理者、研究人员、文秘、医生、护

---

① 参见叶奕乾等:《普通心理学》,华东师范大学出版社 2004 年版,第 351 页。

士、化验员、法官、律师、会计、出纳员、审计、纪检、监察、播音员、资料员等职业方向。

A 型血、抑郁质的人,最适合选择工程师、技术人员、绘画者、雕刻者、建筑工、缝纫工、档案管理员等职业方向。

B 型血、多血质的人,最适合选择教师、文艺工作者、外交人员、公关人员、推销员、企业员工、心理咨询师、军人、警察等职业方向。

O 型血、胆汁质的人,最适合选择宇航员、飞行员、节目主持人、经济人、接待服务员、导游员、运动员等职业方向。

AB 型血、黏液质与多血质混合型的人,最适合选择 A 型血、黏液质的人和 B 型血、多血质的人所选择的职业方向。

至于 A、B、O、AB 型血与黏液质、多血质、抑郁质、胆汁质两两分别排列组合而成的其他类型的人,则可结合二者各自不同的特点,选择与此相应的最佳职业。

此外,个性测试也可以测出与血型、气质大同小异的最佳择业方向。美国著名心理学家霍兰德(Holland)、爱德华、莫瑞等人,将个性分为现实型、研究型、艺术型、社会型(公关型)、企业型、超常型 6 种可测试的不同类型。这些不同类型,既是对内向型、外向型、一般型个性的交叉拓展和补充,又可通过不同表语来确定。(详见附二:个性测试表)

6 种个性测试表中,合计"画对号"数量的多少,依次分别表明为相应的典型个性、次典型个性、一般个性、次一般个性、弱因个性、零因个性。前 3 位构成以首位为主导,二、三位为辅助的混合型个性。

通常,现实型个性者较讲求实际,最适合选择农民、工人、一般服务人员一线工作职业方向;研究型个性者具有较强的逻辑思维能力,独立性和好奇心、创新意识突出,最适合选择科学研究职业方向;艺术型个性者富于想象、情感,爱好文学艺术,最适合选择文学创作、艺术创造、音乐、舞蹈、绘画、雕刻、表演职业方向;社会型(公关型)个性者富有社会责任感和人文关怀精神,口头表达能力强,社会交往广泛,最适合选择教师、公共管理者、宣传工作者、辅导员职业方向;企业型个性者富有经济头脑、精打细算,善于经营谋划,最适合选择经理、企业主、推销员、外交官等职业方向;超常型个性者最适合选择科研攻关、新兴科学职业方向。①

　　至于自身专业特长，则指的是谋求职业者自己所拥有的专业技能特殊优长。它既与血型、气质、个性相联系，又同体形、相貌、所学专业技能相统一。一般说来，凭借自身专业特长，明确个人择业方向，必须尽可能地选择与自身专业特长相对应的职位，力求学有所用，充分发挥专业优势，尽量防止学非所用、用非所学、用非所长、特长浪费。

　　凭借自身专业特长、明确个人择业方向要求，一方面，应凭借现代职业测试，尤其是笔试、口试、面试、演示、展示、显示和血型、气质、个性测试，以及自身专业特长，最大限度地创造人生价值效益。另一方面，必须充分明确人的气质、个性、自身特长的一定变化规律，以变应变，让自己始终保持最佳就业状态，发挥出最大积极效能。

附一：气质测试表：

表 8-1　黏液质气质测试表

个性特征	得分
题目 (1)做事力求稳妥，一般不做无把握的事(2~-2分) (2)喜欢安静的环境(2~-2分) (3)生活有规律，很少违犯作息时间(2~-2分) (4)遇到令人气愤的事情，能很好地克制自己(2~-2分) (5)注意力集中于某一事情时，别的事情很难分心(2~-2分) (6)能够长时间地做枯燥、单调的工作(2~-2分) (7)与人交往不卑不亢(2~-2分) (8)不喜欢长时间地谈论一个问题，愿意实际动手去干(2~-2分) (9)理解问题，常比别人慢(2~-2分) (10)老师或别人讲授新知识、新技术时总希望讲得慢些，多重复几遍(2~-2分) (11)不能很快地把注意力从一件事情转移到另一件事情(2~-2分) (12)认为墨守成规比冒风险强(2~-2分) (13)工作认真、严谨，一以贯之(2~-2分) (14)体育活动反应慢而落后(2~-2分) (15)喜欢有条不紊不甚麻烦的工作(2~-2分)。	
备注：每题最符合自身情况记2分，较符合记1分，一般记0分，较不符合记-1分，很不符合记-2分。	
合计	

　　①　参见叶奕乾等：《普通心理学》，华东师范大学出版社2004年版，第351~387页；朱宝荣等：《现代心理学原理与应用》，上海人民出版社2006年版，第426~435页。

表 8-2　多血质气质测试表

个性特征	得分
题目 (1)到一个新环境,很快就能适应(2~-2分) (2)善于和人交往(2~-2分) (3)多数情况下情绪乐观(2~-2分) (4)在人群中从不觉得过分拘束(2~-2分) (5)理解问题总比别人快(2~-2分) (6)感兴趣的事情干起来劲头十足;否则,就不想干(2~-2分) (7)讨厌耐心细致的工作(2~-2分) (8)工作时间长,常感到厌倦(2~-2分) (9)疲劳时只要短暂休息就能振奋精神,重新投入工作(2~-2分) (10)能够很快地忘记不愉快的事情(2~-2分) (11)接受一项任务后,希望把它迅速完成(2~-2分) (12)能够同时注意几个事物(2~-2分) (13)喜欢做变化大,花样多的工作(2~-2分) (14)反应敏捷,头脑机智(2~-2分) (15)工作枯燥乏味,情绪马上就会低落(2~-2分)。	
备注:每题最符合自身情况记2分,较符合记1分,一般记0分,较不符合记-1分,很不符合记-2分。	
合计:	

表 8-3　抑郁质气质测试表

个性特征	得分
题目 (1)宁愿一个人干事,不愿很多人在一起(2~-2分) (2)厌恶强烈刺激,如尖叫、噪音、危险镜头、蹦极等(2~-2分) (3)遇到陌生人觉得很拘束(2~-2分) (4)遇到问题优柔寡断、举棋不定(2~-2分) (5)遇到危机情境,常常极度惊恐(2~-2分) (6)一点小事就能引起情绪波动(2~-2分) (7)爱看感情细腻、描写人物内心活动的文艺作品(2~-2分) (8)别人总评价自己闷闷不乐(2~-2分) (9)心里有事宁愿自己想,不愿说出来(2~-2分) (10)同样的学习、工作时间,常比别人疲倦(2~-2分) (11)做作业或工作总比别人花时间多(2~-2分) (12)当烦闷时,别人很难让自己高兴起来(2~-2分) (13)喜欢复习学过的知识,重复做熟练的工作(2~-2分) (14)记忆持久,儿时会背的诗歌比别人记忆犹新(2~-2分) (15)老师讲新概念常常听不懂,一旦弄懂很难忘记(2~-2分)。	
备注:每题最符合自身情况记2分,较符合记1分,一般记0分,较不符合记-1分,很不符合记-2分。	
合计:	

表8-4　胆汁质气质测试表

个性特征	得分
题目 (1)遇到可气的事情怒不可遏,把心里的话全说出来才痛快(2~-2分) (2)与人争吵时总先发制人,喜欢挑衅别人(2~-2分) (3)羡慕善于克制自己感情的人(2~-2分) (4)做事总是有旺盛的精力(2~-2分) (5)情绪高涨时觉得干什么都有趣,情绪低落时觉得干什么都没意思(2~-2分) (6)对学习、工作怀有很高的热情(2~-2分) (7)喜欢参加热烈的活动(2~-2分) (8)宁愿侃侃而谈,不愿窃窃私语(2~-2分) (9)认准一个目标就希望尽快实现,不达目的誓不罢休(2~-2分) (10)做事有些莽撞,常常不考虑后果(2~-2分) (11)喜欢运动量大的剧烈活动,或者参加各种文艺活动(2~-2分) (12)爱看情节跌宕起伏、激动人心的小说或影视作品(2~-2分) (13)与周围的人关系总是处理不好(2~-2分) (14)别人说自己"出语伤人",可是自己并不觉得这样(2~-2分) (15)兴奋的事常使自己失眠(2~-2分)。	
备注:每题最符合自身情况记2分,较符合记1分,一般记0分,较不符合记-1分,很不符合记-2分。	
合计:	

附二:个性测试表

表8-5　现实型个性特征表

个性特征	画对号
个性特征表语 ①喜欢自己动手,做一些具体的直接见效的工作 ②喜欢工作与生活场所布置朴实实用 ③喜欢直截了当,不喜欢说话婉转 ④喜欢户外工作与活动 ⑤认为手工操作和体力劳动永远存在 ⑥不怕干体力活,通常知道如何巧干体力活 ⑦不喜欢购买现成物品,喜欢买材料自己制作 ⑧喜欢把东西拆开,然后使之复原 ⑨不在乎干活时弄脏自己 ⑩看重拥有健壮灵活的身体	
备注	
合计:	

表 8-6 研究型个性特征表

个性特征	画对号
个性特征表语 ①喜欢明确任务具体要求,明确如何去做 ②喜欢事先有条不紊地做好准备工作 ③善于注意和检查细节 ④喜欢有规律、干净、整洁 ⑤不喜欢由自己单独负责作出重大决定 ⑥喜欢制定保险系数高的方案,不喜欢冒险 ⑦按规则行事,心里会踏实 ⑧时间观念强,用时用得其所 ⑨对仔细完整的做事感到满足 ⑩说干就干,干就把事情干好	
备注:	
合计:	

表 8-7 艺术型个性特征表

个性特征	画对号
个性特征表语 ①认为目标尽可能地高,成功才能最大化 ②善于带动他人、影响他人 ③乐于对从事的工作负主要责任 ④每当作重大决定前,总觉得异常兴奋 ⑤善于同能为自己提供好处的人来往 ⑥喜欢竞争与挑战 ⑦只要成果大,愿意去冒险 ⑧喜欢启动一项项工作,具体细节让其他人负责 ⑨喜欢在团体中担当主角 ⑩喜欢谈判,爱好讨价还价	
备注:	
合计:	

表 8-8 社会型(公关型)个性特征表

个性特征	画对号
个性特征表语 ①很看重人与人之间的友情 ②为帮助他人,愿意做些牺牲 ③解决个人问题,喜欢找别人商量 ④能很好地倾听别人的烦恼叙述 ⑤善于调解他人之间的矛盾 ⑥喜欢与人交往,以丰富自己的阅历 ⑦能比较敏感地察觉别人的需求 ⑧喜欢帮助他人,提高他人的学习能力 ⑨喜欢平和地解决与他人的矛盾 ⑩人们喜欢向自己倾诉他们的烦恼	
备注:	
合计:	

表 8-9 企业型个性特征表

个性特征	画对号
个性特征表语 ①常常想寻找独立的方式表达自己的创造力 ②进入创造工作时,会忘却一切 ③情绪容易激动,有激情活力 ④喜欢观赏艺术展和优秀戏剧影视 ⑤喜欢别致的着装,新颖的色彩与风格 ⑥善于用自己的工作来体现自己的情感 ⑦音乐、绘画、舞蹈、文章、图书任何优美的东西都容易放飞心情 ⑧富于想象 ⑨讲求环境美化,希望点滴设置都赏心悦目 ⑩喜欢尝试有创意的新主意	
备注:	
合计:	

表 8-10　超常型(创新型)个性特征表

个性特征	画对号
个性特征表语 ①喜欢阅读理性书籍 ②找到解决困难办法之前不会罢休 ③一接触到有关新发现、新发明的信息就兴奋不已 ④喜欢研究所有细节后,再做出逻辑决定 ⑤对各种大自然的奥秘充满好奇 ⑥做事前喜欢思考,三思而后行 ⑦把受教育看成不断提高自身的永恒过程 ⑧能独立坐很长时间阅读、思考和解决一些难题 ⑨哪怕事与愿违,也要穷追到底 ⑩凡事都喜欢问一个"为什么","应怎样"	
备注:	
合计:	

2. 依据社会就业形势,确定自身职业岗位

依据社会就业形势、确定自身职业岗位,指的是根据社会就业形势特点,最正确科学地定位自身的职业岗位。

就一般社会就业形势和职业岗位而言,与一定社会需要和人才相对应的国内外就业职位亦即职级岗位或曰岗位职级,大致有 1~10 级。1 级职位为联合国秘书长、全球性国际组织要员、国家领导人、诺贝尔奖获得者所属职位;2 级职位为正部级领导者、院士、著名科学家、一级教授,世界级、国家级经济、政治、科技、教育、文化、卫生、军事、外交领军人才所属职位;3 级职位为副部级领导人、国务院政府特殊津贴专家、国家有突出贡献的专家、2 级教授级高级知识分子等所属职位;4 级职位为地厅级领导干部,3、4 级教授级高级知识分子,省部级有突出贡献的专家,一般博士生导师,知名学者等所属职位;5 级职位为县处级领导干部、副教授级知识分子所属职位;6 级职位为中级职称、博士后、博士等所属职位;7 级职位为乡科级干部、硕士所属职位;8 级职位为初级职称人员、学士所属职位;9 级职位为基层公务员、乡村主要领导干部所属职位;10 级职位为终身拥有耕地生活保障的农民、小企业主、长期合同工等所属职位。我国目前正在实行的职位级别,公务员从高到低有 15 级;其中,国家主席、副主席,总理、副总理级 1~3 级,省部级 3~5 级,地厅级 5~8 级,县处级

7~11级,乡科级9~13级,科员级9~15级。专业技术职务从高到低有13级;其中,正高级(教授级)1~4级,副高级(副教授级)1~3级,中级(讲师级)1~3级,初级(助教级)1~3级。专业技术职称与公务员工资待遇对应关系为,正高级职称1级相当于正省部级,正高级职称二级相当于副省部级,正高级职称3级相当于正地厅级,正高级职称4级相当于副地厅级;副高级职称1级相当于正县处级,副高级职称2级相当于副县处级,副高级职称3级相当于正乡科级;中级职称相当于副乡科级;初级职称相当于科员级。我国现行设岗分级基本合理,但也需要在某些方面进一步完善。由于市场经济的魔棒使传统职业的定位大变革大重组,人们"不得不用冷静的眼光来看他们的生活地位、他们的相互关系"①,他们的职业定位。现在的就业职场,早已不是一次选择定终身、一次评聘定一生、一劳永逸的"伊甸园",而是淡化职称身份、注重业绩贡献,定期设岗分级、竞争上岗晋升、动态管理、灵活用人、八仙过海、各显其能的动荡世界。无论农业战线走出的奇人,还是工业领域崛起的巨头;无论风流倜傥的商界大腕,还是科教文卫等其他领域突起的变数多端的白领骨干精英,抑或叱咤风云所向披靡的孙大圣式的受人追捧的大家明星、旗帜性领军人物,都不再是往日永恒的职业角色。而生活在社会底层的弱势群体,却可以通过炒股投机、令人眼花缭乱的招式,摇身一变成为百万富翁、千万富婆、社会传奇人物。整个社会活脱脱像一个大舞台:"你方唱罢我登场,各领风骚不定时。"

有关调查统计表明,当今世界尤其是发达国家和我国最受欢迎的职位、事业为高科技部门、学校、医院、政府机关、文秘、文艺、高级技工、心理咨询、外语、计算机软件开发应用、房地产开发、金融证券工作,以及就业服务、管理服务、社区服务、保健服务、信息服务、婚介服务、家教服务、助学服务、幼托服务、养老服务、保洁服务、全职服务、跨国跨部门跨行业服务等。

有关文献披露,目前和今后最受用人单位欢迎的有七种人;

一是品德高尚、诚实守信、遵纪守法、勤奋努力、奋发向上的人。
二是文明礼貌、谦虚合群、严于律己、宽以待人的人。

---

① 《马克思恩格斯文集》第2卷,人民出版社2009年版,第34、34~35页。

三是个性鲜明、敢于担当、朝气蓬勃的人。

四是机动灵活、富于创新的人。

五是专博结合、具有能力的人。

六是高学历、高职称、业有所成的人。

七是身健体康的人。

最不受用人单位欢迎的亦有七种人：

一是品行不端、阳奉阴违、搬弄是非、不守信用、懒惰散漫、自由随便、任性所为的人。

二是野蛮专横、孤芳自赏、桀骜不驯、耍小聪明、爱占小便宜、损人利己的人。

三是唯唯诺诺、不敢担当、缺乏朝气的人。

四是呆板守旧、不思进取的人。

五是学无专长、博而浅薄，坐井观天、视野狭窄，缺乏能力的人。

六是文盲、半文盲、一无所成的人。

七是体弱多病、不能正常工作的人。

参见近年来联合国开发计划署发布的《人类发展报告》，以及国家人力资源和社会保障部有关书面和网上就业报告相关信息等。）

依据社会就业形势、确定自身职业岗位规定，在充分调查、搜集、研究、掌握社会就业信息的基础上，根据现有社会就业形势状况，明确当前和今后相当长一个时期的就业形势特点，尤其是各种职位、各行各业的就业结构比例、布局形态、人力需求、冷热状况、工资待遇和未来发展前景，最正确科学地确定自身职业岗位。

3. 科学择业与自主创业相结合

世界上原本没有人的职位、事业，职位、事业来自人类生存发展的需要和社会分工；职位、事业本身就是由人创建而来的。人类生存发展需要和社会分工在不断变革、升级；相应地，人生职位、事业也随之不断发展变化。即便人类暂且没有这种需要和社会分工，一时无需这种职位、事业，但是，通过宣介引导刺激，也会萌发出相应的需要和社会分工。科学择业，即通过多种行之有效的方式，确定自身职位、事业。它虽然成本低、风险小，但收益也相对较小，且缺乏自主创新性。自主创业，即按照自己的意愿主张创造适合自己和属于自己的职位、事业；它尽管成本高、风险大，但却收益较大，且自主创新性强。它不仅能够弥补科学择业的相应缺憾，掌握个人就业主动权，充分发挥自身优势，而且能够扩大社会职位、事业空间，更好地促进社会职位、事业繁荣发展。科学择业与自主创业相结合，指的是二者相互配合，取长补短，发挥最佳职位、事业效能。

科学择业与自主创业相结合主张，在转变就业观念的前提下，既精心选择最适合自己的职位、事业，又大胆创新、自主创业，努力创造出最符合自己生存发展要求和社会需要的紧缺、新兴重要职位、事业；力求择业抢抓机遇、乘势而上，创业义不容辞、奋勇争先，努力创造出适合自己和属于自己的一片新天地，为自身与社会发展最大限度地建树起应有的业绩。

4. 不遗余力，充分发挥自身才能

不遗余力、充分发挥自身才能，即不留余力地发挥自身的各种才华能力，为人生职位、事业创造出最大价值效益。现代人生科学研究表明，人的才能极大，但又是有限的。受"用进废退"规律的支配，一些才能会通过使用不断增长强化，特别是知识经验能力、系统整合能力、整体创新能力，会与时俱进；一些能力则会因闲置不用而逐步退化。一般说来，人的才能或曰能力，主要由体力、智力、情绪力构成。它们的水平高低通过健商、智商、情商表现出来。其中，反映体力水平的健商，是人生职位、事业成功的基础；表明感知力、反应速度、记忆力、判断推理力、分析整合力、想象创新力水平的智商，是人生职位、事业成功的主体，特别是想象创造力，既是智商最重要的决定因素，又居于人生所有能力的最顶端，统帅和引领着人生才能的各个元素，制约着人生职位、事业的内容结构和绩效高低；展示情绪力，包括情致力、表达交际力、感染召唤力、审美情趣力、道德意志力水平的情商，则是人生职位、事业成功的重要保障。

不遗余力、充分发挥自身才能强调，一方面，全力以赴地开发与利用自身的各种积极才能,最大限度地提高健商、智商和情商;另一方面,最充分地优化各种才能之间的关系,使之成为一个相互协调促进的有机整体,从而发挥出整体最大价值效益。

5. 立足主业,多业并举,力求最大价值效益

立足主业、多业并举,力求最大价值效益,指的是凸显主要职位、事业,其他多种相应职位、事业并行不悖,力求各项职位、事业达到最大收益。人生才能的多样性、人生角色的多元化、社会需要和社会分工的丰富性、多变性,以及人生职位、事业的最佳追求,决定了人生职位、事业的最优规划必须既立足主业,又多业并举,力求实现人生职位、事业的最大价值效益。大凡功绩卓著的伟人大家,其人生职位、事业的最优规划无不注重立足主业、多业并举,从而求得最大价值效益。法国18世纪著名哲学家、教育家卢梭在谈到自己的学术成就时说道:"如果我连续研究几个不同的问题,即使毫不间断,我也能轻松愉快地一个一个地思考下去,这一问题可以消除另一问题所带来的疲劳,用不着休息一下脑筋。于是,我就在我的治学计划中充分利用我所发现的这一特点,对一些问题交替进行研究。这样,即使我整天用功,也不觉得疲倦。"①世界发明大王美国著名科学家爱迪生的2000多项发明成果,大多是在立足主业的同时,六、七项任务交叉展开、齐头并进。其他伟人大家的业绩创造,亦大体相似。之所以如此,除了卢梭所说的可以激发兴趣、消除疲劳以外,还基于三个方面的原因。其一,人不仅有多种才能,可同时兼顾5~9种任务,可从事多种相应职位、事业,用人协议一般周期3~5年,而且人的才能有长短大小之分,职位、事业有主次轻重、难易缓急之别。其二,各项职位、事业之间往往能够相互启发,取长补短,互相促进。其三,内外在条件变化多端,要充分发挥人的各种主体能动性,充分利用各种内外在有利条件,获得最大价值效益,仅仅依靠单打一的前后一一作业,或不分主次轻重、难易缓急平均用力、一律对待,不仅有时会中断职位、事业,而且远远达不到最优化的要求,从而造成不必要的人力、物力、财力、时间浪费。

立足主业、多业并举,力求最大价值效益倡导,在全面认知和关注人生职

---

① [法]卢梭:《忏悔录》第1卷,李平沤译,商务印书馆2010年版。

位、事业特点的基础上,分清各项职位、事业的主次轻重、难易缓急、相互关系,从而尽可能地突出抓好重点职位、事业,兼顾其他相应职位、事业。当今时代,由于科学择业与自主创业的随机性、用人政策的灵活性,以及双休日、节假日和其他自由时间的增多,为从业人员的立足主业、多业并举,提供了较多的自由支配时间和广阔的发展空间。无论自由职业者,还是社会从业人员,尤其是高级知识分子,都需要在立足本职工作,充分做好第一职业或曰主业的同时,结合自身特点和外部需求,适当从事第二职业、第三职业,甚至更多职业等副业,充分发挥自身的各种积极才能,力争形成职位、事业整体优势,达到个人全面发展与职位、事业最大收益的有机统一。这是人生职位、事业最优规划的重要职责,也是社会职位、事业发展的必然诉求。

(三)人生职位、事业的最优规划建构方法

人生职位、事业的最优规划建构方法,是按照人生职位、事业的最优规划建构原则,结合具体需要,为获取人生职位、事业的最大价值效益,而采取的最佳规划建构方略。它主要由5个方面组成。

1. 敬业爱岗、因业制宜,充分发挥职位、事业优势

"日月不同光,昼夜各有宜。"[①]特定的职位、事业具有特定的优势。就连一向被不少人视为枯燥乏味的数学,也被业内人士誉为"定量天下,人生几何? 科学之本,唯我数学"的闪光职位、事业岗位。爱因斯坦曾强调:"我们所有的最美好的经验是奥秘的经验。它是坚守在真正艺术和真正科学发源地上的基本感情。"[②]敬业爱岗、因业制宜,充分发挥职位、事业优势,即敬重和爱护自己所从事的职位、事业,因自己所从事的职位、事业特点,尽可能地发挥自己的职位、事业优势,创造出最大职位、事业价值效益。每一位从业者,都有其特定的职位、事业;要圆满完成自己的本职工作,必须敬业爱岗、因业制宜,充分发挥职位、事业优势。古今中外一切成功人士,均不失为敬业爱岗、因业制宜,充分发挥职位、事业优势的楷模。世界文化名人孔子,为了实现"天下为公"

---

① 孟郊:《答姚怤见寄语》。
② 《爱因斯坦文集》第3卷,许良英等编译,商务印书馆1979年版,第45页。

的人生宏愿,殚精竭虑,兴办私学,创立儒家学派;周游列国,传道、授业、解惑,乃至成为圣人。明代医学家李时珍,为了完成《本草纲目》写作,不仅皓首穷经,而且跋山涉水,遍访名医,不辞辛劳,屡试百草,不顾个人生命安危,解读、研究药理药性,成为医药大师。晋代著名书法家王羲之,练字呕心沥血,出神入化。一次他居然拿墨汁当蒜泥食用,却浑然不觉。现代著名文学家郭沫若,创作《地球,我的母亲》诗兴勃发,全身心沉醉于意境之中。他脱掉"日本木屐",赤脚踱来踱去,后来索性睡倒在地上,尽情与"地球母亲"亲昵,感受"她"的肌肤,接受"她"的拥抱,一任思绪奔涌。年逾七旬的古希腊科学家阿基米德,面对外来入侵强敌明晃晃的刺刀,首先想到的不是自己的生死,而是未竟的科学职位、事业。他央求的不是死里逃生,而是让敌人再给他一点时间,让他"解完这道数学题";直到罪恶的刺刀刺进他的胸膛,他的手还紧紧地握着演算的笔。英国科学家牛顿,为了写出被誉为"人类心灵最伟大的产品"《自然哲学的数学原理》,废寝忘食,一天只睡四、五个小时,陷入极度沉思之中。有时候,他不记得自己是否已经吃过饭,甚至衣服只穿一半就失神地呆坐在床沿上……①他经常以超然物外的忘我精神,开展科学研究。他甚至把手表当鸡蛋放进锅里去煮。法国物理学家安培,工作起来常常入痴入迷。一次,他在冥思苦想之际回家用餐,发现门上贴着"安培先生不在家"的提示纸条。本来,这是他为避免来客打扰而写的。此刻,他却忘我于脑后,自言自语道:"噢,安培先生不在家呀!"随说随转身离开,结果饿了一天肚子。发明家爱迪生,搞起发明创造如痴如醉。新婚之夜,他竟然丢下新娘去做试验。巴尔扎克写起小说时常进入角色,情伴笔走,意随文转,跟着人物情节变幻嬉笑怒骂,举止无常,若迷若狂。一次,一位朋友到他家造访。还未进门,就听到他在同谁激烈争吵:"你这个恶棍,我要给你点颜色瞧瞧!"当朋友推门而入,屋里却只有巴尔扎克一个人。原来他在痛骂作品中一个卑鄙无耻的小人。另有一次,一位朋友在他家做客,他突然走到朋友面前,大声喊了起来:"你——你这个不幸的少女自杀了!"朋友大吃一惊,以为他患了精神病。当巴尔扎克平静下来,朋友才得知他正在构思小说中的情节和人物对话。他刚才说的自杀的少

①　周昌忠编译:《创造心理学》,中国青年出版社 1983 年版,第 75、207、76 页。

女,就是正在写作的小说《欧也妮·葛朗台》中的主人公欧也妮。他在写作长篇小说《高老头》时,感情完全融入人物情节之中。写完这部小说,他极度懊丧失神,竟一下昏厥过去。当他醒来,别人问他缘由,他无限伤感地说:"高里奥老头死了"。① 现实生活一再告诉人们:天才巨匠往往与痴迷无常结下不解之缘。有人据此甚至认为"当人们说你是'疯子'时,成功已经为期不远!"任何从业人员,都应当酷爱并致力于自己的职位、事业,力求作出最大限度的贡献。且不可不分具体情况、不辨不同特点,人云亦云,人变亦变,见异思迁,这山望着那山高,不加审慎地轻易放弃自己的职位、事业。敬业爱岗、因业制宜,充分发挥职位、事业优势,不仅能够直接彰显职位、事业优长,便于利用职位、事业现有硬件条件和人文科技软实力,而且易于得到上级组织和团队内部的大力支持,从而可以保证高效率、高质量地完成职位、事业。有关媒体介绍,1982 年出席全国自学成才交流大会的 106 位代表中,结合本职工作开展科技活动的高达 97 人,占总人数的 90% 以上,而这 97 人中本职工作与个人爱好相吻合的仅有 27 人。一位钉鞋工人利用本职工作之便,每敲一下钉子,背诵一个外语单词,一年后不知不觉记住了 5000 多个外语单词。2004 年,山东省沂南县只有初中文凭,靠在外地"蹬三轮"卖菜为生的农民工郭荣庆,利用坐等顾客的空闲时间自学大学课程,几年后即考取中国社会科学院的研究生。同年,清华大学学生食堂一位只有初中文化的农民工张立勇,利用炒菜间隙和业余时间,凭借大学教育资源优势学习英语,结果英语"托福"考试成绩达 630 分(满分 670 分),令大学英语教师叹为观止。这类现象,今天虽然已不多见,但在一些部门、行业和特殊条件下依然存在。这些行之有效的方法,仍值得借鉴。

敬业爱岗、因业制宜,充分发挥职位、事业优势要求,高度敬重和关爱、维护自己的职业岗位,忠于职守,充分利用自己的职业特点建功立业,最大限度地发挥出职位、事业优势。

2.顺应时代潮流,适时移位转行

顺应时代潮流、适时移位转行,指的是根据时代就业形势和自己的专业特

① 参见张瑞甫主编:《中外名人的人生之路》,内蒙古人民出版社 2010 年版,第 53、57 页。

点,在适当时机,变移自己的职位、事业。顺应时代潮流、适时移位转行,与职位、事业的冷热形势密切相关。风水轮流转,职位、事业的冷热受人力资源和社会需要供求关系的支配,具有变动不居的相对属性。过去的冷门,有可能变为今日的火热;今日的热门,亦可以打入明日冷宫。但万变不离其宗,社会最好的职位、事业,永远垂青于那些既勤奋努力、开拓进取,又方法正确科学的人们。贯穿于各种职位、事业之中,引领时代潮流的职位、事业价值取向红线,过去是、现在是、将来永远是知识技能——机遇——创新——原始创新能力逐次、逐级攀升延伸的发展红线。这是不以人的主观意志为转移的客观规律。现代社会、发达国家,一个人一生中平均移位转行 7 次,我国约 5 次。轻易地变动自己的职位、事业固然不可取;但是,不顾时代潮流,画地为牢的"一次就业定终身",却未必合乎人生职位、事业的最优规划建构意旨。

顺应时代潮流、适时移位转行规定,审时度势,顺应时代职位、事业发展大趋势,通过积极参加各种类型的"人才招聘会"、"职场达人秀"、"社会用人考试"活动和网上查询等,广泛了解相关信息,适时放弃不适合或不再适合自己特点和时代发展要求的职位、事业,转向最适合自己特点和时代发展要求的新职位、事业,以最大限度地获取动态人生职位、事业价值效益。

3. 因陋就简,就地上马,成就伟大事业

"万事俱备,只欠东风"的优越条件,对于成就伟大事业固然十分理想,但在现实世界中却相当稀少。由于发现、发明、创造、革新是一个立足现实、从无到有、由小到大的空前创举和过程;因而,因陋就简、就地上马、成就伟大事业,几乎成为各行各业成功者干事创业的普遍规律。因陋就简、就地上马、成就伟大事业,即利用现有简陋条件,就地出发,开启伟大事业。

因陋就简、就地上马、成就伟大事业主张,对于看准想好的事业,坚持有条件要上,没有条件创造条件也要上,务求做大、做强、做优、做得最好。现实生活中,不乏因陋就简、就地上马,成就伟大事业典型案例。上世纪 60 年代,我国的原子弹、氢弹研制成功,所使用的计算器仅仅是手摇计算机。美国科学家富兰克林揭开雷电奥秘,只用了一个自制的风筝和一个莱顿瓶。英国科学家鲍威尔发现新介子,依靠的只是人人都可以得到的照相胶卷。他把未启封的胶卷放在高山上,捕捉到新介子。我国企业界的领军人物海尔集团总裁张瑞敏,当代世界首富、美国微软公司总裁比尔盖茨等,都是因陋就简、就地上马、成就伟大事业的典范。这些典范,需要各行各业的创业者倍加学习。

4.闪电速度,争取最高效率

时间是职位、事业成功的必要条件。闪电速度、争取最高效率,即以闪电般的最快速度,获得职位、事业发展的最高效率。各行各业的精英,无不极为珍惜时间的效用。他们以其特有的职业目光,给时间以崇高的赞誉:哲学家说"时间就是世界";经济学家说"时间就是金钱";政治家说"时间就是权力";文艺家说"时间就是艺术";教育家说"时间就是知识";医学家说"时间就是生命";科学家说"时间就是真理";军事家说"时间就是胜利";企业家说"时间就是效益"……马克思认为,"时间是人类发展的空间"[1];"社会发展、社会享用和社会活动的全面性,都取决于时间的节省。一切节约归根到底都归结为时间的节约","个人必须正确地分配自己的时间"。[2] 时间不仅是人世间最宝贵的,而且它蕴含着成败得失的最佳时机。圣经《旧约》中说:"凡事都有定期,天下万物都有定时。生有时,死有时;栽种有时,收获有时……寻找有时,失落有时。"机不可失,时不再来;赴机宜速,不宜迟。美国当代管理学家玛丽·凯·阿什结合管理科学感慨道:"'你必须尽全力跑才能当上一个管理者。但是,你得加倍快跑才能有所进步。'在任何一行业中,你不前进就是退步,没有人能在原地静止不动的。"[3]现实生活中不乏抢时间、争效率的动人事例。我国著名画家齐白石的工作条例之一是"不教一日闲过"。英国生物学家达尔文"从来不认为半小时是微不足道的一小段时间"。印度诺贝尔物理学奖获得者雷曼的座右铭是"每天不浪费或者不虚度或者不空抛剩余的那一点点时间,即使只有五、六分钟"。波兰现代科学家居里夫人,为了最大限度地争取科研时间,不仅日常生活简朴,经常穿工作服外出,家中不备沙发、软椅,没有豪华装饰,免得每天整理浪费时光,而且婚礼蜜月避开喧嚣闹市,躲进青山绿水鸟语花香的清静山乡,并以最短时间的休整重新开始工作。爱因斯坦习惯留长发、穿皮夹克,这不是追赶什么时尚,而是为了尽可能地减少理发

---

①　《马克思恩格斯文集》第3卷,人民出版社2009年版,第70页。

②　《马克思恩格斯文集》第8卷,人民出版社2009年版,第67页。

③　引自汪仲华、汪耀华编:《当代管理箴言录》,上海人民出版社1988年版,第111、112页。

次数和洗衣时间。为了抓紧工作,他经常不修边幅,几次作报告他都因来不及套上另一边裤带,而一再耸膀子提裤子,听众忍俊不禁。一次他上街买东西,匆忙之下竟戴的是无边羊毛女帽,半个裤脚被袜子套住,浑身上下乱糟糟的,朋友误以为他是沿街乞讨的老太婆。① 1832 年,年仅 20 岁的法国爱国主义数学家伽罗华,第二天早晨就要被处死;他知道这个判决后,没有被死亡所吓倒,而是利用生命的最后 13 个小时,一口气写下 60 个数学方程式。②

闪电速度、争取最高效率强调,"将今天当做昨天,把明天作为今天",将未来能够前移的事情提前到现在来完成,超越时空,引领未来,永远走在时代和时间的最前列,以最快的速度、最高的效率,圆满完成预定任务,获得职位、事业最大收益。

5.劳逸结合、强度适宜,力求持续价值效益最大化

速度和价值效益,是一个综合指标体系。当前的最高速度和价值效益未必是长远的最高速度和价值效益,二者应协调配合,并且前者应服从后者。正是在这个意义,列宁提出"不会休息的人,就不会工作。"劳逸结合、强度适宜,力求持续价值效益最大化,指的是从长远最高速度和价值效益出发,劳动工作与休息适度结合,劳作强度既不宜过高,也不宜过低,应当控制在最适当状态,达到最佳比例,确保持续价值效益最大化。日本现代心理学家荒井继续工作的功效曲线表明:继续工作时功效会呈波浪式下降趋势,适时休息后则功效明显回升。国外有关专家曾提出 50:10 的劳逸比例法则,认为每工作 50 分钟休息 10 分钟为宜;并且最佳休息方式不可一概而论。体力劳动者以中止体力继续消耗,适当兴奋大脑的方式休息收效最佳;脑力劳动者以参加文体活动的方式休息效果最好。心理学家将这种休息称之为"积极休息",将体力劳动和脑力劳动全部停止的休息叫作"消极休息"。试验表明,如果工作学习两小时,用"积极休息"方式 5 分钟就可解除疲劳,而用"消极休息"方式 20 分钟才能恢复体力精力。"积极休息"比"消极休息"收效高出 4 倍。还有的试验表明,劳动强度对力量消耗有重大影响。倘若分别用 12 秒和 11.5 秒跑完 100 米,

---

① 参见田缘、张弘主编:《安东尼·罗宾潜能成功学》上册,经济日报出版社 1997 年版,第194 页。

② "最大的不幸是绝望",《人才》1982 年第 10 期。

两次跑步的时间虽然只有 0.5 秒之差,后者仅比前者提前 1/24 时间,但用力强度后者却是前者的 2.03 倍。如果以每分钟 60 次的频率搓洗衣服感到吃力;那么,频率放慢到每分钟 50 次,体力消耗则只及前者的 40%,而功效仅降低 16.7%。① 必要的休息和适宜的劳动强度对工作、学习和力量耗费有着不可低估的作用。劳逸结合、强度适宜,力求持续价值效益最大化,既是取得长远最高速度和价值效益的特别奏效方法,也是人生职位、事业最优规划建构的重要方法之一。在保证长远最高速度和最大价值效益的前提下,必须坚持劳逸结合、强度适宜,力求持续价值效益最大化。

劳逸结合、强度适宜,力求持续价值效益最大化倡导,工作和休息时间要按最佳比例穿插进行,作息时间长短适中,工作强度必须合乎个人生理、心理特点和职业实际需要,既确保单位个体当前时效价值效益最大化,又保证长远实效持续价值效益最大值。

二、人生创新的最优规划建构

人生创新的最优规划建构,是人生最优学最重要、最尖端的组成部分之一。它大致涉及人生创新及其最优规划建构的话语表达,人生创新的最优规划建构原则,人生创新的最优规划建构方法三个方面。

(一)人生创新及其最优规划建构的话语表达

创新,即发现、发明、创造、革新。它从不同的角度可以划分为原始创新、组合创新(集成创新)、传承创新("似与不似之间"的创新,"站在巨人肩上"的创新)、引进消化吸收再创新,发现创新、发明创新、创造创新、变革创新,发掘创新、整理创新、评价创新,除弊创新、建树创新,观念创新、理论创新、技艺创新、实践创新,部门创新、行业创新、专业创新,自主创新、协同创新,国家创新、制度创新、系统综合创新等。其中,难度最大、价值最高、位居巅峰的创新,当属原始创新、创造创新、建树创新、理论创新、系统综合创新。

---

① 参见李光伟:《时间管理的艺术》,甘肃人民出版社 1987 年版,第 281、282 页。

　　世界每天都是新的,事物时时处处都在发生变化。创新像一个"新生婴儿",最初或许显现不出"有什么用"(美国著名科学家富兰克林语),但她却拥有广阔甚至无限的发展前景;并且创新越基础,其后发影响力就越大。如同美国当代科学哲学家巴伯所指出的那样:"科学发现越基础,它所具有的直接或间接后果的数量就越多。"①马克思主义者像其他一切有识之士一样,一向高度重视创新。恩格斯曾盛赞马克思道:"每一个新发现——它的实际应用也许还根本无法预见——都使马克思感到衷心喜悦,而当他看到那种对工业、对一般历史发展立即产生革命性影响的发现的时候,他的喜悦就非同寻常了。"②创新不仅是一个民族进步的灵魂,一个国家兴旺发达的不竭动力,而且是所有个人、群体、社会进步和兴旺发达的实质、核心和精髓,是人类文明的永恒主题和社会进步的最重要的标志。

　　人生创新的最优规划建构,即人生创新的最正确科学的规划建构。它旨在运用最优化的理论、原则与方法,创造出最理想化的成果,建树构造起最辉煌的业绩。我国明代学者归有光曾指出:"天下之事,因循则无一事可为;奋然为之,亦未必难。"③近代改革派领导者康有为强调"今日不变新,则不可;稍变而不尽变,不可。"④同时代的学者王国维认为,创新相当艰辛而又富有神奇色彩:"古今之成大事业、大学问者,必经过三种之境界:'昨夜西风凋碧树,独上高楼,望尽天涯路',此第一境也;'衣带渐宽终不悔,为伊消得人憔悴',此第二境也;'众里寻他千百度,蓦然回首,那人却在灯火阑珊处',此第三境也。"⑤现代国画大师齐白石告诫其弟子"学我者生,似我者死";意为学其神韵真谛、神似形不是、富有创新,才能精进;模仿其外表、不顾其精髓、形似神不是、因循守旧,没有出路。德国19世纪作曲家苏曼认为,智者创新,庸者尾随,"人才进行工作,而天才进行创造。"⑥列宁大力倡导"培植"人的"进取心、毅

---

　　①　参见张华夏、叶侨健:《现代自然哲学与科学哲学》,中山大学出版社1996年版,第498、520页。

　　②　《马克思恩格斯选集》第3卷,人民出版社2012年版,第1003页。

　　③　归有光:《奉熊分司水利集并论今年水灾事宜书》。

　　④　引自肖萐父、李锦全主编:《中国哲学史》下卷,人民出版社1983年版,第339页。

　　⑤　王国维:《人间词话》。

　　⑥　本书编纂组:《中外名言大全》,河北人民出版社1987年版,第109页。

力和大胆首创精神"①。人生创新的最优规划建构,对于人生乃至社会最优规划建构,具有极端重要的意义。

(二)人生创新的最优规划建构原则

人生创新的最优规划建构原则,即基于人生创新及其最优规划建构的语义表达,联系实际,对人生创新的最佳规划建构准则。它主要涉及两项内容。

1. 任凭自由想象,"零"禁区提出、分析、解决问题

任凭自由想象,"零"禁区提出、分析、解决问题,既是人生的巨大天然权力,又是创新的首要前提。一些统治者可以不同程度地禁止人们的言论和行动自由,唯独不能禁止人们自由想象和"零"禁区提出、分析、解决问题。世界著名科学家爱因斯坦曾给"想象"和"提出问题"以极高的评价。他一方面强调,"想象力比知识更重要,因为知识是有限的,而想象力概括着世界上的一切,推动着进步,并且是知识进化的源泉。严格地说,想象力是科学研究中的实在因素"②;另一方面指出:"提出一个问题往往比解决一个问题更重要,因为解决一个问题也许仅是一个数学上的或实验上的技能而已。而提出新的问题、新的可能性,从新的角度去看旧的问题,却需要有创造性的想象力,而且标志着科学的真正进步。"③英国当代科学哲学家卡尔·波普尔认为,"科学"创新始于"问题","问题总是最先出现的"④;"科学"创新,"只能从问题开始","永远始于问题,终于问题——越来越深化的问题,越来越能启发新问题的问题"。⑤ 德国现代著名科学家海森堡甚至认为"提出正确的问题往往等于解决了问题的大半。"⑥马克思主义创始人则强调:"人类始终只提出自己能够解决

---

① 《列宁选集》第3卷,人民出版社2012年版,第375页。

② 《爱因斯坦文集》第1卷,许良英等编译,商务印书馆1976年版,第284页。

③ [美]爱因斯坦、[波兰]英费尔德:《物理学的进化》,周肇威译,上海科学技术出版社1962年版,第66页。

④ [英]卡尔·波普尔:《历史决定论的贫困》,杜汝楫、邱仁宗译,华夏出版社1987年版,第96页。

⑤ [英]卡尔·波普尔:《猜想与反驳》,傅季重等译,上海译文出版社1986年版,第318页。

⑥ [德]海森堡:《物理学和哲学》,范岱年译,商务印书馆1981年版,第8页。

的任务,因为只要仔细考察就可以发现,任务本身,只有在解决它的物质条件已经存在或者至少是在生成过程中的时候,才会产生"①,"每个原理都有其出现的世纪"②。列宁认为"生活总是会给自己开辟出道路的","生活本身会从中选出最富有生命力的幼芽……直到从中得出最适当的办法"。③ 美国现代著名作家、思想家爱默生在其《自己靠自己》中颇为感慨地写道:"在天才的每一项创作和发明之中,我们都看到了我们过去放弃的想法;这些想法再呈现在我们面前的时候,就显得相当的伟大。"④很多事情往往不怕做不到就怕想不到,只要想得到迟早就能做得到。这绝不是唯心主义者的呓语,而是合乎客观实际的规定。科学发展的过程,实质上是由一系列"天光云影"般的想象不断化为行动,由持续提出问题、分析问题到解决问题,由可能变为现实的永不休止的过程。凌空飞翔、嫦娥奔月、千里眼、顺风耳、隐身术、运筹于帷幄之中、决胜于千里之外,各种推测、透视、显微、遥感、遥测、遥控、克隆技术,甚至少数人的死而复生等,最初都只是人类幻想、空想、狂想的想象,幼稚可笑的问题,而今都一一变为现实。这一切,仿佛都在诠释印证着同一个真理:任凭自由想象和"零"禁区提出、分析、解决问题,对于创新至关重要。任凭自由想象,"零"禁区提出、分析、解决问题,即全方位任凭自由想象飞跃,打破一切禁区,时时处处勇于提出、分析、解决一切问题。

任凭自由想象,"零"禁区提出、分析、解决问题要求,全面自由超越自我、超越梦想,任性所思、任情所为,上天入地自由想象,海阔天空提出问题,全面深入分析问题,风驰电掣解决问题,让创新之花时时竞相开放、遍地飘香,处处结出累累硕果、放射出耀眼光芒。

2. 力求唯一,确保第一,敢为天下先

纵观人类科学文明发展的红线,从《周易·系辞上》提出的"太极",到现代管理科学追求的投入、消耗"最小",价值效益"最大",无不彰显着力求唯一、确保第一、敢为天下先的神韵风采。当今世界,充满竞争。今日不努力明

---

① 《马克思恩格斯文集》第 2 卷,人民出版社 2009 年版,第 592 页。
② 《马克思恩格斯文集》第 1 卷,人民出版社 2009 年版,第 607 页。
③ 《列宁选集》第 4 卷,人民出版社 2012 年版,第 208~209、15 页。
④ 引自马银春:《只有想不到没有做不到》,中国物质出版社 2009 年版,第 263 页。

日被淘汰，今天不创新明天就落伍，早已成为不争的事实和社会连连敲响的警钟。人生在相当广泛的领域和诸多方面的境遇如同战场；战场不相信眼泪，只有冠军没有亚军，只有胜利者和失败者，没有调和居中者，这早已不是什么潜规则，而是一种显而易见的现象。力求唯一、确保第一、敢为天下先，指的是基于事物普遍联系、一切皆有可能、事在人为，世界上没有办不成的事，只有办事不努力不得法的人的客观规律，以及当代人生特点，达则力争事业唯一，不达则确保事业第一，敢于填补世界发展空白，敢做世界先驱者，勇于走在世界最前列，争当时代弄潮儿、社会急先锋。通俗地讲，就是敢于"先出头"。敢于"先出头"尽管风险较大，但价值效益却往往最高。实际上，"先出头"是所有事物创生、发展、布新最珍贵的品质。新生事物不"先出头"，就不成其为新生事物；植物不"先出头"，就不能破土而出、出类拔萃、茁壮成长；动物"不先出头"，不仅不能称雄世界，甚至会出现难产、胎死腹中；人类不"先出头"，就不可能成为宇宙之最、天之骄子、万物之灵；社会不"先出头"，就不能独领风骚，引领世界发展潮流；个人不"先出头"，就不可能出人头地、成就伟绩大业、成名成家。"先出头"，对于人生创新的最优化，具有怎么估计都不会过高的意义。一些人奉行的所谓"不敢为天下先"，"出头的椽子先烂"，"枪打出头鸟"信条，纯属懒汉懦夫哲学、苟且偷生消极庸俗之谈，应当彻底扫进历史的垃圾堆。

　　力求唯一、确保第一、敢为天下先规定，致力人生创新的最优规划建构者，必须牢固树立起这样的壮志豪情：

　　　　顶天立地英雄气，胸怀全球创奇迹；
　　　　日月为我明亮眼，彩云星汉伴我飞。
　　　　排山倒海卷巨澜，五洲震荡风雷激；
　　　　风驰电掣奔最优，一路高歌向天宇！

　　要彻底破除小进即安、稍优即止，不求最优、只求满意，甚至不思进取、不为最优、得过且过、庸碌无为的思想行为，殚精竭虑、倾其全力求唯一，不断填补世界发明、创造空白；确保第一，始终引领世界发展潮流，敢为天下先，勇于

"先出头",奋力走前人没有走过的路,做到人无我有,人有我好,人好我转,万变不离最优,穿越时空,跨越历史,引领未来,永远走在世界发展最前列。

(三)人生创新的最优规划建构方法

人生创新的最优规划建构方法,指的是遵循人生创新的最优规划建构原则,结合具体需要,进行人生创新的最正确科学的规划建构方法。人类千百万年的生产、生活实践,创造和积累了相当丰富的人生创新的最优规划建构方法。其中,最主要、最常用的有5组10种方法。

1. 预测热点法与冷门爆炸法

预测热点法,即根据事物发展的趋势、特点,对几年乃至几十年、上百年后可能出现的热门事业,进行超前思维,作出准确预测的方法。事物都有自己的发展规律,"人无远虑,必有近忧","凡事预则立,不预则废"。① 英国16～17世纪著名科学家牛顿曾指出:"没有大胆的猜测就作不出伟大的发现。"②列宁则强调,对待生活要"不仅仅限于解释过去,而且大胆地预察未来,并勇敢地用实际活动来实现未来。"③预测热点法要求,及时认清和把握事物发展大趋势,抓住最佳时机,走在时代最前列,力争作出划时代、超历史的重大贡献。英国剧作大师莎士比亚说过:"人间万事都有一个涨潮的时刻,如果把握住潮头就会领你走向好运。"④大凡赫赫有名的科学巨匠,都是预测事业热点的内行高手。美籍华裔科学家、诺贝尔奖获得者杨振宁在谈起自己成功的经验时说道:20世纪"四十年代末五十年代初,物理学发展了一个新的领域。这个新的领域是粒子物理学。我和我同时代的物理工作者很幸运,和这个新领域一同成长。这个领域在(20世纪)五十年代、六十年代、七十年代乃至今天,一直有长足的发展,影响了人类对物质世界结构的基本认识。"⑤杨振宁六十年前选中的粒子物理学,恰恰是上世纪六七十年代以至今天的物理学热点。在杨振

---

① 孔子:《论语》卫灵公;《中庸》。
② 引自[英]贝弗里奇:《科学研究的艺术》,陈捷译,科学出版社1979年版,第153页。
③ 《列宁选集》第2卷,人民出版社2012年版,第441页。
④ 引自李光伟:《时间管理的艺术》,甘肃人民出版社1987年版,第56页。
⑤ "杨振宁教授谈读书教学四十年",《光明日报》1983年12月31日。

宁看来,"当某一个新兴学科兴起时,可供研究的题目很多,遍地是'黄金',随手就可捡一块。如果某一学科已经发展了许多年,选题已被许多人占去了,你再去研究,虽然不能说一点成果也搞不出来,但成功的几率就很少了"。因此,他主张"在选择研究方向的时候,要看出哪些学科在今后二、三十年内大有前途,然后确定自己的专业";他认为"只要正确选择自己的专业目标,肯定是前途无量的!"①而今,大量迹象和科学发展的规律所预测的今后数十年乃至上百年甚至永久性的科学事业热点,总体上是原始创新科学、边缘科学、文理交叉科学、综合科学、方法科学,尤其是系统论,专业最优化理论、原则与方法,以及最优学科学;哲学人文社会科学热点,是人生科学、语言学、人才学、未来学、古今中外多元一体的综合创新科学等;自然科学热点,是生命科学、运筹学、数量经济学、管理科学、心理学、行为科学,以及克隆技术、纳米技术、航空航天技术、海洋生物技术、新材料新能源技术、生态环保技术等。这些科学,应引起特别关注。

阳春白雪和者该寡,高处不胜寒。冷门爆炸法,是在被忽视或因无能为力被冷落放弃的学科、项目或领域,大显身手的方法。它规定,对不应忽视和冷落放弃的学科、项目或领域,进行客观分析,找出原因,打破瓶颈制约,大开冷门,注入生机和活力,使之解冻萌发,茁壮成长,取得历史性突破。美籍华裔教授诺贝尔奖获得者李政道,当了解到被长期搁置的非线性方程孤子解的研究仅限于一维空间时,感到需要打破这一冷落僵局,补充发展为三维空间的解。于是,他潜心研究并一举攻克这一冷门难题。在这个领域,他从所知甚少"一下子赶到别人前面。"李政道深有感触地对别人说:"你们要想在研究工作中赶上、超过人家吗?你一定要摸清楚在别人的工作里,哪些地方是他们不懂的。看准了这一点,钻下去,一旦有所突破,你就能超过人家,跑到前头去了。"②此类现象,屡见不鲜。

2. 边际生长法与聚焦闪光法

边际生长法,即选取事业交界空白处或其边缘作为专业生长点,以取得重

① "杨振宁博士谈专业方向的选择",《祝你成才》1982年1~2月号。
② "年轻人要有一股锐气",《人才》1982年第5期。

大成就的方法。它主张,一方面,大力发现和培植事业边际生长点;另一方面,充分利用事业边际生长点,使其发挥最大边际效益。现实生活告诉人们,台风的边缘风力最大,畦田边际作物长势最好,排队加塞边缘最有利,边缘化的事业发展阻力最小。现代科学发展的大趋势,除了高度综合之外,便是高度分化,形成越来越多的分支科学、边缘科学和交叉科学。这似乎再次印证了两极相通、对立统一的古训。基于这一事实,英国科学家贝弗里奇在其《科学研究的艺术》一书中指出:"有重要的独创性贡献的科学家,常常是兴趣广泛的人,或者是研究过他们专修学科之外科目的人";因为"独创性常常在于发现两个或两个以上研究对象或设想之间的联系或相似之点,而原来以为这些现象或设想彼此没有关系";"如果具有相关学科或者甚至远缘学科的广博学识,那么,独创的见解就更可能产生。"①控制论创始人诺伯特·维纳深刻指出:"在科学发展上可以得到最大收获的领域是各种已经建立起来的部门之间的被忽视的无人区……到科学地图上的这些空白地区做适当的察勘工作,只能由这样一群科学家来担任,他们每人都是自己领域中的专家,但是每人对他的临近的领域都有十分正确和熟练的知识。"②英国现代科学家何非则告诫人们:"科学研究工作就是设法走到某事物的极端,观察它有无特别现象的工作。"边际生长法,将越来越显示出自己的巨大威力。

聚焦闪光法,是聚精会神,集中优势力量,将已获得的知识信息系统概括浓缩,集中到某一项任务焦点上的方法。它是事业由量变到质变的飞跃。"道以多歧亡羊"③,事以散乱乏功。聚焦闪光法强调,通过全神贯注,鼎力以赴,形成能量在分散状态下所没有的规模集成效能,以重点突破关键任务甚至全部任务。聚焦闪光法,具有炸弹和聚光镜的功能。炸弹中的火药分散后充其量只能燃烧冒烟,而聚集成炸弹却会产生巨大威力的爆炸。同样,散射的光不会雪亮,而聚集成焦点则会发出耀眼夺目的光芒。对此,法国19世纪著名昆虫学家法布尔感叹道:"精神集中到一点","其力量就好比炸药,立刻可以

---

① [英]贝弗里奇:《科学研究的艺术》,陈捷译,科学出版社1979年版,第58页。
② [美]诺伯特·维纳:《控制论》,郝季仁译,科学出版社1985年版,第2页。
③ 《列子》歧路亡羊。

把障碍物爆炸得干干净净"。① 苏联作家格拉宁在评价著名昆虫学家柳比歇夫时感慨道:他"一生干了那么多事,产生了那么多思想,这是用什么方法达到的? 最后几十年(他是 82 岁上死的),他的工作精力和思维效率有增无减。关键不是在数量上,而在他是怎么样,用什么方法做到的";"他是依靠他那最最合理的方法一手造就了自己;他创造了他的方法,他通过他的方法证明,如果把一切才能集中用到一个目标上,可以取得多么多的成就。只要连续多年有系统地、深思熟虑地采用他的方法,可以超过天才。他的方法似乎使才能提高了。他的方法是远射程的枪炮,是把所有光线集中到一点的凸透镜,是加速器。它是理智的凯歌。"② 柳比歇夫一生出版近 70 部学术著作,还写有 12500 页的打印论文。他所采用的主要创新方法,便是十分奏效的聚焦闪光法。

3. 多维交合法与头脑风暴法

多维交合法,即将多维孤立零散的富有价值的相关元素科学整合在一起,从而产生奇迹,达到创新愿景的方法。它要求,通过多视角、多向位、多渠道、多层次、多元化的多维审视、对比、筛选、联想、优化、组合,特别是创新交合,实现创新愿望。它大致分为搜集、整理、析别、归类、优选、改造、升华、整合 8 个步骤。担任过法国科学院秘书、帝国大学参议员、国家参政员的科学家、社会活动家居维叶,其举世罕见、多得惊人的辉煌业绩建树,主要依赖于多维交合法。

居维叶凭借自己的职位优势,采取的具体做法大致有四种:

一是善于挖掘、改造前人的科学遗产,批判地继承其精华,弥补其不足。

二是善于发现、吸收、利用和组织、整合同时代人的最新科学成果。他坦率地讲:"生活在如此多的博物学家中间,当他们的著作一出现,就很快从中抽取所需素材,像他们自己一样享有集中起来的好处。如此构成大量专门适用于我的研究课题的材料,我的大部分劳动仅在于使用如此丰富的材料。"③

三是广泛结交,虚心求教。居维叶的朋友遍及许多行业:既有大名鼎鼎的

---

① 引自王通讯:《人才学通论》,中国社会科学出版社 2001 年版,第 271 页。

② 肖兰、丁成军编:《人才谈成才》,中国青年出版社 1986 年版,第 248、249 页。

③ "居维叶的成功之道";《人才》1982 年第 7 期。

科学家、教授、旅行家,也有一般农民、工人、群众。他对朋友常讲的一句口头禅是:"对于我,请公布您的珍藏。"①当今社会,所不同的只是涉及的隐私问题、知识产权,在科研开发与利用中应当予以必要保密或有偿使用。

四是创造条件,利用一切渠道和机会搜集信息用于发明创造。他除了参加会议外,还经常自己出资举办各种形式的学术沙龙。多维交合法把他推向博学多才、发明创造的顶点,使他成为头戴生物学家、博物学家、社会学家、政治活动家几顶桂冠,赫赫有名的科学文化巨人。

20 世纪,震惊世界的美国阿波罗登月计划的成功设计和实施,使用的也是多维交合法。该项目总指挥韦伯坦言:"阿波罗登月计划中没有一项新技术,都是现成的技术,关键在于综合。"②居维叶的成功创新之路和阿波罗登月工程的成功设计和实施,值得效法。现代高科技营造的通讯快捷、交通便利、信息爆炸,将使多维交合法更加大显身手。

头脑风暴法,是邀请若干专家海阔天空地各抒己见,畅所欲言,掀起头脑思想风暴,形成碰撞火花,进而得出最佳方案的方法。它规定,集思广益,让应邀者打破等级常规、既有成见,知无不言、言无不尽,力求获得最优方案。我国先秦时期的诸子百家争鸣,古希腊罗马时期的各种学术流派之争,20 世纪 30 年代后期,法国兴起的被称作一群"数学疯子"的布尔巴基学派,就十分推崇头脑风暴法。相关人员经常聚集在一起大鸣大放大辩论,从而在头脑风暴激荡中冲破各种传统模式,形成优势互补,碰撞出直觉、灵感、顿悟火花,造成闪光的创新思想。锐意创新者,不可不引起高度关注。

4. 怀疑求异法与希望筛选法

怀疑求异法,即通过怀疑而求得异于众人的超常方法。高尔基说过,人类"最伟大的胜利就是战胜自己。"怀疑不仅包括怀疑别人别事,而且包括怀疑自己和个人之事。怀疑求异法主张,根据事物在每一瞬间既是它自身又不是它自身,一切都是相对的观点,以及人的认识、实践能力和客观条件的永恒局限性,对现有文明成果敢于大胆怀疑求证,提出不同观点看法。创新同读书一

---

① "居维叶的成功之道";《人才》1982 年第 7 期。

② 见严智泽等主编:《创造学新论》,华中科技大学出版社 2002 年版,第 326 页。

样,贵在有疑,大疑则大进,小疑则小进,无疑则不进。马克思的为人不仅相当坦诚,而且一向十分重视怀疑求异法。他平生最喜爱的两句名言除了"人所具有的我都具有"之外,便是"怀疑一切。"①马克思是这样恪守的,也是这样去做的。列宁评价马克思的有关怀疑精神和态度时说道:"凡是人类社会所创造的一切,他都有批判地重新加以探讨,任何一点也没有忽略过去。凡是人类思想所建树的一切,他都放在工人运动中检验过,重新加以探讨,加以批判,从而得出了那些被资产阶级狭隘性所限制或被资产阶级偏见束缚住的人所不能得出的结论。"②伟人之所以伟大,除了他们的勤奋和天才之外,很大程度就在于很多人在跪着,而站起来将是另一番景象。一个不敢向权威挑战,怯于向现有定论提出怀疑的人,决不会成为历史的伟人。孔子所说的"当仁不让于师"③,亚里士多德面对恩师柏拉图所说的"我爱我师,但更爱真理"等,均提供了相关典范。世界在不断变化,人的认识和实践能力在不断提高,科学工具和手段在不断改进,科学发展进程本质上就是不断发现、怀疑和"证伪"的过程;那些既不能被证实也不能被证伪的命题,除了自相矛盾的悖论之外,便是伪科学命题。④ 英国当代哲学家波普尔的"证伪主义",对此进行了精湛而又详尽的诠释。当然,老是怀疑,疑而不决也不可取。正如鲁迅所说:"怀疑并不是缺点。总是疑,而并不下断语,这才是缺点。"⑤在一定意义,怀疑总是同一定的无知相联系。老是疑而不决,就会陷入相对主义和不可知论。但是,这决不排除坚持怀疑求异法的必要性和重要性。

　　希望筛选法,是在最佳希望指导下最正确科学地筛选目标的方法。它强调,一方面,将既定项目全面审视,找出其优点和缺点,提出改进希望,从中淘汰其缺憾、弊端,从而过滤出最佳希望;另一方面,请有关专家人员帮助检查、鉴别、实施最佳希望。希望筛选法的特点是希望切实,便于操作,见效快、收益

① 《马克思恩格斯全集》第 31 卷,人民出版社 1972 年版,第 589 页。
② 《列宁选集》第 4 卷,人民出版社 2012 年版,第 284～285 页。
③ 《论语》卫灵公。
④ 有些学者依据人类认识和实践的永恒有限性,认为尽管人们更多地肯定唯物主义,反对不可知论,但理论上世界的有限性和无限性,世界的物质统一性,上帝神鬼的存在与否等,均既不能被证实,也不能被证伪。
⑤ 《鲁迅全集》第 6 卷,人民文学出版社 1981 年版,第 486 页。

高;它广泛应用于哲学、人文社会科学、自然科学和其他各种认识与实践活动之中。各级各类项目论证,均离不开希望筛选法的支持。重大项目论证则往往需要多层次、多形式的多次性希望筛选法的介入,需要予以层层筛选,取优汰劣,级级升华。

5. 多元激发法与志在必得法

多元激发法,即运用多种元素形式激发创造思维,激励创新行为的方法。它要求,充分利用哲学、逻辑学、生理学、心理学、教育学、行为科学、系统论、创造学的最优化方法,尤其前面所涉及的观念、心态取向的最优化方法,潜能资源开发与利用的最优化方法,学习、记忆与思维的最优化方法,形象、语言、行为与情境效应对策的最优化方法,尽可能地启迪思维,激发直觉、灵感、顿悟,开展创新活动,从而达到最大限度的创新目的。

志在必得法,是立足既定志向,目标所指必定得以实现的方法。对此,美国著名成功学家拿破仑·希尔有一句名言:"我成功,是因为我志在成功。"① 志在必得法规定,坚定信心,强化意志毅力,倾力实践,不获全胜决不罢休。其突出特征是,敢想敢干敢于胜利;大有"唯我莫属"、"唯我独尊"、"唯我独能"、"唯我独胜"顶天立地的英雄主义气概。美国西点军校,所采用的让学生在充满信心的极端严酷条件下进行的魔鬼训练等,均与志在必得法相联系,给人们带来极大的启迪、震撼与正能量。

此外,人生创新的最优规划建构方法,还包括认识的最优化方法、实践的最优化方法,以及理想设定法、调查统计法、试验探索法、概率推论法、规律发现法、填空补缺法、缺点枚举排除法、优点集成法、借机嫁接法、解构重组法、分析综合法、原点反思法、两点极化法、超常跳跃法、迎头赶超法、优选萃取法、就势布局法、借局布势法、造势立异法、纵横裂变法、统筹规划法、辩证对待法、自我挑战法、超越极限法、异想天开法、出奇制胜法,特别是直觉、灵感、顿悟等奇思妙想开发与利用法和情绪安排法、融会杂交法,全方位开放、立体化办事、动态化调控、系统化规划建构方法,争取外援、善假于物方法等,它们都不同程度地具有借鉴价值。

---

① 引自金泉:《心态决定命运》,海潮出版社 2006 年版,第 50 页。

三、从现在做起

现在是过去的未来,未来是将至的现在;过去的已经过去,未来的难以预测,唯有现在才真正完全属于我们自己,为我们自己所实有。人生不应当仅仅回眸历史,展望未来,而且应当立足现实,从现在做起。人生职位、事业与创新的最优规划建构,更应当如此。

(一)随时都是最佳年龄,随处都可大有作为

对于人生职位、事业与创新的最优规划建构,时常有这样一些人:他们或怨天尤人,哀叹生不逢时、怀才不遇、年华早逝,悲观厌世;或盲目乐观幻想,把一切都寄希望于未来,而对于现实却相当冷漠,甚至茫然不知所措。他们要么混天了日,无所作为,戏谑人生;要么懒惰成性,得过且过,崇尚"来日方长"的懒汉信条,陷入美梦空想。其实,这是极不负责、极不应该的。"城中桃李须臾尽,争似垂杨无限时。"①人生时时处处都有自己特定的价值意义,每个年龄时区、每一所处环境,都有自己相应的最佳职位、事业与创新对象;反过来,每种职位、事业与创新也都有与此相应的最佳年龄和环境。金色的梦幻,绚丽的生活,无时不有,无处不在。人生的职位、事业与创新,随时都是最佳年龄,随处都可大有作为。

1. 随时都是最佳年龄

据古今中外大量人才史料和《图解心理学》、《创造学新论》等有关文献,人生每个年龄时区都可以进行职位、事业与创新的最优规划建构:

0~2岁,是婴幼儿大脑、肢体发育和动作、感知力、语言学习能力等发展最快的时期,以及学习、训练提高的起点关键年龄。

3岁,奥地利作曲家莫扎特会弹奏古钢琴,并能记住听过一遍的乐曲。

4岁,韩国金雄铭进入汉阳大学学习。

---

① 刘禹锡:《杨柳枝词九首》。

5 岁,宋代文学家王禹偁能写诗。

6 岁,唐代文学家王勃善诗文。

7 岁,波兰钢琴家肖邦创作出"G 小调罗乃兹舞曲"。

8 岁,德国诗人歌德能阅读法文、意大利文、拉丁文、希腊文,并可以用此写作。

9 岁,英国姑娘黛丝写出畅销小说《年轻人》。

10 岁,德国数学家高斯推出"求前几个自然数之和"的著名数学公式。

11 岁,荷兰姑娘比秀成为世界最年轻的记者。

12 岁,中国战国时期甘罗被封为秦国上卿并出使诸侯国。

13 岁,中国的宁铂考入中国科学技术大学少年班。

15 岁,麦克斯韦发表数学论文。

18 岁,伽利略发现钟摆原理。

21 岁,爱迪生取得第一项发明专利。

23 岁,牛顿创立微积分。

26 岁,爱因斯坦创立狭义相对论。

29 岁,达尔文提出生物进化论。

30 岁左右,是文学、自然科学工作者成才的最佳年龄。

33 岁,是文学家成就最高的平均年龄。

35 岁,是一般学科人员成就最高的平均年龄。

37 岁,是数学家成就最高的平均年龄。

38 岁,是化学家成就最高的平均年龄。

39 岁,是世界诺贝尔奖获得者获奖时的平均年龄。

40 岁,是物理学家成就最高的平均年龄。

43 岁,是工程师成就最高的平均年龄。

46 岁,是生物学家成就最高的平均年龄。

47 岁,是人类学家成就最高的平均年龄。

50 岁,齐白石开始新创书画体,并成为一代书画宗师。

55 岁,美国有 170 万这个年龄以上的人接受高等教育。

59 岁,瑞士著名数学家欧拉,在承担 13 个孩子的家庭重负,且遭遇火灾和双目失明的艰苦条件下,完成和发表400多篇数学论文,出版多部数学专著。

65岁,丘吉尔登上英国首相宝座,开始与希特勒展开划时代的决战。

70岁,恩格斯又掌握两门外语。

75岁,法国总统戴高乐继任国家最高元首,赢得国民高度赞誉。

80岁,安娜·玛丽·罗伯逊首次举行女画家个人画展。

85岁,丘吉尔举行个人画展。

88岁,被誉为"打不倒的东方巨人"邓小平,不远千里"南巡谈话"再度掀起中国改革开放的"邓旋风"。

89岁,黑人总统穆加贝第六次出任津巴布韦总统。

90岁,著名科学家钱学森在88岁获得国家两弹一星功勋奖章的基础上,完成并发表《论宏观建筑和微观建筑》、《创建系统学》两文,出版《第六次产业革命通信集》一书。

92岁,著名桥梁专家工程院院士谭靖夷,坚持到施工现场视察指导工作。

93岁,著名电影艺术家秦怡完成一部电影剧本创作,并以饱满的热情准备将其搬上屏幕,饰演其中的一个重要角色。

96岁,明内所他大学原校长威尔撰写的《明内所他史》脱稿。

101岁,唐代名医孙思邈完成30卷医学巨著《千金翼方》。

102岁,世界最老的女作家波洛克太太动笔写作《我的维多利亚时代青年生活的素描》。

104岁,香港著名影视企业家、慈善家邵逸夫才正式退居二线工作。

108岁,著名经济学家、语言学家周有光完成并出版《周有光文集》,且继续从事学术研究。

128岁,广西壮族自治区巴马瑶族自治县龙洪村的罗美珍老太太,仍坚持下地干活,料理家务,以其特有的精神风貌诠释和鼓舞着人们健康长寿的信心祈愿。①

---

① 参见叶奕乾等:《图解心理学》,江西人民出版社1982年版,第349、350页;严智泽等主编:《创造学新论》,华中科技大学出版社2002年版,第14页;中央电视台2013年7月8日新闻节目和12月9日综合频道"长寿密码"节目等。

......

无数事实证明并将继续证明,每个年龄时期的人,都应时时对生活充满信心,致力于自身职位、事业与创新的最优规划建构,最大限度地提高和实现自身的价值。

2. 随处都可大有作为

同随时都是最佳年龄一样,人生职位、事业与创新的最优规划建构,随处都可大有作为:

——春秋时代的工匠鲁班,在上山伐木被茅草划破手指和悉心观察蝗虫利齿吃草,发现利锯原理,并制造出木工用锯。

——春秋末期的世界文化名人孔子,不仅早年在"杏坛"讲学,自行创业,培养出"三千弟子七十二贤人",周游列国宣传自己的经邦济世、治国理民主张,而且晚年退居陋室著书立说,"删述六经,垂宪万世",成为大成至圣先师。

——汉代史学家司马迁遭宫刑,在狱中写出"究天人之际,通古今之变,成一家之言"的"千古之绝唱,无韵之'离骚'"《史记》。

——东汉医学家张仲景,在任湖南长沙太守期间,公堂之上既办公理政,又为百姓治病救命,不仅成为中国历史上第一位"坐堂医生",而且写出医学巨著《伤寒杂病论》,成为"中医医圣"。

——晋代诗人曹植身陷死地,以"七步诗"据理言情,规劝心胸狭窄的胞兄魏文帝曹丕:"煮豆持作羹,漉豉以为汁。其在釜下燃,豆在釜中泣。本是同根生,相煎何太急。"从而转危为安,幸免一难。

——唐代诗人李白,借酒助兴,在健身益寿方面虽不可取,但其"斗酒诗百篇"的文学贡献却不可磨灭。

——宋代爱国诗人陆游,经常"上马击狂胡,下马草军书。"

——宋代文学家欧阳修,常在"马上"、"枕上"、"厕上"三上构思诗稿。

——清代著名小说家曹雪芹,在家道中落、异乡漂泊的艰辛生活境遇中奋笔疾书,描绘出封建社会行将灭亡的历史画卷,留下"含泪泣血著"红楼",穷困潦倒成名家"的故事。

——毛泽东在延安窑洞里写出《矛盾论》、《实践论》、《论持久战》等光辉著作。

——朱德总司令在世界名胜古迹曲阜孔林,制定作战方案,主持召开抗美援朝动员大会。

——北京大学著名教授张岱年、季羡林,在文革动乱期间"牛棚"里写出大量论文论著。

——杨振宁经常在早晨起床后,洗漱刷牙来灵感的洗漱间,构思课题。

——现代作家艾青常常在深夜梦中灵感到来的床上,摸黑盲写小说。

——温家宝总理等党和国家领导人,经常在飞抵灾区的飞机上部署指挥抢险救灾。

——中国的"保尔"张海迪,5岁时患脊髓血管瘤高位截瘫,但她不屈服于命运的压力,硬是在轮椅上自学完成从小学、中学、大学到研究生的课程,写出大量高质量的文学作品,当选为全国政协常委、中国残联主席、中共中央候补委员。

——古希腊雄辩家德摩斯提尼原本是一个"口吃"病患者,后来他通过口含石子迎着寒风苦练口才,磨破嘴皮在所不惜,甚至一度给自己剃个"阴阳头",足不出户,在地下室练习辩论,从而成为著名演说家。

——18世纪法国物理学家安培灵感降临之际,把暂时停在巴黎大街上的马车车厢当黑板,演算数学题。马车走动他也跟着走,以至推导出重要演算结果。

——18世纪英国科学家牛顿,凭借"站在巨人们的肩膀上",摘取天文学家、数学家、物理学家一顶又一顶科学桂冠。

——19世纪英国生物学家达尔文,在周游世界途中创立生物进化论。

——19世纪俄国化学家门捷列夫,在睡梦中发现化学周期律。

——19世纪丹麦文学家安徒生失恋不失志,在一次又一次失恋痛苦中奋起,为少年儿童写出一个又一个动人故事,成为世界童话大师。

——20 世纪轮椅上的大国总统罗斯福因患脊髓灰质炎,下肢瘫痪,但却连任美国第 32、33、34、35 届总统。他不仅在轮椅上为美国经济社会发展作出杰出成就,而且为维护世界和平,赢得世界反法西斯战争的胜利做出巨大贡献。

——20 世纪著名科学家爱因斯坦,经常在起床洗刷刮胡子的地方借助降临的灵感解决科学难题。

——20 世纪美国数学和博弈论专家纳什,在与病魔和社会压力作斗争中,获得诺贝尔经济学奖。

——20 世纪苏联人民英雄奥斯特洛夫斯基,盲瘫后在痛苦生涯中写出世界名著《钢铁是怎样炼成的》,不知激励多少热血青年为着人类崇高事业拼搏奋进!

……

此情此景感天动地,此种职位、事业与创新的最优规划建构魅力无限,功效惊人,大有可为。它向人们宣告随处都应努力拼搏、奋发向上,创造出一流业绩。

(二)立说立行,从今日做起

"天下难事必作于易,天下大事必作于细。"①现代著名作家朱自清则在描写和论述时间的《匆匆》一文中,生动地写道:"洗手的时候,日子从水盆里过去;吃饭的时候,日子从饭碗里过去;默默时,便从凝然的双眼前过去。我觉察它去的匆匆了,伸出手遮挽时,它又从遮挽着的手边过去;天黑时,我躺在床上,它便伶伶俐俐地从我身上跨过,从我脚边飞出去了。等我睁开眼和太阳再见,这算又溜走了一日。我掩着面叹息。但是新来的日子的影儿又开始在叹息里闪过了。"②世界上最长而又最短、最慢而又最快、最普通而又最珍贵、最

---

① 《老子·道德经》第六十三章。
② 本书编纂组:《中外名言大全》,河北人民出版社 1987 年版,第 358~359 页。

慷慨而又最吝啬、最神秘而又最常见、最公平而又最悬殊、最大方而又最浪费不起的,就是时间尤其是现实时间。不仅人生最佳年龄的随机性、最优处境的普遍性,给所有年华、各种处境的人,以及所有职位、事业与创新者,毫无例外地展示出无限美好的生机,带来常抓常新常优的希望。时间尤其是现实时间的至关重要性,全方位昭示出立说立行、从今日做起的极端必要性和无比重要意义。

对此,中国马克思主义先驱李大钊在其《今》一文中说道:"宇宙大化,刻刻流转,绝不停留。""无限的'过去'都以'现在'为归宿,无限的'未来'都以现在为渊源。'过去'、'未来'的中间全仗有'现在'以成其连续,以成其永远,以成其无始无终的大实在。一掣现在的铃,无限的过去、未来皆遥相呼应";"世间最可宝贵的就是'今',最易丧失的也是'今'……'昨日'不能唤回来,明天还不确实,尔能确有把握的就是今日。今日一天,当明日两天。""人生本务,在随实在之进行,为后人造大功德,供永远的'我'享受,扩张,传袭,至无穷极,已达'宇宙之即我,我即宇宙'之究竟。"①印度诗人泰戈尔强调:"在人生的道路上,所有的人并不站在同一个场所。有的在山前,有的在海边,有的在平原上;但没有一个人能够站着不动,所有的人(现实的人)都得朝前走。"②德国19世纪诗人席勒指出"未来姗姗来迟,现在像箭一样飞逝,过去永远静止不动。"雪莱则大声疾呼:"过去属于死神"。③ 苏联教育家苏霍姆林斯基告诫儿子:"'明天',是勤劳的最危险的敌人。任何时候都不要把今天该做的事搁置到明天。而且应当养成习惯,把明天的一部分工作放在今天做完。这将是一种美好的内在动因,它对整个明天都有启示作用。"④大凡成就一番功业的伟人,无不具有既精通过去、明察未来,又立足现今、占有现今的能力;相反,那些既对过去不负责任、对未来不闻不问,又对现今不予担当、毫不介意的人,恰恰是社会的庸人、人生的失落者。时间永远属于它的珍爱者。一般人

① 《李大钊选集》,人民出版社1959年版,第93、94、96页。

② 引自许汝罗、王永亮主编:《思想道德修养与法律基础》(学生辅学读本),高等教育出版社2006年版,第91页。

③ 引自许汝罗、王永亮主编:《思想道德修养与法律基础》(学生辅学读本),高等教育出版社2006年版,第42页。

④ 引自李光伟:《时间管理的艺术》,甘肃人民出版社1987年版,第224页。

全力占有今日,勤奋者抢先走在时间前面,唯有懒汉懦夫、庸碌之辈才屡屡把今日的任务推迟到明天完成。人生最紧要的是把每一个今天的职位、事业与创新,尽最大努力做得最好。

　　人生的能量无比巨大,然而又总是有限的。按照物质不灭和能量守恒与转化定律,它不以这种方式释放出来,就必定以另一种方式白白地消耗掉。正是在这个意义上,奥斯特洛夫斯基呐喊道:"谁不能燃烧,就只有冒烟——这是定理。生活的烈火万岁!"①立说立行、从今日做起,即说到做到,立即从今天行动起来。它要求,每一个人生职位、事业与创新的最优规划建构者,都应立足现实、背靠历史、面向未来,充分发挥自己的年龄优势,尽可能地利用自己的职位、事业与创新的时空优势,言出即行,马上付诸实践;不仅要牢记明代学者钱鹤滩的《明日歌》:"明日复明日,明日何其多!我生待明日,万事成蹉跎。世人若被明日累,春去秋来老将至。朝看水东流,暮看日西坠。百年明日能几何?请君听我《明日歌》",而且要高唱明代诗人、画家文嘉的《今日歌》:

　　　　"今日复今日,今日何其少。
　　　　今日又不为,此事何时了?
　　　　人生百年几今日,今日不为真可惜。
　　　　若言姑待明朝至,明朝又有明朝事。
　　　　为君聊赋《今日诗》,劝君请从今日始!"

　　所有人都需切实做到从今日出发,从现有职位、事业与创新的最优规划建构起步,不断攀登人生制高点,创造出人生光辉灿烂的美好未来!

---

　　① 本书编纂组:《中外名言大全》,河北人民出版社 1987 年版,第 43 页。

第九章　人生机遇的最优对策与人生成才的最优规划建构

人生机遇与人生成才,堪称人生最优学研究必不可少的重要内容。它具有纵向漫长的贯通性和横向广阔的覆盖领域,涉及人生的各个向位、层面和过程,直接影响到人生价值效益的高低。人生机遇的最优对策与人生成才的最优规划建构,旨在最大限度地满足人生各个向位、层面和过程的相应需求,最高度地提高和实现人生价值效益。

一、人生机遇的最优对策

人生机遇贵在功用,重在对策尤其是最优对策。由于人生素质不同,不同的人对于人生机遇的态度往往不尽相同。懦夫、愚人信奉的是"人生由命,富贵在天",随遇而安;强者、聪明人奉行的则是"有机遇要上,没有机遇创造机遇也要上"。懦夫等待机遇,愚人坐失良机,强者、聪明人则通过制定和运用最优对策竭力寻求、创造和利用机遇。人生机遇的最优对策,主要包括人生机遇及其最优对策的内涵特征,人生机遇的最优对策原则,人生机遇的最优对策方法三项内容。

(一)人生机遇及其最优对策的内涵特征
人生机遇及其最优对策的内涵特征,大致由3个方面构成。
1.人生机遇的内在涵义
马克思曾指出:"生活中往往会有这样的时机",它好像是"表示过去一段时期结束的界标,但同时又明确地指出生活的新方向"。① 马克思的论述,从事物发展变化的转折和关键特点,正确科学地诠释了人生机遇的内在涵义。人生机遇在现实生活中广泛存在,并且具有广义和狭义之分。广义人生机遇,即有关人生认识和实践活动及其对象在运动、发展、变化过程中的关键时机、重要境遇。它既包括"良机",又包括"恶机",甚至还包括一般机遇。由于时间和空间是事物存在和发展、变化的前提条件,时间时时有,空间处处在,因而广义人生机遇无时不有,无处不在。狭义人生机遇,仅仅指人生中的良机佳遇,即人生需要与认识和实践活动的良性关键时间和重要有利环境条件。本书,侧重于狭义人生机遇的研究,适当兼顾广义人生机遇的探讨。

　　人生机遇,从其他角度还可以划分为相应的不同类型。从内容形式,人生机遇可以划分为纵向机遇、横向机遇。纵向机遇,即人生过程中的生存、发展、完善机遇。它主要包括学习机遇、工作机遇、生活机遇、发明创造机遇等。横向机遇,即主体人与他人、社会、环境之间关系的机遇。它主要由爱情机遇、婚姻机遇、家庭机遇、友谊机遇、交往机遇和其他个人与社会机遇,以及自然机遇等构成。从性质指向,人生机遇可以分为同向机遇、类向机遇、逆向机遇。同向机遇,是与人生预定目标相一致的机遇。通常所说的求之不得、正中下怀、"踏破铁鞋无觅处,得来全不费功夫"之类的机遇,即为同向机遇。类向机遇,即与人生预定目标大同小异、基本一致的机遇。投桃报李、歪打正着、"我欲将心照明月,奈何明月照沟渠","有心栽花花不开,无心插柳柳成荫"之类的机遇,便属类向机遇。逆向机遇,是与人生预定目标迥然不同,甚至截然相反的机遇。所谓"山重水复疑无路,柳暗花明又一村"、弄巧成拙、弄假成真、逢凶化吉、遇难呈祥之类的机遇,就属于逆向机遇。从规模大小,人生机遇可以分为宏观机遇、中观机遇、微观机遇。宏观机遇,是大型的集结性机遇。诸如影响毕生前途命运、价值效益巨大的各种形式的机遇,就属于这种类型。中观机遇,又称一般机遇;它是功用效能一般化的机遇。微观机遇,即小型分散性机遇。它主要包括日常学习、工作和生活中对人生影响不大、价值效益较小的机遇。在丰富多彩的人生机遇中,各种类型的人生机遇并不是孤立的,而是纵

---

① 《马克思恩格斯全集》第 40 卷,人民出版社 1982 年版,第 8 页。

横交错、互相制约的,由此构成有机复杂整体。

2. 人生机遇的本质特点

人生机遇复杂多样的内在涵义,决定了它具有 4 个方面的本质特点。

(1)偶然意外性。

偶然意外性,即偶然巧遇、出乎意料性。人生机遇具有不期而遇、偶然得知、出人意料的神奇特点。被誉为"科学幻想之父"的法国科幻小说家凡尔纳,就是在一次偶然意外机遇中跨入文学殿堂的。18 岁那年,凡尔纳在巴黎大学读书。有一次参加社会贤达、上流人士举办的晚会,下楼时童心犹存的他不是步行,而是骑在楼梯扶手上往下滑,结果撞在一个胖墩墩的绅士身上。此人正是赫赫有名的作家大仲马。从此,他结识了大仲马,并在其影响引导下踏上了文学创作之路,以至成为文坛巨匠。无独有偶。瑞士 19 世纪化学家桑拜恩发明烈性炸药,也颇具偶然意外性。当时,妻子不同意他在厨房里做试验,他只好趁她外出进行工作。一天傍晚,正当他在炉子上加热硫酸和硝酸混合物,忽然听到妻子回来的脚步声。他一下子慌了手脚,把装有酸液的玻璃坩埚打破。他来不及思索,顺手用棉布围裙去擦地上的酸迹。然后,将水洗过的围裙在炉子上烘干,不料竟"扑"的一声,围裙烧得无影无踪,并且一丝烟雾没有出现。由此,他生发开去,发明出烈性炸药用的"火药棉"。①

(2)时间差异性。

时间差异性,指的是时间长短不等,差异较大。人生机遇,有的具有一维性、一去不复返,有的则连续不断地再现;有的如电光石火一闪即逝,有的则持续几天、几个月,甚至几年、几十年;有的千载难逢、万年一遇,有的比比皆是。孔子认为,时光如流水,"逝者如斯夫,不舍昼夜。"②《国语》强调"从时者,犹救火,追亡人也;�而趋之,唯恐弗及。"③《晋书》告诫世人"时来易失,赴机在速。"④一般说来,灵感类机遇多半存在时间较短。灵感一旦到来,无论在梦中

---

① 白廉诚、曹石编:《成才之路》续集,中国社会科学出版社、广播出版社 1983 年版,第 81、84 页。

② 《论语》子罕。

③ 《国语》越语。

④ 《晋书》卷一百二十三。

还是在清醒、半清醒状态,如不及时抓住.记录在案,极容易溜走。而一些最佳生理心理状态和特殊的历史机遇,却往往持续相当长的时间。譬如学习、发明创造的最佳状态和某些历史时期机遇就长达几十年。经济、政治、文化与环境等方面可以大显身手的机遇,则多出现在社会变革、时局动荡、风云变幻的漫长岁月,或长时期的天时、地利、人和太平盛世等。

(3)多元丰富性。

多元丰富性,即多种多样性。人生机遇遍及人生的各项事业和过程。人世间播种收获有机遇:春种秋收。生死福祸有机遇;当生则生,当死则死,福祸无常还有常。医疗保健有机遇:凌晨4点心脏病对强心甙最敏感,使用效力比平时大40倍,早晨6～8点服用皮激素副作用最小,上午9时进行外科手术效果最佳,中午麻醉时间延续最长,晚上睡前服用维生素C最合时宜。教育树人有机遇:过早则"对牛弹琴"、枉费心机,过晚则勤苦难成、徒劳无益。科研夺魁有机遇:一马当先则独占鳌头,一步被动则连连失利。体坛竞技有机遇:相机而动则金牌垂胸,失机而行则名落孙山;下午4点是创造世界游泳纪录的时间,下午5时是打破世界跳跃纪录的最好时光。沙场拼搏有机遇:一举俘机则稳操胜券,一着不慎则一败涂地。经营决策有机遇:决断适时则财利亨通,坐失良机则囊空如洗……机遇的多元多维性充分体现出人生机遇的丰富多样性。

(4)双向规定性。

双向规定性,指的是人生与机遇相互规定。人生机遇尤其是狭义人生机遇,本身反映的是主客体之间的兼容关系。马克思主义者认为,环境可以改变人,人也可以改变环境。人既是环境的产物,又是环境的剧作者、剧中人与剧观众。机遇不仅可以选择人生,而且人生也可以选择机遇;机遇可以挑战、创造人生,人生也可以挑战、创造机遇。二者相互制约,相互影响。机遇只偏爱"有准备的头脑";同样,"有准备的头脑"也需要并可以寻求和创造出属于自己的机遇。人生与机遇的这种双向规定性,有着深刻的内在联系。这种内在联系,就在于人生机遇并不是纯粹偶然的、单向位的,而是和偶然一样背后隐藏着两种或两种以上的必然性,是两种甚至多种"必然的交叉点",具有双向甚至多向规定的性质。

3. 人生机遇的最优对策及其效用功能

人生机遇的最优对策,即在正确科学认知人生机遇的内在涵义、本质特点前提下,根据人生最大价值效益取向,对各种不同形式特点的人生机遇采取的最佳应对策略。其效用功能极大,乘机而动,不仅动势最强,功效最高,而且实现人生预定目标的可能性最大。一些学者认为,人生成功=才能+机遇+奋斗,"一个应得 100 分的方案,如果误了时机,结果只能得 50 分。而一个 60 分的方案,如果不失时机,也许能得到 80 分的结果。"①人生机遇的最优对策效用功能,大致可归结为 3 个方面。

(1)升华和矫正人生目标。

升华和矫正人生目标,即完善和提升人生目标,纠正人生目标这样那样的偏差失误。由于人生目标来自主体人自身需要的对象化,受到主客体诸多因素的决定和制约,主体人在不断发展变化,客体社会、环境处在永恒的运动变化过程之中,主客体之间的关系不断调整;因而,人生目标要达到和保持最佳状态,必须随时随地作出相应改变。然而,由于思维定势和外在阻力的消极影响,人生目标一旦形成便具有很强的封闭性、稳定性,过时了的或存在这样那样缺点错误的人生目标很难自行调整,人生的历史进程亦往往难以随机相应转向。人生机遇的最优对策则能够高度发挥主体能动性,充分利用同向机遇和类向机遇的正能量,以及逆向机遇的反作用,撞击和打破这种被动局面,及时迅速地升华和矫正人生目标,使之得到进一步完善、改进和提升,甚至能够催生和建立起新的人生最佳目标。

(2)充分开发主体潜能。

充分开发主体潜能,指的是尽可能地开发主体潜在能力。人的潜能极其惊人,无论人的体力还是智力,如果充分发挥出来,都将是人现在所运用的体力尤其是智力的成千上万倍,甚至无数倍。然而,主体潜能的发挥却往往需要人生机遇的最优对策的充分开发。英国 20 世纪著名影星卓别林,他的艺术潜能的开发就得益于一次偶然的机遇。卓别林的母亲,是一位歌舞演员。一次,她患喉管炎带病坚持上台演出,嘶哑的嗓子引起观众一阵阵喧哗嘲讽,演唱难

---

① 陈红春:《人生价值的要素》,上海文化出版社 1988 年版,第 38、39 页。

以为继。剧场经理灵机一动,决定让随母而来的小卓别林上场。那时的他只有 5 岁。初生之犊不怕虎,卓别林年幼无忌,随即登台。他时而童声悠扬,时而学着母亲嘶哑的嗓音演唱。一举一动闪耀着演艺天才的火花。掌声雷动,满堂喝彩。钱像雨点般从台下飞来,经理帮他捡钱。他却停下来对观众说:"经理捡了钱一定是放到他自己的腰包里了,我得去看看!"边说边迈着小腿尾随经理走进侧幕。观众们早已笑得前仰后合。正是这次偶然而又轰动性的演出机遇,打下充分开发他非凡艺术潜能的基础,成为他毕生从事演艺事业的最佳起点。①

(3)强力激励人生进取。

强力激励人生进取,即大力刺激和鼓励人生开拓奋进,取得长足进步。人生既具有自我发展、自我完善、自我实现的主体能动性,又具有墨守成规、听天由命的惰性特点。对一些人而言,尤其需要一定的鞭策激励才能有所进取。而在诸多鞭策激励因素中,人生机遇的最优对策起着至关重要的作用。英国 20 世纪著名神经生理学家谢林顿的成才,就颇具代表性。谢林顿出生于伦敦贫民窟,是一个孤儿。他从小养成玩世不恭、流氓无赖的性格,但却天资聪明。周围许多好心人劝他"改邪归正",可是他却自暴自弃,不思悔改。成年后的他,有一次心血来潮,斗胆向一位善良的挤牛奶女工求爱。他本以为能得到这样一位社会最底层女工的同情爱恋,没料到那位女工却严词回绝道:"我宁愿跳到泰晤士河里淹死,也不嫁给你!"这对于谢林顿,是有生以来最致命的刺激。然而,就是这样一次突如其来的刺激,像一根钢针深深刺痛并刺醒谢林顿那仅存的一点自尊心。于是,他悄然离开伦敦,隐姓埋名,刻苦攻读,不久考入世界最著名的高等学府剑桥大学。经过拼搏奋进,1932 年,他获得诺贝尔生理学及医学奖,成为当时世界最出色的神经生理学家。② 若不是巧遇那位女工打击的强力激励机遇和谢林顿采取相应的机遇最优对策,说不定他至死还是一个流氓无产者。

当然,对于人生机遇及其最优对策的威力影响不应无限夸大;不应像我国

---

①　参见韩秀琪等:《名人与机遇》,中国和平出版社 1989 年版,第 84、85、86 页。

②　参见文勇、泉福:《逆境·立志·成才》,四川人民出版社 1984 年版,第 297、298 页。

现代实用主义哲学家胡适所认为的那样,任何一个微小的偶然事件、偶然机遇,都可以给世界留下"不可磨灭的结果和影响";不能轻易认为某某人"他吐一口痰在地上,也许可以毁灭一村一族,他起一个念头,也许可以引起几十年的血战。他也许一言可以兴邦,一言可以丧邦"。① 要区分不同情况,力求给每一个人生机遇的效用功能以最正确科学的认知和最恰当的评价,力争制定出和实施好每一个相应的人生机遇最优对策。

(二)人生机遇的最优对策原则

人生机遇的最优对策原则,指的是根据人生机遇及其最优对策的内涵特征,联系实际,对人生机遇所采用的最佳对策准则。它主要有 3 条。

1. 提升自身素质,善于识别、预测、捕获人生机遇

人是识别、预测、捕获乃至创造、利用人生机遇的主体;人的素质的高低,对于识别、预测、捕获乃至创造、利用人生机遇,具有决定性意义。汉代学者王充在其《论衡·逢遇篇》曾记述道:"昔周人有仕数不遇,年老白首,涕泣于涂者。人或问之:'何为泣乎?'对曰:'吾仕数不遇,自伤年老失时,是以泣也。'人曰:'仕奈何不一遇也?'对曰:'吾年少之时,学为文。文德成就,始欲仕宦,人君好用老。用老主亡,后主又用武,吾更为武。武节始就,武主又亡。少主始立,好用少年,吾年又老,是以未尝一遇。'"这则故事给人们的深刻启示是,一厢情愿地单一坐等机遇,或者仅仅追随机遇,远远不及积极主动地提升自身素质、善于识别、预测、捕获人生机遇,对于人生更有价值效益;追风逐潮,随人其后,往往永无出头之日,而提升自身素质、善于识别、预测、捕获人生机遇,则能抢占先机,出人头地,独领风骚。其实,"机会无所不在;要随时撒下钓钩,鱼儿常在你最意料不到的地方游动。"②提升自身素质,善于识别、预测、捕获人生机遇,即尽可能千方百计地提高人生自身德智体美劳尤其是科学文化知识技能素质,防范和化解各种不利机遇,善于识别、预测、捕获人生的各种有利机遇。它要求,人生机遇主体必须行健自强,奋发学习,善于思考,具有良好的

---

① 胡适:《介绍我自己的思想》;《胡适文选》自序,安徽教育出版社 2006 年版。
② [古罗马]奥维德:《爱的艺术》,戴望舒译,安徽人民出版社 2012 年版。

科学文化知识素养和高超的识别、预测、捕获人生机遇能力;不仅一旦机遇出现能够及时准确地作出判断,予以正确科学地识别,而且能够高瞻远瞩地预测机遇,不失时机、卓有成效地捕获人生机遇。用英国思想家弗兰西斯·培根的话说就是:"在一切大事业上,人在开始做事前要像千里神那样察视时机,而在进行时要像千手神那样抓住时机。"①

2. 敢想敢干,勇于挑战和敢于创造人生机遇

机遇作为一种机会境遇既来自外部,又可以通过敢想敢干的人为努力去挑战和创造。对此,弗兰西斯·培根别有一番见解。他指出:"'看风者无法播种,看云者不得收获'。只有愚者才坐等机会,而智者则造就机会";智者创造机会比他得到的机会更多。因为,"不尝试的损失与成功的损失二者是无比较可言的;不尝试是根本抛弃了取得巨大利益的机会,不成功则不过损失了人们的小小的一点劳力";"当危险逼近时,善于抓住时机迎头邀击它总要比犹豫躲闪更有利。因为犹豫的结果恰恰是错过了克服它的机会"。② 敢想敢干,勇于挑战和敢于创造人生机遇,指的是大胆开拓进取,奋勇挑战一般机遇,努力创造出对自己有利的人生机遇。它规定,一方面,要全方位解放思想,敢想敢干,勇于挑战机遇、干预机遇和改造机遇;要充分认识到不少困难境遇实际化解起来,往往比人们事先想象的要渺小得多,容易得多;困难、挑战、风险,通常与成功、机遇收益成正比。另一方面,要敢于创造机遇,建树事业佳绩,力求做到有机遇要利用,没有机遇创造机遇也要为我所用,一切服从和服务于人生最大价值效益需要。

3. 充分利用人生机遇,乘机造福自身与社会

无论提升自身素质,善于识别、预测、捕获人生机遇,还是敢想敢干、勇于挑战和敢于创造人生机遇,本身都不是目的;二者的目的在于充分利用人生机遇,乘机造福自身与社会。充分利用人生机遇、乘机造福自身与社会,即面对形形色色的人生机遇,最大限度地利用人生机遇,乘机为自身与社会造福。它主张,充分用足用好每一个人生机遇,让其尽可能多地发挥理想效能,创造出

---

① [英]弗兰西斯·培根:《随笔选》,何新译,上海人民出版社 1985 年版。
② [英]弗兰西斯·培根:《新工具》,许宝癸译,北京出版社 2008 年版。

一个又一个人间奇迹。

（三）人生机遇的最优对策方法

人生机遇的最优对策方法，指的是按照人生机遇的最优对策原则，结合具体需要，对人生机遇的最佳应对方略法术。它大致有 3 大种类。

1. 人生机遇的最优识别、预测与捕获方法

人生机遇的最优识别、预测与捕获方法，即对人生机遇的最正确科学的识别、预测与捕获方法。它大致由 10 种方法组成。

（1）在广泛涉猎多方比较中发现、预见和捕捉人生机遇。

在广泛涉猎多方比较中发现、预见和捕捉人生机遇，即通过大量涉猎和多方鉴别，从中找出、预示和获取富有价值的人生机遇。它要求，深入社会，广泛学习，汲取多种知识素养，经过比较鉴别，从中寻觅、窥见和捕获到自己所需要的丰富多样的人生机遇。世界伟人大家孔子、张衡、亚里士多德、达·芬奇、爱因斯坦、居里夫人等人的成才，多采用了这一方法。

（2）在名人巨擘的成功足迹中寻求、领悟和捕获符合个人需要的人生机遇。

在名人巨擘的成功足迹中寻求、领悟和捕获符合个人需要的人生机遇，指的是在名人大家的成才之路中探寻、参悟和获取属于自己的大好机遇。它规定，深入研究古今中外名人的成功经验和失败教训，从中找到或悟出和获取既属于过去又属于现今，既适合他人又适合自己的大量有利机遇。大凡致力于发明创造者，无不注重并得益于这一方法。

（3）在意外际遇中发现、预示和获取人生机遇。

在意外际遇中发现、预示和获取人生机遇，即在意料之外际遇中找出、预见和获得某种有益人生机遇。它主张，"留心意外之事"①，善于通过现象揭示本质，透过偶然发现必然，依据意外找出某种人生成功契机。由于事物发展变化的某些不确定性和机遇的某些偶然意外性，现实生活中在意外际遇中发现、预示和获取人生机遇的现象大量存在。爱因斯坦年轻时登梯上墙更换一幅旧

---

① ［英］贝弗里奇：《科学研究的艺术》，陈捷译，科学出版社 1979 年版，第 34 页。

画,不慎掉落下来。他顿时悟出这样一个道理:"物体总是沿着阻力最小的路线运动。"受此启发,他进而创立起具有划时代意义的"相对论"。① 人类的其他一些重大发现,如一些疫苗的发明、原子裂变规律和基因图谱双螺旋结构的揭示等,也得助于这一方法。

(4)在良师益友的指点和不同学科的启迪中寻求、窥见和捕捉人生机遇。

在良师益友的指点和不同学科的启迪中寻求、窥见和捕捉人生机遇,指的是在良师益友的点拨和不同学科的启发中探寻、发现和获取所需人生机遇。它强调,广泛听取他人的正确意见和建议,善于跳出学科看学科,注重知识杂交、学科联盟、独辟蹊径,从而发觉和捕获某些发明创造的人生机遇。物各有优劣,人互有长短;"转益多师是吾师","勤能补拙是良训,一分辛苦一分才","与君一席话,胜读十年书"的情形屡见不鲜。清代著名书画家郑板桥独具风韵的字体,曾得益于妻子给予的点拨。早先,郑板桥经常在妻子身上画来画去,研究字形结构。一次,妻子有些不耐烦而又颇有风趣地说;"要练字么?你有你的体,我有我的体,何必老是在别人的体上写你的体!"郑板桥恍然大悟:"对啊,何必老是在别人的体上写自己的体!"从此,他一改模仿之风,锐意创新,终于在书法界创造出独树一帜的"板桥体"。② 至于从不同学科的启迪中寻求、窥见和捕捉人生机遇,从而创建起边缘交叉新兴科学,如哲学人类学、文化哲学、教育哲学、管理哲学、生态哲学、物理化学、生物化学的事例,更是屡见不鲜。

(5)在奇异现象因果联系的穷究中寻求、预见和捕获合乎个人需要的人生机遇。

在奇异现象因果联系的穷究中寻求、预见和捕获合乎个人需要的人生机遇,即在各种特殊现象因果联系的深入探究中寻觅、预见和获取自己所需要的人生机遇。它倡导,不忽略任何特殊现象,力求探明一切因果联系,发觉、预测和获取某种具有重大意义的人生机遇。德国20世纪地质学家魏格纳的"大陆漂移说",就是在病床上观察墙上的世界地图创立的。他从世界地图中察觉到一

---

① http//www.baidu.com2012.6.1百度百科·爱因斯坦·巨匠轶事。
② 参见叶星:《古今中外美德故事》,山西人民出版社1983年版,第127页。

个十分有趣的现象:大西洋东岸的美洲大陆海岸线与彼岸的欧洲、非洲的海岸线形状极为相似,竟能吻合地拼合在一起。于是,他在进一步研究的基础上"异想地开",提出了轰动地质学界的"大陆漂移说",并进而指出喜马拉雅山脉是由原在南半球的印度次大陆,经过5000万年9000千米的北移,与亚洲大陆相撞前沿隆起造成的。而今,科学实践已从不同角度证实了"大陆漂移说"的正确性。①

(6)在司空见惯的事件中鉴别、领悟和俘获人生机遇。

在司空见惯的事件中鉴别、领悟和俘获人生机遇,指的是在习以为常的事物中判别、解读和获取相应的人生机遇。它要求,密切关注身边发生的一切事情,从众人熟视无睹的现象中辨别、省察和捕获到某种规律,从而变"司空见惯"为某种人生良机佳遇。法国现代艺术大师罗丹据此说道:"所谓大师,就是这样的人:他们用自己的眼睛去看别人见过的东西,在别人司空见惯的东西上能够发现出美来。"北大方正集团的创建者王选院士主持研究发明的汉字激光照排系统,曾采用了此类方法。面对这一被人视为难以逾越的"禁区"的世界性难题,王选首先想到的是众所周知的英文字母可以激光照排,汉字与英文同属于人类文字,只是英文数量少、结构简单,汉字数量多、结构复杂,只要把光驱多转几圈,按汉字结构特点,用数码多编排和表达信息即可。功夫不负有心人。经过几年的艰辛研究,汉字排印终于告别铅与火的历史,迎来光与电的时代,王选本人因此而被誉为当代中国的毕昇。

(7)在偶然得知中寻觅、预示和捕捉人生机遇。

在偶然得知中寻觅、预示和捕捉人生机遇,即在偶然巧遇中寻求、预测和俘获一定人生机遇。它规定,打破思维定势,使之尽量发散化,从偶然中寻求、预见和捕获到某种机遇的蛛丝马迹。古希腊科学家阿基米德发现浮力定律,既是洗浴睡眠梦幻法的成功运用,又得益于一个极其偶然的机遇。当时,国王让他在保持原件完好无损的前提下,鉴定一顶精美绝伦的新制王冠是否用纯金制作而成。他冥思苦想,食不甘味,夜不成眠,百思不得其解。一个小小的王冠鉴定问题居然把这位立志"撬动地球"的伟人折磨得神魂颠倒。一天,国王降旨传阿基米德上殿汇报。蓬头垢面满腹惆怅的阿基米德决定洗澡后再去

---

① 参见江宝才:《成功之路》,河北人民出版社1981年版,第75~77页。

拜见国王。令他喜出望外的是,当他一进入浴盆,水便沿着盆边哗哗溢了出来,直到整个身子浸没在水中,水才停止外溢;同时,他感到身子在水中轻了许多。蓦然间,一道灵感的闪电出现在脑际。他茅塞顿开,欣喜若狂,连忙跳出浴盆,衣服也没顾上穿好,便半裸着湿漉漉的身子狂呼着"我发现了! 我发现了——"不顾一切地向王宫跑去。他穿好衣服,让人取来与王冠重量分别相等的金块、银块,然后把三者依次放入盛满水的同一容器里,看其溢出的水量有多少,进而确定王冠的含金量。结果,他发现它们排出的水量各不相同。于是他断定王冠中铸入了其他金属(银子)。从而他不仅用数学方法计算出王冠的实际含金量,而且进一步寻求到浮力定律。①

(8)在无疑之疑中领悟、预测和捕捉人生机遇。

在无疑之疑中领悟、预测和捕捉人生机遇,指的是通过对深信不疑事物的怀疑,参悟、预见和俘获相应的人生机遇。它主张,勇于向传统观念挑战,大胆怀疑既成定论,敢于推翻权威观点,善于在"无疑"之中见"有疑",从而悟出、预见和捕获某种有利于人生的契机。15 世纪,西方不少权威航海家经过一段时间的探险之后都断定不存在东西世界之间的新航道,更不存在彼此之间未曾发现的新大陆。雄心勃勃的意大利航海家哥伦布却不以为然。他认定地球是圆的,从地球上的任何一点径直出发,都能够回到最初的起始位置。他敏锐地直觉到某种潜在的成功机遇在向他召唤。于是,他另辟蹊径,与传统航向背道而驰,向西横渡大西洋,历尽千辛万苦,终于获得成功。哥伦布不仅回到出发点,而且发现美洲新大陆。然而,这一划时代的伟大发现,却引起一些浅薄之辈的非议。在庆祝哥伦布胜利归来的宴会上,有人轻蔑地对哥伦布说:"你发现了一个新大陆,这并没有什么了不起。新大陆本来就在那里,正好被你碰上了,这是任何人都能做得到的最简单的事情。"哥伦布听后莞尔一笑。他没有直接回答对方,而是顺手拿过一个鸡蛋说:"先生,你能让这个鸡蛋竖立在这光滑的桌子上面吗?"那人接过鸡蛋竖来竖去,怎么也竖不起来。其他人试过之后也都宣告失败。哥伦布拿过鸡蛋把尖头在桌子上轻轻磕破一点,鸡蛋

---

① 林加坤主编:《中外年轻有为历史名人 200 个》(外国部分),河南人民出版社 1982 年版,第 23~27 页。

就竖立起来了。一位好事者不服气地说:"这很简单,没有什么了不起,鸡蛋磕破一点本来就可以竖立起来嘛!"哥伦布微笑道:"是的,许多事情本来就是这样,也很简单,可是有的人却熟视无睹,没有发现;有的人长于思考,勇于探求,将它发现了,差别就这么'一点'。"然而,就这么"一点"之差,却足以构成智者与庸人的分野。①

(9)在否定自己的辩证思维中判别、预料和获取人生机遇。

由于事物的内外在矛盾性及其"自己运动"、自我发展、自我完善的规律性,事物的发展、变化表现为由肯定到否定,再到新的肯定,即否定之否定的螺旋式上升、波浪式前进的永无止境的过程。同样,在辩证思维中善于判别、预料和获取人生机遇,也离不开否定自己。据此,老子提出"胜人者有力,自胜者强"②的名论。在否定自己的辩证思维中判别、预料和获取人生机遇,即在推翻自己原有偏见的辩证思维中辨别、预测和俘获一定的人生机遇。它强调,不满足于自己的现有成就,善于怀疑自我、否定自我,向自我挑战,从而尽可能地提高人生机遇的判别、预料和获取概率。德国19世纪化学家李比希研究从海藻中提取碘时,发现母液底部沉积着一层深褐色液体,臭味刺鼻。凭经验,他随意将这些液体装进瓶子,贴上了"氯化碘"标签,从而让一次新发现的良机擦肩而过。而法国青年化学家波拉德经过同样的试验之后,却敏锐地感到幸运之神降临,意识到这不是一般的氯化物,而是一种新元素——溴。面对同样的机遇,一失一得,李比希痛心疾首,感慨万端。他把错贴的氯化碘标签撕下来贴在自己的床头上,以示悔恨与警觉。他语重心长地说:"除非有非常可靠的实验作根据,我再也不凭空地制造理论了。"③亡羊补牢,犹为未晚。从此,他一改以往那种过于自信的先验论研究方式,判别、预料和获取到大量的科学良机佳遇,成为农业化学奠基人。

(10)在历史发展规律、事物变化趋势及其转折关头探寻、预见和捕获人生机遇。

---

① 参见江宝才编:《成功之路》,河北人民出版社1981年版,第69~70页。

② 《老子·道德经》第三十三章。

③ 参见白廉诚、曹石编:《成才之路》续集,中国社会科学出版社、广播出版社1981年版,第87页。

印度有一句格言:正像一个年轻的老婆不愿意搂抱一个没有朝气的丈夫,"幸运女神也不愿意钟情迟疑不决、懒惰、相信命运的懦夫。"①在历史发展规律、事物变化趋势及其转折关头探寻、预见和捕获人生机遇,指的是在事物发展的历史规律、变化走势及其拐点关键探测、预料和获取相应的人生机遇。它倡导,在知识的海洋、实践的原野纵横驰骋,竭尽全力,最大限度地识别、预测和获取各种类型的人生机遇。百科全书式的文化巨人,大都是在深谙这一方法和运用这一方法的基础上取得辉煌建树的。

人生机遇的各种最优识别、预测与捕获方法不是孤立的,而是相互穿插,相辅相成的。在人生最优化过程中,应根据具体情况,适当选择,综合运用。同时,人生机遇的最优识别、预测与捕获,要决断神速,切忌迟疑延误。英国学者弗兰西斯·培根对此有一段精彩的论述。他说:"幸运的时机好比市场上的交易,只要你稍有延误,它就将掉价了。有时它又像那位出卖预言书的西比拉,如果你能买那预言书时不及时买,当你得知此书重要而想买时书却已经不全了②……机会老人先给你送上它的头发,当你没有抓住再后悔时,却只能摸到它的秃头了。或者说它先给你一个可以抓的瓶颈,你不及时抓住,再得到的却是抓不住的瓶身了。"③最优识别、预测与捕获人生机遇者,必须争分夺秒,穷追不舍,一抓到底,才能获得巨大成功。

2. 人生机遇的最优挑战和创造方法

人生机遇的最优挑战和创造方法,指的是按照主体人自身的一定愿望和诉求,最正确科学地挑战和创造有利于自身生存、发展和完善的人生机遇的方法。其实质在于既切实可行,又价值效益最大。人生机遇的最优挑战和创造方法,主要包括两种。

(1)放胆作为,科学挑战机遇。

放胆作为、科学挑战机遇,即大胆探索尝试,勇于正确科学地挑战机遇。

---

① 参见[印度]《五卷书》,季羡林译,人民文学出版社1964年版。

② 西比拉是西方古代传说中的女巫。她神通广大,善作预言,曾著书9卷献给罗马帝王,并索要重金,被罗马帝王拒绝。西比拉一气之下烧掉3卷仍索要原价。罗马帝王怀着好奇心将此书买下,读后发觉书中内容的确极为重要,但遗憾的是书已残缺不全。

③ 肖兰、丁成军编:《人才谈成才》,中国青年出版社1986年版,第239页。

它要求,面对各种形式的人生机遇,特别是人生意外机遇、突发事件、"不速之客",首先冷静分析,区别其不同类型特点、内外在联系,从而以便分别对待,使之机尽其利,遇尽其用,各自发挥自身应有的正能量。

（2）多管齐下,开拓创新。

多管齐下、开拓创新,指的是多措并举,综合利用各种有效方法,别开生面,锐意创新。它规定,面对诸多人生意外机遇、突然发现,在择优汰劣、优中选优的基础上,一方面,根据弗兰西斯·培根所说的"幸运的机会好像银河,它们作为个体是不显眼的,但作为整体却光辉灿烂"①的现实,通过广开机遇信息来源,尤其是广泛结交、多方求教、大力开展调查研究、深入社会生活、积极参加各种实践活动,最正确科学地发现、创造机遇,通过归纳、概括、总结提取出具有特定价值效益的机遇新特点,凭借移植、联想、发散、辐射形成新思路,力求创造出灿若星汉的机遇群体;另一方面,将各种不同形式的人生机遇有机整合在一起,使之相互补充、相得益彰,形成系统整体规模效能,发挥最大价值效益。

3.人生机遇的最优利用方法

人生机遇的最优利用方法,即最正确科学地利用一切人生机遇,赋予每一个人生机遇以最大限度的人生价值效益的方法。它在整个人生机遇的最优对策方法体系中居于核心主导地位,必须予以高度重视。人生机遇的最优利用方法,主要有4种。

（1）牢牢掌握命运主动权,强有力地统摄机遇。

人间世事,三分在天命,七分在人为。智者洞悉命运,愚者谙于命运,强者主宰命运,弱者屈从命运,智勇双全者创造命运,这一总规律是不可改变的。尽管一些事情身不由己,"我们还没有意识到,生活就把一切给我们安排好了。一旦它安排我们做完一件事,它接着又会安排我们去做另一件事。到头来我们就会发现,发生的一切事情都介于二者之间,又像是被迫做的,又像你情愿做的,而你也永远失去了你那个真正的自我。"②"命运"的实质在于先天

---

① 参见李光伟:《时间管理的艺术》,甘肃人民出版社1987年版,第65页。

② ［美］尤金·奥尼尔:《漫长的旅程·榆树下的恋情》,欧阳基、蒋嘉、蒋虹丁译,湖南人民出版社1983年版。

条件+后天奋斗+机遇。牢牢掌握命运主动权、强有力地统摄机遇,即充分发挥主体能动性,牢牢掌控命运主动权力,强力驾驭各种人生机遇。它要求,运用多种方式,牢固确立自身的主体地位,做自己的主人,做机遇的主人,巧妙地驾驭机遇之舟乘风破浪,全速驶向理想的彼岸。古今中外的名人巨匠,无一不是牢牢掌握命运主动权、强有力地统摄机遇的行家里手。

(2)分清机遇类型,不同机遇不同对待。

具体分析和具体对待事物,是科学方法论的实质、核心和灵魂,也是人生最优学的重要内容。分清机遇类型、不同机遇不同对待,指的是正确区别和不同对待各种各样的人生机遇。它规定,面对诸多类型机遇,首先看其属于什么样的机遇,是"良机",还是"恶机"、一般机遇? 是纵向机遇,还是横向机遇? 是同向机遇、类向机遇,还是逆向机遇? 是宏观机遇,还是中观机遇、微观机遇? 它们各有什么样的性质特点? 价值效益是有还是无? 是大还是小? 其相互关系如何? 然后,采取相应最优对策,予以不同对待,凭良机乘势而上,使恶机由大变小、由小变无,甚至由恶变良、坏事变好事,让一般机遇化平常为神奇。

(3)开发机遇潜力,疾速而又大力挖掘机遇价值。

"天予弗取,反受其咎;时至不行,反受其殃。"①俘机宜早不宜迟,用机宜快不宜慢。被誉为打开"生命之谜"的 20 世纪人类最伟大的科学发现 DNA 双螺旋结构理论的提出,颇令人震惊。本来英国女科学家罗萨琳·富兰克林对其早有研究,且成功拍摄出 DNA 晶体 X 射线衍射照片。遗憾的是她没有引起足够重视,没有抢抓机遇尽快予以完善和公开发表自己的成果,就过早地去世。另一位科学家鲍林则提出十分接近真理的 DNA 三螺旋结构,并意识到自己的结论应改为双螺旋结构,令人痛心的是由于动作迟缓还未来得及公开发表自己的见解,就被美国科学家詹姆斯·沃森、克里克抢先公开发表在《自然》杂志。DNA 双螺旋结构理论创立者的桂冠就这样被詹姆斯·沃森、克里克"投机钻营"幸运地拿走,而罗萨琳·富兰克林、鲍林却与之失之交臂。两方面的经验教训,发人深省。开发机遇潜力、疾速而又大力挖掘机遇价值,即尽可能开发机遇潜在力量,极其快速地大力开发每一个机遇的人生价值。它

---

① 司马迁:《史记》淮阴侯列传。

主张,运用现代化手段,采取最优化措施,切实使人生机遇的潜力得到充分开发,确保万无一失。

（4）奋力拼搏,矢志不渝,充分利用机遇。

任何事情的完成,都需要一定的力量支持和时间保障。奋力拼搏、矢志不渝、充分利用机遇,指的是努力奋斗,坚持不懈地利用好每一个人生机遇。它强调,以顽强毅力、科学方式,艰苦奋斗,不仅使每一个机遇产生最大人生价值效益,而且力求通过最大限度地优化彼此之间的相互关系,获得"1+1>2"的人生机遇系统整体最大价值效益。

二、人生成才的最优规划建构

人生成才,堪称所有人的美好夙愿。世界上每个人无不具有成才的内在品质,无不拥有成才的热切向往和执着追求。人生成才,可谓人类生存尤其是人类发展的天性所在和必然诉求。人生成才的最优规划建构,大致涉及人生成才及其最优规划建构的价值取向,人生成才的最优规划建构原则,人生成才的最优规划建构方法三个部分。

（一）人生成才及其最优规划建构的价值取向

人生成才及其最优规划建构的价值取向,作为人生成才及其最优规划建构所决定采取的价值方向,主要涉及 3 个方面的内容。

1. 人生成才的意蕴规定

一般说来,人生成才,即通过学习、实践提高人生素质,使人生才能发展发挥到一定限度,为人类作出应有的较大贡献,成为社会有用人才。它包括德、智、体、美、劳诸多方面的元素。正是基于这样一种认识,法国著名科学家巴斯德指出:"人生最重要的,不在于增高地位,乃在于善用自己的才能,用到最高的限度";爱因斯坦强调:"我们胜过野兽的主要优点就在于我们是生活在社会之中",能"增进人类利益"。[①] 人生成才所涉及的人才,从不同角度可以划

---

① 《爱因斯坦文集》第 3 卷,许良英等编译,商务印书馆 1979 年版,第 38 页。

分为内潜人才、外显人才,早慧人才、晚成人才,历史人才、现实人才、未来人才,哲学人才、自然科学人才、人文社会科学人才,思维科学人才、语言科学人才、行为科学人才,单一科学人才、交叉科学人才、边缘科学人才、新兴科学人才、系统科学人才,理论科学人才、实践操作技术人才、管理科学人才,战略型人才、战术型人才、实干型人才,高层次人才、科技领军人才、拔尖创新人才、一般人才,专业科学人才、艺术科学人才、专业技术人才、道德型人才、复合型人才,农业人才、工业人才、商业人才、教育人才、科技人才、文化人才、体育人才、卫生人才、军事人才、外交人才,以及基础知识宽厚发明创造能力突出的"三角形人才"、基础知识狭窄发明创造能力较强的"菱形人才"、基础知识宽厚发明创造能力较差的"梯形人才",地区级人才、国家级人才、世界级人才,怪才、奇才、全才、天才等。

人生成才的意蕴规定所涉及的人才类型划分,仅具有一般相对意义。各种人才类型之间并不是绝缘的,而是相互交叉重叠的。同一个人才类型可以一身兼有数型特点或介于数型之间;同时,人才类型亦不是一成不变的,在一定条件下它们可以相互转化。

2. 人生成才的内外在要求

人生成才的内外在要求,指的是人生成才的内在素质规定和外在条件保障。

(1)人生成才的内在素质规定。

人生成才的内在素质规定,即人生成才的内在素质构成规范形式。它要求,欲成才者应德、智、体、美、劳全面发展。一方面,具有远大的理想目标、高尚的道德情操、为人类利益献身的崇高精神;另一方面,博学多才,一专多能,尤其是思维方式具有敏锐性、怀疑性、连贯性、发散性、综合性、飞跃性、创造性、抗干扰性等宝贵素质;再一方面,体魄健全,精力充沛,能够担当繁重的学习、工作任务,具有高度抗压力;第四方面,审美趣味健康积极,蓬勃向上;第五方面,劳动创造勤奋刻苦,方式方法科学高效,具有坚韧不拔的意志和持之以恒顽强拼搏的进取精神等优秀品质。

(2)人生成才的外在条件保障。

人生成才的外在条件保障,指的是人生成才的外部支持系统。它规定,高度优化四个子系统。

其一，"人——时"系统。本系统，即人与时代或时势或时间的关系系统。恩格斯曾坦率地说道："我们只能在我们时代的条件下去认识，而且这些条件达到什么程度，我们就认识到什么程度"；"我们这个时代的理论思维，都是一种历史的产物"。① 时代或时势或时间不仅决定成才的性质，而且规定成才的数量，决定成才的目标、道路和方式方法。一般说来，经济繁荣、政治清明、文化昌盛的时期，有利于人生成才；而经济衰退、政治腐败、文化萧条的时期，不利于人生成才。我国先秦时期诸子百家争鸣、人才济济的生动局面，盛唐时期人才辈出、群星灿烂的动人格局，以及近代民生凋敝、动乱不止所造成的"万马齐暗"人才匮乏的衰落境况，便是强力佐证。然而，这并不是绝对的。时势固然可以造英雄，但英雄也可以造时势。有时候，在经济衰败、政治动荡、文化落后的恶劣社会环境条件下，也可以造就少数特别伟大的巨人。我国古代先哲老子所说的"大道废有仁义，智慧出有大伪，六亲不和有孝慈，国家昏乱有忠臣"②，恩格斯所讲的"经济上落后的国家在哲学上仍然能够演奏第一小提琴"③，经济贫困而哲学人文社会科学先进的 18 世纪的法国和 19 世纪的德国，就是典型的例证。同时，时间是人生存续和发展的空间，没有一定的时间就不可能成就任何事业。意大利著名科学家、画家达·芬奇在米兰修道院创作世界名画《最后的晚餐》的艰辛过程，颇发人深思。当达·芬奇把其他十几位人物如期画好后，却迟迟画不出耶稣和犹大。副院长告状给大公，大公把达·芬奇召去问询原因。达·芬奇不仅说明耶稣需画出圣洁、高尚，犹大需画出卑污、奸诈而长时难以下笔的缘由，而且进一步解释道："有天资的人，在他们工作最少的时候，实际上是他们工作最多的时候。因为他们是在构思，并把想法酝酿成熟，这些想法才能通过他们的手法表达出来。"接着，达·芬奇不无怨言地反唇相讥道："如果副院长要我马上画出来，在我至今仍没找到犹大理想模特的情况下，我就只好把副院长的尊容画上去了。"④与此大同小异的

① 《马克思恩格斯选集》第 3 卷，人民出版社 2012 年版，第 933、873 页。
② 《老子·道德经》第十八章。
③ 《马克思恩格斯文集》第 10 卷，人民出版社 2009 年版，第 599 页。
④ 参见王通讯：《人才学通论》，中国社会科学出版社 2001 年版，第 400 页。

另一则故事是,英国牛津大学科学家莫尔里斯教授,美国普林斯顿大学、麻省理工学院数学家约翰·纳什教授等,因聚精会神致力重大科研攻关,几年甚至十几年没发表1篇论文,结果却因厚积薄发而一举获得诺贝尔经济学奖。两则故事诠释出同一个非常重要的道理:日月星辰高悬于天上,不为低俗者接近;金银瑰宝深藏于地下,不容浅尝者问津。学尚高深,业贵精进。目光短浅、急功近利、心浮气躁难成大业,充其量只能创作出短平快的中小成果。当今,高校、科研机构的一年一检查、三年一评聘、重立项而轻实绩的用人评价机制,国家各种基金项目立项不仅单凭申报者本人或雇人所写的几千字的填报即可获得几十万、甚至上百万元或更多的立项经费,而且大多限制在 1~3 年内完成,从而严重危害培养和使用世界级高端人才,不利于甚至严重阻碍出高精尖重大原创成果。① 这类现象,必须予以迅速彻底纠正。

其二,"人——地"系统。该系统指的是人与地域、国家环境的关系系统。一般说来,文明程度高的地域、国家可以促进人生成才,文明程度低的地域、国家妨碍人生成才。人们所熟知的我国古代"齐鲁(山东)出人才",近代"江南出才子,江北多大将,京都聚人才"的史实,以及各种类型的专业人才名城、专业人才之乡、高端人才聚集地、各类人才荟萃国家等,反复印证了这一结论。据统计,1901 年诺贝尔奖设立以来至 2015 年,全世界共有 898 人获此殊荣。我国作为占世界人口 1/5 的第一人口大国,大陆培养的中国籍诺贝尔奖获得者仅有莫言和屠呦呦。15 亿国内外华人也只有 12 人,而仅 3 亿人口的美国则有 356 位诺贝尔奖获得者。英国仅剑桥大学卡文迪许实验室诺贝尔奖获得者就近 30 人。即使我国诺贝尔奖获得者达到 177 人,也仅仅为世界人均诺贝尔奖的一般化水平。造成这样一种极为落后尴尬的局面,绝不是由于我们中华民族缺乏聪明才智,因为中国人无论古代还是现代,一向被世界公认为最智慧的民族,而是与我国僵化的教育体制、官本位传统、"左"的干扰,有着直接的关系。生活在不同地域、国家的犹太人,他们的人生成才颇发人深思。犹太

① 至于国家各种基金项目初评盲审表不允许填写前期相关成果发表出版出处级别,以及专家只能按课题"熟悉"程度打分的规定,则只能使鱼龙混杂,真正的原始创新项目被淘汰,入选的只能是较好而不是最好的项目。当今社会畅销书中几乎没有一部国家基金项目图书的严酷现实,就是强力证明。

民族,堪称世界上最富有发明创造精神的民族。海涅、贝多芬、马克思、恩格斯、爱因斯坦、冯·诺依曼、弗洛伊德等世界伟人,均为犹太血统。犹太民族诺贝尔奖获得者占本民族人口比重遥居世界第一位。仅 1901~1970 年诺贝尔奖得主,每万人中获奖人数为 0.64,是非犹太人 0.023 的 28 倍。然而,生活在战乱之国以色列的大量犹太人,却极少有诺贝尔奖获得者。[①] 这无疑与"人——地"关系系统不同密切相关。

其三,"人——人"系统。本系统即人与人之间的关系系统。其中,主要包括血缘关系、师徒关系、业缘关系等人际关系系统。"人——人"系统,对于人生成才尤其重要。血缘人才链,如我国汉代史学家司马谈——司马迁,现代的钱玄同——钱三强,瑞士连续产生 11 个著名数学家的贝努利家族,美国爱德华家族等就颇具代表性。爱德华家族其始祖爱德华是一位学识渊博的哲学家。仅他的 8 代子孙中就出了 13 位大学校长,100 多位教授,80 多位文学家,20 多位国会议员和一位副总统。而祖克的家族则相反。祖克是一个缺乏文化修养的赌徒酒鬼。他的 8 代子孙中竟有 300 个乞丐,7 个杀人犯和 60 多名盗窃犯。[②] 师徒人才链,如我国著名数学家熊庆来——华罗庚——陈景润,英国著名科学家巴罗——牛顿。业缘人才链,如我国的中国科学院、北京中关村人才高地、北京大学、清华大学,美国的兰德公司、硅谷、哈佛大学等。大量正反两方面的例证说明,成才既与先天遗传素质相关联,又与"人——人"系统中的文化教育传承密不可分。

其四,"人——物"系统。该系统指的是人与物质条件的关系系统。通常说来,物质条件优越的易于成才;反之,则不易于成才。美国当代学者朱克曼女士的调查统计结果表明,1901~1972 年美国诺贝尔奖获得者出身于经济条件优越的科学人员之家和经理、企业主之家的占 81.7%,而出身于经济条件较差的农民、工人、服务人员之家的仅占 18.3%。[③] 此后至今的情况,与此大体一致。同时,工作单位物质条件的优劣和社会投资数量的多少,也会影响人生成才的质量、数量和层次。

---

① 参见严智泽等主编:《创造学新论》,华中科技大学出版社 2002 年版,第 22 页。
② 见莫语:《数字知道答案》,北京邮电大学出版社 2006 年版,第 64 页。
③ 参见王通讯:《人才学通论》,中国社会科学出版社 2001 年版,第 224 页。

人生成才的内在素质规定与外在条件保障,有主有次。作为内因的内在素质规定是人生成才的根据,作为外因的外在条件保障是人生成才的条件,外在条件保障通过内在素质规定而起作用。人生成才与否、成才大小,主要取决于主体者本人。只有既立足人生成才的内在素质建设,坚持自力更生,艰苦奋斗,充分发挥自身主体积极创造性,又大力争取良好的外在条件保障,才能在人才天地最有效地耕耘,最科学地播种,获得最大面积的收获,才能真正成为有用之才、伟人之才!

3. 人生成才的最优规划建构及其愿景指向

人生成才的最优规划建构,即根据人生成才的意蕴规定、内外在要求,尤其是人生最优化需要,对人生成才的最正确科学的规划建构。人生成才的最优规划建构愿景指向,即人生成才的最优规划建构意愿情景所指向。它既受制于人生成才的意蕴规定和内外在要求,又与人生成才的最优规划建构其他方面息息相关。人生成才的最优规划建构及其愿景指向,重在根据人生成才最优规划建构的意蕴规定、内外在要求,充分利用一切有利条件和可能,全面培养和发展人生各方面的才能,最大限度地提高和实现自身的价值。

(二)人生成才的最优规划建构原则

人生成才的最优规划建构原则,指的是基于人生成才及其最优规划建构的价值取向,联系实际,对人生成才的最佳规划建构准则。它主要包括两项内容。

1. 认识人才,解读人才,志在成才

360 行,行行需人才;360 行,行行育人才;360 行,行行出状元。人人都能成才,人才多种多样。认识人才、解读人才、志在成才,即在正确科学地认识和解读各级各类各种各样人才特点、作用、价值的基础上,立志成为社会有用之才。现代心理学研究表明,人生成才潜能极大,近乎无限。每个人都可以成才,即使傻瓜,由于其总有一两对基因优秀或比较优秀,也可以通过正确科学开发在某些方面成为专才。人类最大的无知是对自身潜能资源的无知,最大的浪费是对自身潜能资源的浪费。然而,人生成才却并非轻而易举。它不仅需要个人的天赋和一定的外在条件环境,而且更离不开科学而又行之有效的

方法和个人艰苦卓绝的实践奋斗。真正的人才能在顺境中叱咤风云,乘势而上;会在逆境中翻江倒海,改地换天;能在虚境中明察秋毫,还原真相;会在常境中一反常态,扶摇直上。良好的学校教育,高层次的学历,丰富的学识,优越的工作、生活条件环境,固然相当重要;但是,它们却不是人生成才的充要条件,不是人生成才的最重要因素。学历不等于能力,知识不等于智力,工作不等于贡献,"世界上第一个教大学的肯定不是大学毕业";自古英雄多磨难,从来纨绔少伟男。人生成才重在奋斗,要在方法,贵在创新,最高境界在于原始创新。人生成才的关键、成才的主动权、成才的决定因素,在于人自身尤其是大无畏的创新胆略和伟大献身精神。事在人为,成才由己。人生成才与否、成才类型、成才大小,主要取决于主体者个人。只要肯努力、会努力、努大力,人人都能成为人才,个个都能成为大才,甚至成为天才。一些伟人大家他们不仅德才兼备,而且不少学历不高,工作生活条件环境相当一般甚至低劣。世界文化名人孔子、古希腊著名思想家苏格拉底,几乎没有进过严格意义的学校;马克思主义创始人恩格斯、新中国的缔造者毛泽东、中国改革开放的总设计师邓小平、我国前任全国人大常委会委员长万里、著名数学家华罗庚、我国大陆籍的诺贝尔文学奖获得者莫言等,都只有普通中等学校学历;当今世界最伟大的科学家爱因斯坦既不是研究生毕业,也不是毕业于世界名牌大学,而是毕业于瑞士苏黎世工业大学;世界发明大王爱迪生,苏联著名文学家高尔基等,则只有小学学历,并且他们的成才大都经历了各种不同的生活磨难。"切莫怨东风,东风正怨侬。"①那种怨天尤人、自视怀才不遇、生不逢时或责怪自己学历低、毕业学校差、工作生活条件环境不佳,而无所作为的托辞幽怨,纯属懒汉懦夫所为,应当彻底摒弃。认识人才、解读人才、志在成才要求,全面深入认识和理解各种不同类型层次的人才品质,结合自己的文化知识特质、性格特点、兴趣爱好,以及社会需要,立志成为最能彰显自己个性特长,最能提高和发挥自身才能,最能实现自身价值,对社会大有作为的人才。

2. 立足专才,瞄准全才,成为大才

业贵精专,学贵渊博,精益求精,多多益善。社会部门行业林林总总,人才

① 郑燮:"菩萨蛮·留青"。

需求不拘一格。有的需要用人一技之长,有的需要用人多才多艺,甚至需要世界级人才、全才、天才。立足专才、瞄准全才、成为大才,指的是遵循人生成才规律,首先立足成为专才,然后瞄准全才,通过向全才奋斗成为大才甚至天才。它规定,欲成才者应以自己的专业为发展平台,凭借自己的专业特长大干、巧干、拼命干,力争成为一专多能的专才或多专多能的全才,甚至成为战略型人才、领军人才、拔尖创新人才、复合型人才,以及世界级人才、怪才、奇才、全才、天才。

(三)人生成才的最优规划建构方法

人生成才的最优规划建构方法,指的是依据人生成才的最优规划建构原则,结合具体需要,对人生成才的最佳规划建构方略法术。它主要有 5 组 10 种方法。

1. 顺势成才法与逆势成才法

顺势成才法,即顺应社会或某一部门、行业、领域或学科、专业发展大趋势,乘势而上,一举获胜的成才方法。它要求,欲成才者要有天才的预见能力,敏锐的观察能力,不失时机成才的决断能力,立说立行的紧张而又有序的作风、正确科学的方略法术和不屈不挠的顽强拼搏精神,瞄准人生社会部门行业发展势头,顺应时代潮流、社会发展大趋势,建树划时代甚至超时代震惊社会的丰功伟绩。

逆势成才法,是在内外在条件匮乏、处境不利的情况下,奋击逆境、知难而进、化险为夷、化害为利的成才方法。它规定,居逆境而不惊,处劣势而不乱,笑对人生,"明知山有虎,偏向虎山行",迎着困难走,顶着风浪上,既巧妙与"狼"周旋,又机智"与狼共舞",司机而行,逆势而进,不达目的决不罢休。古今中外不少名人大家,就是通过逆势成才法而成才的。

2. 协作成才法与竞赛成才法

协作成才法,即按照主体自身成才的需要,与他人或团队通力合作、协同攻关的成才方法。它在当今社会和未来全球化时代,越来越发挥巨大作用。协作成才法,其优势在于不仅能够大量聚合信息、集思广益、互通有无,而且能够分工协作、取长补短、相得益彰,能够抢时间、争速度,见效快、成效高。协作成才法主张,广泛开展协作活动,求同存异,优势互补,团结奋进,以协作优势取得特有的巨大价值效益。

竞赛成才法,是与同行人员以协议或心照不宣或其他形式进行体力、智力、成就等方面的和平竞赛的成才方法。它能够充分发挥主体潜能,全面调动人的积极性,从而促使自身迅速成才。列宁曾高度评价竞赛成才法的意义。他认为"有才能的人在人民中间是无穷无尽的",恶性竞争则"排挤"人的"进取心、毅力和大胆首创精神";而在友好"竞赛"这个"舞台"上,人们"能够大显身手,施展自己的本领"。① 研究成果表明,在友好竞赛条件下滑雪、游泳,82.2%的人能提高运动成绩;在体操竞赛中,运动员的肌肉用力精确度可提高 30~50%。② 竞赛成才法强调,敢想敢干,敢于向别人挑战,并且勇于接受别人挑战,勇于胜利,不获全胜决不休止。同时,在竞赛成才中必须恪守竞赛道德、竞赛规则,坚持友谊第一、竞赛第二的原则,谨防弄虚作假、嫉才妒能等不良现象发生。

3. 专向成才法与纵横成才法

专向成才法,即专注于某一项任务,全力以赴,孜孜以求,直至取得成功的成才方法。它多适用于难度较大的科研攻关项目。该方法要求,化整为零,集中一切优势力量,稳扎稳打,各个击破,取得专项最佳成才价值效益,为获得整体最大价值效益创造良好条件。

纵横成才法,是在几个不同部门、行业、领域或学科、专业纵横驰骋,左右逢源,四面出击,八方推进,交错伸展,长驱直入,全方位突破的成才方法。它多适用于难度较小的目标群体,或难度较大的单项分解化大型任务。其优点是见效快、收益高。这种方法规定,积零为整,调动一切积极因素,采取一切可能采取的措施,进行战略大决战,战术广配合,直至全面取得成功。

4. 直接成才法与间接成才法

直接成才法,即无论条件如何,直接选定某一目标开展工作,或边干边学、边学边干,在干中学、在学中干,干学结合、学干一体、相互促进的成才方法。它往往省时、省工、省力,能绩相长、效果显著,具有长流水不断线、百川汇大海

① 《列宁选集》第3卷,人民出版社2012年版,第375页。

② 白廉诚、曹石:《成才之路》第1集,中国社会科学出版社、广播出版社1981年版,第142页。

的态势。被誉为"万能科学家"的钱伟长、世界发明大王爱迪生等人的成才，所采用的大多是这种方法。直接成才法主张，提前起步多尝试，勤学苦练早创业，早出成果、快出成果、多出成果、出好成果，成为早慧人才、伟大人才。

间接成才法，是先打好坚实的科学文化基础，掌握科研操作技能，然后再选定具体奋斗目标，付诸实践的成才方法。它具有中后期爆发效应，一般人多采用这种方法。间接成才法强调，努力学好科学文化知识，强化多种实践技能，在一定时期大显身手，全面收获。

5. 转向成才法与拼搏成才法

转向成才法，又称换元成才法。它是根据个人的兴趣爱好、实际能力和学科专业热点的变迁，随机转移攻关目标方向的成才方法。它主要适用于具有多项才能的全才人物。我国学者郭沫若和美国科学家尤里的成才，运用的就是这种方法。郭沫若早年学医，后来改习文学，新中国成立后从政担任国家政务院副总理、中国科学院第一任院长。他一生在医学、诗歌、戏剧、历史学、管理学等学科，都颇有造诣。尤里在大学时代学习动物学，以后改攻化学。1932年他发现重氢——氘，1934年获诺贝尔化学奖；第二次世界大战后，他又宣布继续改行，转向地球化学研究，毕生硕果累累。该方法要求，解放思想，更新观念，打破常规，及时放弃能绩不大，甚至一无所获的奋斗目标和缺乏发展前途的任务，坚持按照动态调优原则，适时进行战略重点大转移。但要注意防止不求甚解，见异思迁、盲目追赶时尚。

拼搏成才法，即在选定正确目标和方法途径的前提下，奋力拼搏，持之以恒，直至取得彻底胜利的成才方法。它是人生成才的必备方法，带有普遍的意义，适用于所有人的成才。这种方法规定，竭尽全力，奋勇登攀，矢志不移，直至实现既定人生成才目标。

不仅如此，扬长成才法、聚焦成才法、重点成才法、边际成才法、德能成才法，以及前面所涉及的其他一切人生的最佳设计方法、最优规划方法、最佳建构方法、最优调控方法、最优对策方法等，对于人生成才亦具有巨大价值效益。鉴于人生成才的最优规划建构方法对于不同的个人、不同的任务，作用不尽相同，因而在具体运用中，应酌情选择、区别对待、高效利用，力求取得人生成才整体最大价值效益。

第十章　人生环境的最优对策、营造与人生生活方式的最优化

人生环境与生活方式,是人生的外在条件与内在要素的结合体及其表现形式。它关系到人生质量的优劣。人生环境的最优对策、营造与人生生活方式的最优化,意在科学认知其意蕴特点和本质属性的基础上,运用最正确科学的理论、原则与方法,应对和消除其弊端,营造最良好的人生环境,建立起最健康文明积极向上的人生生活方式。

一、人生环境的最优对策、营造

人生环境的最优对策、营造,对于最大限度地维护和提高人生质量,具有重要保障功能。它主要涉及人生环境及其最优对策、营造的意蕴特点,人生环境的最优对策、营造原则,人生环境的最优对策、营造方法三项内容。

(一)人生环境及其最优对策、营造的意蕴特点

环境不仅是人类孕育诞生的母体,而且是人类生产、生活、发展的不可缺少的外部条件。环境创造人,同样人也创造环境。人与环境相互规定,相互影响,有机地统一在一起。我国古代的"孟母三迁故事",某些科学风水术,现代的生态环保理念,均不同程度地折射出人生环境对策、营造的重要性。马克思认为,"环境的改变和人的活动或自我改变的一致,只能被看做是并合理地理解为革命的实践。"[①]人生环境就其狭义而言,指的是环绕个人生活的人文条

---

① 《马克思恩格斯文集》第1卷,人民出版社2009年版,第500页。

件、社会条件和自然条件。它包括人文环境、社会环境、自然环境,以及与此相联系的个人所处的顺境、逆境、虚境、常境和居室环境等。人生环境的最优对策、营造,是对人生环境的最佳应对策略和营建创造。它旨在按照人生最大价值效益取向需要,结合人生面临的环境特点,力求以最少的人力、物力、财力、时间投入、消耗,获得最大的人生环境价值效益。

(二)人生环境的最优对策、营造原则

人生环境的最优对策、营造原则,即根据人生环境及其最优对策、营造的意蕴特点,联系实际,对人生环境的最正确科学对策、营造准则。它主要有两项。

1. 净化环境,消除不良因素

当今世界,经济日趋全球化,政治激荡多极化,文化取向多元化,科技信息爆炸化,网络媒体所容纳的信息种类数量不仅集全球信息之最,而且传输之快令人惊诧不已。通常,一台普通的国际互联网电脑,瞬间即可查询到来自世界各地的相关信息。与其同时,良性和劣性信息鱼龙混杂、优劣难辨,给人类听觉和视觉器官带来极大的冲击,思想观念造成重大影响。同时,环境污染、生态破坏现象屡禁不止,长期得不到应有改观。净化环境、消除不良因素,即尽可能地改造不良环境,纯洁优化各种环境,消除环境污染和生态破坏。它要求,标本兼治、惩防并举、多元结合、综合治理,大见成效。一方面,通过强势宣传教育,大力提高人们防治人文环境、社会环境、自然环境污染和劣化的自觉性、主动性、积极性;另一方面,严把人文环境、社会环境、自然环境污染源关口,防止各种不良现象发生;再一方面,对已经出现的人文环境、社会环境、自然环境污染和生态破坏,予以彻底清除。当今我国,尤其应加大对社会治安、公民人身安全的保障力度和相关违法乱纪行为的惩治力度,提高对网络媒体违法乱纪现象和黄、赌、毒的打击力度,破除极端个人主义、官僚主义、形式主义、享乐主义、奢侈腐化和乱拆乱建、欺上瞒下、巧立名目、投机钻营、大肆侵吞国家和人民财产利益的歪风邪气,进一步治理空气污染、水体污染、食品污染、电磁波污染,大力防止能源资源无序开发、森林植被破坏、水土流失、沙漠化、石漠化、荒漠化,确保环境全面好转。

2. 美化环境，创造佳境

美化环境、创造佳境，指的是通过大力开展相应活动，美化人文环境、社会环境、自然环境，营造清新宜人的相应最佳环境。它规定，通过大力美化环境、创造环境，向环境要质量，向环境要效益，尽可能地创造出优美温馨和谐友好的人文环境、社会环境、自然环境。美化环境、创造佳境，最重要的是树立人境相宜、和谐共处、天人合一的正确科学理念，而不是对立排斥的非正确科学错误意识。通过最大限度地努力，让行动告诉环境，我们是友好的使者，而不是破坏的力量；让现实告诉未来，我们是优美和谐环境的创建者，而不是破坏环境的恶势力；力求人与人文环境、社会环境、自然环境永远和谐相处、融为一体。

（三）人生环境的最优对策、营造方法

人生环境的最优对策、营造方法，指的是按照人生环境的最优对策、营造原则，结合具体需要，对人生环境的最佳对策、营造的方略法术。它至少在利益关系及其取向层面，有 5 种方法。

1. 凭借顺境，扶摇直上

顺境，即与人生的美好愿望、价值取向相协调的生活情境。凭借顺境、扶摇直上，指的是凭借现有顺利境遇，乘机借势而上，干出一番理想大事业。它要求，致力做好两项工作。

（1）不负大好形势，珍惜有利时机。

不负大好形势、珍惜有利时机，即不辜负自己所面对的大好形势，高度珍惜和利用人生一切有利时机。大好形势、有利时机，由一系列积极因素构成，散布于人生的各个向位、层面和过程。弗兰西斯·培根有句名言："造成一个人幸运的，恰是他自己。"①"幸运的机会"既具有多元性，又具有来之不易、往而不复的特点。不负大好形势、珍惜有利时机要求，面对大好形势、有利时机，一定倍加珍惜、充分利用，造成优势积累，力争赋予每一个大好形势、有利时机以最大限度的人生价值效益。

---

① 参见李光伟：《时间管理的艺术》，甘肃人民出版社 1987 年版，第 64 页。

（2）借助有利条件,乘势而上。

借助有利条件、乘势而上,指的是凭借一切有利条件,乘机驾驭一切有利局势,勇往直前。马克思曾指出:"当人们好像刚好在忙于改造自己和周围的事物并创造前所未有的事物时",他们往往"战战兢兢地请出亡灵来为自己效劳,借用他们的名字、战斗口号和衣服,以便穿着这种久受崇敬的服装,用这种借来的语言,演出世界历史的新的一幕"。① 古今中外假借所谓上天神意替天行道的造反起义,三国时代诸葛亮大雾天气的草船借箭、借东风火烧敌军联营战例,现实生活中的拉大旗作虎皮、狐假虎威战略战术,以及将计就计、顺水推舟、顺手牵羊、趁火打劫等古为今用、他为己用现象等,都属于借助有利条件、乘势而上的表现形式。社会在不停地前进,科技在不断发展。人生犹如逆水行舟,不进则退,甚至小进即退。要成就人生大业,必须从不懈怠勇往直前,借助有利条件乘势而上。对此,德国诗人歌德结合自己的生活经历慨叹道:"人们通常把我看成一个最幸运的人,我自己也没有什么可抱怨的,对我这一生所经历的途程也并不挑剔。我这一生基本上只是辛苦工作。我可以说,活了75岁,没有哪一个月过得是真正的舒服的生活。就好像推一块石头上山,石头不停地滚下来又推上去。我的年表将是这番话的很清楚的说明。"② 有人曾对43位诺贝尔奖获得者进行过跟踪调查,结果发现他们获奖前每年发表论文5~9篇,获奖后由于多少放松要求,下降到每年只发表4篇。③ 严酷的现实告诉人们,没有超人的永恒进取精神,没有生命不息奋斗不止的顽强拼搏意志和持续前进步伐,决不会做出超人的一流业绩。如果居功自傲、不思进取,最终不仅会止步不前、功败垂成,甚至会"坐吃山空",连仅有的一点成绩也会消逝掉,从而前功尽弃,酿成不应有的人生悲剧。借助有利条件、乘势而上规定,必须永不懈怠,凭借一切有利条件,抓住一切有利局势大干快上、乘胜前进,力争创造出世界最佳业绩。

2. 奋击逆境,化害为利

逆境,是与人生的美好愿望、价值取向相背离的生活情境。生活就像变幻

① 《马克思恩格斯选集》第1卷,人民出版社2012年版,第669页。
② 肖兰、丁成军编:《人才谈成才》,中国青年出版社1986年版,第67页。
③ 王行健:《成功学圣经全集》,地震出版社2006年版,第282页。

莫测的大海,人生出现这样那样的逆境在所难免。关键是如何正确对待逆境,如何奋击逆境、化害为利。奋击逆境、化害为利,指的是弘扬大无畏的英雄主义精神,坚决与逆境抗争,积极创造条件,变逆境为顺境。它规定,致力完成3个方面的任务。

(1)强化意志,勇于同厄运抗争。

物质与精神不仅能够相互转化,而且能够相互促进。强化意志、勇于同厄运抗争,即坚定意志,勇于同一切不幸遭遇作斗争。意志和一定的斗争勇气,堪称人生的精神支柱;坚强的意志和斗争勇气,不仅能够增强人生能量,而且常使人生能量超负荷发挥,创造出惊人的奇迹。据说,拿破仑有一位通讯兵身负重伤,伤势之重,以至当时就可毙命。然而,由于他重任在身,意志惊人,勇于同困难作斗争,骑马奔跑了几天几夜,直至到达目的地完成任务才死去。生活中常有一些历经磨难走出困境的人,每当他们回首惊险的往事,常常不寒而栗,甚至连自己也不敢相信当时会有如此惊人的胆略和耐力。医学家认为,这一切全凭人的钢铁般的意志和勇气,是意志和勇气激发了人体潜能,激活了人体沉睡的细胞,增加了能量激素,从而产生出应急爆发力量。相反,一个意志薄弱、缺乏勇气的人,身处厄运往往会精神崩溃,甚至很快身亡。生活中最常见的例子,莫过于癌症患者。当患者不知道自己的病情时,还能够勉强支撑生活,而一旦得知自己身患绝症,病情往往会急剧恶化,大大提前死亡时间。大难不垮,必有后福。一个意志坚强、敢于牢牢驾驭命运之舟的强者,一旦摆脱厄运的困扰,大都会开创出非同寻常的伟业。我国汉代著名史学家司马迁,现代著名作家高士其、张海迪,前苏联人民英雄奥斯特洛夫斯基,英国当代著名天文物理学家霍金等,都有身残志坚创大业的生活经历。英国现代著名作家约翰·克里西初学写作时,数百次受挫,但他却数百次站起。当他接到第743张退稿条时,并没有被这常人难以承受的打击所击倒。家人亲友劝他就此罢休,他却说:"不错,我正承受着大量失败的考验。如果我就此罢休,所有的退稿条都变得毫无意义。但是我一旦获得成功,每一张退稿条的价值,全部要重新计算。"实践证实了约翰·克里西的预言。他终于走出厄运,743张退稿条不再是他743次失败记录,而是变成他登上文学殿堂的743级成功阶梯,并且阶梯越多,殿堂越发高大宏伟壮观。成名后,他反过头来又修改了原来的退稿,加之新的源源不断的作品创作,最后他居然出版了 564 本书,达 4000 多万字,破个人出版图书世界纪录。① 美国现代著名盲聋女作家、教育家海伦·凯勒,1 岁时因病失聪失明,命运对她极其残酷,但她从不屈服于命运的压力。她不仅学会说话,以优异的成绩考取世界顶级学府哈佛大学,而且精通 5 门外语,成为誉满全球的学者。从青年开始至 88 岁去世,她从未停止著书立说和慈善救助活动。她曾结合自身的体验说道:"一个人要求得真正的知识,就必须独自爬上困难的山峰。既然没有平坦的路途到达知识的顶峰,那么我就要用我自己的方法盘旋而上。我碰到了不可胜数的障碍,跌倒了,然而我一次次坚强地爬起来,迈步上去。每前进一步,我的勇气便增加一分;每爬得高一点,我的眼界就开阔一些。次次奋斗的结果都是一个胜利,而沿着这胜利连接起来的云梯,我就一定能到达那光辉的云端,碧天的深处——我希望的绝顶。"彻底的唯物主义者是无所畏惧的。强化意志、勇于同厄运抗争要求,生活的强者须不断增强意志,敢于向命运宣战,与不幸对决,坚决与厄运抗争,战胜各种厄运!

(2)变害为利,化逆境为顺境。

变害为利、化逆境为顺境,指的是变不利因素为有利因素,化不利情境为有利情境。古今中外大量人生理论研究和实践经验表明,一个伟人、一项大业的成功,不仅需要观念心态积极向上、目标道路正确,方法科学高效,全力艰苦奋斗,信心百倍持之以恒,而且往往需要"高人指点,贵人相助",需要"天时地利人和"的优越条件,有时候在某些方面和一定程度上,甚至还需要"小人的监督施压"和其他负面因素,亦即人们通常所说的逆境的历练砥砺。美国当代作家罗曼·文森特·皮尔在其《困难——生活的磨刀石》一文中指出:"逆境要么使人变得更加伟大,要么使他变得非常渺小。困难从来不会让人保持原样的。"逆境与顺境的界限不是一成不变的,而是在一定条件下相互转化。南宋学者范晔说过"上智不处危以侥幸,中智能因危以为功,下愚安于危以自亡。"②巴尔扎克说得好:"世界上的事情永远不是绝对的,结果完全因人而异。

---

① 参见李光伟:《时间管理的艺术》,甘肃人民出版社 1987 年版,第 467 页。

② 《后汉书》吴汉传。

苦难对于天才是一块垫脚石……对能干的人是一笔财富,对弱者是一个万丈深渊。"①逆境对于不同的人所表现出来的结果会大不相同,甚至截然相反。更何况"幸运并非没有许多的恐惧与烦恼;厄运也并非没有许多的安慰与希望。"②塞翁失马,安知非福;逆境在特定条件下甚至能给人带来意想不到的好运。诚如美国著名成功学家拿破仑·希尔所说:"从未受苦的人,只活了一半;从未失败的人,从未奋斗和向往;从未哭泣的人,从未享受真正的快乐;从未怀疑的人,从未有过思想。"③一个人的幸运与不幸在很大程度取决于主体人自身。无数历史事实反复证明并将继续证明,那些被逆境所征服的人,只能是贻笑世人的弱者,可怜巴巴的懦夫,灾难不幸的奴隶,艰难困苦的牺牲品。变害为利、化逆境为顺境规定,一方面,"把当前或即将到来的事情放在一个更大的参照系中思考"④,与更长的时间跨度,更大的空间范围,更多的类似或更为恶劣的事件相比较,使之相对降维弱化,获得一定心理平衡自慰。另一方面,冷静分析现状,找出原因,采取措施,既立足自我,自力更生,不屈不挠,顽强拼搏;又善假于物,求助外力,千方百计创造条件,使之由大变小、由小化了、变害为利,由逆境转化为顺境。

(3)走出低谷,奔向峰巅。

走出低谷、奔向峰巅,即身陷困境,奋力走出人生低谷,胜利奔向人生巅峰。人类千百万年的生活实践和大量研究表明,越是奇迹伟业,面临的艰难困苦越多,越要付出超常的巨大代价。成功与不幸,业绩与代价,似乎成正比。细细思忖,这的确蕴含着深奥的辩证哲理。一方面,越是不同凡响的事业越需要异乎寻常的条件和特别惊人的冒险精神。冒险精神,往往是胜利者的必备素质。日本当代管理学者士光敏夫认为:"风险和利益的大小是成正比的。如果风险小,许多人都会去追求这种机会,因此利益也不会大。如果风险大,

① 引自杨栩编:《外国名人名言录》,新华出版社1983年版,第76页。

② [英]弗兰西斯·培根:《培根论说文集》,水天同译,商务印书馆1983年版,第19页。

③ [美]拿破仑·希尔:《成功法则全集》,刘津、刘树林译,地震出版社2006年版,第315页。

④ [美]欧尔·威尔逊语;引自田缘、张弘主编:《安东尼·罗宾潜能成功学》上册,经济日报出版社1997年版,第101页。

许多人就会望而却步,所以能得到的利益也就会大些。"另一方面,人本身有巨大潜力。这种潜力从另一个角度反映出人在日常生活中受着惰性的支配,逆境作为一种压力会从反面产生行为动力,从而催人成才。再一方面,"历史上所有伟大的成就,都是由于战胜了看来是不可能的事情而取得的。"①"只有不畏劳苦沿着陡峭山路攀登的人,才有希望达到光辉的顶点。"②事物变化有周期,一年四季轮回转;冬天是春天的使者。既然冬天已经到来,春天再也不会遥远。在一定意义,"最低潮就是最高潮的开始。"③走出低谷、奔向峰巅主张,勇敢地穿越命运低谷,奔向事业峰巅,胜利到达人生光辉灿烂的巅峰。

3. 防患虚境,求真务实,爱生重命

虚境,在一定意义又称虚拟困境、虚拟逆境。它是人为夸大化的困境或无中生有的虚假困境,是人生变态心理的表现形式。它主要由意志薄弱、庸人自扰和无端烦恼等因素造成。防患虚境、求真务实、爱生重命,即尽可能地防止被虚幻情境所迷惑,追求真理,务求实效,高度珍爱生命。它主张,努力做好两项工作。

(1)反思自我,消除不必要的烦恼。

反思自我、消除不必要的烦恼,即冷静反思自己的所思所想、所作所为,消除无关紧要的甚至莫须有的人生烦恼。现实生活中常有一些人把生活的点滴波折或正常际遇看得一团漆黑,无路可走,视为"困境"。其实,困境不"困",生活多半本无事,"困境"多为自扰之。这种所谓"困境",多属人为的夸大臆造。《人民日报》有首题为《只因为》的哲理诗颇发人深省。诗中写道:

"你身旁有阴影,只因为你自己挡住了阳光。

不能把阴影甩到背后,只因为你没有朝着太阳的方向走。

你看耀眼的阳光仍然是一片黑暗,只因为眼睛刚睁开。

你看不清好景色一切是一样的模糊,只因为眼泪未擦干。

你听不见墙外火车高速奔跑声,只因为你关了门窗。

① [英]卓别林语:《卓别林自传》,叶冬心译,国际文化出版公司2009年版。

② 《马克思恩格斯文集》第5卷,人民出版社2009年版,第24页。

③ [美]朗费罗:《朗费罗诗选·得失》,杨德豫译,人民文学出版社1985年版。

你的琴再不像往日,已弹不出高昂的曲调,只因为没绷紧琴弦。

你的歌没有人唱,只因为像衰老的秋草拨不动那千万根心弦。

大道上也跑不快,只因为你跑的时候总是向后扭着头。

你的视野总觉得窄,只因为你在河床里流动还没有投进大海。

作品太浅没阳光,只因为你转来转去总在生活的边沿。"①

反思自我,消除不必要的烦恼要求,一方面,身处虚拟困境,须多从自身找原因,迅速扫除心理障碍,深刻反躬自省,振奋精神,树立起积极向上正确科学的世界观、人生观、价值观、最优观,把昔日的"娇气"、"怨气"、"不争气"一扫而光。另一方面,在体力、智力、情绪处于低潮时尤其是"临界日",将从事的学习、工作暂时停下来,必要时可以到文化娱乐场所游览一番,让欢声笑语和轻松愉快、自由奔放的气氛改善心态,化解莫须有的不快纠结,驱散不应有的烦闷苦恼;或到野外散步,放飞心情,让飞禽走兽、奇花异草、青山绿水等优美神奇的自然风物除却心中不必要的阴云;或按照"幸运说于亲友可放大,不幸说于亲友可化小"的原理,走进亲朋好友中间一诉衷肠,让亲友为自己解除不必要的苦闷;甚至可以采取"一睡方休"的办法,让梦境取代所谓"烦恼"幽怨。有的医生根据晦气不泄将郁积成疾,眼泪有毒不流会损害身体健康的理论,主张用撕纸片、踏气球、痛打坏人模型、野外高喊高呼高唱的方式发泄内心本不应有的愤懑;根据人生是哭着来到世界、不哭不快的原理向隅而泣,痛痛快快地哭一场,让眼泪尽情冲刷心中的既有或虚拟懊丧。

(2)笑对人生,禁绝厌世轻生。

笑对人生、禁绝厌世轻生,指的是微笑着面对人生,禁止和杜绝由虚境引起的一切悲观厌世、轻视生命的思想和行为。它是人类永远都应恪守的金科玉律。无论实境还是虚境造成的任何悲观厌世、轻生自杀念头举动,都是对天命人道的无知愚蠢和不应有的背叛。厌世轻生甚至自杀,一方面,显示出当事人对大自然亿万斯年刻意造就的灵性的叛逆和对"人"的圣名的亵渎;另一方面,反映出当事人心灵的病态——软弱无能;再一方面,表现出当事人不仅对

---

① 参见《人民日报》1985 年 5 月 9 日。

苦心养育自己多年的家人和好友,而且对整个社会乃至自然界的极端自私。发明家爱迪生说得好:"任何问题都有解决的办法,无法可想的事是没有的。要是你果真弄到了无法可想的地步,那也只能怨自己是笨蛋,是懒汉。"①《钢铁是怎样炼成的》主人翁保尔认为,对于有的人"死是容易的,要活下去却需要勇气","任何一个笨蛋,随便什么时候都会对自己开一枪。这样摆脱困境,是最怯懦、最省事的办法"。② 有一则童话寓言发人深思。作者通过辛勤耕耘的老牛之口,对厌世轻生者规劝道:"你们人类太不知足了。人乃万物之灵,而我们却是任人驱使的畜生。我们住的是草棚,吃的是草料,出的是牛马力,死后不仅被你们人类扒皮抽筋吃肉,而且扒下来的皮还要被你们人类做成鞭子抽打我们的后代。然而,我们的舐犊之情、怜生之意却闻名遐迩,在'牛'的世家无一个自杀! 要知道生活本身就是幸福! 生命只有一次,生命的意义就在于顽强地生活、拼搏和创造!"西方著名心理学家梅勒斯在其《心理学》一书中指出:"世界上没有不怕死的人,只有不怕死的时刻。"自杀者,常常只是瞬时一念之差酿成悲剧。不见证生的艰辛与呐喊,不知道生命的珍贵与神奇;不遭遇死亡的痛苦与悲怆,不知道生命的脆弱与珍稀。死亡未遂者往往比常人更加珍爱生命,永不再寻自杀。所谓"生不如死",不过是缺乏科学依据的文学用语和意志薄弱者逃避现实苦难的托辞。笑对人生、禁绝厌世轻生规定,无论任何时候、任何情况下,都要千方百计地防止、发现和及时消除一切死亡瞬时念头,都要乐天达观、珍重生命、热爱人生、笑对生活,杜绝一切悲观厌世情绪、轻视生命观念和玩忽生命之举,奋力扬起生活的风帆,无所畏惧地驶向理想的彼岸!

4. 变革常境,超常发展

常境,即通常所说的一般环境、常态环境。它是人们日常学习、工作和生活所遇到的正常环境。常境不常,人的一生大多在常境中度过,人生业绩的高低通常由常境造就。变革常境、超常发展,指的是大力改造常态环境,超越常规,获得大举进步。它强调,致力完成两项任务。

---

① 《光明日报》1979 年 7 月 11 日。
② 引自齐振海、甘葆露、李春秋:《共产主义人生观教育概论》,北京师范大学出版社 1983 年版,第 91 页。

（1）改造常境，于无声处听惊雷。

改造常境、于无声处听惊雷，即改造惯常环境，在常境中爆出非常，在无声中响出惊雷。它要求，按照人生环境最优化的属性特点，充分改造和大力优化、利用常态环境，在平常之中铸伟大，在日常学习、工作和生活中创造出惊天动地的伟业，在平凡之中建树辉煌。我国四大发明指南针、火药、造纸术、印刷术，无一不是在生活常境中悉心观察、精心研究的结果。在西方，16 世纪末叶以前，人们对古希腊学者亚里士多德的"物体愈重，下落愈快"的原理深信不疑。1590 年意大利科学家伽利略，通过观察产生怀疑。他让两个轻重悬殊相差 10 倍的铁球，从 54 米的塔顶上同时下落，结果同时着地。这一简单直观而又生动形象的现场演示，一下子证实了亚里士多德观点的错误。① 该故事，堪称改造常境、于无声处听惊雷的动人范例。

（2）跨越式前进，化平常为神奇。

跨越式前进、化平常为神奇，指的是跳跃式发展，变日常事务为神奇事业。它规定，以常境为基点，因陋就简，因势利导，因事因时因地因情制宜，从而出奇制胜地在平常之中发现不平常，以普通常见的方式，创造出神话般奇迹。我国生物学家童第周，仅用在旧货店买到的一架破旧显微镜和几个金鱼缸，即做出被誉为生物界"奇迹"的生物繁殖研究成果；美国废品收购员法拉第依靠废旧报刊中获得的知识信息学习与研究，即成为世界著名科学家。现实生活中诸如此类的事例数不胜数，值得人生最优化创业者大力效法。

5. 高度优化居室环境，大力提升人生质量

居室环境，主要指工作室、生活室的内外环境。它对于人生质量的优劣，具有重要作用。高度优化居室环境、大力提升人生质量，即对工作室、生活室的内外环境，进行科学配置和最优布局调整，使之最大限度地有利于提升人生质量。它倡导，至少满足 6 个方面的相关需求。

（1）整洁有序，造型美观。

整洁有序、造型美观，即居室内外环境整齐清洁，高度有序，布局合理，美

---

① 　参见林加坤主编：《中外年轻有为历史名人 200 个》（外国部分），河南人民出版社 1982 年版，第 104~108 页。

观宜人。西方现代心理学家 N.L.明茨试验证明,人们在清洁明亮条理的房间,不仅兴致勃勃、心情舒畅,而且评价照片上的人也"精力旺盛";反之,在不洁晦暗零乱的房间,不仅情绪低落、心情不佳,而且评价照片上的人也"疲乏无力"。① 整洁有序、造型美观要求,居室内外一尘不染,各种家具用具衣物摆放井井有条,恰到好处,富有线条美、韵律性、对称性、立体感和生机与活力,让人清新爽快、赏心悦目。有条件的人员,还应在居室内养些花鸟虫鱼,放置自然盆景、艺术珍品,张贴名人字画,营造和谐温馨、祥和安逸、格外宜人的微型小世界。

(2)空气清新,光线充足。

空气清新、光线充足,指的是空气高度清纯新鲜,通风透光效果好。据测量,人在一般状态下,每小时吸入 0.03 千克氧气,呼出 0.05 千克二氧化碳。如果不加以通风,室内氧气会越来越少,二氧化碳则越来越多。当氧气含量在空气中低于 15%时,人呼吸就感到困难,低至 8%以下则会降低智力,危及生命。据介绍,在喜马拉雅山顶,由于缺氧,成人只相当于 8 岁儿童的智力。当二氧化碳含量达到 2%时,人就会头痛、脉缓、血压升高;达到 10%时,会因麻痹而死亡。光线充足特别是阳光自然光线充足,不仅可以杀菌消毒,增进人体钙质吸收,而且能够养眼护目,提高视觉效果,让人心旷神怡。空气清新、光线充足规定,除狂风暴雨、雾霾和特别阴冷、恶劣天气之外,须昼夜开窗通风透光,必要时可安装负氧离子发生器净化空气,通过扩大玻璃窗采光;居室的最佳自然亮度为 50~100 勒克司,门窗等采光面积与室内地面面积的最佳比例为 1:8~1:10。夜间,日光灯与桌面的最佳距离为 40 瓦 145 厘米、30 瓦 140 厘米、20 瓦 110 厘米、15 瓦 65 厘米、8 瓦 55 厘米,白炽灯与桌面的最佳距离为 60 瓦 105 厘米、40 瓦 60 厘米、25 瓦 45 厘米、15 瓦 25 厘米。② 节能灯的瓦数,在与地面、桌面距离不变的情况下可相应减半。

(3)温度适宜,湿度宜人。

温度适宜、湿度宜人,即居室气温适度,湿度最佳。试验证明,人对外界温

---

① 参见熊源伟主编:《公共关系学》,安徽人民出版社 1997 年版,第 213 页。

② 参见林巧稚主编:《家庭卫生顾问》,北京出版社 1983 年版,第 572~575 页。

度最适宜的感觉为20℃左右,夏季室内温度23℃左右最为理想,冬季16℃左右最合时宜,春秋两季20℃左右最令人满意;智力和体力作业的最适宜温度为13℃~23℃,过冷或过热都会影响人的情绪和工作效率。湿度对人体亦有较大影响。空气湿度低于30%时,人上呼吸道黏膜水分会散失,从而降低身体防御功能,易患疾病;湿度超过80%时,会让人感到沉闷、呼吸急促。最适宜的湿度,夏季为50%~70%,冬季为30%~40%,春秋两季为40%~60%。温度适宜、湿度宜人主张,居室的温度、湿度应随季节按需要控制在上述相应最佳限度。①

(4)避免噪音,保持安静。

避免噪音、保持安静,指的是避免一切噪音污染,保持室内高度安静。据测试,噪音既影响人的学习、工作和生活,又影响人的身心健康。人在70分贝的持续噪音环境中,熟睡程度明显降低,80分贝以上噪音则会使人头痛、眩晕、失眠、记忆力减退,乃至神经衰弱。高音喇叭、飞机、火车、卡车、摩托车奔跑声与鸣笛声均在80分贝以上,都属于噪音之列。日常音响一般在40分贝左右。最理想的安静环境音响,约30分贝以下。② 避免噪音、保持安静强调,在居室内外尽可能防止30分贝以上的音响尤其是噪音,营造出30分贝以下的"宁静致远"的安静舒适环境。

(5)色彩协调,讲求效益。

色彩协调、讲求效益,即色彩格调适当、调和,力求高度有益。以往,人们对颜色的不同功能所知甚少,很少关注。其实,颜色对于人的身心健康和学习、工作、生活质量,影响不容忽视。

有关专家通过测试分析和调查统计表明:

红色,象征血与火和热烈欢快的气氛。它可以刺激人的神经系统,引起兴奋,增加肾上腺素分泌和加快血液循环。红方与蓝方体育比赛,往往红方比蓝方胜出率高达55%~60%以上。③ 但红色接触过多,会使人产生焦虑不安,并

① 参见林巧稚主编:《家庭卫生顾问》,北京出版社1983年版,第573、574页和其他相关文献。

② 参见林巧稚主编:《家庭卫生顾问》,北京出版社1983年版,第574、576页。

③ 莫语:《数字知道答案》,北京邮电大学出版社2006年版,第184、185页。

且容易疲劳;橘红色能诱发食欲,有助于人体对钙质的吸收,对恢复和增进身心健康有益。

黄色,多与黄土、黄金、果实、黄帝、皇帝、黄种人、辉煌等相联系。它能刺激人的神经和消化系统,视觉效果强烈。这也正是环卫工人、公路养护工服装和少年儿童出行帽为黄色特别是橘黄色的缘由。黄色还能强化逻辑思维能力,提高内驱力,给人以信心和勇气,使人产生富丽堂皇的感觉。但金黄色却易造成不稳定情绪和任意行为。

绿色,代表生命、活力、青春和希望。它给人以生机盎然、春风荡漾、蓬勃向上的感觉;有益于激发人体潜能,促进人体消化和内分泌平衡,并能起到安神镇静的作用。它对于情绪波动、身心压抑有积极疗效。自然绿色,对平息昏厥、疲劳与消极情绪,均有一定积极作用。

蓝色,通常让人想起蓝天白云、浩瀚的海洋。它能减缓脉搏,调节生理代谢平衡,消除紧张情绪,缓解头痛发烧、晕厥失眠,给人以恬静自然、心旷神怡之感。靛蓝色,可调节人的肌肉活动,减少或抑制出血,提高视觉效果,缓解身体疼痛。

紫色,在古代虽与尊贵、吉祥相联系。老子曾有"紫气东来"之说。它可以维持体内钾元素的代谢平衡,有促进安静、爱情以及关心他人的作用。但它对人的神经、淋巴系统和心脏却有压抑作用。

棕色,多与枯萎、凋谢、棕榈树、冷落相联系。可降低人的智商,给人消极颓废的感觉。

黑色,则具有凝聚视线的效果,且呈现庄严肃穆的气氛。但在黑色笼罩之下,能够使人产生阴森恐怖和沮丧的感觉,引发不好的联想,甚至与黑心肠、黑社会、不幸事件相联系。据说,运动着的黑色器物碰撞率是白色、黄色、橘红色器物碰撞率的3倍。世界发明大王爱迪生最讨厌的颜色就是黑色。黑色对人体的危害越来越引起人们的关注。英国泰晤士河大桥原为黑色,导致大量不幸者来桥跳河自杀。当改为淡绿色后,再未出现类似现象。生活在北极的居民,由于长时间处于黑暗状态而造成大量人员患抑郁症。后经人造日光浴治疗而明显好转。前苏联等国家不少学校已将"黑板"改为"绿板"。我国目前流行的所谓黑色电视、电脑、电话、手机、家具、用具、车辆,以及黑色、褐色、灰色服装、鞋帽等,委实不符合审美保健要求。它只不过是一种愚昧的病态社会时尚,不应长久也不可能长久。

白色,让人联想到清纯明净、阳光透明、洁白无瑕、真情单一、闪亮耀眼。但在我国传统习俗中却常与不幸事件相联系,喜庆之时多为禁忌颜色。

杂色,因其杂乱无章,常常让人眼花缭乱、头晕目眩、动荡不安。但军队迷彩服,却具有迷惑敌人、保护自身的功能。

混合色(调和色),则不仅兼具其所含各种颜色的综合功能,而且以其主色调为决定性元素。

色彩协调、讲究效益倡导,根据各种颜色的不同功能特点,以及个人身心健康和学习、工作、生活需要,对居室墙壁、窗帘、设备、家具、用具、衣着服饰,乃至外部环境的颜色,予以精心设计,科学安排。诸如居室内部墙壁、窗帘为白色,工作设备为相应的健康色,家具、用具为自然本色;衣着服饰为绿色、蓝色、红色、黄色、白色;居室外部环境为草绿、淡蓝、乳白色等。①

(6)精心绿化、美化周边生态环境。

精心绿化、美化周边生态环境,指的是正确科学地绿化、美化居室周围的生态环境。有关专家测定,一个成年人每天消耗 0.72 千克的氧气,排出 1.2千克的二氧化碳;而 1 分地的花草树木就能释放出 4 千克的氧气,足够 5~6人享用,吸收 6 千克的二氧化碳,足以达到一定空气净化要求。一些植物还能吸收低浓度的二氧化硫、氟化氢、铅等多种有害气体和物质。大部分花卉的芳香,能医治心脑血管和肠胃疾病。绿草地、花卉、高秆植物和树木,不仅可以提供健康色,而且能够吸收对人体有害的多种宇宙射线、电磁波,降低大量沙尘和噪音污染,减少水分蒸发,防止水土流失,维持气温水分平衡等。精心绿化、美化周边生态环境要求,在清洁卫生安全条件下,大力种草、养花、植树。庭院宽敞的农家院、私人别墅,还应在房前屋后植树造林,在庭院空闲地乃至平房顶、楼顶种植花卉、瓜果蔬菜,在院门前建造微型山水景观,形成一定山水田园风光,使居室环境成为芳草萋萋、花香四溢、果香飘荡、绿树掩映、天人合一、怡

---

①　参见金马主编:《青年生活向导》,贵州人民出版社 1984 年版,第 1119~1121 页;遥见编:《现代人生宝典》,天津人民出版社 1987 年版,第 136、137 页;莫语:《数字知道答案》,北京邮电大学出版社 2006 年版,第 184~186、189 页。

然自得、奇妙无穷的自然人文新天地。

二、人生生活方式的最优化

人生生活方式的最优化,对于尽可能地改善人生形式、升华人生素质,意义重大。它大致包括人生生活方式及其最优化的本质属性,人生生活方式的最优化原则,人生生活方式的最优化方法三个组成部分。

(一)人生生活方式及其最优化的本质属性

恩格斯曾指出:"一个新的社会制度是可能实现的,在这个制度之下","通过有计划地利用和进一步发展一切社会成员的现有的巨大生产力,在人人都必须劳动的条件下,人人也都将同等地、愈益丰富地得到生活资料、享受资料、发展和表现一切体力和智力所需的资料"。[①] 人生生活方式,即人生生活形态或曰人生生活模式。广义人生生活方式,指的是人类生产、生活、消费方式的总和;狭义人生生活方式,仅仅指生产方式以外的日常生活方式。它主要包括物质生活方式、精神生活方式(文化生活方式)、休闲生活方式等。人生生活内容决定人生生活方式,有什么样的人生生活内容往往就有什么样的人生生活方式。人生生活方式反映人生生活内容,并反作用于人生生活内容,影响人生生活质量。当人生生活方式健康文明、积极向上,适合人生生活内容发展要求时,就维护和促进人生生活内容,有利于巩固和提高人生生活质量;反之,当人生生活方式不适合人生生活内容发展要求时,就阻碍和破坏健康文明、积极向上的人生生活内容,降低人生生活质量。人生生活方式的最优化,即人生生活模式的最正确科学化。它旨在最大限度地建立健康文明、积极向上的人生生活模式,尽可能地提高人生生活质量。

(二)人生生活方式的最优化原则

人生生活方式的最优化原则,即基于人生生活方式及其最优化的本质属

---

① 《马克思恩格斯文集》第 1 卷,人民出版社 2009 年版,第 709、710 页。

性,联系实际,最大限度地优化人生生活方式的准则。它大致包括两项内容。

1. 科学文明,取向高尚

当今社会,由于封建残余、宗教迷信和西方不良生活方式的影响,我国人生生活方式的非科学文明现象较为突出。其具体表现为三个方面。一是现代生活观念落后,生活常识匮乏,语言举止粗野。不少公民随地吐痰、乱扔垃圾、不遵守公共道德秩序,甚至口出脏言、行为不端、相互欺诈、打架斗殴。抽烟、酗酒、吸毒、赌博现象位居世界前列。全世界有 10 亿烟民,被动吸烟者达 30 亿人之多,每年约有 350 万人死于抽烟。中国有 3 亿烟民,被动吸烟者达 9 亿人之多,每年约有 110 万人死于抽烟。全世界长期和短期酗酒者有 10 亿人,每年因酗酒死亡者达 230 万人之多。中国长期和短期酗酒者约 2 亿人,每年因酗酒死亡者达 50 万人之多。有人将每天"吞云吐雾"不止的烟民,称之为诅咒自己早日"升天"的"瘾君子";将"频频干杯"嗜酒如命者,称之为向死神发出一次次"邀请"的"捐客"。二是迷信活动,在一些人群和某些地方盛行。相信占卜、算命、测八字、看风水,烧香拜佛祈求幸福安康,请巫婆神汉"消灾解难",婚丧嫁娶、举事立约、开工竣工、各种庆典择吉日良辰等活动经常发生。从而严重禁锢了人们的正确科学思想和行为,阻碍了人生主体能动性的发挥,妨害了科学文化教育卫生事业的进步,尤其是影响了青少年的生活方式、健康成长。三是浪费现象严重。有关部门统计,我国仅每年粮食、瓜果、蔬菜收获、储运、加工和餐桌上的损失即达 2000 多亿元,可养活 2 亿人;每年提前扔掉的衣服、提前报废的家具、用具、物品价值高达上万亿元之巨。这不仅是对国家和社会,而且也是对个人的莫大浪费甚至犯罪。

科学文明、取向高尚,即人生生活方式尽可能健康积极,取向文明高尚。它要求,崇尚科学,破除迷信,不信天命信科学,不屈命运勇拼搏,勤俭持家,艰苦创业,"守得云开见月明",力争建树起奋发进取、健康有益的高品位、高质量的生活方式。

2. 生活规律,习惯良好

人体,是一个高度有序化的有机系统。意欲精力充沛、事业大成、健康长寿,必须遵循一定的生活规律,全面养成良好的生活习惯,特别是养成顺天应人、乐天达观、有规律益健康、积极向上、奋发有为的优良观念心态;早睡早起、劳逸结合，不吸烟、少喝酒或不喝酒；早吃好、午吃饱、晚吃少，先喝水、后吃饭，少吃油腻之物，多吃粗纤维无食品添加剂无污染绿色食品，不吃油炸、烟熏、火烤、腌制、霉变食品；按照"药食同源"理论，根据人体对不同食物营养的需求，高度合理安排饮食结构。积极锻炼身体，定期查体，有病早医，尽量不用药或少用药，不用有较大毒副作用的药物。尽可能避开各种污染物、辐射源，不用高辐射的手机、电脑、电视、微波炉等。中华医学经典《黄帝内经·素问》上古天真论认为，精通养生健体、益寿延年之道者"法于阴阳，和于术数，食欲有节，起居有常，不妄作劳，故能形与神俱，而尽终其天年，度百岁乃去"，而不擅此道者"不然也，以酒为浆，以妄为常，醉以入房，以欲竭其精，以耗散其真，不知持满，不时御神，务快其心，逆于生乐，起居无节，故半百而衰也。"美国加利福尼亚州的威廉和卡马柯1980年1月对3892名70岁以下的人的日常抽烟、喝酒、体力活动、睡眠时间、体重、零食和早餐等几个方面的状况，作了调查统计。结果发现，不抽烟的比抽烟的健康；喝酒少量的比一点不喝的和喝酒过量的（每月超过46次的）健康；适量活动的比不活动或少活动的健康；每晚睡眠8小时的比少于8小时的健康（婴幼儿每天睡眠需要15~20小时，70岁以上老人每天睡眠需要9~10小时——引者注）；正常体重的比低于正常体重10%和高于正常体重30%的健康。男性正常体重（千克）= 身高（厘米）-105，女性正常体重（千克）= 身高（厘米）-102。不吃零食的、坚持吃早餐的比吃零食的、忽视吃早餐的健康。世界上成大器者尽管他们的生活方式有很大差异，但他们无不遵循一定的生活规律，有着良好的生活习惯。美国加利福尼亚医学院教授查尔斯·卡菲尔德对各种行业的1500名杰出人物研究发现：他们有5条通向事业成功的秘诀，其中第一条就是"妥善安排日常生活"。法国哲学家爱尔维修认为"大多数人的幸福或不幸，主要系于这10个或12个小时使用是否巧妙。"德国哲学家康德每天坚持早晨5点起床洗漱，7点散步，晚上10点上床睡觉。工作、吃饭严格按照规定时间进行，30年如一日，事业成就非凡。美国科学家富兰克林每天早晨5~7点起床、洗漱、开始学习和吃早餐，8~11点正式工作，12点至下午1点诵读、复习和吃午饭，下午2~5点工作，6~9点吃晚餐、演奏音乐、谈话和回顾一天的工作，晚10点~早4点睡眠，成为科学巨人。德国皇帝弗雷德里克二世，每天晚上9点睡下，半夜12点起床批阅文件到凌晨 3 点,然后再睡至早晨 5 点起床。为了防止第二次睡不醒,冬日他命令卫兵把一块浸透冰水的海绵放在他脸上,直到养成良好作息习惯为止。结果,政绩非凡。法国 19 世纪著名音乐家德彪西,常常凝视塞纳河,观察夕阳余晖,构思乐章,成为多产音乐家。德国文学家歌德等人写作时习惯于戴一副绿色眼镜进入新奇境界,产生灵感,收到奇异效果。法国 18 世纪空想社会主义者圣西门,年轻时喜欢早上睡懒觉,为了克服这种不良习惯,形成良好的生活规律,他让仆人每天早上向他高喊:"起来吧,伟大的事业在等待着你!"以激励和督促自己早起,成为赫赫有名的大人物。法国 18 世纪博物学家布丰,为了抓紧高效时间工作,专门雇佣了一个彪悍仆人监督他。他定好每天凌晨 5 点叫他起床,如果叫不醒,仆人可把他从床上拖下来。如果他发脾气,仆人可拳打脚踢;结果,成为功绩卓著的学者。法国现代大名鼎鼎的军事家、政治家拿破仑,总是有规律地在夜里 11 点半睡下,凌晨 3 点起床,工作到凌晨 5 点再睡到早晨 7 点起床;他一生战功赫赫,政绩非凡。还有人喜欢在乘坐汽车、火车、轮船、飞机时,以及在海滨、湖畔、山巅、田园、森林、草地,甚至树杈上、房顶上、洞穴中学习、思考、发明、创造,均收到一定理想效果。这些因己、因事、因时、因地、因情制宜安排作息生活的方法,都不失为生活规律、习惯良好的人生最优化方法。①

　　生活规律、习惯良好,即生活有适当的规律性,有良好的习惯,而不是随心所欲、任性所为、习惯不良。它规定,按照自身生理心理活动规律特点和学习、工作以及饮食、休息等需要,养成良好的生活习惯,创造最优质的生活愿景。

(三)人生生活方式的最优化方法

　　人生生活方式的最优化方法,指的是按照人生生活方式的最优化原则,结合具体需要,使人生生活方式尽可能地优化的方略法术。它主要有 4 种。

1. 养生健体,有益身心

　　我国有五千多年的悠久历史和灿烂的民族文化,给我们养生健体、有益身

---

　　①　参见李光伟:《时间管理的艺术》,甘肃人民出版社 1987 年版,第 412、127、184、401 页等。

心,提供了大量优良的传统生活方式;同时,现代教育内容方式的缺失、生活知识的相对落后,也使我国居民正确科学的生活方式相对匮乏。我国古代哲学家、养生专家庄子曾提出"乘物以游心,托不得已以养中,至矣"的思想①;法国作家伏尔泰认为"生命在于运动"②,养生健体、有益身心,是人生生活方式最优化的首要职责。青年时代的毛泽东在《体育之研究》一文中指出:"体者,为知识之载而道德之寓者也。其载知识也如车,其寓道德也如舍……体育之于吾人实占第一之位置。体强壮而后学问道德之进修勇而收效远。"他主张"文明其精神,野蛮其体魄"。身体是学习、工作和生活的资本,有了健康的身体,人生的其他方面才具有实际意义。据 2013 年 10 月 28 日《中国青年报》介绍,近年来,全国每年仅"过劳死"非正常死亡的"白领"工作人员就多达 60 万人。2014 年 2 月 4 日,年仅 29 岁的山东省高考状元北京大学毕业生中国银行总行职工,即因工作过度劳累猝然离开人世,令人痛心不已。翻开一部人才史,世界上让人惋惜的短命人才不乏其人:我国著名政治家、军事家诸葛亮 53 岁病逝,唐代诗人李贺 27 岁夭折,现代女作家肖红只活了 31 岁。罗马尼亚音乐家波隆贝斯库 23 岁死于肺炎;俄罗斯现代作家中,杜勃罗留波夫仅活了 25 岁,别林斯基活了 37 岁,普希金活了 38 岁,果戈理活了 43 岁,契诃夫活了 44 岁。"出师未捷身先死,长使英雄泪满襟。"英年早逝,怎不令人痛哉!惜哉!假如他们身强体壮,享其天年,将会对人类有多大的贡献!然而,假如毕竟不是现实。与此相反,一些善于养生健体、有益身心的伟人却功成名就,健康长寿。据说,主张"复归于朴"、"无为无不为",长于修道至德,以达"长生久视"的老子,骑青牛西去活了 130 岁;位居世界十大文化名人之首的孔子,礼、乐、书、数、射、御"六艺"样样精通,力能举起城门关闸,疾跑能追逐野兔,享年 73 岁;善养"浩然之气"的孟子,活了 84 岁;唐代名医孙思邈,不仅精通医道,而且孜孜践行祖国养生健体术,活了 101 岁;毛泽东青年时代经常进行冷水浴、风浴、日光浴、雨浴和野外露宿,晚年日理万机,73 岁还能畅游长江,享年 83 岁;南征北战、三落三起、历经政治磨难,但却坚持体育锻炼的"打不倒的东方

---

① 《庄子》人间世。

② 《体育报》1980 年 1 月 23 日。

巨人"邓小平,活了 95 岁;长期坚持爬山、热水浴与冷水浴交替洗浴的著名人口学家马寅初,活了 100 岁;"笑哭自如",一任感情宣泄的著名作家巴金,活了 101 岁;平时注意调身、调心、调息的著名历史学家蔡尚思,活了 104 岁;信教向善、热心慈善事业、长于修身养性的香港影视企业家邵逸夫活了 107 岁;矢志周济众人、有益社会、追求光明的著名经济学家、语言学家周有光,109 岁仍精神矍铄,思维清晰。一向乐天达观的英国著名科学家牛顿,活了 85 岁;东进西取、桀骜不训的英国前首相丘吉尔,活了 91 岁;一生洒脱奔放、追求自由、越挫越奋的著名哲学家罗素,活了 98 岁;长期坚持养生健身的法国现代女钢琴家格丽玛沃,活了 104 岁……①据统计,坚持养生健体、有益身心者比忽视养生健体、无益身心者,事业成就高出一、两倍,平均寿命延长 5~10 年以上。

养生健体、有益身心,即修身养性、强身健体,有益于身心健康。它要求,最正确科学地休养身心,精心安排饮食起居生活,养成良好生活习惯,坚持锻炼身体,调节精气神,确保身心健康。养生健体、有益身心,方式多种多样:可以闭目养神、涤除玄览、松静自然、调身调心调息;可以跑步打拳、练习气功、做体操、听音乐、跳舞、唱歌,参加各种文体活动;可以跋山涉水、参观游览、放飞心神、纵情自我;还可以随时随地根据不同情况和不同年龄开展健身活动,坚持在床上做俯卧撑,起床后伸腰曲背转胯,散步时两手旋动健身球,排队购物旋转脚腕、手臂、攥拳握指,候车、候船、候机、等人时就地打拳做操,少年走起路来蹦蹦跳跳,青年和中年人坚持短途步行或半长途骑自行车上下班,老年人坚持散步和打太极拳等等。鉴于负氧离子每立方厘米空气含量,城市房间里只有 40~50 个,街道绿地有 100~200 个,公园有 400~600 个,郊外旷野有 700~1000 个,海滨、山谷、森林、瀑布旁等高达 20000 多个,而负氧离子具有醒脑提神,提高学习、工作效率,增强人体免疫功能,防治心脑血管疾病,改善消化不良等功效,无论哪一个年龄层次的人,都应坚持每天到户外活动,以吸收人体所必需的新鲜空气。②

---

① 参见张瑞甫主编:《中外名人的人生之路》,内蒙古人民出版社 2010 年版,第 70~78、198、199 页,以及其他相关文献。

② 参见"环境与脑功能",《百科知识》1985 年第 1 期。

2. 配合专业，建立爱好

英国著名哲学家罗素说过："一个明哲追求幸福的人，除了他藉以建立生命的主要兴趣之外，总得设法培养闲情逸兴。"①随着社会发展和人类进步，人们所拥有的双休日、节假日和其他休闲时间越来越多，而今已占人生时间的70%以上。联合国有关组织预测，2025年人类将迎来"全面休闲时代"。业余爱好，人皆有之，只是选择不一、好坏不同而已。在形形色色的业余爱好中，抽烟致瘾、嗜酒成性、喝茶成癖和赌博、打牌等爱好有损于健康，不利于学习、工作和正常生活，应当摒弃。事实证明，闲暇时间如果得不到积极利用，不与专业相配合，就会造成极大的时间浪费，甚至会使人养成恶习，走向犯罪道路。据报道，95%的恶习是在休闲时间形成的，90%的犯罪也是在这一时间内产生的。

配合专业、建立爱好，指的是将个人爱好，尤其是个人业余爱好与专业相配合，使之相互促进，相得益彰。它规定，一方面，警惕和大力清除不良嗜好，特别是酗酒、赌博、吸毒、网恋、滥用药物等。

另一方面，防止《中国青年报》"某君眼中之'最佳'"一诗中所曝光的名为人生"最佳"，实则人生"非优"畸形现象在当今社会蔓延。诗中写道：

> 最佳岳父：有职有权；最佳公爹：腰缠万贯。
>
> 最佳岳母，会拉关系；最佳婆婆，拥有靠山。
>
> 最佳男友，高干子弟；最佳女友，父母当官。
>
> 最佳亲朋，远在海外；最佳本家，个个掌权。
>
> 最佳享受，花天酒地；最佳工作，一天悠闲。
>
> 最佳人才，世故圆滑；最佳能力，能言善辩。
>
> 最佳动作，花钱大方；最佳形象，不女不男。
>
> 最佳心境，麻木不仁；最佳表现，冷眼旁观。②

---

① ［英］罗素：《通向幸福之路》；载金明华主编：《世界名言大词典》，长春出版社1991年版，第905页。

② 参见《中国青年报》1989年1月22日。

另外,按其逻辑还可以补充两句:

> 最佳目标,权利、地位、美女、金钱。
>
> 最优道路,投机钻营,唯利是图,不择手段。

再一方面,尽可能地与专业需要和个人相应实际相结合。譬如,知识分子经常徒步访问同行;产业工人边工作边锻炼身体;农民每天到野外田间劳动或走走看看;商业服务业人员定期到信息市场转转……这样既能促进本职工作的高效开展,又能锻炼身体,可谓一举两得。

至于远足参观旅游,则不仅可以观赏高山之雄伟、长河之壮阔、汪洋之浩瀚、大地之辽阔、繁星之璀璨、物性之神奇、人体之优美、风情之奇特,对各种专业人员都富有积极意义,而且能成倍提高事业成就,延长寿命 10 年左右。

3. 周密筹划,巧于布局

人生需要的丰富多彩,人生生活方式的各种各样,决定了人生生活方式应当而且必须周密筹划、巧于布局。

周密筹划、巧于布局,即对生活方式予以最周到细致的规划,最合理巧妙的布局。它主张,一方面,量入为出、精心安排,根据个人和家庭收入、财产等经济状况,精心规划自己的衣食住行和教育、文化、卫生、体育、交往、旅游开支消费,对其所需人力、物力、财力、时间投入多少、先后顺序、比例构成,予以最适当的安排;根据收入多少,确定存储积累与消费支出数量比例。一般而言,人均年收入 3000 美元以下者,以物质生活消费为主;3000~6000 美元之间者,物质生活消费与精神文化生活消费并重;6000 美元以上者,以精神文化生活消费为主。就我国广大中等收入家庭的人说来,通常,收入与消费支出的黄金分割比例为 7∶3,生存、发展、享受的开支比例为 3∶4∶3。坐吃山空,勤俭有余;起家针挑土,败家浪淘沙,建设艰难破坏易;"历览前贤国与家,成由勤俭败由奢。"①由俭入奢易,由奢入俭难。天有不测风云,人有旦夕祸福。为人处事,

---

① 李商隐:《咏史》。

不仅应"常将有日思无日,莫待无时思有时"①,"一粥一饭,当思来之不易;半丝半缕,恒念物力维艰"②,而且当防止各种人生意外,适当储备,应急万一。在收入、存储与开支、消费方面,除极特殊情况之外,须力避"寅吃卯粮"花明天的钱圆今天的梦,防止不可持续发展的超前消费行为发生。

另一方面,对生活细节诸如睡眠等予以无微不至的科学规划、最优安排。医学家认为,由于心脏处于胸腔偏左位置,睡眠时应多向右侧身,这样会使较多的血液顺利流向身体右侧,从而减轻心脏负担,增强右侧肝脏新陈代谢。当然,睡眠多加翻身也是必要的,因为翻身可以改善全身血液循环。据观察,人体一夜之间要翻身20~45次。只是向右侧身睡眠时间,应相对于向左侧身睡眠时间长一些。睡眠方向,近几十年来也有不少人进行过研究。以往人们认为头脚南北朝向最佳,这样能与地球磁场保持一致。1988年,印度马德拉斯医学院生物学教授苏布拉瓦尼,在一次科学研讨会上发表论文否定了这一传统观点。他认为,人在睡眠时头东脚西最好。因为,地球经常产生瞬间磁场扰动,干扰脑部电流活动,使人头昏目眩,情绪激动;而当人头东脚西睡眠时,头脑会有冷静的感觉。头西脚东睡眠效果一般,头北脚南睡眠效果最差,甚至影响人体内部生化物质流动。③ 我国科学工作者曾传宜认为"人体行、走、坐、睡等各种姿势,都有必要从力学角度加以研究如何才能使之对健康有益,与身体无妨害"。一般说来,坐立行走不仅应昂首挺胸,而且应两臂自然下垂,这样可以防止颈椎、胸椎、腰椎弯曲,避免偏头疼、驼背和腰疼。衣服鞋帽应宽松可体,发型应简短自然;女性最好不穿紧身服、高跟鞋,不烫发,不染发,不焗油,不抹口红,不洒香水。无论男女,都应不吸烟、不饮或少饮酒,不随便开打手机、电脑,不使用微波炉,避开强辐射源、强污染物等。

4. 走自己的路,不为世俗左右

正像没有两片完全相同的树叶一样,世界上没有两个完全相同的人,每个人都是世界上独一无二的自我。相应地,每个人的个性特征和生活方式也不

---

① 《名贤集》七言篇。
② 朱伯庐:《治家格言》。
③ 参见《中国青年报》1988年11月12日。

尽相同。就早中晚生理心理活动的不同情形而言,"百灵鸟型"早晨和上午精力最佳,最富有创造活力。法国小说家巴尔扎克、苏联教育家霍姆林斯基就属于"百灵鸟型"。巴尔扎克的作息时间安排是,从半夜到中午创作12小时,中午到下午4点校对清样,5点用餐,5点半上床睡觉,半夜又起床开始工作。霍姆林斯基在长达几十年的科研写作生涯中,每天都是清晨开始用几小时完成一天最重要的工作。他在给儿子的信中介绍道:"三十年来,我都是清晨5点钟开始自己一天的工作,一直工作到8点。30本教育方面的书和300多篇学术论文,都是在早晨5点至8点写成的。我已经形成一种脑力劳动的节奏,即使我想在早晨睡个懒觉也是睡不成的。""猫头鹰型"则晚上和夜间精力旺盛,创造力最强。鲁迅和法国作家福楼拜就属于"猫头鹰型"。鲁迅惯于晚上挥笔写作,白天看书会客。福楼拜经常通宵写作,他那临河而居、灯火通明的窗口,被誉为塞纳河上的"灯塔"。① 还有些人介于"百灵鸟型"与"猫头鹰型"之间,没有明显的早晚差别规律可循。人的生理心理活动和学习、工作、饮食、休息等生活习惯,不仅彼此存有差异,而且同一个人在不同的时间、地点、条件下,往往差别很大。著名作曲家贝多芬激情来临,常常不分昼夜地一连走笔十几小时,甚至几十小时。牛顿心血来潮,常常废寝忘食,一连几个星期待在实验室里,直至出现奇迹。巴尔扎克在创作长篇小说《高老头》时,连用3个昼夜就完成全书初稿……这些,都应引起致力人生生活方式的最优化人员的密切关注和正确科学对待。

"知我者为我心忧,不知我者谓我何求。"②人生最大的遗憾,是最应坚持的没有坚持,最该放弃的没有放弃。走自己的路、不为世俗左右,指的是按照自己的美好生活愿景,结合自己的生理心理特点和职业需要,最正确科学地规划自己的生活方式,不受任何世俗干扰。人生之路没有完全统一的模式,每个人都试图"活出个自我",都在一定社会坐标线上走着自己的路。可以说,世界上有多少个人就有多少种不同的人生之路,并且"适合自己的就是最好的"这一最优化通则,也适用于人生生活方式的最优化诉求。人生就是开拓,人生

---

① 参见李光伟:《时间管理的艺术》,甘肃人民出版社1987年版,第319、185页。
② 《诗经》国风·王风·黍离。

就是奋斗,人生就是创造。人生业绩越是辉煌,人生之路就越崎岖难走,走的人也就越少。马克思有句名言:"最先朝气蓬勃地投入新生活的人,他们的命运是令人羡慕的。"①理论和实践证明,他们是世界上最幸福的人!走自己的路、不为世俗左右强调,只要我们确定了人生最佳目标、规划出人生最优道路,制定并善于掌握和运用人生最优化理论、原则与方法,我们就不会被任何困难所屈服,不会被任何艰险所压倒。我们一定要坚定信心,紧紧跟踪人生最佳目标,科学践行人生最优道路,排除一切世俗干扰,"不管风吹浪打,胜似闲庭信步";既要避免松懈麻痹、不思进取、缺乏意志毅力,又要防止穿别人的鞋,走自己的路,让自己步履蹒跚、洋相百出,让别人成为"赤脚大仙"、遍地找鞋,更要防止见异思迁、放弃自我、走别人的路,让别人走投无路,让自己盲行蛮动、误入歧途。

　　走自己的路,不为世俗左右,让别人去说吧!只要你大胆地往前走,脚下就是路一条!只要你勇敢地向前冲,前面就是通天道——这是开拓创新者永恒的誓言、永远的信念!

---

① 《马克思恩格斯全集》第 1 卷,人民出版社 1956 年版,第 408 页。

第十一章　人生整体的最优化及其美好未来

恩格斯曾指出:"自然界或人类历史或我们自己的精神活动","是一幅由种种联系和相互作用无穷无尽地交织起来的画面";"为了认识这些细节,我们不得不把它们从自然的或历史的联系中抽出来,从它们的特性、它们的特殊的原因和结果等等方面来分别加以研究";然而"要精确地描绘"它们,"就只有用辩证的方法,只有不断地注意生成和消逝之间、前进的变化和后退的变化之间的普遍相互作用才能做到"。① 现代系统论认为,不仅整个宇宙是一个由无数多个不同层次的子系统构成的相互联系永恒发展的无限宏大的母系统,而且"系统"作为一个新的科学"范式","与经典科学那种分析的、机械的、单项因果关系的范式大不相同",它在某些方面引起了"思想和世界观的重新定向",甚至巨大变革。② 人生最优学的研究对象人生最优化,也是如此。人生最优化不仅是部分的、相对静态独立的,而且是整体的、绝对动态开放的,并且拥有特定的美好未来。人生整体的最优化,必须将人生各个部分的最优化及其美好未来有机结合起来,才能充分发挥其最大效能,开创其美好未来。

一、人生整体的最优化

人生整体的最优化,即人生系统的全方位最佳化。它是继人生各个部分最优化之后的又一必不可少的重要内容。它对于最大限度地优化人生整体,

---

① 《马克思恩格斯选集》第 3 卷,人民出版社 2012 年版,第 790、793 页。

② 参见[美]冯·贝塔朗菲:《一般系统论:基础、发展和应用》,林康义、魏宏森译,清华大学出版社 1987 年版,第 4 页等。

意义至关重大；必须予以高度关注，大力实施。

（一）人生整体最优化的构成机制与内在要求

人生整体最优化的构成机制与内在要求，是人生整体最优化的认知前提和理论基础。它对于表达和实现人生整体最优化，具有决定意义。

1. 人生整体最优化的构成机制

人生整体最优化的构成机制，即人生整体最优化的内容组合方式。它不仅内容明确，而且复杂多样。一方面，人生最优学所涉及的人生最优化的各项内容，在各自不同的向位、层面和过程，以其特有的方式发挥着不可替代的功能。正如我国现代哲学家冯定所说："人生就像解方程，运算的每一步似乎都无关大局，但对最终求解都是必要的。"①另一方面，人生最优化的各个构成部分相互联系，相互规定，构成多位一体、不可分割的系统整体。从人生最优化问题的提出与人生最优学的创立，到人生环境的最优对策、营造与人生生活方式的最优化，内容不仅越来越具体，越来越细化，越来越深入，越来越实用，而且越来越丰富，越来越广阔，功能效用越来越强大。彼此形成前呼后应、上下联动的有机整体，共同建构起人生整体最优化新体系，创造着人生整体最优化的美好未来。

2. 人生整体最优化的内在要求

人生整体最优化的内在要求，指的是在全方位遵循人生最优化的取向要求、基本方略、实质要义、核心精髓、目的归宿的前提下，以及人生整体最优化的构成机制的基础上，所建树的人生整体最优化的内在诉求。它作为目标与要素的相互结合、结构与功能的相互联系、系统与环境的相互协调、过程与调控的相互一致，其某一部分的最优化未必是其他部分的最优化，各个部分的最优化并不意味着其内外结构关系和系统整体的最优化，现实的最优化不一定是未来的最优化；人生各个部分的最优化以及彼此之间结构关系的最优化和人生整体最优化的美好未来，几者分别只是人生整体的最优化的必要条件，而不是充分条件，更不是充要条件。只有将其全方位系统整合起来，协同运作，

---

①　引自辛立洲：《人生设计原理》，天津人民出版社 1987 年版，第 182 页。

才能创造出人生整体最大价值效益。

人生整体最优化的内在要求规定,一方面,依据人生最优化的参照系统,通过确立最优观念、建树最佳心态,意气风发,斗志昂扬,瞄准人生最佳目标,践行人生最优道路,运用各种人生最优化理论、原则与方法,以顽强的意志、不拔的毅力,确保实现人生整体的最优化及其美好未来。另一方面,根据人生整体最优化各个组成部分的不同功能特点,尤其是人生整体最优化的目标正确性、要素多样性、结构协调性、系统整合性、环境和谐性、动态开放性、过程优化性、超前预决性特点,力求获得人生整体最大价值效益。

(二)人生整体最优化的基本方略

人生整体最优化的基本方略,即依照人生整体最优化的构成机制与内在要求,对人生整体最优化的最正确科学的重要方法策略。马克思主义创始人认为,"只有创造新的、更有威力的手段,才能达到新的、更重大的结果"①。人生整体最优化的基本方略,大致由两个方面组成。

1. 充分优化组合,统筹兼顾,整体升华

充分优化组合、统筹兼顾、整体升华,即对人生最优化的各个组成部分、各项具体内容之间的关系,进行最佳组织整合,统一筹划,全面兼顾,系统提升。它要求,一切从最正确科学的实现人生总体最佳愿景出发,一方面,尽可能地处理好人生最优化主体自身各种内在规定最优化的相互关系,尤其是彼此之间的辩证关系,在人生价值效益最大化的前提下,力求人生主体自身狂放而不狂妄、自尊而不自傲、自觉而不自恃、自信而不自满、自强而不自封、自律而不自缚、自立而不自大、自利(自助)而不自私、自谦而不自卑、谨小而不慎微、出彩而不出轨,防止一切思想行为的错位、越位、不到位,出界、过度与不及,以及理论与实践相脱节、现实与未来相背离,尽可能将人生主体自身各种内在规定最优化的相互关系全方位优化得恰适其时、正当其位、妙如其分、恰到好处、浑然天成,达到无懈可击的极致化最佳状态、最高境界,最大限度地实现人生主体自身全面协调永续发展、最优发展。另一方面,将人生整体最优化的各项事

---

① 《马克思恩格斯全集》第10卷,人民出版社1998年版,第666页。

业作为一个有机整体,与人生整体最优化的美好未来联系在一起;务求突出重点、兼顾一般,全面安排、统筹规划、最优布局,共同发力,协调推进,最大限度地提升人生整体价值效益。

2. 跟踪监测,动态管理,一切为了人生价值效益最大化

跟踪监测、动态管理、一切为了人生整体价值效益最大化,指的是将人生作为一个动态开放系统和一系列连续不断的发展变化过程,紧紧跟随其发展变化动向踪迹,监测和掌握其发展变化规律特点,运用动态管理方式,以变应变,万变不离最优,一切为了获得人生整体最大价值效益。它规定,运用信息论、控制论、系统论理论、原则与方法,随时发现问题,随时解决问题,随时出现误差,随时修正误差,及时优化人生整体,不断注入新的生机与活力,确保人生整体永远向着最佳目标,沿着最优道路,以最少的人力、物力、财力、时间投入、消耗,最大的人生价值效益向前运行。特别是当人生最优化的内容之间发生矛盾冲突,要按照先主后次、先重后轻、先易后难、先急后缓的原则,力求人生整体价值效益最大化。必要时,可以借助概率与数理统计、运筹学、管理科学、系统科学的相关最优化方法,进行周密详细的计算,甚至运用大型计算机予以编程求解;切实按照科学权衡、趋利避害的最优化诉求、方式,一切随整体价值效益最大化而变迁,确保人生整体最大价值效益全方位永续化实现。

(三)人生整体最优化的外在保障与系统调控

人生、社会、自然三位一体,不可分割。大自然造就了人,社会陶冶着人,人同样也改变着自身、社会和自然。自然、社会在人生中人化,人生在社会、自然中升华。自然和社会化了的人,与人化了的社会和自然,相互影响,相互制约。人生整体最优化不仅取决于人生自身,而且取决于人类社会和自然界。不能设想一个离群索居与世隔绝的人,一个生活在动荡不安、战火纷飞、危机四伏、自然灾难连绵不断的恶劣社会和自然环境条件下的人,其人生整体最优化会得以实现。毫无疑问,人应当通过人生整体最优化的外在保障与系统调控,"根据人的本性的要求,真正依照人的方式来安排世界"①,建构自身、调控

---

① 《马克思恩格斯全集》第3卷,人民出版社2002年版,第521页。

自身,改造社会、优化自然。

1. 人生整体最优化的外在保障

人生整体最优化的外在保障,即人生整体最优化的社会和自然保证。它是人生整体最优化研究的进一步深化和拓展,是人生整体最优化必不可少的外在前提。离开了这一前提,人生整体最优化就难以进行,甚至无从谈起。人生整体最优化的外在保障,主要涉及两项内容任务。

(1)摆脱社会危机,争取最高人类文明。

社会危机,是影响人类文明的最直接的消极因素。人类文明,则是人类生存发展的必不可少的积极因素和重要标志。它主要包括物质文明、精神文明、管理文明三大形态。物质文明,反映的主要是经济生产、流通和物质分配、消费生活状况;精神文明,主要表明思想文化、道德风尚、科学技术水平;管理文明,则重在彰显政治建设、民生建设、生态文明建设程度。人类文明作为人与社会文化形态,它由人的建设、经济建设、政治建设、文化建设、民生建设、生态文明建设、社会其他建设共同组成。摆脱社会危机、争取最高人类文明,即尽可能地防范和化解各种社会危机,力求实现最高人类文明。

现时代,危害人生整体最优化的社会危机,主要是人的素质偏低、道德滑坡、刑事犯罪、经济失调、政治冲突、文化落后、人口问题、食品安全、恐怖活动、战争危险。其中,战争危险危害最大。据国外学者运用电子计算机统计,从公元前 3200 年到 1964 年的 5164 年间,全世界共发生 14513 次战争,期间仅有 329 年的和平时间。战争中有 36.4 亿人丧生,财产损失高达 2150 万亿瑞士法郎,折合成黄金可铸造一条宽 150 千米、厚 l0 米,环绕地球一周的金带子。①1964 年至今的 50 年,世界各国包括越南、两伊、巴以、海湾、波黑、科索沃、阿富汗、利比亚、叙利亚、埃及、乌克兰、也门等发生的战争又达 100 次之多。《世界的未来》一书介绍,目前全世界"每人一生中需有 3~4 年的收入贡献给军备竞赛。"1981 年除常规武器之外,仅世界核武库总储备量就达近 5 万枚核弹头,相当于 150 亿吨级"梯恩梯"烈性炸药,等于"世界上每个人,包括儿童、妇女在内,都坐在 3 吨以上立时可爆的高能炸药之上。"现有核武器足够毁灭

---

① 杨立忠、杨钧锡:《现代高技术战》,军事科学出版社 1993 年版,前言第 1、2 页。

地球上百次。2013 年 8 月,美国宣称其海陆空三军已拥有无人特高速空天飞行武器,能在"1 小时之内打遍全球。"近年来,一些中小国家禁而不止的核试验,各种局部战争冲突,恐怖组织制造的自杀性炸弹爆炸,劫机劫船劫车事件,各种形式的反人类暴力犯罪,东亚海域争端,给国民生产生活造成严重危害。全世界每年军费开支达 1 万多亿美元,人均负担 200 美元。人口前景令人担忧。一方面,发达国家和地区以及我国高素质人口生育率下降;另一方面,落后国家和欠发达地区低素质人口生育率居高不下。我国作为拥有 13 亿多人口的世界第一人口大国,不仅人口老化问题突出,2014 年 60 岁以上的人达 2 亿之多,而且劳动就业率特别是大学毕业生实际就业率长期走低,由收入分配不合理造成的贫富差距进一步拉大,社会可持续发展受到严峻挑战。全世界转基因食品、农药化肥添加剂塑制品污染食物、卫生安全问题十分突出。这些社会危机,给人类的生存发展和人生整体最优化构成巨大显性和潜在威胁。新世纪新千年伊始,人们通过大尺度的历史反思,越来越清醒地意识到"人类只有一个地球,各国共处一个世界……弱肉强食不是人类共存之道,穷兵黩武无法带来美好世界。要和平不要战争,要发展不要贫穷,要合作不要对抗,推动建设持久和平、共同繁荣的和谐世界,是各国人民共同愿望。"①当今世界,虽然并不太平,国内国际不乏是非纷争;但是,全球总体上已由昔日的战争转向和平,由冷战转入对话,由对抗转入合作,由对立转向发展,由贫穷转向富裕,由落后转向文明,由劣化走向优化。"和平与发展",依然并将长期是世界的两大"主题"②。

　　摆脱社会危机、争取最高人类文明要求,一方面,千方百计地全面消除社会的各种病态弊端;另一方面,极大地强化人的建设、经济建设、政治建设、文化建设、民生建设、生态文明建设、社会其他建设,不仅把本国的物质文明、精神文明、管理文明建设不断向上提升,而且把全人类的物质文明、精神文明、管理文明建设持续推向前进。

---

　　①　胡锦涛:《坚定不移沿着中国特色社会主义道路前进　为全面建成小康社会而奋斗——在中国共产党第十八次全国代表大会上的报告》,人民出版社 2012 年版,第 46 页。
　　②　习近平:"从延续民族文化血脉中开拓前进　推进各种文明交流交融互学互鉴",《人民日报》2014 年 9 月 25 日。

（2）消除不良因素，高度优化自然环境。

消除不良因素、高度优化自然环境，指的是排除一切与人生最优化相背离的消极因素，尽可能地优化自然环境。自然环境，是环绕人类生产生活的阳光、空气、水体、土地、气候、山林、矿藏、动物、植物、微生物分布等自然条件。它是人类赖以生存和发展的物质前提。消除不良因素、高度优化自然环境，对于人生整体最优化有着至关重大的意义。

自然环境的不良因素，主要包括环境污染、生态破坏等。据统计，目前全世界空气污染严重。每年工厂和燃油机器向大气排放的二氧化碳等有害气体高达400多亿吨，如果不采取强力遏制举措，本世纪中叶将增加1倍，2050年全球将因二氧化碳排放的剧增，平均温度上升1.5~4.5℃，极地冰雪开始融化，海平面上升20~40厘米。这种"温室效应"，将给农业生产、沿海城市、土壤机制带来严重负面影响。近年来，个别国家和地区的气温虽然时有下降，但全球气温上升的总趋势却没有改变。世界资源告急，60%的国家淡水不足，40多个国家水资源严重短缺。每年有上千万吨石油、几百亿吨垃圾、几百万吨有害金属倾入大海，海洋生物受到重度危害。欧洲北海水域有1/3的鱼类因污染而不能食用。世界现有20亿人饮用污染水，每年有30%的人因环境污染而致病，仅饮用水不卫生死亡的人数每天高达3万人。农药、噪音污染日趋加剧，核污染令人担忧。仅核试验造成的放射性沉降物每年有10%~20%降落地面，100年后可达每平方千米200毫居里的放射程度。1986年苏联切尔诺贝利核电站事故，2011年日本福山核电站机芯熔毁造成的海洋、大气、土壤、生态大规模放射性污染，给本国和周边国家生产生活蒙上厚厚的一层阴影。有专家估计，这种污染100多年后才能彻底消失。星罗棋布的电视发射塔、手机信号台、遍及家家户户的电子产品，造成的电磁波辐射防不胜防。太空出现"拥挤"。卫星、飞船、航天飞机、空间站残留的物体1986年达3800片，重达6吨以上，现在则高达数万片，重达上千吨。许多发射到太空中的物体常常以十几、几十千米左右的空间距离"擦肩而过"。1981年苏联一颗导航卫星被太空碎片撞得粉碎。2012年3月25日美国空间站与迎面飞来的一枚太空碎片险些相撞，宇航员不得不出仓躲避。随着一些大国"星球大战计划"、"空天一体化战略"太空争夺战的角逐不断升级，茫茫宇宙将成为人造天体拥挤的危险区城。森林植被惨遭破坏。森林正以每年 10 万多平方千米的速度在地球上消失,仅过去的 30 年中就有 40% 的热带雨林毁灭。草原沙漠化、山体石漠化、耕地荒漠化、沼泽干涸化现象严重。照此下去,150 年后全世界森林将大部分消失。因森林植被的破坏,地球上平均每分钟就有 4.7 万吨土壤流失,10 公顷土地变为沙漠、石漠、荒漠,由此而受影响的地区已达 4000 多万平方千米。如果任其蔓延,2050 年全世界将有 1/4 的土地荒芜。土地沙漠化、石漠化、荒漠化每年造成的直接经济损失,达 500 亿美元。物种不断减少,一些动植物面临灭顶之灾。英国剑桥保护监视中心统计,全世界已有 100 多万种动植物灭绝。目前,濒临灭绝的哺乳动物有 406 种,鸟类 593 种,爬行动物 209 种,鱼类 242 种,昆虫等 867 种。同时,未来 50 年中将有 6 万种动植物在地球上消失。所有这些不良因素,严重威胁着人类的生存和发展,阻碍着人生整体最优化的进程。消除不良因素、高度优化自然环境,已成为人类刻不容缓的当务之急。

1982 年,美国学者埃里克·普·爱克霍姆在《回到现实:环境与人类需要》一书中指出:"在斯德哥尔摩会议后的七十年代,人们越来越认识到,人类在世界某一处和在别处的所作所为,其间都存在着基本的、不可分割的联系。斯德哥尔摩会议的伟大成就之一,就是深入了解这种相互联系。这一点集中地反映在'只有一个地球'这个会议口号中,从而开始出现一种共同管理好我们这个共有的星球家庭的意识。"① 自 1962 年美国学者蕾切尔·卡逊出版的《寂静的春天》一书问世以来,不少学者、国家和世界组织相继出版和推出了一些相关研究成果。1972 年罗马俱乐部出版了《增长的极限》,1987 年世界环境与发展委员会发表了《我们共同的未来》,1992 年联合国环境与发展大会发布了《里约环境与发展宣言》(《地球宪章》)和《21 世纪议程》,2012 年联合国大会通过了《我们憧憬的未来》报告,2013 年我国举办了盛况空前的贵阳国际生态论坛,2014 年联合国在秘鲁首都利马召开了全球气候变化大会,对地球村建设、全球生态环保等人类社会可持续发展问题,进行了广泛深入讨论磋商。各国首脑以多种方式达成诸多共识,签署了多项合作意向协议。消除不良因素、高度优化自然环境,越来越引起世人重视。而今,西方国家已建立起

---

① 参见辛立洲:《人生设计原理》,天津人民出版社 1987 年版,第 58 页。

不少绿色环保组织,一些国家包括我国在内自上而下普遍建立起环境监测保护机构和一批自然生态保护区,"征服自然"的口号正在为"保护自然,与天为一"、"环境友好"、"和谐发展"的信念所代替。一场关心自然、爱护自然、美化自然,与自然友好相处的运动,正在全球悄然兴起。但是,积重难返,几十年积累下来的不良因素,不可能在短时期内全部消失。消除不良因素、高度优化自然环境,依然任重而道远。

消除不良因素、高度优化自然环境规定,一方面,通过制定和贯彻强力举措,彻底消除各种环境污染和生态破坏;另一方面,大力植树造林、种草、养花、广造人工自然,进一步扩大自然生态保护区,开展养鸟护兽活动。切实让誓言告诉自然,我们是环境友好、生态文明的卫士、保护神;让行动告诉未来,我们是美化自然环境的建设者和主力军!

2. 人生整体最优化的系统调控

人生整体最优化的系统调控,指的是按照人生整体最优化的外在保障,对人生整体最优化的系统调节控制。它主要涉及两个方面的规则。

(1)人生整体最优化的系统调控依据。

事物的运动是绝对的,静止是相对的。客观世界时时处处都在发展变化着,自然界在变,社会在变,人生本身也在变。人生最优化所涉及的一切"最优化",都是在特定时间、地点、条件下的"最优化"。相应地,人生整体最优化要确保时时处于最佳状态,处处立于最优之地,必须随其内外在因素的变化不断做出及时而又适当调整。人生整体最优化的系统调控依据,即按照人生整体最优化的愿景诉求,对人生整体最优化的系统调控根据。它要求,对所有既定人生最优化,按照人生最大价值效益取向和主客体条件变化的最优化需要,因事因时因地因情制宜,具体问题具体分析,具体情况具体对待,随时随地对人生整体最优化作出相应的最佳系统调控。

(2)人生整体最优化的系统调控程序。

人生整体最优化的系统调控程序,指的是人生整体最优化的系统调控过程序列。它大致分为五个步骤:一是深入解读人生整体最优化的各项内容,明确其属性特点;二是高度协调人生整体最优化各个组成部分之间的相互关系;三是制定相应最优方案;四是实施最优方案;五是随机调整最优方案,使之达到永续系统整合最优化。

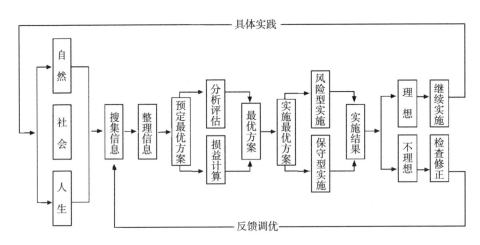

图 11-1　人生整体最优化的系统调控程序

人生整体最优化的系统调控程序规定,人生整体最优化的总目标、总道路、总理论、总原则、总方法,在人生整体最优化的系统调控过程中保持不变。即人生整体最优化无论如何系统调控,最正确科学地认识、改造和创造世界尤其是认识、改造和创造人生,最大限度地造福于人生的人生最优化的取向要求,以及立足人生、统筹兼顾、全面发展的人生最优化的基本方略,按照人生最大价值效益取向与事物一定属性特点相统一的规定,向最好努力、向最坏预防的人生最优化的实质要义,以最少的人力、物力、财力、时间投入、消耗,获得最大的人生价值效益的人生最优化的核心精髓,全方位创造、拥有和实现最美好的人生的人生最优化的目的归宿,在任何时间、地点、条件下都不可改变。此外,人生整体最优化的分目标、分道路、分理论、分原则、分方法,以及其他各项具体内容,均可随机调整,并且必须时时处处服从和服务于人生整体最优化的总目标、总道路、总理论、总原则、总方法和总内容的总体要求,一切以人生整体价值效益最大化为转移。

二、人生整体最优化的美好未来

今人不见古时月,今月曾照古时人;古往今来相连接,新旧交替成一统。

事物总是螺旋式上升、波浪式前进、永恒化发展的。人生整体最优化,是一项宏大的系统工程;它不仅有着广阔的宇宙背景、深刻的文化渊源、厚重的现实基础、特定的构成机制、鲜明的内在要求、强健的基本方略,以及必要的外在保障与科学的系统调控,而且离不开人生整体最优化的美好未来的引领,需要全社会的共同努力。

(一)人生整体最优化的美好未来设想

人生整体最优化的美好未来设想,既是人生整体最优化研究的又一重要任务,也是历代有志之人、有识之士关注的热点和永恒主题。对此,中外古今不乏可资借鉴的光辉思想。

1. 中外古近代思想家的有关观照理想

早在四千多年以前,中华民族始祖黄帝就创造性地提出理想人格能"用天极"、"尽天当",会"有极"、归"有极"、建"有极"的极当宏论。① 《周易》则提出与"天地"、"日月"、"四时"、"鬼神"和合的"至和"主张。② 《尚书》则高度强调"用训厥道,付畀四方","建无穷之基","垂拱而天下治"。③ 孔子认为,未来的人生将是"弘道"、"知人"、"立人"、"达人"、"爱众"、"亲仁"、"尽美"、"尽善"的最优化人生。④ 《礼记》倡导春种、夏长、秋收、冬藏,生产遵时节:"孟春之月"不渔猎,"祀山川泽牺牲毋用牝","毋覆巢,毋杀孩虫、胎、夭、飞鸟,毋麛,毋卵",让其休养生息;"禁止伐木",以让其繁茂生长。⑤ 孟子则强调"不违农时",力求"天时"、"地利"、"人和",并且认为人人都可以为"尧舜",做"圣人",成为全面发展的理想人格、高尚之人。⑥ 儒家经典《礼记》礼运篇则将未来人生整体最优化的某些方面生动地表述为:"大道之行也,天下为公。选贤与能,讲信修睦,故人不独亲其亲,不独子其子;使老有所终,壮有所用,幼有所长,鳏、寡、孤、独、废、疾者皆有所养;男有分,女有归;货恶其弃于

---

① 参见《黄老帛书》。
② 《周易》乾文言。
③ 《尚书》康诰、毕命、武成。
④ 《论语》卫灵公、学而、雍也、八佾。
⑤ 《礼记》月令。
⑥ 《孟子》梁惠王上、公孙丑下、告子下、告子上。

地也,不必藏于己;力恶其不出于身也,不必为己。是故谋闭而不兴,盗窃乱贼而不作,故外户而不闭。是谓大同。"《中庸》篇则将最优之人定义为笃行"中道"、精明"如神","赞天地之化育",德配天地、与天为一的"至圣"。宋代理学家朱熹甚至提出"满街都是圣人"的观点①。清末戊戌维新变法代表人物康有为的《大同书》描述的"视人如己"、"人人相亲"、"人人平等"、"人无所思,安乐既极,惟思长生"的"至平、至公、至仁、治之至"人生诱人前景,严复所绘制的"背苦而趋乐","开明自营于道义必不背",求得"与其一时之天时地利人事最其相宜"的"最大幸福"的人生蓝图等,则从不同的向位、层面和过程展示出人生整体最优化的美好未来图景。②

与其同时,西方古希腊思想家柏拉图的《理想国》勾勒的人生整体最优化的美好未来图景,文艺复兴以来的莫尔、康帕内拉、闵采尔、圣西门、傅立叶的乌托邦人生思想,特别是欧文关于"不仅要以最有益于自身和所有其他人的方式来思想,而且要以这种方式来行动"的理论,以及傅立叶的"以花费最少的精力而获得最大量的成果"的学说,③法国18世纪哲学家马奎斯·孔多塞《人类进步史概观》论著揭示的"无论通过推理还是根据事实,自然界都没有为人类能力的完善化规定任何限度,人类的完善性实际上乃是无限的;而且……今后任何力量也不能阻碍人类完美性的进步。"④法国作家伏尔泰《老实人》一书表明的"在这尽善尽美的世界里,一切都美妙无比"的观点,则不同程度地反映出西方思想家对于人生整体最优化的美好未来构想。

中外古近代思想家的有关观照理想,鼓舞人心,令人神往,催人奋进;但它却由于时代的局限,本质上是一种虚无缥缈的幻想。

2. 西方现当代思想家的相关科学预测

西方现当代思想家十分重视人生整体最优化的美好未来研究,特别是美

---

① 朱熹:福建泉州开元寺楹联。

② 参见陈瑛、温克勤等:《中国古代伦理思想史》,贵州人民出版社1985年版,第827页;张锡勤、饶良伦、杨忠文:《中国近现代伦理思想史》,黑龙江人民出版社1984年版,第84、85、91、93、97页;中国法律思想史编写组:《中国法律思想史资料选编》,法律出版社1983年版,第866页。

③ 参见周辅成编:《西方伦理学名著选辑》下卷,商务印书馆1987年版,第555页;西方法律思想史编写组:《西方法律思想史资料选编》,北京大学出版社1983年版,第573页。

④ 参见赵敦华主编:《西方人学观念史》,北京出版社2005年版,第216页。

国现代著名人生学家卡耐基、叶纳、加里·德勒斯、拿破仑·希尔、安东尼·罗宾的人生学说,美国当代未来学家托夫勒的《第三次浪潮》、《第四次浪潮》,以及其他名人名作的相关理论观点等,他们对人生整体最优化的美好未来在不少方面不同程度地进行了科学预测。他们认为,"技术和创新没有数字,而着眼点在未来。"①人生整体最优化的美好未来,将是人的素质充分提高、社会充满人道博爱、经济发达、政治清明、文化繁荣、科技腾飞、生活质量极高的超级社会,知识经济、"信息化数字化时代","机器人活跃的世纪",克隆"怪才"、复制"奇才"、重组"全才"、创造"天才",形成最佳人生的时代。人们将"最大限度地实现可能的幸福。"②军事上将由核武库的扩充转向谁也不敢首先使用核武器的相对和平稳定,并最终走向彻底销毁核武器,消灭一切危害人类生存和发展的武器装备、军事设施,取消军队,消除一切战争根源,化干戈为玉帛。阶级、民族将"相互趋同",由"最低限度国家"走向"世界政府",进而走向全球性大融合。③ 整个人类社会将变成大一统的世界性组织,社会将成为"程序社会"、民主联合体,"地球村"。自然环境高度优化,分外妖娆宜人。人类将在50年后建立起众多的空间站甚至创建起太空城,同外星人发生联系,交流信息,互通有无,进而在冰期到来和地球毁灭之前或其他必要时刻向太空和外星"移民"。人生整体将随着科技文化的飞速发展和人类社会持续进步,日益全球化、宇宙化、最优化。

西方现当代思想家的相关科学预测,纵横捭阖,雄浑高远。它既汲取了人类古近代有关观照理想精华,又运用现当代科幻手法,注入了时代生机活力;但它却没有彻底突破传统的空想框架,没有指出通向人生整体最优化的美好未来的最切实可行的现实路径。

3. 马克思主义者的相应前景诉说

马克思主义者尤其是马克思主义经典作家,以及其他一些马克思主义者认为,人生整体最优化的美好未来,是人类的彻底解放、个人的"自由发展"、"全面发展"、人的思想觉悟的极大提高、科技文化的极大进步、人生全方位出

---

① 引自顾镜清:《未来学概论》,贵州人民出版社1985年版,第5页。
② 参见万俊人:《现代西方伦理学史》下卷,北京大学出版社1992年版,第668页。
③ 参见万俊人:《现代西方伦理学史》下卷,北京大学出版社1992年版,第729页。

彩、物质产品的极大丰富、劳动和分配的各尽所能、按需分配,以及社会建构的自由人的"联合体"——"共产主义社会"。① "所有劳动者",都过"最美好的、最幸福的生活"。② 在这样的社会,消灭了阶级,消灭了国家,消灭了政党,消灭了城乡差别和脑体力劳动的差别,民族大融合;人际关系是同志式的互助合作关系,"每个人的自由发展是一切人的自由发展的条件"③;严格的社会分工为社会责任心和工作爱好所代替,劳动"不仅仅是谋生的手段",而且是"生活的第一需要",④是强身健体、自我实现的生理、心理、社会保障,是一种乐趣和享受;在自由人的联合体"任何人都没有特殊的活动范围,而是都可以在任何部门内发展"⑤;"社会化的人,联合起来的生产者,将合理地调节他们和自然之间的物质变换,把它置于他们的共同控制之下,而不让它作为一种盲目的力量来统治自己;靠消耗最小的力量,在最无愧于和最适合于他们的人类本性的条件下来进行这种物质变换……在这个必然王国的彼岸,作为目的本身的人类能力的发挥,真正的自由王国,就开始了"⑥;这时,人最终地脱离了动物界,"人终于成为自己的社会结合的主人,从而也就成为自然界的主人,成为自身的主人——自由的人","这是人类从必然王国进入自由王国的飞跃"。⑦ 而要将这种美好的前景诉说变为现实,必须以人为本、统筹兼顾,建设资源节约型、环境友好型社会,实现人的全面发展与经济社会全面协调可持续又好又快的科学发展,坚持改革开放、锐意创新,最大限度地解放和发展生产力,消灭剥削,消除两极分化,最终达到共同富裕,"实现效益最大化和效率最优化"⑧。

　　马克思主义者的相应前景诉说,气势恢弘,博大精深。它不仅集人类文明之大成,建立起完备科学的思想理论体系,而且指明了实现这一前景诉说的基本途径。

---

① 参见《马克思恩格斯文集》第 2 卷,人民出版社 2009 年版,第 53、46 页。
② 《列宁选集》第 3 卷,人民出版社 2012 年版,第 546 页。
③ 《马克思恩格斯文集》第 2 卷,人民出版社 2009 年版,第 53 页。
④ 《马克思恩格斯文集》第 3 卷,人民出版社 2009 年版,第 435 页。
⑤ 《马克思恩格斯文集》第 1 卷,人民出版社 2009 年版,第 537 页。
⑥ 《马克思恩格斯文集》第 7 卷,人民出版社 2009 年版,第 928~929 页。
⑦ 《马克思恩格斯文集》第 3 卷,人民出版社 2009 年版,第 566 页、564~565 页。
⑧ 《中共中央关于全面深化改革若干重大问题的决定》,《人民日报》2013 年 11 月 16 日。

（二）为实现人生整体最优化的美好未来而努力奋斗

认识的目的不仅在于改造世界，而且在于创造世界造福于人类自身；明确人生整体最优化的构成机制与内在要求，掌握人生整体最优化的基本方略，解读人生整体最优化的外在保证与系统调控和人生整体最优化的美好未来设想，其最终目的在于应用于人生整体最优化的伟大实践，实现人生整体最优化的美好未来。而要达到这一宏伟远大目标，一方面，要深刻理解德国哲学大师黑格尔关于"主体按照善的东西比照恶的东西来规定自己，但他还具有任性的形式……在争取达到目的时，他就要创造自己发挥自己"①的理论，最大限度地建设自我、升华自我，充分提高人生整体最优化的主体素质，摒弃一切与人生整体最优化的美好未来不相兼容的主体非优化因素，最大限度地提高和实现自身的价值，为人生整体最优化的美好未来充分创造主体条件。另一方面，要牢记马克思主义创始人关于"个人的全面发展，只有到了外部世界对个人才能的实际发展所起的推动作用为个人本身所驾驭的时候，才不再是理想、职责等等"②，才能充分达到，"人们才能完全"自觉自由地"自己创造自己的历史"的学说③，高度建设社会、优化社会，改造自然、美化自然，消除一切与人生整体最优化的美好未来不相适应的社会和自然环境的负面因素，为人生整体最优化的美好未来提供强力可靠的外部保障；确保人生整体最优化在最大限度的社会文明和异常优美的自然环境条件下，以最佳方式全面发展。

历史向我们昭示：人类文明热点已由客体转向主体并进而走向以主体为核心的主客体的统一。未来社会必定是一个思必想最优，言必称最优，行必取最优，动必求最优，人生与社会全方位最优化的社会。这个社会一定会到来，这个社会正昂首阔步向我们走来。天道酬勤，人道尚干，"天罚不极"。让我们站在人类文明的制高点，高扬人生整体最优化的大旗，最大限度地投身人生整体最优化的伟大实践，为实现人生整体最优化的美好未来而努力奋斗！

---

① 参见周辅成编：《西方伦理学名著选辑》下卷，商务印书馆 1987 年版，第 428、429 页。
② 《马克思恩格斯全集》第 3 卷，人民出版社 1960 年版，第 330 页。
③ 《马克思恩格斯选集》第 3 卷，人民出版社 2012 年版，第 671 页。

主要参考文献

（一）

（1）《周易》、《诗经》、《尚书》、《论语》、《老子·道德经》、《庄子》、《孙子兵法》、《墨子》、《管子》、《大学》、《中庸》、《礼记》、《孟子》、《荀子》、《韩非子》、《黄帝内经》；《中国哲学史资料选辑》（先秦~近代之部），中华书局 1979~1983 年版。

（2）三国时代刘劭：《人物志》，中央编译出版社 2011 年版；《赠广贤文》、《三字经》、《千字文》。

（3）《西方哲学原著选读》上、下卷，商务印书馆 1981、1982 年版。

（4）《西方伦理学名著选辑》上、下卷，商务印书馆 1964、1987 年版。

（5）《马克思恩格斯文集》1~10 卷，人民出版社 2009 年版。

（6）列宁：《列宁选集》1~4 卷，人民出版社 2012 年版。

（7）《马克思主义思想政治教育著作导读》，高等教育出版社 2001 年版。

（8）《马克思恩格斯列宁斯大林论人性　异化　人道主义》，清华大学出版社 1983 年版。

（9）《马克思恩格斯列宁斯大林论思想方法和工作方法》，人民出版社 1984 年版。

（10）《毛泽东文集》第 1~8 卷，人民出版社 1993、1996、1999 年版。

（11）《青年要自觉践行社会主义核心价值观与祖国和人民同行，努力创造精彩人生》，《人民日报》2014 年 5 月 5 日。

（12）国家教委理工农医硕士研究生教材编写组：《自然辩证法概论》，高等教育出版社 1991 年版。

（13）杨春贵主编：教育部硕士研究生教材《马克思主义与社会科学方法论》，高等教育出版社 2012 年版。

（14）马克思主义理论研究和建设重点工程教材编写组：《马克思主义哲学》，高等教育出版社、人民出版社 2009 年版。

（15）教育部组编全国高校教材：《思想政治教育学原理》、《思想政治教育方法论》、《比较思想政治教育学》、《思想政治教育案例分析》，高等教育出版社 2001 年版。

（16）教育部组编全国高校教材：《思想道德与法律基础》，高等教育出版社 2013 年版；《思想道德与法律基础》（学生辅学读本），高等教育出版社 2011 年版。

（17）张岱年等主编：《中国文化概论》，北京师范大学出版社，2004 年版。

（18）邢贲思、周汉民主编：《人生知识大辞典》，中国青年出版社 1992 年版。

（19）邢贲思：《哲人之路》，浙江人民出版社 2002 年版。

（20）罗国杰主编：《伦理学》，人民出版社 1989 年版。

（21）罗国杰主编：《中国伦理思想史》（上、下卷），中国人民大学出版社 2008 年版。

（22）袁贵仁：《对人的哲学理解》，东方出版中心 2008 年版。

（23）王伟光：《利益论》，中国社会科学出版社 2010 年版。

（24）邬昆如：《人生哲学》，中国人民大学出版社 2005 年版。

（25）李中华、赵敦华等主编：《中国人学思想史》、《西方人学观念史》、《人学原理》，北京出版集团、北京出版社 2005 年版。

（26）王通讯：《人才论集》（1—5 卷），中国社会科学出版社 2001 年版。

（27）辛立洲：《人生学》，天津教育出版社 1988 年版。

（28）叶奕乾等：《图解心理学》，江西人民出版社 1982 年版。

（29）周昌忠编译：《创造心理学》，中国青年出版社 1983 年版。

（30）王极盛：《科学创造心理学》，科学出版社 1986 年版。

（31）严智泽等主编：《创造学新论》，华中科技大学出版社 2002 年版。

（32）甘自恒：《创造学原理和方法》，科学出版社 2003 年版。

（33）李光伟：《时间管理的艺术》，甘肃人民出版社 1987 年版。

（34）冯之浚主编：《软科学纲要》，三联书店 2003 年版。

（35）刘蔚华主编：《方法学原理》，山东人民出版社 1989 年版。

（36）孙小礼等主编：《科学方法》（上、下册），知识出版社 1985 年版。

（37）张继志主编：《实用方法与技巧》，哈尔滨船泊工程学院出版社 1989 年版。

（38）盛立人等：《社会科学中的数学》，科学出版社 2006 年版。

（39）金泉：《心态决定命运》，海潮出版社 2001 年版。

（40）莫语：《数字知道答案》，北京邮电大学出版社 2006 年版。

（41）任顺元：《心理效应学说》，浙江大学出版社 2004 年版。

（42）程正方：《现代管理心理学》，北京师范大学出版社 2009 年版。

（43）郑全全、俞国良：《人际关系心理学》，人民教育出版社 1999 年版。

（44）肖兰、丁成军编：《人才谈成才》，中国青年出版社 1985 年版。

（45）张炜主编：《中国名人》、《世界名人》，海潮出版社 2008 年版。

（46）钱颂迪等：《运筹学》，清华大学出版社 1990 年版。

（47）袁亚湘、孙文瑜：《最优化理论与方法》（计算数学），科学出版社 1997 年版。

（48）中国科学院数学研究所：《优选法》，科学出版社 1975 年版。

（49）[美]蒋中一：《动态最优化基础》，商务印书馆 1999 年版。

(50)[美]L.A.珀文:《人格科学》,周榕等译,华东师范大学出版社 2001 年版。

(51)[美]加里·德斯勒:《人力资源管理》,吴雯芳、刘昕译,中国人民大学出版社 2005 年版。

(52)[美]叶纳:《职业生涯规划》,刘红霞、杨伟国译,机械工业出版社 2011 年版;[美]珍妮特·沃斯、[新西兰]戈登·德莱顿:《学习的革命》,顾瑞荣译,上海三联书店 1998 年版。

(53)[英]贝弗里奇:《科学研究的艺术》,陈捷译,科学出版社 1979 年版。

(54)[美]朱·弗登博格、[法]让·梯若尔:《博弈论》,黄涛、郭凯等译,中国人民大学出版社 2002 年版。

(55)[美]马克·赫斯切:《管理经济学》,李国津译,机械工业出版社 2007 年版。

(56)田缘、张弘主编:《安东尼·罗宾潜能成功学》(上、下册),经济日报出版社 1997 年版。

(57)[美]拿破仑·希尔:《成功法则全集》,刘津、刘树林译,地震出版社 2006 年版。

(58)[美]阿尔文·托夫勒:《第三次浪潮》,朱志焱等译,新华出版社 1996 年版。

(59)《中国社会科学》、《新华文摘》、《哲学研究》、《道德与文明》、《中国人才》、《心理科学》、《科学》等中外著名期刊有关文章。

(60)J.J.Moder and S.E.Elmaghraby《Handbook of Operations Research》,Von Nostrand Reinhold Company,1978.

（二）

(1)张瑞甫:《人生最优化原理》,山东人民出版社 1991 年第 2 版。

(2)张瑞甫:《社会最优化原理》,中国社会科学出版社 2000 年版。

(3)张瑞甫主编:《中外名人的人生之路》,内蒙古人民出版社 2010 年版。

(4)张瑞甫、李明远、张倩伟:《科学管理是定性与定量有机整合的过程》,《人民日报》2005 年 5 月 23 日。

(5)张瑞甫:《自私不是人的本性的哲学证明》,《光明日报》1990 年 11 月 12 日,《新华文摘》1991 年第 1 期。

(6)张瑞甫:《论个人利益的正确导向》,《中国教育报》1994 年 2 月 9 日;《新华文摘》1994 年第 4 期。

(7)张瑞甫:《利益的多元建构及其系统整合》,《中国教育报》1994 年 10 月 19 日。

(8)张瑞甫:《略论人生的价值重在社会贡献》,《中国教育报》1994 年 1 月 12 日。

(9)张瑞甫:《中国特色社会主义价值导向建构的深层思考》,《新华文摘》1994 年第 11 期。

(10)张瑞甫:《管理职能的通用最优化方略论析》,《北京大学学报》2007 年 10 月(专刊)。

(11)张瑞甫、张乾坤、包艳:《人生和社会最优化思想与儒学相关理念探讨》,2008 年

《第一届世界儒学大会学术论文集》,文化艺术出版社 2009 年版。

（12）张瑞甫、钱荣英、张乾坤:《儒学相关思想与科学发展观的内在联系及应有最优化取向》,2009 年《第二届世界儒学大会学术论文集》,文化艺术出版社 2010 年版。

（13）张瑞甫、张倩伟、张乾坤:《现代管理最优化理论与儒家相关思想及其内在联系》,2011 年《第四届世界儒学大会学术论文集》,国家文化部、山东省人民政府主办。

（14）张瑞甫、张倩伟、张乾坤:《儒家的"中极和合"哲学与现代最优化理论》,2012 年《第五届世界儒学大会学术论文集》,国家文化部、山东省人民政府主办。

（15）张瑞甫、钱荣英、张乾坤:《语言最优化初论》,《现代语文》(语言版)2009 年第 2 期。

（16）张瑞甫:《社会最优化原理初论》,中国人民大学报刊复印资料《新兴学科》1999 年第 2 期。

（17）张瑞甫、张倩伟:《定性最优化与定量最优化的优缺点及其互补整合》,《国际教育周刊》2006 年第 3 期。

（18）张倩伟:《生产前沿面的规模收益结构分析》,《统计与决策》2010 年第 14 期。

（19）张倩伟:《规模收益状况的动态因素分析》,北京大学《数学的实践与认识》,2010 年第 16 期。

（20）Zhang Qianwei, Gao Jinwu. Fuzzy DEA with Series Network Structure. Advanced Science Letters, 2012, in press. (SCI).

（21）Zhang Qianwei, Yang Zhihua. Nonparametric Statistical Method—the Applications of DEA in Factor Analysis of Congestion Phenomenon. Conference Proceedings of 2009 International Institute of Applied Statistics Studies, Qingdao, CHINA, 2009.

（22）张乾坤:《再论语言最优化问题》,《现代语文》(综合版)2013 年第 4 期:《新华文摘》2013 年第 19 期摘要转载。

后　记

存在决定意识，意识不仅反映和反作用于存在，而且以其特有的方式创造未来。早在 1974 年于曲阜师范学校这所百年名校学习的时候，我即萌生出创立最优学的美好愿望。

曲阜师范学校设学东方圣城、世界文化名人孔子的故乡曲阜。她北依世界文化遗产孔府、孔林和注淮入海的泗河、世界名山泰山，南傍亚圣孟子故里邹城、微山湖，西邻中外名胜古迹孔庙和现代高等学府曲阜师范大学，东接少昊陵、皇帝诞生地寿丘和泗河发源地泗水，位于"生发"、"分异"、"两极"、"适中"（中庸）、"和合"、"创新"等最优化思想发祥地孔府、孔庙怀抱，以及东经 117°北纬 36°东西半球南北半球颇具最优化意蕴的"黄金分割点"上。四面八方沐浴着中华优秀传统文化的独特神韵、秀美山川的别样风光，深受古今最优化思想的洗礼和优美自然风光的感染。全国人大常委会副委员长、著名教育家楚图南，北京大学清华大学教授、著名文学家刘盼遂，中国电影音乐学会会长、著名音乐家王云阶等名家一度执教于此。她曾培养出国务院副总理、全国人大常委会委员长万里，中宣部副部长、文化部代部长、著名诗人剧作家贺敬之等一批国家领导人和著名专家、学者、教授。曲阜师范学校堪称圣地摇篮中的骄子，齐鲁大地上的教育明珠，当代最优化思想的孕生园地。

承儒风国韵，蒙中华优秀传统文化最优化思想的恩泽，受钟灵毓秀山川的启迪，得著名数学家华罗庚教授优选法、统筹法和北京大学高材生，曾在中国科学院数学研究所任职的曲阜师范大学邵品琮教授运筹学学术报告的发蒙，我深深为中外最优化思想方法的神奇魅力所震撼，一种朦胧而后日益清晰起来的最优学思想持续在我心中升腾：人类几千年来的文明史不正是一部自觉不自觉的追求和不断提升人生与社会最优化的历史吗？在融会贯通、整合提升传统最优化思想和现代最优化理论、原则与方法的基础上，如果能像运筹学对于经济管理、军事作战、系统工程那样，用既科学全面，又精确可靠充满神奇魅力的理论、原则与方法，将最优化扩大应用于整个哲学、人文社会科学、自然科学研究领域，那将是何等宏伟壮丽、美妙诱人的事业！为此，我曾写下一首不成体统的小诗《青春誓言》：

横空出世驰环宇，识遍世界寻奥秘。

法天行健求最优，誓为人类创新奇！

我立志要创立人生最优学、社会最优学、通用最优学（最优学通论）等最优学新兴科学！这首诗，不仅一直是我的美好夙愿、心灵最爱，而且一直是激励我为之拼搏奋进的思想源泉和不竭精神动力。然而，对于一个涉世未深、学识浅陋，又值"十年动乱"期间的年仅20岁的青年学生，要创建一门新兴科学谈何容易！两年过去了，除自学到一些大学哲学专业、数学专业、中文专业教科书之外，其他很少有所收获。1977年恢复高考，我有幸考取曲阜师范大学中文系，接受高等教育，科研写作能力有了大幅提升。1982年大学毕业留校任教后，直至1990年我的第一部学术专著《人生最优化原理》完成并得以出版问世，历经16年艰辛探索，最优学研究才取得突破性进展。期间和而后，通过到黑龙江大学哲学系、中国人民大学哲学系、北京大学政府管理学院、光华管理学院，以及中央宣传部、教育部、中央党校等"5部1校研修班"、国家教育行政学院"中宣部、教育部博士研究生教师培训班"学习、研修硕士和博士研究生主要课程和国内外哲学人文社会科学教学、科研前沿问题，凭借近年来一年一度的"世界儒学大会"国际文化交流平台和平时给硕士、博士研究生，大学教师讲授自然辩证法概论、马克思主义与社会科学方法论、最优化基本问题、科学研究与论文论著写作等，对最优学有了更加深入广泛的认知和研究，最优学研究的深度与广度产生了历史性飞跃。从最初到现在经过整整39年的艰苦努力，而今最优学研究才得以初具规模，在一定意义如愿以偿。

该书的出版得到人民出版社领导和编辑的大力支持。著名伦理学家、教育部高校思想政治理论课指导委员会主任、国务院学位委员会哲学学科评议组召集人、中国人民大学罗国杰教授，美国哈佛大学博士、《世界哲学杂志》主编、夏威夷大学成中英教授,在百忙之中审阅了部分书稿,并赐序或题词。中共山东省委文明办公室主任、省委宣传部副部长刘宝莅女士,省委宣传部副部长张全新教授,山东省社会科学规划办公室刘兵主任,对本书的立项给予大力帮助。在此,一并致以崇高的敬意和衷心的感谢!

　　该书不仅是《最优学通论》、《人生最优化原理》、《社会最优化原理》、《中外名人的人生之路》的又一部姊妹作,而且是最优学五部曲的中心部分。本书的姊妹作《人生最优化原理》、《社会最优化原理》出版后,在国内引起高度反响。中央人民广播电台、《人民日报》、《光明日报》、《中国教育报》、《中国青年报》、《中国新闻出版报》、《中华读书报》、《哲学动态》、《道德与文明》、《新兴学科》、《20世纪哲学文库》、人民网、光明网、国家新闻出版总署网,以及"百度"、"谷歌"、"搜狐"等30多家国家权威电台、报刊图书、国内国际大型网站,给予报道和评介。受到北京大学、中央党校、中国社会科学院等单位一些著名专家、教授和广大读者的好评。先后获中央宣传部、国家新闻出版署、中国版协、中国管理科学研究院、山东省政府、省教委组织评定的5项全国优秀图书和省级、厅级优秀社会科学成果一二等奖。借此机会,再一次向出版、宣传、评介两书的山东人民出版社、中国社会科学出版社和其他相关单位媒体领导、负责同志致以崇高的敬意! 向关心、评介、支持两书出版的已故国学大师、哲学泰斗张岱年教授表示深切怀念,向支持两书出版、评奖的著名马克思主义理论家、中央党校副校长、《求是》杂志总编邢贲思教授,国家新闻出版总署于青处长、山东社会科学院党组书记、院长、山东社联主席刘蔚华教授,山东工业大学(今属山东大学)党委书记程汉邦教授,山东大学哲学系主任、山东伦理学会会长臧乐源教授,山东人民出版社崔同顺社长、宋强编辑,中国社会科学出版社总编室主任、总编助理王浩编审,以及全国和省部级优秀图书、社会科学成果奖评选委员会有关评委,表示衷心的感谢!

　　《最优学通论》、《人生最优学新论》、《人生最优化原理》、《社会最优化原理》、《中外名人的人生之路》,以及作者的一系列相关论文,是一个相互联系、不可分割的系统整体。其中,大部分内容是独立的、不可替代的,有些内容则是共同的、放在哪本书中都可以;对于后者,为了避免各书内容之间不必要的重复,作者不得不把它们通过取舍割裂开来加以研究。因而,为了全面深入地解读最优学,还原最优学的本来面目,建议读者最好能将其几部姊妹作结合起来阅读。

由于作者水平所限,本书像其他原创姊妹作一样,缺点错误在所难免。敬请各位领导专家和广大读者不吝指正！倾情欢迎其他最优学爱好者加盟最优学研究团队,期盼大量的最优学精品力作源源不断地问世。最优学的研究前景必将无比广阔秀美,无限灿烂辉煌！

张瑞甫

2007 年"五四"青年节第一稿于北京大学

2014 年 9 月国际孔子文化节第二稿于曲阜师范大学